ブラジル日系・沖縄系移民社会における言語接触

工藤真由美・森幸一・山東功・李吉鎔・中東靖恵

ひつじ書房

まえがき

　日本から遠く離れた、ポルトガル語が公用語のブラジル。しかし、ここは、日本からの移民を最も多く受け入れた、日本と縁の深い国である。日本の23倍という広大な国土に比して、先住民が少なく、ポルトガルからの十分な移住者もいなかったため、アフリカの黒人奴隷や、ドイツ、イタリアなどからの移民を多数受け入れ、日本人の移住もなされた。サンパウロ市の東洋人街といわれるリベルダージには日本語が溢れている。

　そして、2008年はブラジル日系移民100周年。1908年、移民790余名を乗せて神戸港を出発した笠戸丸がサントス港に到着して以来、戦前・戦後を通して約24万人がブラジルに渡航。現在、日本からの移民とその子孫は、150万になり、世界最大の日系社会を築いている。1990年の入国管理法の改正をきっかけに、2世、3世の来日が相次ぎ、約30万人が日本へのデカセギ就労者として再び文化越境を体験。ブラジルに渡った移民1世を既に上回った。言語問題を中心に年表に示せば次のようになる。

1908年	ブラジル移民開始
1915年	最初の日本語学校（大正小学校）開設
1916年	邦字新聞発行
1938年	日本語学校閉鎖
1942年	ブラジルと日本の国交断絶 公的場での日本語禁止
1945年	ブラジルが日本に宣戦布告 8月終戦
1947年	日本語学校再開 邦字新聞復刊
1953年	移民再開
1990年	入国管理法改正
1994年	（国としての）ブラジル移民終了
2008年	日伯交流年

　ブラジル各地においてはいろいろな移民100周年記念行事等が行われた

と聞く。2007年度より始まった、大阪大学・グローバルCOE「コンフリクトの人文学国際研究教育拠点」においても、大阪大学とサンパウロ大学の共催により、2008年8月、2回にわたって、移民とコンフリクトをめぐる国際シンポジウムが開催されている。

本書は、2002～2006年度に実施された、大阪大学・21世紀COE「インターフェイスの人文学」の研究成果の一部である。「インターフェイスの人文学」は、21世紀の社会を捉えるために、人文学を2つの新しい知へと構造転換させようとするものであった。1つは、異なる複数文化の接触、錯綜、軋轢などを国家・地域横断的にみる「横断的な知」であり、もう1つは、文化の諸次元、とりわけ研究者と問題発生の現場、専門家と一般市民をつなぐ「臨床的な知」である。前者の研究班の1つとして「言語の接触と混交」プロジェクトが形成された。

現在、ブラジル日系社会における活躍層は2世から3世以降に移り、世代交代と混血を経て、日本へのデカセギ（還流）も普通になってきている。1世紀前、移民とともにブラジルに渡った日本語は、現地言語であるポルトガル語との接触のみならず、日本各地からの移民による方言接触という特異なプロセスを体験した。プロジェクトのねらいの1つは、ブラジル日系社会における言語接触の重層性、錯綜性をえぐり出してみることにあった。と同時に、日本語の問題は、日本と移民先国という2つの国家の狭間にあって、日系人のアイデンティティーをどのように構築するかという営為とも深く関わってきた。

一方、1908年の第1回移民の約4割は、沖縄県からの移民であったということも忘れてはならない。現在、日系人の1割を占める沖縄系移民社会では、琉球語（のバリエーション）、日本語（のバリエーション）、ポルトガル語（のバリエーション）という最もダイナミックな言語接触があった。アイデンティティーの問題にも錯綜や軋轢が見られる。

本書によって、海外移民社会における日本語への知見が広がるだけでなく、モノリンガルで均質な言語共同体を前提とする日本語観を相対化させ、日本語・国語問題を再考する契機となれば幸いである。

5年間の経緯の大筋は次の通りである。きっかけは、2001年8月開催の「ブラジル日本語日本文学日本文化大学教師学会」に招待された工藤が、「コロニア語」という言葉を初めて聞き、ブラジル日系社会における言語接触現象

を考えることの意義を、森幸一氏（当時、サンパウロ人文科学研究所）と話し合ったことである。戦前移民 1 世の方々が高齢となられ、調査の緊急性も痛感した。工藤が、COE「インターフェイスの人文学」における事業推進者になったことから、「言語の接触と混交」班の一部として、調査研究を実施することになった。

　調査研究に先駆けて、2003 年 3 月、国際シンポジウム「越境する日本語—ブラジル日系社会の言語をめぐって—」を大阪大学文学研究科で開催した。2003 年 4 月～5 月、Doi Elza Taeko 氏を中心とするブラジル側研究者によって、サンパウロ州の奥地農村アリアンサと近郊農村スザノで言語生活調査を実施。同 7 ～ 8 月にかけては、日本側研究者、ブラジル側研究者および協力者によって、談話録音調査、文献調査、聞き取り調査を実施した。

　日系社会における言語調査を経て、2005 年からは沖縄系移民社会における言語調査に取り組んだ。同 5 月～7 月、サンパウロ市ビラカロン地区において、沖縄県小禄村出身者およびその子弟（ウルクンチュー）を対象とする言語生活調査を、森幸一氏をリーダーとしてビラカロン地区青年会の協力の下に実施。同 8 ～ 9 月、日本側研究者 4 名と森幸一氏および協力者によって、談話録音調査、聞き取り調査、文献調査を行った。

　5 年間の主要な成果として次の報告書があるが、手にしにくいかたちであることから、移民 100 周年にあたり、ひつじ書房より本書を公刊することになった。

1. 『言語の接触と混交　日系ブラジル人の言語の諸相』大阪大学 21 世紀 COE プログラム「インターフェイスの人文学」2002・2003 年度報告書（第 1 部）
2. 工藤真由美編『ブラジル日系社会言語調査報告』大阪大学大学院文学研究科紀要　44–2．大阪大学大学院文学研究科（2004 年）
3. 工藤真由美編『言語の接触と混交　ブラジル日系社会言語調査報告』大阪大学 21 世紀 COE プログラム「インターフェイスの人文学」報告書（2006 年）
4. 工藤真由美編『言語の接触と混交　ブラジル日系人 (沖縄系) 言語調査報告』大阪大学 21 世紀 COE プログラム「インターフェイスの人文学」報告書（2007 年）
5. 『言語の接触と混交』大阪大学 21 世紀 COE プログラム「インター

フェイスの人文学」研究報告書 2004-2006 第 6 巻（第 II 部）

　本書は、2 部構成となっている。第 1 部「言語の接触と混交」では、5 年間に渡って調査研究に参加した 5 名の研究者が、第 1 章から第 5 章までを執筆した。もとより総合的なかたちで提示できるまでには至っていないが、この調査研究によってどのような問題点が浮かび上がってきたかをそれぞれの立場から提起している。なお、さらに移民社会の内実を把握するべく、2007 年度より始まったグローバル COE「コンフリクトの人文学国際研究教育拠点」では、その一部として、ブラジルやアルゼンチンへの移動、さらには日本へと還流を果たす、ボリビア沖縄系移民社会における言語接触とコンフリクトについての調査研究を開始している。2008 年 8 月には、大阪大学とサンパウロ大学の共催により、移民とコンフリクトをめぐる国際シンポジウムを開催した。

　第 2 部「言語接触の実際」では、「ブラジル日系社会における談話」「ブラジル沖縄系移民社会における談話」のごく一部を DVD-ROM 付きで紹介する。

　この談話録音は、現地の方々のご協力により、ご自宅での収録が実現できたものである。奥地農村アリアンサでは、何キロも続く悪路を車で運んでいただいた。近郊農村スザノやサンパウロ市ビラカロン地区では、治安の悪さから様々なご配慮をいただいた。現地の方々に心より感謝したい。

　この第 2 部は、DVD-ROM を聞いていただくのが主眼であり、文字化はそのための補助手段にすぎない。様々な協力者に依頼して、テープを聴き直しながら、何段階もの文字化原稿の修正を行ったが、日本語とポルトガル語の実に多様な接触現象やバリエーションがあり、正確な文字化にはまだ道遠しである。

　沖縄系移民社会における談話収録は初めてのものであると言ってよいだろう。琉球語（あるいは沖縄方言）のバリエーションの談話録音を行ったため、文字化では日系社会の時以上の困難があった。分かりやすさのために日本語訳を付けているが、文字化も日本語訳も暫定的なものであることに留意されたい。

　談話録音の部分で名前を掲載しているのは、公刊するにあたっての整備、文字化、日本語訳等に主として携わった方々である。ここまでに至るには、質問に答えていただいた現地の方々をはじめ、多くのご協力があった。リー

ダーのお1人である上原武夫氏からは本書のために文章をお寄せいただいた。(なお、本書で公刊できなかった談話録音は、大阪大学文学研究科工藤研究室に保管されている。)

　言語生活調査のデータは本書に掲載することができなかった。総合的調査が簡単にはできないことから、欲張って多くの質問項目を盛り込んだために、データの整理・分析がまだ完全になっていない。最後に資料として、言語生活調査票を掲載しているので、どのような項目を設定したかはお分かりいただけるだろう。

　この間、科学研究費『方言における動詞の文法的カテゴリーの類型論的研究』『方言における述語構造の類型論的研究』(研究代表者 工藤真由美)等により、「ウチナーヤマトゥグチ(沖縄日本語)」と言われる、那覇市を中心とする国内の言語接触現象の調査研究も同時並行的に実施された。

　日本語をめぐる国内外の言語接触現象を総合化、モデル化することは今後の大きな課題である。国際的にも、言語接触論(Contact Linguistics)がトレンドを形成しつつある。本書はまだ資料編とでも言うべき段階にあるが、本格的な言語接触論への第1歩として位置付けておきたい。質的研究も今後の課題である。

　本書の公刊にあたっては、ひつじ書房松本功氏、細間理美氏、原稿の調整等では山東功氏、中東靖恵氏にご尽力をいただくとともに、校正等では斎藤美穂氏(大阪大学大学院生)の協力を得た。ブラジル日系移民100周年という記念すべき年を契機として公刊できたことを感謝したい。

　　　　　　　　　　　　　　　　　　2009年3月　工藤真由美

目　次

まえがき　　　　　　　　　　　　　　　　　　　　　　　　　　iii

第 1 部　言語の接触と混交

第 1 章　言語接触の重層性と日本語の動態
　　　　　―複数の日本語への視点―　　　　　　　　　　　　　　3
1. はじめに　　　　　　　　　　　　　　　　　　　　　　　　　3
2. ウチナーヤマトゥグチとコロニア語　　　　　　　　　　　　　4
　　2.1.　ウチナーヤマトゥグチ　　　　　　　　　　　　　　　　4
　　2.2.　コロニア語　　　　　　　　　　　　　　　　　　　　　5
3. 調査の進展プロセス　　　　　　　　　　　　　　　　　　　　7
　　3.1.　日系移民社会調査と本土移民における葛藤　　　　　　　7
　　3.2.　沖縄系移民社会調査と沖縄系移民における葛藤　　　　　8
4. 日系移民社会における言語接触　　　　　　　　　　　　　　　10
　　4.1.　二重の言語接触とその交錯　　　　　　　　　　　　　　10
　　4.2.　「ブラジルにおける日本語の運命」が記録したこと　　　12
　　4.3.　調査結果から見えてくる言語接触の諸相　　　　　　　　16
5. 沖縄地域における言語接触：コロニア語との共通性　　　　　　22
6. 沖縄系移民社会における言語接触　　　　　　　　　　　　　　24
7. おわりに：2 つの言語観をめぐって　　　　　　　　　　　　　26

第 2 章　「言語」をめぐる移民史
　　　　　―ブラジル日系人の言語状況に関する民族誌的考察―　31
1. はじめに　　　　　　　　　　　　　　　　　　　　　　　　　31
2. コーヒー耕地時代（1908 年〜 20 年代前半頃まで）　　　　　　35
　　2.1.　初期戦前移民の特徴―「コロニア語（ブラジルの共通日

		本語)」誕生の一つの背景	35
	2.2.	生活世界としてのコーヒー耕地	38
	2.3.	コーヒー耕地における言語接触の状況	39
	2.4.	初期意思疎通手段―「言語混淆」と「中間言語(不十分に習得されたポルトガル語)」	42
3.	植民地時代(1920年代～40年代末)		44
	3.1.	社会的経済的政治的状況	44
	3.2.	植民地における日本語(人)教育	56
	3.3.	植民地における言語接触の特徴	65
4.	戦後都市時代(1940年代末～80年代末)		70
	4.1.	社会的経済的政治的文化的諸状況	70
	4.2.	都市日系人の子弟教育	87
	4.3.	都市日系人の言語使用状況	97
5.	おわりに		104

補遺：沖縄系ブラジル移民を巡る〈言語〉状況（覚書） 125

1. はじめに 125
2. 「普通語を解すること」―沖縄県移民禁止・制限措置と言語 125
3. 同郷性による移動と定着―方言の維持と三重の言語生活 130
   - 3.1. 戦前沖縄系移民の特徴 130
   - 3.2. 戦前期の移動と定着プロセス 131
   - 3.3. 戦前期カンポグランデ市における沖縄系社会と言語状況 133
   - 3.4. 戦後期の状況 135
4. 〈文化〉の差異化を通じての新たなアイデンティティの創出と言語 137
5. むすびに代えて―沖縄系人の言語接触と混交に関するいくつかの特徴 139

第3章　ブラジル日系移民社会と日本語観 145

1. はじめに 145
2. 戦前ブラジル日系社会と日本語 147
   - 2.1. 輪湖俊午郎『バウル管内の邦人』をめぐって 147
   - 2.2. 時局認識と日本語教育 151

3. 戦後ブラジル日系社会と日本語　　154
　　　　3.1. 認識派と科学的思潮　　154
　　　　3.2. アンドウ・ゼンパチをめぐって―日本語文法と日本語問題―　　157
　　　　3.3. アイデンティティーと日本語　　169
　　　　3.4. 佐藤常蔵の「コロニア語」論　　173
　　　　3.5. 半田知雄の「コロニア語」論　　175
　　4. おわりに　　177
　補論　日本における「ブラジルの日本語」への視点　　180
　　1. 日本語講師派遣と日本語研究―1970年代―　　181
　　2. 社会言語学的視点から―1980年代以降(1)―　　181
　　3. 日本語教育の立場から―1980年代以降(2)―　　183

第4章　ブラジル日系社会言語調査をめぐって　　189
　1. はじめに　　189
　2. ブラジル日系社会言語調査の特色　　189
　　2.1. 日系社会言語調査の特色　　189
　　2.2. 研究調査事業の流れ　　191
　3. 日系社会言語調査の概要　　192
　　3.1. 日系社会における調査の流れ　　192
　　3.2. 言語生活調査（意識調査）　　193
　　3.3. 談話収録調査（使用実態調査）　　197
　4. ブラジル日系社会言語調査の意義（まとめに代えて）　　207

第5章　ブラジル日系移民社会における言語の実態
　　　　―ブラジル日系人の談話資料から見えてくるもの―　　211
　1. ブラジルの日系移民　　211
　2. ブラジル日系移民社会の言語生活と言語の接触　　213
　3. ブラジル日系移民社会における日本語の特徴　　216
　4. ブラジル日系移民社会における言語の実態　　218
　　4.1. 収録談話について　　219
　　4.2. 一世の談話とその特徴　　219
　　4.3. 二世の談話とその特徴　　223

4.4. 三世の談話とその特徴		226
5. 今後の研究の発展に向けて		229
寄稿　ビラカロンの小禄田原人		239

第2部　言語接触の実際

第1章　ブラジル日系移民社会の談話　245

1. はじめに　245
　1.1. 言語生活調査の概要　245
　1.2. 談話収録調査の概要　246
　1.3. データ公開までの経緯　246
2. 談話収録地点の概要　247
　2.1. サンパウロ州ミランドポリス市アリアンサ移住地
　　　（Colônia Aliança）　247
　2.2. サンパウロ州スザノ市福博村（Vila Ipelândia）　249
3. ブラジル日系移民社会の談話資料　252
　3.1. 談話音声資料の話者　252
　3.2. 談話音声資料の作成にあたって　252
　3.3. DVD-ROMの構成内容　253
　3.4. 談話音声文字化資料作成にあたって　253
　3.5. 談話音声文字化資料　255

第2章　ブラジル沖縄系移民社会の談話　301

1. はじめに　301
　1.1. 言語生活調査の概要　301
　1.2. 談話収録調査の概要　301
　1.3. データ公開までの経緯　302
2. 談話収録地点の概要　303
　2.1. サンパウロ市ビラカロン地区（Vila Carrão）　303
　2.2. ビラカロン地区のウルクンチュー（字小禄・田原系人）　305
3. ブラジル沖縄系移民社会の談話資料　308

3.1.	談話音声資料の話者	308
3.2.	談話音声資料の作成にあたって	308
3.3.	DVD-ROM の構成内容	309
3.4.	談話音声文字化資料作成にあたって	309
3.5.	談話音声文字化資料	310

資料　言語生活調査票　369

謝辞　443

第 1 部

言語の接触と混交

第1章　言語接触の重層性と日本語の動態
　―複数の日本語への視点―

1.　はじめに

　ブラジル日系社会では、系統と類型がまったく異なる日本語とポルトガル語との接触があっただけでなく、日本各地からの移民による方言接触があった。一方、沖縄系移民社会における言語接触についてはこれまでほとんど記録されてこなかったのだが、ここでは、琉球語、日本語、ポルトガル語という最も重層的な言語接触があった。
　ブラジル日系・沖縄系移民社会を対象とした我々の言語調査は、異質な言語・方言の接触や混交による、言語の動的な再構築プロセスの解明を目指す言語接触論的観点から行われたものである。
　本調査研究を通して、民族集団・生活共同体が、完全なかたちで文化的均質性や言語的な自己充足性（完結性）という特質をもったことはなく、複数のアイデンティティーを構築しながら、様々な関係性を有する主体間のコミュニケーション（相互行為）が行われる諸状況に対応した、日本語、琉球語、ポルトガル語といったコードのいくつもの変異と複合、あるいはコードの選択と切り替えが、常に生成していることの提起を目指した。
　あらゆる言語は、多様な変種を含みながら、他の言語とのたえざる接触のなかにおかれている。このことは一般論としては理解されるものの、言語接触によって引き起こされる具体的な様々な現象は、総じて、周辺的で特殊な「乱れ」「崩れ」と見なされがちである。我々の言語観の根底に、モノリンガルで均質な言語共同体を前提とする評価軸（規範意識）があるためであろう。
　しかし、言語接触が広く見られる現象であるならば、目的に応じて言語を組み替えていく話し手の創造的な側面を見ていくことが重要になる。十分な分析はまだできていないのだが、以下このような観点から記述していくこと

にする。

2. ウチナーヤマトゥグチとコロニア語

　日本語が関わるダイナミックな言語接触を象徴するのは、国内では、沖縄における「ウチナーヤマトゥグチ（沖縄大和言葉）」、国外では、世界最大の日系社会を築いているブラジルにおける「コロニア語」という言葉であろう。

2.1.　ウチナーヤマトゥグチ

　屋比久（1987）は、「ウチナーヤマトゥグチ」について次のように述べる。「ウチナーグチ」は沖縄の言葉という意味、「ヤマトゥグチ」は本土の言葉という意味であり、「ウチナーヤマトゥグチ」は、沖縄の伝統的な言葉と本土の言葉（標準変種や九州方言を中心とする西日本方言変種）との混交性を表している。

> 「ウチナーヤマトゥグチ」は、日本語的に翻訳すれば、「沖縄日本語」となり、ウチナーグチでもなくヤマトゥグチでもない、第3の新しい言語（creole）或いは、クレオールの前段階のピジン（pidgin）を連想させる。しかし「ウチナーヤマトゥグチ」の指すものは、そのいずれでもなく、日本語が沖縄方言に取って替わる言語転移の過程において起こった様々な干渉又はその結果うまれてきた色々な言語作品等を含む多種多様な言語現象である。

　沖縄では、1880年の会話伝習所設置以来、日本語化政策が推し進められてきた結果、伝統方言が消滅の危機にある。このような状況のなかで、那覇市を中心とする中南部地区の、伝統方言を話さない世代が使用しているのがウチナーヤマトゥグチである。

> 例）かおるーはさぁ大学あるいているからに、英語はなしきれるわけさー。
> 　　（かおるはね、大学に通っているから、英語を話せるのだよ）

例）先生、庭あるきよったさー。
　　（先生が庭を歩くのを見たよ）

「あるいている」は、形は日本語だが、語彙的な意味は伝統方言を引き継いでいる。「あるいている」に対応する伝統方言の「アッチョーン」は、「歩いている」という意味だけでなく「通っている」の意味も表すのである。「はなしきれる」は、「可能」を表すが、これは九州方言を中心とする西日本方言をそのまま取り入れている。「あるきよった」も西日本方言形式であるが、文法的な意味が違っており、「歩くのを見た」という目撃証言を表す。形は本土の方言であるのだが、目撃証言を表す「アッチュタン」という伝統方言形式の意味を引き継いでいる。従って、ウチナーヤマトゥグチは、次の点で二重にハイブリッドである。

1) 標準語形式（標準変種）だけでなく、西日本方言形式も取り入れていること。
2) そのまま取り入れている場合もあるが、むしろ多くの場合、伝統方言の干渉を受けていること。

このような、いわば雑種言葉は、正当なものと認められず「不正語」として矯正の対象になったこともあった。しかし、現在ではウチナーンチュのアイデンティティーを示すものとして肯定的に使用する傾向がでてきている。

2.2. コロニア語

ブラジル日系社会における「コロニア」という言葉については、次のような発言がある。

　　題名についた「コロニア」という言葉は、コロニアに関係のない読者には耳慣れない字句かもしれないが、実はこのコロニアという言葉そのものが、われわれ日系社会で生活するものの姿をあらわしている。「在伯日本人」といい「在留人」といい、或は「在伯同胞」という使い古された言葉は既にブラジルの日系人の実態とは程遠いものになってしまった。

戦後何かの機会に使われはじめた「コロニア」という言葉は、それこそコロニア特有のもろもろのニュアンスを含んで、今ではちょっと訳語のない言葉となってしまった。直訳すれば「日本人とその子孫が形成し営んでいる社会」と言えるのかもしれないが、コロニアという訳語は、その本来の語意からすら離れて、今では訳しようもないものである。
　　　　　　　　（パウリスタ新聞社編『コロニア五十年の歩み』1958年）

　1908年、移民790余名を乗せて神戸港を出発した笠戸丸がサントス港に到着して以来、戦前・戦後を通して約24万人がブラジルに渡航した。現在、日系移民とその子孫は、150万とも言われる数になり、世界最大の日系社会が築かれている。戦前の国語イデオロギー、日本語禁止令等の紆余曲折の後、戦後、永住を決意していくなかで、日系人のアイデンティティーを示すものとして、「コロニア人」「コロニア語」といった言葉が使用されるようになった。
　1956年に書かれた「コロニア語の解剖」という文章では、次のように述べられており、「コロニア語」という言葉は、日本語とブラジル・ポルトガル語の混交性を表象している。筆者の佐藤常蔵氏（函館市出身）は、明治40年生まれで、大正11年（1940年）に渡伯し、雑誌『農業のブラジル』主幹やサンパウロ日本文化協会評議会副会長等をつとめた方である。

　　先ず初めに代表的なコロニア語の実例を挙げて見る。
　「ターちゃんはフィカ・ケットしてコメしないとママイはノン・ゴスタですよ」
　　このような奇怪な言葉が母と子の間に交わされる時に親爺は新聞の市況欄を見るに余念がない。長男と長女はおめかしをして友達の誕生祝いのパイレに出かけるのを二男坊が冷やかしている。
　「二人共ムイト・コンテンテね、バイレでナモラーダをアランジャするつもりかな」　　　　　　　（佐藤常蔵著『ブラジルの風味』1957年）

　佐藤氏は、上記のようなコロニア語について「何かしら親しみがある」「若し急にコロニアの各家庭で整然とした日本語が話されるならば美しい冷蔵庫を眺める感じになるかも知れない」と評価するのだが、次の下線部分に示し

たような「おかしな訛音で話されてはたまらない」とも言う。方言まじりのコロニア語ではなく、正しい日本語とポルトガル語との混交を求めるのだが、実際は、明治から大正にかけて渡伯した移民家族は、農村あるいは地方小都市の出身者であって、方言を日常の使用語としていたであろう。

　「さあ早くメルカード<u>さ</u>行つて生きのよいペーシェをコンプラせにや」
　「ついでにアジノモト<u>ば</u>ウン・ラッタ買わにやならん、今なら二百ミルもする<u>べ</u>ね」

　以上のように、ウチナーヤマトゥグチでもコロニア語でも、複数の言語や方言が接触・混交することによって、規範的な標準日本語とは異なる言語現象が生じている。このような現象を目の前にして、とんでもない言語的な乱れが生じていると思うのではなく、目的に応じて言語を組み替えていく話し手の創造的な側面に光をあてることが重要になるだろう。

3. 調査の進展プロセス

　調査は、2段階に分けて実施された。

1. 【ブラジル日系移民社会の言語調査】
   (a) サンパウロ州奥地農村部アリアンサ移住地
   (b) サンパウロ州近郊農村部スザノ市福博村
2. 【ブラジル沖縄系移民社会の言語調査】
   (c) サンパウロ市ビラカロン地区

3.1. 日系移民社会調査と本土移民における葛藤

　まず、2002〜2003年度に、ブラジル日系移民社会における言語接触現象の総合的調査を行った。言語接触といっても、言語自体が接触するということはなく、言語を話す人々が接触する。従って、複数の言語間の相互影響（interference）を研究する際には、どのような政治・経済・社会・文化的状況のもとで人々が接触してきたか、他者との交渉を通してどのように境界を作り出したり消し去ったりしているかという視点と、その結果どのような言

語内的な特質が生じているかという視点との双方向的なアプローチが必要になる。ブラジル日系社会言語調査研究の詳細は、本書の森論文、山東論文、李論文、中東論文を参照されたいが、ここでは必要最低限のことを述べておく。

移民とともにブラジルに渡った日本語は、ポルトガル語との接触のみならず、日本各地からの移民による方言接触を体験したが、このような日本語の問題は、日本と移民先国という 2 つの国家の狭間にあって、日系人のアイデンティティーをどのように構築するかという営為にも深く関与してきた。

まず、1930 年後半以降、ブラジル・ナショナリゼーション政策と第二次世界大戦開戦による、外国語教育、外国語新聞発行、外国語使用の禁止など強力なブラジル同化政策の一方で、満州事変以降の日本の軍国主義・国粋主義思想の影響を受け、移民たちは 2 つのナショナリズムの狭間におかれた。

そして、戦後、かつて「在伯邦人社会」「在留同胞社会」などと自称した移民社会は「(日系)コロニア」と呼ばれるようになり、"ブラジルの日本人"（ブラジルへの永住という生活戦術、正規のブラジルの構成メンバー）としての新たなアイデンティティーを析出していった。これは、戦時中の好景気による財産形成、ブラジル人として成長を遂げた子供の存在、日本の敗戦による祖国喪失感等によるものであった。

3.2. 沖縄系移民社会調査と沖縄系移民における葛藤

2004 〜 2006 年度にかけては、2003 年度までの日系移民社会の総合的調査を基盤にして、国内におけるウチナーヤマトゥグチの問題を視野にいれつつ、ブラジル沖縄系移民社会を対象とする総合的調査を行った。

琉球語は、現在のところ、日本本土の日本語と系統が同じであることが言語学的に証明されている唯一の言語である。しかし、琉球列島は、地理的に日本本土と隔たっているだけでなく、歴史的にも独自の発展を遂げてきたため、琉球語は日本本土のどの方言ともまったく通じない。すなわち、相互理解性を欠いている。従って、本土からの移民と異なり、沖縄系移民に対しては、日本語の教育の徹底化がなされた。

アイデンティティーの問題にも錯綜や軋轢が見られ、移民直後から 50 年代にかけては、差別的措置や眼差しに対し、本土日本人への同化が強く働いた。

半田知雄氏は、随想「カンポ・グランデ」(1955年、半田知雄著『今なお旅路にあり』所収)において、次のように述べている。カンポ・グランデの沖縄系移民社会は、ノロエステ鉄道施行工事に従事した第1回移民が定着したのを皮切りに発展した、戦前期における最大規模の共同体である[1]。

> それにもかかわらず、私がここで興味をおぼえたのは、ここが沖縄の人たちの集団地であり、内地人の集団地とはどこかちがった点があるからである。もしそこをとりあげれば、カンポ・グランデは特徴のある町だと云えよう。ここでは沖縄語が多くつかわれ、二重に異質文化の問題がある。今後来る移民のことはわからないが、古い人たちの家庭では沖縄の言葉を話し、子供たちにも、おぼえてほしいと思い、標準語もわかり、なおブラジル語もと思いながら、いつのまにか一方的にブラジル化した子供たちをもっている。そして今日では一世たちでも「お早う」と云うより「ボンジーヤ!」と云う方が親しみ深いといわれるほどである。

そして、次のように述べることを忘れてはいない。

> 戦前はなんでも大和民族日本文化一式でかたづけようとした雰囲気があったため、沖縄の本当の歴史や文化について語ることが、なんとなくはばかられた。私は残念に思っていた。

我々の言語調査では、沖縄中南部方言を話す小禄出身者とその子弟の方々の協力を得た。小禄村からのブラジル移民たちは当初、サンパウロ州内陸部のコーヒー農園に「コロノ」として入植したが、戦後、日本人移民同様にサンパウロ市を中心とする都市部へと移動し、定着。同郷、親族関係などの基礎的社会関係を利用したチェーン・ミグレーションによる移動と移動先での社会的経済的上昇を遂げるのが主要な戦術であった結果、小禄出身者やその子弟たちも特定の地域に集住することになった。

以上については、ボリビア沖縄系移民社会との関係も深いことから、なお調査を進めるべき点が多々残されており、本章では簡単な記述にとどめることになる。

4. 日系移民社会における言語接触

既に述べたように、ブラジル日系社会における言語接触には、次の2つの側面があったことに注目しておく必要がある。

1) 系統・類型のまったく異なるポルトガル語との言語接触
2) 日本語の地域変種（方言）間、あるいは標準変種と地域変種との接触

4.1. 二重の言語接触とその交錯

言語接触によって生じる状況は、次のように、大きく3分類されることが多い。

　（A）言語保持（language maintenance）
　　1) 単語借用（lexical borrowing）
　　2) コード切り替え（code switching）
　（B）言語取り替え（language shift）
　（C）混交言語の生成（language creation）

ポルトガル語との言語接触の側面では、1世（成人移民）における（A）言語保持の段階から、3世における（B）言語取り替えへの進行が見られる。

一方、方言接触の側面では、特殊な方言形式が使用されなくなる平準化（levelling）とともに、一定の方言形式が共有化（コロニア共通語化）され、日本における標準語にも地域方言にもない特徴をもった日本語のバリエーションが生成されている。

我々の調査では、この2つの側面を複眼的に考察することを目指したが、次のような限界があった。

1) 日本語とポルトガル語との接触であるため、双方向的なアプローチが必要になるが、実際の調査は、第一段階として日本語を軸足としたものに限定された。
2) 同じ地域の親しい人同士の談話録音を行ったが、標準語に近い日本語の使用が基本であって、方言形式の使用は限定されていた。「観察者のパラドックス」が働いていると思われる。

ただし、2)の点については、逆に言えば、外部者による談話録音であっても使用頻度の高い方言形式は、日系社会の共通語となっていると判断されよう。

以下では、我々の調査研究の不十分さを補うものとして、半田知雄「ブラジルにおける日本語の運命」(1952年)をもとに、言語接触論の観点からの考察を行い、その上で、我々の調査結果の位置付けを試みることにする。

半田氏は、1906年栃木県宇都宮市に生まれ、1917年に渡伯。初期移民の苦しいファゼンダ(農場)生活、靴直しの徒弟、邦字新聞の植字工、植民地学校の教師等を経て、1935年聖美会(画家グループ)を創立し、サンパウロにあって画業に励んだ方である。1952年に雑誌『時代』に掲載された「ブラジルにおける日本語の運命」は、管見の限り、体験に基づく最も詳細な言語接触の様相を記述した資料であると思われる。以下で引用するのは、その半田知雄が著した『今なお旅路にあり—或る移民の随想—』(1966年)からの文章である。

半田氏は、この論考の目的を次のように述べている。

> ブラジルの日本語はどうなっていくかということは、色々な立場から論じられてきたが、これを客観的に冷静にその運命をたどって研究したものを私はまだ読んだことがない。これは日本語を愛する日本人にとっては、たえがたい苦痛を与えるものにちがいない。だから現実の分析には多くふれないで、保存のための対策を講じることが主となってきたものである。
>
> しかし、究極においてブラジル化することが移民一般の運命だとすれば、その過程において日本語がどのような経路をたどってブラジル化するか、即ち日本語がブラジル語に代るかということを研究するのは、われわれのなすべき1つの任務ではなかろうかと思う。
>
> 私の研究は体験をもととしてはいるが、必ずしも科学的正確さをもつものではなかろう。(中略)ただこの一文が誰かの眼にふれて、科学的な研究への端緒を与えるものとなったらと、それを願って発表するわけである。

なお、我々の談話調査研究でも気づいたことであるが、日系移民社会では

ポルトガル語ならぬ「ブラジル語」という言葉の方が頻用されている。半田氏も、ブラジル語という用語を使用しており、国家と言語との深い結びつきを考えさせられる。

4.2.「ブラジルにおける日本語の運命」が記録したこと

ブラジル日系社会における二重の言語接触について、半田氏は次のように、明確に指摘している。

> ブラジルにおける日本語は、何よりもまず労働移民の使用するコトバだということである。そして、日本全国から集まった移民の方言がまじり合って、その中でなるべく一般的にわかりやすいコトバだけが通用することになって存続しているのが、われわれの日本語である。
> （中略）もしわれわれの使用している日本語がブラジル語におかされることがなかったならば、新しい北海道的標準化が行われるかもしれなかった。しかし、生活文化のブラジル化は渡伯の第一日からはじめられているので、われわれはブラジルの土をふんだ日からブラジル語を使用すべき運命をおわされていたのである。しかも、われわれの日本語に対する関心とこれを保持したいという気持は、移住者だけが経験する文化的レジスタンスであって、このためにどれだけ悲喜劇を経てきたかわからないのである。

4.2.1. ポルトガル語との接触プロセス

ポルトガル語との言語接触の側面を見ていくと、まず、〈単語借用（語彙借用）〉について指摘があり、2つの進展段階の正当な記述と説明がされている。

> （1）大多数の日本移民はコーヒー園労働者として渡伯したのであるが、ファゼンダ（大農場）では、衣食住、農具、その他生活用具のほとんどすべてがブラジルのものであって、日本のものとはかなりその趣きをことにしている。先ず衣類からはじめてみると、キモノというコトバははっきりとブラジルのものを表象しない。ことに婦人のものはヴェスチードである。サイアもハカマといってはおかしいと思う。フェイジョ

ン（ブラジルの豆）などは訳語ではいよいよピンとこない。エンシャーダに至っては鍬ではなさそうである。（中略）これに反して、日本から持ってきたものや日本古来のものはいつまでたっても日本語で呼ばれる。茶碗、箸、着物、それから味噌、醤油、酒など。（中略）すると、ブラジル語に代るということは、それが日本のものと違っているからである。同じような茶碗でもチャワンとチジェーラは別物だと思ってしまう。

(2) ブラジルでの生活が長くなると自然にブラジル語に対する感覚が変化してくる。はじめはブラジル語をまぜて使うといかにもキザにきこえる。（中略）ところが、時がたつにしたがってブラジル語をまぜた方が自然であり、親しみを感じるようになる。（中略）「ジャンタでも食べていきなさい」と言われると「ではそうしようか」と気楽に腰をすえられるが「夕飯でもあがっていって下さい」といわれたら、一寸えんりょしたいような気になる。（中略）「パパイはおそいようだなァ」といっておかみさんとおしゃべり出来るのは「夕飯」ではなく「ジャンタ」を呼ばれるときである。パパイは「お父さん」なのであるが、日本人は「おやじさん」の意味に使っている。しかも、おやじさんのようにいかめしいひびきはない。（中略）ブラジル語はブラジル語そのものとして使うのではなく、日本語として特殊な親しみをふくめて使うのである。

さらに、「ブラジル語の日本語化」を指摘し、「日本人のみにわかるブラジル語なのである」と述べている。

　しかし、なんといっても動詞の日本語化ははっきりしたもので、これはドイツ移民の間でも同じような法則でドイツ語化されている。センタする、コメメする、コンプラする、パシアする、ナモラするの類で、すべて直接法現在三人称単数、あるいは原形から"R"をのぞいたものに「する」をつけたかたちになっている。ところが日本語では「着席する」「食事する」「購入する」「散歩する」等であって、名詞に「する」という助動詞がつくので、ついにはパシア（実はパッセイオ）、ナモラ（実はナモーロ）は名詞として使われ、「パシアに行った」は「パシア

着」となり、「ナモラ相手」とか「ナモラ好き」などにも使われるようになる。それから、形容詞や副詞には、わざわざ日本語の語尾や助詞をつけ、「ボニートな着物」「ペザートな荷物」「ロンジェに居る」「ペルトで働く」等である。

4.2.2. 日本語の変種間の接触プロセス

一方、日本語の変種間の接触プロセスについては、まず、「ミキシング（mixing）」の段階を指摘している。標準変種（標準語）と地域変種（方言）とのミキシングとも考えられるが、いわゆる東西方言間のミキシングとも言えよう。ミキシングとは、「異なる地域出身の話し手から構成される新しいコミュニティーで、複数の地域変種が共存すること」である。

> 「借りた」「買った」が区別できないで困ったことがある。「かってきた」というから「買ってきた」のかと思うと「借りてきた」のであった。（中略）もし「借った」「買うた」が「かりた」「買った」と混用されていなければ問題はなく、安定感は破れないのであるが、いろいろな形が入り乱れたまま長い間聞いていると「はてどちらが標準語だったのだろう」といぶかることがある。（中略）われわれは標準語と方言を対立させて、これは標準語であるということを教えられたことがないのである。

そして次のような例も提示している。同一人物の発話のなかに、波線部分のような標準変種（東日本方言変種）と、実線部分のような西日本方言変種が混在している。

> 「なァ太郎、サンパウロへ行ったら、ようエスツーダ（勉強）せにゃいかんぞ。パパイやママイはこんなにしてオッセーがえらくなるのをただ１つのたのしみにしているんだから、バガブンドになって、世間のものから息子をマチに出してノンプレスタ（駄目）にしよったといわれたら、今までの苦労がみんな水の泡だ。学校へ行ったんじゃのうて、ナモラとバイレをおぼえに行ったんじゃなんていわれんともかぎらん。寄宿舎の先生にもよう話しとくけん、先生のいうことをまもらにゃならんぞ」

次に〈平準化（単純化）〉についても触れている。ただし、以下は文法面ではなく語彙面での単純化であり、また、方言変種間における単純化でもない。方言変種間における単純化については後述する。

> さらに移民社会の過去においては生活様式の単純化、経済的水準の同一化から階級や身分関係を表すコトバがはぶかれ、あるいはそれらを強くひびかせない他のコトバ、日本語あるいはブラジル語に代えられていく。移民社会においてはいかなる職業の婦人も妻であるかぎり「奥さん」である。「おかみさん」という言葉はきかれなくなっている。
> 　主人とか旦那とかいう言葉も一般移民社会では、まれにしか使われないのは面白いことである。雇傭関係でどうしても主人を呼ばなければならないときは、おやじ、おやじさん、あるいはブラジル語でパトロンとかパパイとか呼ぶ。

そして、標準語化が確立する前に、ブラジル語に置き換わってしまうことが述べられている。

> （中略）とにかく標準語がつねに言語の本流として全国民に教えられているということは、コトバのよりどころを持っているわけである。ブラジルにはそれがない。日本語を教える学校があっても、それは読む日本語を教えるところであって、直接生活につながる話しコトバとしての日本語ではない。
> 　コトバに対する感覚がにぶくなり、自信が失われていく他の原因は、ブラジルにおいては各地方の方言がまじりあうことである。もしこれが北海道のように、どこかに標準語を話そうという努力が続けられていれば（例えば、都市があり、学校があり、官庁がある）、一般に通じない言葉は使われなくなって、標準語へ向かうのであるが、ブラジルでは標準語へ向かう傾向をもちながら、足ぶみしていて不安定なものはどんどんブラジル語へ代えられていかなければ落ち着けないのである。

4.2.3. 言語シフト

半田氏はさらに、日本語が使用されなくなることと、ポルトガル語が使用

されるようになることとの相関性を次のように指摘している。

　　ブラジルでは―ことに階級分化の進んでいない植民地では―敬語を使う層も見いだせないし、使わなくてもすむのである。たとい敬語を使わないにしても、標準用語があるはずだが、それが、われわれ移民には、どこからどこまでが標準用語なのかわからない。どんどん言葉使いが崩れていくと、とどのつまりはブラジル語へいってはじめて気が落ち着くといった具合である。「どうかおねがいいたします」「おねがいします」「よろしくたのみます」「ではおねがい」「たのみます」「たのむ」ええめんどうくせえ、「フォス・ファヴォール」ということになる。(無論ブラジル語だっていろいろな表現法があるのであるが、一つおぼえの「フォス・ファヴォール」の方がいかにも安定感を持っているように思えるのである。これはアクルツラソン、即ち文化変容の過程において、いかにブラジル文化が優勢であるかを示すものである)

　　漢字のよみ方が音と訓とにわかれ、学問上の言葉が主として音によって代表され、日常用語の多くが訓によって占められていることは、日常の会話と学問上の術語との関連がたち切られていることである。学問上のといっても、なにも移民の生活と関係のないようなものでなく、常識として知っておかねばならないようなコトバでもそうなのである。…私の子供の通っている小学校では、毎年美人投票みたいなことをやる。それで「投票」というコトバをきかれたのであるが、どうもむつかしいという。そのわけは「ヴォト」というブラジル語はヴォタールという動詞によって日常親しまれているにもかかわらず投票というコトバは選挙のとき以外には子供たちはあまり耳にしていないからである。「死」と「詩」を同じときに教え込まなければならない教師は悲惨である。話し言葉をたよりにしている子供たちは、どうしても同音異義の日本語はそれを同時に使わなければならない時は一方をブラジル語にしてしまう。

4.3.　調査結果から見えてくる言語接触の諸相

　今回、談話録音調査を実施できたのは、奥地農村アリアンサと近郊農村スザノであった。3世においては、基本的に、日本語を日常的に使用することはなくなっているので、2世までの談話録音に見られる日本語の文法的特徴

を中心に述べる。

4.3.1. ミキシングから平準化（単純化）へ

　まず、我々の録音調査結果では、2.2. で示した次のような形式の使用はまったく見られず、「さ」は「に」へ、「ば」は「を」あるいはゼロ格へ、「べ」は「だろう」（あるいは「でしょう」）に平準化されていた。

　　「さあ早くメルカード<u>さ</u>行つて生きのよいペーシェをコンプラせにや」
　　「ついでにアジノモト<u>ば</u>ウン・ラッタ買わにやならん、今なら二百ミルもする<u>べ</u>ね」

　また、4.2.2. で示した、下記のような「じゃ」はほとんど使用されず（「や」も使用されていない）、「だ」に平準化されていた。過去形の場合も、「だった」に平準化されており、「じゃった」「やった」は使用されていない。推量形式も「だろう」に平準化され、「じゃろう」「やろう」の使用は見られなかった。

　　「学校へ行ったん<u>じゃ</u>のうて、ナモラとバイレをおぼえに行ったん<u>じゃ</u>なんていわれんともかぎらん。」

　一方、否定形式に関しては、「しない」と「せん」が共存し、過去形では「しなかった」と「せんかった」が共存している。（なお「せなんだ」は今回の調査では使用されていなかった。）
　第2部に提示した談話録音の文字化の中から、多少簡略化して引用する。次の談話は2人の1世子供移民によるものである。BJは香川県出身。1935年、1歳で渡伯。KPは、埼玉県出身。3歳で渡伯。
　BJの発話に注目すると、実線で示したように、「しない」と「せん」（「せんかった」）が併用されている。一方、波線で示したように「だ」「だった」「だから」が一貫して使用されており、「じゃ」「じゃった」等は使用されていない。

BJ：　うーん。でもー、あんまり頑固であれするのもどうかと思うよ。あ

の一、うち、その、こ、この trator《トラクター》よね。
KP： ええ。
BJ： まだ 2 回しか払ってないんよねー。
KP： ええ、ええ。
BJ： これ、4 万 8,000 <u>だっ</u>たんよね。こんなもん、いらんがなーという、もう 2 台持ってるんだけど、3 台目も、そんないらんがなーと思ったけど、子供が、こりゃーなんも、cana《さとうきび》切るのにー、1 時間に 300 メートルしか<u>行かん</u>から、具合がいいんだちゅーて。で、遮二無二、まあ、遮二無二って、俺もあんまり反対も<u>せんかった</u>けど。買ったんよね。たら、2 回だから、今、1 万…、2 回合わして 1 万 2,000 ぐらいしか払ってないんよね。今、novo《新しいの》、8 万越してる。
KP： うん、そうでしょう。
BJ： あの時に買ってなかったら、もう今だったらもう…
KP： 買えない。
BJ： <u>買えない</u>。
KP： うん、そうですか。
BJ： だからそういう、反対されていい時もあるけど。
KP： 思い切りはいいよ。
BJ： だからやっぱり払える、お、思い切りでないとね。あんまりー。
KP： しかし、あれですよ。何でもね、思い切りがいい。ありゃー、まあ、あー、あー、わしらーなんか、ぜ、全然伸びなかったのは、あのインフレ時代にね、度胸がなかった。あのインフレ時代にね、度胸のある人はもう、買っておき、品物さえ買えば、もう、儲かった。
BJ： そう、そう、そう。<u>だから</u>。
KP： それがはっきりする。
BJ： 分かればね。
KP： はっきりとするけど。いや…
BJ： 分かれば誰でも買うんだけど、それ<u>分からん</u>から。

　2 世の場合も、同様である。BJ の発話においては、2 つの否定形式の併用がある。一方、KP の発話において推量形式は「だろう」に平準化されている。

BJ： はい、はい、はい。ほいで、もう、それだけで何て言うの？　えー、ちょっと言うたら、もう、花類なんかなったら贅沢品になるでしょ、「KPの名前」さん。
KP： そう、そう、そう、うん。
BJ： だから、そこまで金が届かんわけね、みんな。
KP： うん、そうだろうねー。
BJ： うーん。僕たちがこんなやって、1日1日に、この食べ物ね、生活品を売っと、売ってるのに、それだけ、もう売れないから。難しいね。
KP： うん、そうよね。
BJ： で、CEASA《サンパウロ州中央卸売市場》なんか多いでしょ？
KP： ええ、そうなんです。

　以上のように、否定形式では「せん」と「しない」という東西の2つの方言形式が併用されるが、「だ」「だろう」か「じゃ(や)」「じゃろう(やろう)」かという東西方言対立に関しては、「だ」「だろう」に平準化されている。この選択の要因は不明であるが、後述の沖縄本島におけるウチナーヤマトゥグチとの関係を考えると興味深いものがある。西日本出身者が多いから、コロニア語では西日本方言が優勢であるとは言い切れない可能性があり、より精密な分析が必要である。

4.3.2.　西日本方言アスペクト形式の再配置と共通語化

　西日本の多くの方言では、「しよる」と「しとる」という2つのアスペクト形式があって、次のように対立している。標準語あるいは東日本方言では、どちらも「散ってる」になり、進行か結果かの区別ができない。

　　桜の花が散りよる。〈進行〉
　　桜の花が散っとる。〈結果〉

　また、標準語あるいは東日本方言の「学校に行ってる」「家が建ってる」は〈結果〉を表し、〈進行〉は表さない。これに対して、西日本方言の「行きよる」「建ちよる」は〈進行〉を表すことができる。
　ブラジル日系社会では、このような西日本方言形式がコロニア共通語化し

ていると思われる。アリアンサのユバ農場在住の矢崎正勝氏が作成された『ユバ語辞典』にも、「いきよる」「いきよった」という形式が、「いきつつある（あった）」の意味で使用されると記されている。

　次の談話は、2人の子供移民（準2世）の談話である。BJは、長野県出身で、1933年、9歳で渡伯。KPは、茨城県出身で、1960年、18歳で渡伯。

　下線部分に注目されたい。「してる」「しとる」「しよる」が併用されている。出身地から言えば、どちらも東日本であり、「してる」を使用するはずであるが、子供移民であることから、ブラジル日系社会のなかで「しとる」「しよる」を習得したと思われる。（井脇千枝氏の修士論文によると、日系1世の成人移民では、東日本出身者は「しよる」形式を使用していない。）

BJ：　…おう、おう。でねー、わしが、あのー、「人名」さんとこでね、granja《養鶏場》やってる時、えさがなくなったから、あのー、自分の、camioneta《軽トラック》でえさ買いに行って、（KP：うん）20俵ぐらい積んで、で、vila《村》まで来たら、（KP：うん）パンクしちゃったんだよ。雨はしょぼしょぼ降るしね。困った。ったらね、1人の外人【ブラジル人】が来てねー、「よし、俺がやってやろうよ」っつってね。雨が降っとるのにね、camisa《Yシャツ》を脱いでね、あのー、vila《村》に預けてね、【車の下に】潜って、やってくれたの。で、助かったよ。そいでね、「Obligado.《ありがとう》いくらあげたらいい？」って【言ったら】、「Não.《いいえ》一杯飲ましてくれる？」っつう…だから、あそこのね、あのー、bar《軽食屋》に行って、飲まして。それで結構、欲しいとは言わなんで、やってくれたのね。そういうとこをねー。外人【ブラジル人】ってねー。あのー、知らん人よ。見ず知らずの外人【ブラジル人】がねー、やってくれるのね。で、いつか、あのー、ダンスに行って、行く時にね、わしと「人名」さんのばあさんとね、いつもSão Paulo《サンパウロ》へ汽車でダンスに行った時ね。あの頃、あの、greve《ストライキ》か何か知らんけど、あの、汽車が途中で止まっちゃって。あの、若い連中はestação《駅》からfora《外》だからね。とし、あのー、estação《駅》に止まらなんで、止まっちゃってね、いごかん【動かない】のよ。そういうこともあったのよ。

KP： うん、うん、駅の中間で。
BJ： 中間で。で、みんなぞろぞろ降り出してね。ところが、わしとばあさ、「人名」さんのばあさん、降りるとなると…
KP： 高いねー、あれは。
BJ： 1メートル半もある。
KP： うん。プラットホームがないとね。
BJ： そうよ。プラットホーム行くと、こうなるけどね。これがないと、この、高いでしょ？若いもんはぴょんぴょんぴょんぴょん飛びよるがね。(KP：うん)困っとると、1人の、うー、ブラジルのね、(KP：うん)「俺に任しとけ」っていう。うん。外に飛び降り、降りた連中に、ねー、「おーい、ちょっとajuda《手伝う》してやってくれ」って。

　次は、2世の場合であるが、やはり、「してる」「しよる」が併用されている。

　　いつも見てるからね。こうしないといけない、ああしないといけないって集まって、この子供はどういう教育をやって勉強に向いていきよるか、勉強してるかっつことね。いっつも聞いてるから。勉強でける子供には聞かなくていいんよ、もう。1人ででけるからね。勉強がちょっと難しい子供には、ね、この子供はどういう風にやっていきよるか、勉強してるか、分かってるかっちゅうことを、いっつも先生に聞いて、「あー、こうしたらええ、ああしたらいい」っちってね、話し合っているからね。

　「しよる」形式は、〈進行〉を明示するアスペクト形式として再配置され、コロニア共通語になっていると思われる。
　以上のように、単純な日本語（標準語）とポルトガル語との接触ではなく、日本全国からの移民による方言接触があり、ミキシングの段階を経て、特殊な方言形式が使用されなくなる（levelling）とともに、一定の方言形式が共有化され、日本とは違った、緩やかな共通コロニア語の生成（koineization）ともいうべき現象があったと思われる[2]。

5. 沖縄地域における言語接触：コロニア語との共通性

　ここでは、ブラジル沖縄系移民社会における言語接触を考察するための前提として、沖縄地域におけるウチナーヤマトゥグチについて、コロニア語と比較しつつ見ておくことにする。

　ウチナーヤマトゥグチでは、首里方言を含む沖縄中南部方言、標準語、九州方言を中心とする西日本方言の間での接触現象が見られるのだが、コロニア語との関係で興味深いのは次の点である。

「コロニア語」	「ウチナーヤマトゥグチ」
せん／しない	せん
だ／だった	だ／だった
だろう	×
してる／しとる／しよる	してる／しよった

　否定形式では、コロニア語と違って、西日本方言形式の「せん」「せんかった」だけが使用されるが、いずれにせよ、否定形式では西日本方言変種が採用される。これに対して、コピュラ「だ」「だった」では、標準語（東日本方言）の方が採用され、西日本方言変種は採用されない。これらの点で、両者は共通している。（沖縄中南部の伝統方言のコピュラが「ヤン」「ヤタン」であることから、ウチナーヤマトゥグチでは、西日本方言形式の方が採用されてもいいように思われるが、そうはなっていない。）

　ただ、推量の「だろう」はウチナーヤマトゥグチとしては使用されず、代わりに「たぶん来るはずよ」のように、沖縄中南部の伝統方言形式（「ハジ」）の意味を引き継ぐ「はず」が使用される。この事実は、ウチナーヤマトゥグチでは伝統方言の干渉があったことを示している。

　アスペクト形式については、コロニア語では、「してる」、「しとる」、「しよる」の3つの形式が過去形の「してた」、「しとった」、「しよった」を含めて使用されているが、ウチナーヤマトゥグチでは、「してる」とその過去形「してた」だけが使用される。そして、2. で述べたように、「しよった」という過去形だけが、〈進行〉の意味ではなく、〈目撃証言〉の意味で使用されるのである。ウチナーヤマトゥグチにおける「しよった」形式は、意味的に

```
          首里方言              標準語
   形式   シジョータン          死んでる
   意味   継続                継続
                              ↓
                        ウチナーヤマトゥグチ
                          形式：死んでる
                          意味：継続


          首里方言              西日本方言
   形式   シヌタン             死によった
   意味   目撃                進行
                    ↓
              ウチナーヤマトゥグチ
                形式：死によった
                意味：目撃
```

は首里方言を含む沖縄中南部の伝統方言を引き継ぎ、形式上は、西日本方言変種であるというハイブリッドなものである。

　接触言語としての流動性もあって、ウチナーヤマトゥグチとして、「しよる」という非過去形式を使用するという人もおり、文法的な意味は違っているものの、西日本方言変種である「しよる」形式が、コロニア語でもウチナーヤマトゥグチでも採用されている点では共通している。

　100 年の言語接触を経た時、見えてくるのは、次の点である。

① コロニア語もウチナーヤマトゥグチも、単純な 2 つの言語・方言間の接触ではない。コロニア語では、ポルトガル語との接触と同時に、方言間の接触があり、ウチナーヤマトゥグチでは、標準語との接触だけでなく、九州方言を中心とする西日本方言との接触があった。
② ミキシングの段階から平準化あるいは地域共通語化の段階に至るプロセスにおいて、言語・方言間の干渉の仕方による違いが出てくると同時に、共通した特徴も見られる。コロニア語でもウチナーヤマトゥグチでも、否定形式では西日本方言変種が採用される一方、コピュラでは東日本変種である「だ」の方が採用されている。
③ 異なる言語・方言の組み合わせ方や組み替え方には、一定の法則性があり、乱雑なことにはなっていない。柔軟な創造性が認められる。

6. 沖縄系移民社会における言語接触

　沖縄系の場合でも、3世では、ポルトガル語への言語取り替えが進んでいるが、1世や2世の談話を録音してみると、次のような言語接触が見られる。（なお、談話録音においては、積極的な沖縄方言の使用を依頼した。従って、日常そのままとは言えない面があると思われる。）

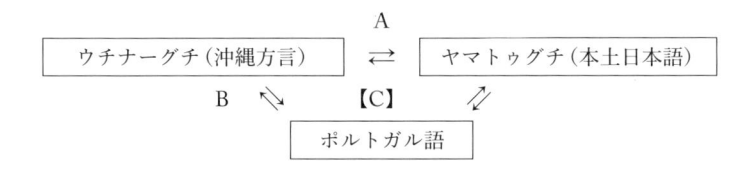

```
                    A
  ウチナーグチ(沖縄方言)  ⇄  ヤマトゥグチ(本土日本語)
         B  ↘   【C】   ↙
              ポルトガル語
```

　1文のなかでの接触状況に注目して、A)沖縄方言と本土日本語（標準語を中心とるす日本語）の接触と混交、B)沖縄方言とポルトガル語の接触と混交、C)沖縄方言、本土日本語（標準語を中心とるす日本語）、ポルトガル語の3言語の接触と混交について述べる。日本語とポルトガル語との接触と混交もあるが、日系の場合と大きな違いは見られないので、ここでは触れない。

A) 沖縄方言と本土日本語の接触と混交

　次の2つの発話では、発音面を除けば、「ロージンクヮイ」「サイゴマディ」が本土日本語である。「リッパニ」は形式上は本土日本語だが、意味の面では違いがある。残りは、基本的に、伝統的な沖縄方言である。

　　「ロージンクヮイヤ　ムル　ウチナーグチ　ヤサ」
　　（老人会はみんな沖縄語だよ）
　　「サイゴマディ　リッパニ　ムル　ウサガタンサニヤー」
　　（最後までちゃんと全部召し上がったんでしょうね）

　次の発話は、より本土の日本語的要素が強いものである。終助詞「ネ」の使用はコロニア語と共通し、「ジョートーダッタ」はウチナーヤマトゥグチと共通する言い方である。指小辞「グヮー」は沖縄の伝統方言形式であるが、ウチナーヤマトゥグチでも使用される。

「シバイグヮーモ　ジョートー　ダッタネー」（芝居もよかったね）

次の発話になると、コロニア語と同じになっている。「イーヨッタ」は、ウチナーヤマトゥグチのような〈目撃証言〉の意味ではなく、〈反復習慣〉の意味で使用されており、コロニア語と同じである。

「アノ、ムカシワ　オトコノコト　オンナト、テーデモ　サワッタラ、モー　スグ　ナントカ　イーヨッタネ」
（あの、昔は男の子と女【の子】と手でも触ったりしたら、もう、すぐ何とかと言っていたね）

B) 沖縄方言とポルトガル語の接触と混交

次の発話には、ローマ字表記したポルトガル語と、沖縄方言との混交がある。このような混交の仕方自体は、コロニア語に普通に見られるものである。

「ンーナ　bom　ヤタサ」（みんなよかったよ）
「イッター　mudar スンナ？」（あんたたち、引っ越しするの？）

C) 沖縄方言、本土日本語、ポルトガル語の接触と混交

次の発話では、ローマ字表記部分がポルトガル語であり、コロニア語と共通している。下線部分がはっきり本土日本語と言える部分であり、残りが沖縄方言あるいはその干渉を受けている部分である。「オロクコトバ（小禄言葉）」と言わず、「ウルククトゥバ」と発話しているのは、5母音体系である（多くの）本土日本語に対して、小禄方言を含む沖縄中南部方言が「a, u, i」の3母音体系であることの反映である。

「Shopping　ジョートーリチ　チャー　イーシガ、shopping、タカイヨー」
（ショッピングセンターはいいといつも言うけど、ショッピングセンターは高いよ）
「ネーサノー　acho que mais　ウルククトゥバ　ツカウネ」

（お姉さんはもっと小禄言葉を使うと思うよ）

本書では、今までほとんど記録されてこなかった沖縄系移民社会における談話録音の一部を公開するが、精密で本格的な分析は今後の課題である。

7. おわりに：2つの言語観をめぐって

ブラジル日系・沖縄系移民社会や那覇市を中心とする沖縄本島で起こった言語接触現象は、「乱れ」や「ゆがみ」と考えられがちである。しばしば、コロニア語が「奇怪な言葉」、ウチナーヤマトゥグチが「不正語」といった評価を受けてきたように、単一の純粋言語に対して、雑種としての接触言語は、スティグマを負った言葉（恥ずべき言葉）とされてきた。

しかし、近年のContact Linguisticsの発展によって、ごたまぜの本物ではない言語（スティグマを負った言語）として好奇心の対象でしかなかったピジンとクレオールは、今や、あらゆる言語の発達や変化に関する研究分野の中心的存在になった。ピジンとクレオールは、粗野な崩れた言語ではなく、創造的な再構築プロセスの結果であることが明らかになってきている。

下記のWinford,D. (2003)等が示すように、言語の混交的な、あるいは雑種的な成立過程は、周辺的な特殊現象ではなく、すべての言語にあてはまるという視点は、これまでの言語の純粋性を前提とした言語系統論的モデルを相対化している点で重要であろう。

> Language mixture has always prompted strong emotional reaction, often in the form of ridicule, passionate condemnation, or outright rejection. Language purists have proscribed it as an aberration of the "correct" language, and their attitude is reflected in a lay perception of mixed languages as deviant, corrupt, and even without status as true languages.
>
> Far from being deviant, language mixture is a creative, rule-governed process that affects in one way or another, through to varying degrees. ...Whenever people speaking different languages come into contact, there is a natural tendency for them to seek ways of bypassing the communicative barriers facing them by seeking compromise between their forms of speech.

言語の純粋性あるいは均質性を前提とした言語系統論的モデルは、19世紀比較言語学によって確立されたものである。比較言語学の前提になっている言語観は次のようなものであった。

1) 言語の進化は自然法則に支配され、人間の意志による規制は受けない自律的なものである。言語の変化は、規則的にかつ首尾一貫して起こる。（言語をそれ自体完結した有機体と考えており、上述の「（語）族」「（語）派」という術語も、当時隆盛であった生物学から導入したもの。）
2) どの言語もそれぞれ単一の起源に遡り、分岐的に発達する。言語の系統関係は純粋なものであり、どの言語もその骨組みは他の言語と混交することなく固有の発展を遂げる。

　これに対して、研究生活の大半を多言語国家オーストリア・ハンガリー帝国のグラーツで送った Hugo Schuchardt(1842–1927) は、クレオール語に注目することによって、比較言語学者の言語観への異議を提示した。クレオール語とは、系統関係のない言語が混交した結果生じた言語（mixed language）である。Thomason, S. T. and T. Kaufman (1988) は、比較言語学者である Max Müller (1871) の「混交言語は存在しない（Es gibt keine Mischsprache.)」と、Hugo Schuchardt (1884) の「完全に純粋な言語は存在しない（Es gibt keine völlig ungemischte Sprache.)」という象徴的なフレーズを掲げた上で、Schuchardt が、ピジンやクレオールを周辺的なもの、あるいは単なる言語的変種としてではなく、言語の本質（言語の混交性の universality）にむすびつけて考えたと指摘している。
　言語の系統論的モデルに異議を唱えた Schuchardt (the first creolist) の思想は生前よりも没後に拡まり、今ではクレオール研究の父と称されている。
　単一言語話者には、多言語使用は正常ではないものと認識されがちであるが、単語借用は行っても、言語自体の骨組みは変わらずに固有の発展をするという言語の純粋性についての考え方、つまりは我々のもつ日本語観を相対化していった点にこの調査研究の意義があると言えるかも知れない。
　言語接触によって生成される日本語の多様性を的確に捉えていくこと、つまりは、複数の日本語という脱中心化の観点が今後ますます重要になってく

ると思われる。

注
1) カンポ・グランデにおける「沖縄語」は、沖縄本島の北部方言であったと思われる。琉球語内部の方言的な差異は大変大きく、その差異の程度は、青森から鹿児島までの本土方言内部の差異に匹敵するといっても過言ではない。大きくは、沖縄諸島と宮古諸島を隔てる海が大きな境界線になって、北グループ（北琉球方言グループ）と南グループ（南琉球方言グループ）に分かれ、両グループの間にはほとんど相互理解性が欠けている。琉球王国の首都であった首里のことばが最も有力な方言であり、沖縄芝居における演劇ことばも発達し、地方共通語として機能してきた。首里方言は、沖縄本島の中南部方言に属する。下記の分類は上村他（1992）によるものである。
 1) 北琉球方言グループ
    喜界島方言
    奄美大島北部方言
    奄美大島南部方言
    徳之島方言
    沖永良部島方言
    与論島方言
    沖縄北部方言
    沖縄中南部方言（首里方言を含む）
 2) 南琉球方言グループ
    宮古方言
    八重山方言
    与那国方言

　ここでは、上記を包括する用語として「琉球語」を使用することにする。「言語」「方言」という名称は、構造的差異、相互理解度と関わりあっているばかりでなく、その言語、方言を使用する社会のあり方、歴史等と関わりあう概念である。また、島津の琉球王国に対する政策などの歴史的事情による差別的な語感に基づいて、「琉球」という用語が避けられた時期もあったのだが、「沖縄」という用語は、沖縄本島をさして使用されてきた用語であるため、琉球列島全体をさす場合には必ずしも適当ではないと思われる。

2) なお、Mattoso Camara (1972) は、ブラジル・ポルトガル語もまた、ポルトガル北部と南部からの移民による、a new kind of dialect であると指摘している。

参考文献
井脇千枝（2003）『ブラジル日系社会における方言接触』大阪大学大学院文学研究科修士論文

上村幸雄他（1992）「琉球列島の言語」『言語学大辞典』三省堂
かめいたかし（1970）「圏外の精神フーゴ・シュハート」亀井孝論文集（1971）『日本語学のために』所収、吉川弘文館
工藤真由美（2007）「複数の日本語という観点からみたアスペクト」『月刊言語』36-9
工藤真由美・高江洲頼子・八亀裕美（2007）「首里方言のアスペクト・テンス・エヴィデンシャリティ―」『大阪大学大学院文学研究科紀要』47
佐藤常蔵（1957）『ブラジルの風味』日本出版貿易株式会社
鈴木英夫（1982）「ブラジルにおける日本語の変容」『名古屋大学教養部紀要A（人文科学・社会科学）』26 名古屋大学教養部
高江洲頼子（1994）「ウチナーヤマトゥグチ―その音声、文法、語彙について―」『沖縄言語研究センター報告』3　沖縄言語研究センター
半田知雄（1966）『今なお旅路にあり―或る移民の随想―』太陽堂書店
比嘉正範（1982）「ブラジルにおける日本人移住者の言語適応」『ラテンアメリカ研究』4　筑波大学ラテンアメリカ特別プロジェクト研究組織
屋比久浩（1987）「ウチナーヤマトゥグチとヤマトゥウチナーグチ」『国文学解釈と鑑賞』55-7　至文堂

Auer, P. and F. Hinskens, P. Kerswill (eds.)(2005) *Dialect Change: Convergence and Divergence in European Languages*. Cambridge UP.
Gumpers, J. J. (1982) *Discourse Strategies*. Cambridge UP.
Heine, B. and T. Kuteva. (2006) *The Changing Languages of Europe*. Oxford UP.
Joseph, B. D. and R. D. Janda (eds.)(2003) *The Handbook of Historical Linguistics*. Blackwell.
Kerswill, P. (2002) Koineization and Accommodation. Chambers, J. K., P. Trudgill and Schilling-Estes, N. (eds.) *The Handbook of Language Variation and Change*. Blackwell.
Mattoso, Camara, J. (1972) *The Portuguese Language*. University Chicago Press.
Nelde, P. H. (1996) Language Conflict. Coulmas, F. (ed.) *The Handbook of Sociolinguistics*. Blackwell.
Thomason, S. T. and T. Kaufman (1988) *Language Contact, Creolization, and Genetic Linguistics*. University of California Press.
Trudgill, P. (2004) *New-Dialect Formation: The Inevitability of Colonial Englishes*. Edinburgh University Press.
Weinreich, U. (1953) *Languages in Contact: Findings and Problems*. Linguistic Circle of New York. (Reprinted 1968. Mouton)
Winford, D. (2003) *An Introduction to Contact Linguistics*. Blackwell.

（工藤真由美）

第 2 章 「言語」をめぐる移民史
―ブラジル日系人の言語状況に関する民族誌的考察―

1. はじめに

　これまで実施してきたフィールドワーク（インタビューおよび観察）や文献調査を通じて明らかになった、ブラジル日本人移民とその子弟の言語接触の特徴のいくつかを挙げれば、次のようになろう。

（1）日本人移民一世の言語接触は日本語とポルトガル語との接触、日本各地の方言の接触という重層的なプロセスにおいて起こった。
（2）ブラジルへの日本人移民が家族形態で行われたという事実は、日本人・日系人の言語接触にとって基底的な条件であった。
（3）移民一世間では、日本語とポルトガル語の場合、この接触からジャーゴン（jargon）、ピジン（pidgin）、クレオール（creole）といった「接触言語（Contact Language）」が生成されることはなく、常に日本人移民がポルトガル語を習得するというブラジルの「国語」への適応戦術が採られてきた。
（4）移民一世（特に言語形成期以後に渡航した移民）のポルトガル語習得過程はまず、言語混淆（日本語の体系を用いながら、ポルトガル語から語彙を大量に導入する）によって、共通語が欠如した日本人及びブラジル人間の意思疎通手段とした。その後、日本人移民一世たちはポルトガル語を不十分ながら習得、「中間言語（Interlanguage）[1]」を獲得し、それを意思疎通手段とした。戦後にあっても、移民一世の場合、基本的には「中間言語」（不十分ながら習得されたポルトガル語）が唯一のブラジル人との意思疎通手段であり続けている。この一世の「中間言語」としてのポルトガル語の特徴は、移民一世が主に接

触した農村賃金労働者（コロノ）階級やカマラーダ（土地なし農村労働者）など低階層帰属者であったことで、〈カイピーラ方言[2]〉の干渉を強く受けたものとなっている。

（５）一方、日本各地の方言間の長期的集団的接触においては、「コイネー化」、即ち、単純化を伴う方言融合が起こり、ブラジルの「日本語方言」といえる〈共通日本語〉が生成された。この〈共通日本語〉はポルトガル語からの干渉（Interference）も受け、多くの語彙や語句を借用している。つまり、〈ポルトガル語交じりの共通日本語〉として成立した。

（６）しかし、この〈共通日本語〉がブラジル人との意思疎通手段として利用されることはなく、戦前期においては共同体及び近隣、家庭での使用言語、換言すればブラジル日系人間の意思疎通手段であった。この生活言語は集団内の意思疎通言語であると同時に、集団内のアイデンティティ言語として機能してきた。

（７）二世の場合、移民一世の言語的限界を補填する意味や、日系ブラジル人としての二世の言語的アイデンティティとの関連などにおいて、（特に一世側から）常にバイリンガリズムであることが希求されてきた。勿論、このバイリンガリズムの目的や実態は、時代によって大きく変化してきている。

（８）二世の言語習得状況――日本語／ポルトガル語――には、移民一世に近いタイプからほぼ言語シフトが完了している三世に近いタイプまでかなりの多様性が存在している。

（９）二世の話すポルトガル語は、特に戦前二世（植民地で言語的社会化を受けた）の場合には、主要な接触主体であった移民一世と労働者階級の話す日本語・ポルトガル語双方の干渉を強く受けたポルトガル語である[3]。

（10）二世世代の特殊性や多様性とも関連して、戦後に結成された日系エスニック結社、移民一世世代を包含する日系家庭における日系人世代間の意思疎通手段はかなり多様な状況を示すようになっている。その中で、現在、最も卓越する構造は、一世による〈共通日本語〉使用と二世側のポルトガル語使用という「双方の受動的言語習得による非対称的二言語使用」的なかたちであると思われる。

(11) ブラジル日系人の社会的な言語接触は安定型と進行型に区分すれば、時代状況によってそのスピードの違いはあったものの、進行型であり続けた。現在において、三世の場合には、日本語からポルトガル語への言語シフトをほぼ完了している。

本章では、こうした日本人移民とその子弟の社会的言語接触やその結果としての言語状況に影響を及ぼしてきた諸状況を、通時的に記述、考察することを目的としている。これまで言語接触（言語維持・シフト）を規定する諸条件を巡るモデル構築に向けた諸研究が数多く実施されてきている（Conklin & Lourie1983 など）。例えば、Conklin & Lourie（1983）は米国の移民集団の言語状況に基づきながら、言語維持と言語シフトを促進する諸条件を、政治的社会的人口学的ファクター、文化的ファクター、言語的ファクターに区分し、マクロな視点から、これらのファクターが米国の移民集団の言語維持・シフトにどのように影響を及ぼしたのかを考察している[4]。これらの研究はあくまでマクロ的な観点から実施され、そこから言語接触を規定する諸条件に関する普遍的モデルを構築するということを目的としている。

本章では、こうした一般的モデルの構築という目的よりも、特定の時期に、特定の（国民）国家に集団的に移住した移民たちの言語接触に、いかなる状況がどのように影響を及ぼしてきたのかを考察すること、つまり、言語接触プロセスにおける言語維持やシフト、言語変容に影響を与えてきた政治的・経済的・社会的状況やこうした状況の影響を受けて析出された言語適応戦術、言語状況などを、民族誌的手法を用いて具体的個別的に記述、考察することを目的するものである。

約一世紀に及ぶブラジル日系人の言語接触過程を考察するために、本章では日系人が析出してきた生活ストラテジーとアイデンティティを時代区分の指標として用いることにする。長期間ブラジルに居住し、日系人研究を行ってきた前山（1982）[5] は、ブラジル日系人の生活ストラテジーとアイデンティティの変遷を図表１のように総括している。

前山によれば、初期の日本人移民たちは短期的な出稼ぎストラテジーをもってブラジルに渡航し、コーヒー耕地の賃金労働者（コロノ：Colono）として就労、4, 5年の間に〈柳行李にいっぱいの札束〉をつめて、日本へ帰国するという考えを抱いていた（第一次出稼ぎストラテジー）。移民たちは

移民＝非相続者（日本の村落構造、「イエ」制度のなかで生産手段の相続を許されなかった次三男、すなわち「非相続者」）というアイデンティティをもってブラジルに渡航し、ブラジルでは自らを「自分たちはブラジルという他人の家にしばしの間お世話になっている客」として位置付けた（移民＝客人モデル）。しかしながら、コーヒー耕地におけるコロノ制度のなかでは所期の目的を達成することは不可能と認識し、その当時の様々な状況を主体的に判断しながら、新たな生活ストラテジーを析出するようになった。それを前山は、第二次出稼ぎストラテジーと名付けている。

図表1　ブラジル日系人の生活ストラテジーとアイデンティティの変遷

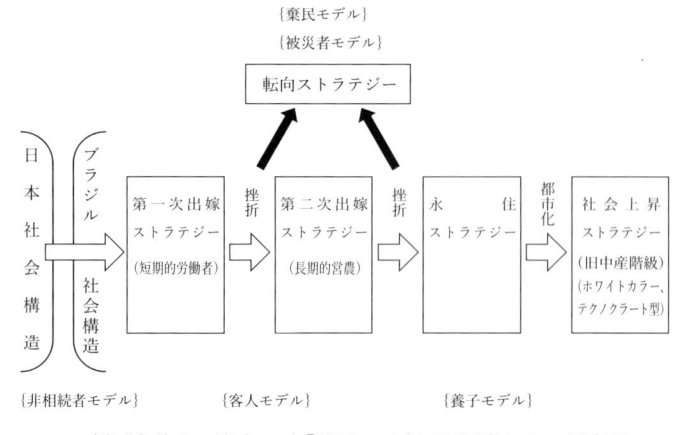

```
                            〔棄民モデル〕
                            〔被災者モデル〕
                             転向ストラテジー
                               ↑      ↑
 日 ブ    ┌─────┐挫 ┌─────┐挫 ┌─────┐都 ┌─────┐
 本 ラ    │第一次出稼│  │第二次出稼│  │永  住 │市 │社会上昇 │
 社 ジ  → │ストラテジー│折│ストラテジー│折│ストラテジー│化 │ストラテジー│
 会 ル    │（短期的労働者）│ │（長期的営農）│ │       │ →│（旧中産階級）│
 構 社    │       │  │       │  │       │  │（ホワイトカラー、│
 造 会    │       │  │       │  │       │  │テクノクラート型）│
    構    └─────┘  └─────┘  └─────┘  └─────┘
    造
         〔非相続者モデル〕   〔客人モデル〕      〔養子モデル〕
```

（出典）前山　隆（1982）『移民の日本回帰運動』を一部変更

　この新しい生活ストラテジーは既に1920年代初め頃には析出されはじめていたが、その核心は短期的出稼ぎから中・長期的な出稼ぎへと出稼ぎ期間を延長し、コーヒー耕地ではなく、「植民地」と呼ばれたエスニック地域共同体を形成し、そこで独立自営農として所期の目的を達成しようとするものであった。しかしながら、このストラテジーも主要生産物であったコーヒー経済の衰退、排日的機運とナショナリズム、第二次世界大戦などで挫折すると、自らを〈棄民〉〈被災者〉として捉えるアイデンティティを析出し、新たな生活ストラテジー（日本回帰、日本の植民地への再移住という転向ストラテジー）を析出するようになる。

　しかし、この新たなストラテジーは非現実的なもので、実際にはこれを実現する経済的な基盤を確立していた移民はほとんど存在しなかった。第二次

世界大戦以降、日本人移民の間には、様々な状況の変化から、ブラジルへの永住が決断されるようになり、それに伴い、サンパウロ市やその周辺諸都市を中心とする都市部への移動、都市部での新たな生活ストラテジー（自営業とホワイトカラー・テクノクラート型社会経済上昇ストラテジー）を実施していくようになった。そして、この新たな生活ストラテジー（永住と社会経済上昇）に適合的な〈養子モデル〉という新しいアイデンティティを析出した。

本章では、以上に要約した前山に基づきながら、これらの生活ストラテジーが実践されてきた、3つの代表的な生活世界＝コーヒー耕地、植民地、都市（サンパウロ市）を舞台として、そこでのブラジル日系人の言語状況や言語変容（言語維持や言語シフトなどに影響を与えた様々な社会的政治的経済的文化的諸ファクターなど）を、共時的かつ通時的に概観していくことにしたい。なお、本章ではこれらの3つの生活世界が展開された時期を便宜的に以下のように区分している。

1. コーヒー耕地時代── 1908 年〜 20 年代前半
2. 植民地時代── 1920 年代〜第二次世界大戦終戦まで
3. 戦後都市時代── 1940 年代末〜 80 年代末

2. コーヒー耕地時代（1908 年〜 20 年代前半頃まで）

2.1. 初期戦前移民の特徴
──「コロニア語（ブラジルの共通日本語）」誕生の一つの背景

周知のように、ブラジルへの日本人移民の歴史は 1908 年 6 月 18 日、第 1 回契約移民 781 名を乗せた笠戸丸がサントス港に入港して開始された。そして第二次世界大戦にブラジルが連合国側で参戦し両国間の国交が途絶え、移民送り出しが停止された 1941 年 12 月までに、約 23 万人の日本人移民がブラジルに渡っている。

図表 2 は戦前期におけるブラジル向け日本人移民数を年代別出身地方別に示したものである。これによると、日本人移民は 1928 年から 37 年までの 10 年間に全体の 54％が集中し、地方別では全国各地からの移民が存在するものの、相対的に九州地方からの移民数が全体の 28％で最も多く、以下、中国地方が続き、総じて西日本地域出身者が卓越していたという特徴が看取

図表 2　年代別地方別戦前移民数の推移

	1908～1912年	1913～1917年	1918～1922年	1923～1927年	1928～1932年	1933～1937年	1938～1941年	合計	比率
北海道	—	—	633	1,174	4,841	5,816	569	15,703	6.90%
東北	235	1,090	427	1,069	6,393	12,094	967	26,544	11.60%
関東	8	24	898	1,497	2,854	4,874	399	15,235	6.70%
中部	37	841	2,514	1,802	4,806	8,887	675	22,515	9.80%
近畿	37	307	1,199	3,980	4,857	5,057	863	19,499	8.50%
中国	906	2,383	1,085	6,200	10,490	5,496	452	30,869	13.50%
四国	259	793	470	1,713	3,994	4,496	446	15,114	6.60%
九州	2,451	7,091	2,503	6,612	16,344	14,924	1,163	64,318	28.10%
沖縄	739	2,238	2,665	920	2,391	4,041	1,277	19,100	8.30%
(韓国)					6			6	—
合計	4,672	14,767	12,394	24,967	56,976	65,685	6,811	228,903	100%

される。

　また図表3は戦前移民を多く輩出した上位10県を示したものであるが、都道府県別では熊本県が全体の10%を占めて最も多く、以下、福岡県、沖縄県、北海道、広島県、福島県と続いている。こうした移民の出身地域の特徴は、後述するように、コーヒー耕地時代に開始され、植民地時代に本格化した日本の東日本方言と西日本方言の混淆、ポルトガル語からの借用、新たな日本語語彙の創造などを基本的性格のひとつとする「ブラジルの日本語」を誕生させる基底的条件であった。

　ブラジルへの日本人移民は初期においては、大多数がサンパウロ州内の

図表 3　戦前移民数上位 10 県

都道府県名	戦前移民数	全体比
熊本県	23,367	10.2%
福岡県	19,280	8.4%
沖縄県	19,100	8.3%
北海道	15,703	6.9%
広島県	13,745	6.0%
福島県	12,207	5.3%
山口県	7,393	3.2%
鹿児島県	6,856	3.0%
岡山県	6,440	2.8%
和歌山県	5,917	2.6%

（出典）Comissão de Recenseamento da Colônia Japonesa (1964)
　　　The Japanese Immigrant in Brazil: pp.378–381.

コーヒー耕地の農村賃金労働者(コロノ：Colono)として導入されたが、サンパウロ州政府は日本人移民導入に際し、コーヒー耕地への定着率を上げる目的もあって、単独移民ではなく、12歳以上の労働力を3名以上含む家族移民形態であること、契約期間は基本的に一農年とすることを原則とするものであった。一方、この時期(1908年～20年代前半)における大半の日本人移民は、ブジルでの労働期間を4,5年から最高でも10年程度と予定し、貯蓄を達成した後、速やかに「錦衣帰国」するという意図の、短期的な出稼ぎストラテジーをもっていた。このストラテジーは、移民募集広告の内容(サンパウロ州政府の提示した条件やどのように利益を獲得するか、どのくらい利益を上げることができるかといった広告内容など)、日本のイエ制度などを勘案し、金儲けに有利な〈家族〉を、日本の戸籍法を利用し人工的に〈構成〉するというかたちで移民以前に開始された。日本人移民の間で〈構成家族[6]〉と呼称された、この人工的に構成された家族は、青・壮年層の家長夫婦に、甥、叔父、従兄弟、時には非親族、赤の他人の若い男性労働力を加え、相対的に子供や女性が少ないことを構造的な特徴としていた[7]。

　この短期的出稼ぎストラテジーを背景とする初期日本人移民世帯の構造的特質は、コーヒー耕地時代においては、日本人移民間に子弟教育への懸念が不在であったことと結びついている。この特殊な構成をもった〈構成家族〉から夫婦と子供を中核とする、日本の家族形態に類似する〈普通家族〉へと転換したのは[8]、コーヒー耕地からの逃亡や家族解体、ブラジル側の日本人移民の家族に対する奇異の眼差しなどを憂慮し、構成家族形態を抑制するという日本政府の指導が行なわれた1920年代半ば頃からのことであった。こ

図表4　時代別世帯構成別日本人移民比率

構成	時代	1908～1912年	1913～1917年	1923～1927年	1933～1937年
夫婦		34.6%	37.3%	21.3%	18.5%
子供		21.8%	22.6%	46.8%	48.2%
構成家族		42.1%	39.9%	26.2%	27.5%
内訳	近親者	30.9%	26.5%	23.5%	26.5%
	他人	11.3%	13.4%	2.7%	1.3%
その他		1.4%	0.3%	5.7%	5.8%
合計		100%	100%	100%	100%
実数		3,295	9,733	18,862	51,854

図表5　時代区分別ブラジル向け日本人移民数

時代区分	入国者数	比率
第1期（1908～1923年）	32,266	13.3%
第2期（1924～1941年）	156,349	64.6%
第3期（1942～1951年）	151	0.1%
第4期（1952～1963年）	53,405	22.1%
合計（1908～1963年）	242,171	100%

うした日本人移民の家族形態の変化は、図表4から看取されるところである。

　なお、この時期にブラジルに渡航した日本人移民は約32,000人程度であり、戦後期1963年までの総移民数の僅かに13.3％を占めていたにすぎなかった（図表5）。

2.2.　生活世界としてのコーヒー耕地

　この時期の大半の日本人移民はサンパウロ州内陸部のコーヒー耕地に農村賃金労働者（コロノ）として「配耕」され、その生活を、このコーヒー耕地における賃金労働者という農村社会の最底辺の経済的地位から開始することになった。コロノとしての生活は後述するように、日本人移民の言語接触の内容や質に大きく係るものであった。それでは、日本人移民の大多数が就労したコーヒー耕地とはどのような生活世界であったのだろうか。

　まず第一の特徴として、コーヒー耕地は当時、労働者全体の連帯を未然に防ぐため、ブラジル人労働者をはじめ、ヨーロッパ各地からの移民などを同時に雇用する多人種・多民族分割統治を原則としていたことを指摘できる。つまり、日本人移民は「配耕」直後から、こうした他民族・他人種との接触を経験することになったのである。例えば、第1回移民が「配耕」された6つのコーヒー耕地のうち、沖縄県移民24家族152名が入ったカナーン（Kanaã）耕地にはその当時、イタリア人190家族、スペイン人84家族、オーストリア人2家族、ポルトガル人6家族、ブラジル人24家族、合計306家族がコロノとして就労していたし、鹿児島県人27家族101名が入ったサン・マルチーニョ耕地には、イタリア人、スペイン人、ドイツ人、中国人など500家族のコロノが就労していたという[9]。

　こうした多様な労働者同様、日本人移民も〈コロニア〉と呼ばれたコロノ

住宅に居住し、労働や生活を開始し、生活の場面でブラジル人やヨーロッパ移民労働者と接触を始めた。コーヒー耕地での労働は基本的に月曜から土曜午前までで、土曜午後から日曜は休日であった。この週末にはパン焼きや豚殺し・解体などが実施されることも多く、日本人移民はこうした技術をブラジル人や先着のヨーロッパ移民から習得するといった機会、あるいは就労後の「物の貸し借り」などを通じて、他集団との接触を開始したのである[10]。

ところで、コーヒー耕地での生活は起床から労働終了まで厳格にコントロールされており、就労時間内での他民族・人種との接触は稀であり、唯一、この場面で接触するのはコーヒー耕地の監督にすぎなかったといっても過言ではなかった。コーヒー耕地の日本人コロノ間では、コーヒー耕地側との労働条件の交渉などのために「家長会議」や「県別代表者会議」などのインフォーマルな組織化が行われていたが、日本人労働者の意向は日本人の耕地通訳（〈通弁〉と呼ばれた）を介して行われることが一般的な形式であった。日本人移民を雇用するコーヒー耕地では日本人とのコミュニケーションに障害があるため、〈通弁〉を雇用するのが一般的であった。この〈通弁〉は日本の移民会社に属し、その命令で耕地に移民たちを引率して派遣されたもので、コーヒー耕地滞在中はコーヒー耕地所有者から給料をもらうというかたちが採られていた[11]。

また、短期的な出稼ぎストラテジー下における日本人移民は所期の目的を達成するために、よりよい条件を求めて活発な移動を繰り返したという特徴をもっていた。第1回移民の半数以上が契約期間満了を待たずに、配耕されたコーヒー耕地を逃亡[12]したことは例外としても、一農年を終えるとよりよい条件のコーヒー耕地に移動を遂げていくのが常であった。

2.3. コーヒー耕地における言語接触の状況

日本人移民が析出していたコロノとしての短期的出稼ぎストラテジーやそれに基づく〈家族〉編成、さらには活発な移動、あるいはコーヒー耕地自体の多人種・多民族分割統治原則、厳格にコントロールされた生活・就労時間、〈通弁〉の存在などの諸条件は、初期におけるコーヒー耕地での日本人移民の言語生活を強く規制することになった。

この当時の、日本人移民（コーヒー耕地コロノ移民）の言語生活をめぐる特徴を整理すれば、以下の4点になろう。第一に、日本人移民が配耕され

たコーヒー耕地には、日本人移民がホスト社会の言語および日本語を学ぶようなフォーマルな教育機関は不在であり、ホスト社会の言語・日本語習得はインフォーマルなかたちで行われるのが一般的であったという点である。移民の大半が移住前に持っていたポルトガル語の知識は、移民収容所やブラジルに渡る移民船の中で実施されたポルトガル語講習で学んだ「ボン・ディア(Bom Dia：おはよう)、ボア・タールデ(Boa Tarde：こんにちは)」といった挨拶程度のものであったし、「はじめのころは、こんなものさえまったく習わなかった移民も多かった」(半田1970)のであり、大半の移民たちはホスト社会の言語習得に関しては、インフォーマルな環境の中でゼロからのスタートであったといえるだろう[13]。耕地によっては、通訳に「夜学」でポルトガル語を教わるケースも見られたものの、大半の日本人移民のポルトガル語習得は、ブラジル人やヨーロッパ移民との接触を通じてのインフォーマルな習得が唯一の方法であった。

ところで、ごく初期においては日本人移民が個人的にポルトガル語を習得しようとしても、その習得条件もほとんど存在していなかった。例えば、ポルトガル語を学ぶための重要な手段である辞書(日本語・ポルトガル語辞書)が最初に出版されるのは1918年のことであったし[14]、伯刺西爾時報(新聞)紙上で、第1回移民通訳の一人嶺昌が「ブラジル語講義録」を掲載するようになるのは1917年のことであった。こうしてポルトガル語学習の手段が出現したものの、移民にあってはこうした手段を積極的に活用することは稀であった。

> 旧移民たちは、動詞の変化を見て、これはたしか、まちがいだと言った。こんな言葉は聞いたことがないとも言った。「ヨー・テン、ボッセ・テン、エレ・テン」でまにあう。日本語でも、「持ってる」は、自分だって、あんただって、みな「持ってる」だ。なんのために、「エウ・テーニョ、ツー・テンス」とやるのだろう、と批判しあったものだ。これを納得いくように説明してやるものがいなかったのである[15]。

コーヒー耕地にはポルトガル語習得のフォーマルな条件がなかっただけではなく、子供移民や二世に対する日本語教育機関が設置されることもなかった。学齢期の子供数も初期においては少数であったし、しかも短期的な出稼

ぎストラテジー実現のための活発な移動などもあり、こうした機関（学校など）の必要性は認識されていなかったのである。輪湖俊午郎は 1918 年当時の「珈琲園移民」の子弟教育状況に関して、次のように記述している。

> 大正七年の初頭、当時私が『伯剌西爾時報』の編集に携って居た頃、自身の興味からリベイロン・プレートを中心とした邦人家族の子弟教育に関し、之が調査のため四十余日を費し行脚したことがあります。即ち其頃日本人は、未だ珈琲園移民の域を脱せず、従って多く此地方に在住していたからであります。調査耕地は四十数か所、一千家族近かったのでありますが、日本語教育などして居る所は一ヶ所も無く、而かも父兄の希望は如何にしてブラジル語を習得せしむるかにあり、しかも其のブラジル学校さへ大耕地を除く外は、殆ど存在しなかったのであります[16]。

つまり、この当時の学齢期にあった子供移民や僅かの二世たちはポルトガル語、日本語いずれも正規の教育機関で習得する機会をもっていなかったということであり、短期的出稼ぎストラテジーに規制されていた当時においては、現実の生活での不便さから、子弟の日本語教育よりも子弟がいかに迅速にポルトガル語を習得し、対外的なコミュニケーションが可能となり、その不便さを緩和するかということが唯一希求されていたといっても過言ではなかったのである。

第二に、日本人移民（特に成人移民）とブラジル人・他民族の（言語的）接触は相対的に制限されたものであったという点である。この制限的接触は、まず短期的出稼ぎストラテジーを条件としたポルトガル語習得の動機付けの低さ（ないし不在）を背景とし、現実的にはコロノとして厳格に就労面をコントロールされ、就労中に他の移民やブラジル人労働者などと接触をする機会はほとんどなく、接触場面は就労後の物の貸し借りの機会や土曜午後から日曜にかけての休日に稀に行われた豚殺しやパン焼きを習う機会にすぎなかったというコロノ生活の特質と関連していた。また、この時期には移民会社に所属し、コーヒー耕地が雇用した日本人通訳の存在、後には〈旧移民〉の存在が移民と耕地側との交渉や折衝にあたって介在してきたという事実があり、フォーマルなレベルでの日本人移民とブラジル人耕主・耕地監督などとの接触は回避されてきたともいえる。さらに少数ではあったものの、ポル

トガル語をブラジル人労働者の子供などとの「遊び」を通じて不完全ながら「習得」するようになった子供移民や二世が出現するようになり、こうした子供の存在は成人移民をして、「なるべく（ブラジル人との）応対には子供を仲介させるように[17]」なるという状況も後には出現した。いずれにしろ、コーヒー耕地における日本人移民、特に成人移民間でのポルトガル語習得は大きく制限されたものであったといえるだろう。

第三に接触する対象はコロノという農業上の地位という条件から、コーヒー耕地で就労する底辺部の労働者階層に制限されていたという点である[18]。この接触対象の制限は日本人の習得するポルトガル語の内容を規制した。日本人移民の話すポルトガル語が日本語構文構造に規制されていたという事実は別にして、Doiが指摘するように、カイピーラ（自給自足的農業者：田舎者）方言の特徴をもつようになったし、半田が指摘しているように、「シンガ（悪口）」の言葉が多かったという特徴をもっていた。

第四には、このコーヒー耕地時代に様々な出身地をもつ移民間で、日本の地方方言の接触が開始されたが、その接触もまた、よりよい条件を求めての一農年での移動、契約終了前の「夜逃げ」、相対的に少ない移民人口などによって制限されたものだった。方言間の接触が本格的になるのは日本人移民が増加し、その生活がより安定的で長期化した植民地時代のことであった。つまり、この時期における言語接触は方言間の接触よりも、労働者の話すポルトガル語との接触による、それからの語彙や語句の借用というかたちを中核としていたのである[19]。

2.4. 初期意思疎通手段
――「言語混淆」と「中間言語（不十分に習得されたポルトガル語）」

移民一世（特に言語形成期以後に渡航した移民）とブラジル人との言語コミュニケーションはまず、言語混淆（日本語の体系を用いながら、ポルトガル語から語彙を大量に導入する）によって、開始された。コーヒー耕地において、日本人移民一世（成人）はブラジル人やイタリア系移民などとのコミュニケーションの際にどのような言語を用いていたのであろうか。移民一世（特に言語形成期以後に渡航した移民）とブラジル人との言語コミュニケーションはまず、言語混淆（日本語の体系を用いながら、ポルトガル語から語彙を大量に導入する）によって、開始された。半田は週末に行われた「豚殺

し」の機会やブラジル人とのコミュニケーション時の日本人が用いた「ポルトガル語」について以下のように記している。

> イタリア人やスペイン人の女がパンを焼く。男たちはごちそうに豚を殺す。日本人もパンの焼き方を教えてもらう。豚肉の一片をもらって、今度は自分たちも殺してお返ししたいと思う。そして、殺すときには手伝ってもらいたいとたのみこむ。「ヨー・タンベン・ポルコ・マータ、アジューダ・プラ・ミー」（[半田 1970 の註] 日本式にいったポルトガル語。「私・も・ブタを・殺す。手伝って・ください」となる）とやる。殺してやってもいいと親切に言ってくれたのは、となりの黒人だった。「シン・シン、オブリガード」――日本式に前もってオブリガード（ありがとう）をやる。ファス・ファボール（お願いする）のかわりだ[20]。
>
> その言葉のわかる旧移民のブラジル語たるや、「アマニャン・ジャポン・グランデ・ジアサント・トラバイヤ・ナーダ」（[半田 1970 の註] あしたは・日本の・大きな祭日・仕事は・しない）であった。ブラジル語の単語を日本式にならべることが、言葉がわかることであった[21]。

また、ブラジル移民50年を記念して編纂された「かさと丸」(1958)の中に「第一回移民のアルバイト"日伯混成語"で結構商売できる」と題した次のような記述がある。

> グワタパラ耕地に配耕された第一回移民の元気な若い連中は、いまでいうところのアルバイトを考えついた。（中略）彼らは日曜日や祭日を利用しては附近のブラジル人農家を訪ねては"ポルコの去勢はありませんか"と注文をとった。"ヨウ、グワタパラ、ノエ、メジコ、カッパード、ノエ、シュノール、テン、ポルコか、ノンテンか…、テンならテンとファーラ・パラミー"。まことに珍妙な日本語チャンポンのブラジル語だが、彼らの言わんとするところは「私はグワタパラ耕地にいるポルコの去勢の技術者ですが、あなたのところではポルコを飼っていますか。もし飼っているなら、去勢させてください」というのである。ところが、どうみたところで相手がわかりっこもなさそうな、こんな"日伯混

成語"で結構通じたというのだから不思議である[22]。

　これらの事例はいずれも日本語の構文構造に基づきながら、日本語の語彙を同じ意味のポルトガル語の語彙に代替し、日本語の語順に並べて話したことを示すものであろう。換言すれば、「ある言語の活用体系・統辞構造が維持されたまま別の言語から大量の語彙」を導入する「言語混淆」という方法[23] が移民の最初の意思疎通手段だったのである。

　その後、時間の経過とともに、移民に含まれていた数少ない子供移民の間に、他の移民やブラジル人労働者の子供との接触を通じて、初期「中間言語」とも呼べるものが習得されるようになり、「なるべく（ブラジル人との）応対には子供」を仲介させるようになっていった。子供を対外的な意思疎通の主体にすることが、この当時の多くの移民一世たちの卓越する言語適応戦術のひとつだったともいえるのである。勿論、時間の経過とともに、成人移民一世間、特にコロノ生活が長期化した〈旧移民〉の間にも「中間言語」としてポルトガル語を習得した人間が出現するようになった。この当時の子供移民や二世、そしてこの成人一世が話したポルトガル語の特徴は、前述したように、彼らが主に接触したのが労働者（コロノ）階級やカマラーダ（土地なし農村労働者）など低階層帰属者であったため、〈カイピーラ方言[24]〉の干渉を強く受けたものであった。

3. 植民地時代（1920年代～40年代末）

3.1. 社会的経済的政治的状況

3.1.1. 植民地の形成とその多様性

　コロノ制度自体が奴隷代替的制度であり、この制度下においては所期の目的であった貯蓄を達成することがほとんど不可能であったこと、19世紀中葉からのコーヒー生産とその輸出をめぐって形成された社会経済構造が20年代後半頃から徐々に衰退し、大土地所有の農村オルガルキー（少数支配層）の没落が開始され、それが29～30年の世界経済恐慌によって顕著になって、サンパウロ州奥地の大土地所有制が崩壊し始め、移民にとって土地購入の可能性が出現した[25] などの状況の変化を背景にして、日本人移民間に、短期的出稼ぎストラテジーに代わる新たなストラテジーが析出され始めた。

このストラテジーを、前山は第二次出稼ぎストラテジーと呼んでいるが、その中核的な特徴は農村労働者ではなく、小規模な土地をもつ独立自営農（経営者）となって、より中・長期的な期間の労働によって所期の目的を達成しようとするものであった。

　日本人移民たちはこのストラテジーに基づく生活世界として、サンパウロ州奥地で売りに出された土地（原始林）を集団で購入するなどして、そこに排他的閉鎖的な日本人地域共同体＝植民地を形成していった。この植民地は、道路・橋の建設や補修、衛生、冠婚葬祭、農事などの管理運営などを行なう日本人会というエスニック組織を中核とし、後には青年会、婦人会、産業組合など多様なエスニック組織が形成され、〈ムラ〉としての体裁を備えていった。そして、この植民地には子弟たちに日本語を教える学校が設立されていった[26]（学校に関しては後述）。こうした「外人に気兼ねなく暮らす」排他的閉鎖的な共同体の中で、日本人移民は中・長期的な出稼ぎストラテジーに基づいた目的達成を目指したのである。

　『移民八十年史』によると[27]、日本移民が形成した植民地には基本的に5つのタイプがあった。第一は「自然発生」的に移民がある地域（地方）に小集団を形成し、それをきっかけとしてその地域に土地を買って移動する者が増えたタイプ、第二は奥地開発の波に乗って広大な面積の原始林の分割売り出しが始められて、そこに集団的に日本人が土地を購入して植民地を形成したもの、第三は日本の民間資本が土地を購入ないし無償譲渡を受けて、これを分譲し、日本直来または現地の希望者を入植させたもの、第四は棉作の盛んな時代に、一地帯に集団的に借地し、植民地的様相を呈したタイプ、第五は連邦、州政府の造営する植民地に集団で入植して形成されたタイプである。

　同書によると、第三のタイプでは、入植者の多くは日本にいる間に土地を購入して移民してきたのであり、コーヒー耕地契約労働者＝コロノ移民が造成した植民地と違い、計画移住であったため「移住地」と呼ばれ、最初からブラジルへの定住を目的とするものであった。また、第四のタイプでは、借地であり、しかも綿花価格の好不況、地力の減退によって離散消滅が激しかったとされている。

　後述するように、日本人移民農家の主要作物は当初、コーヒーであったものが、コーヒー価格の暴落とそれによるサンパウロ州のコーヒー樹新植禁止

措置などのために、その重要性を30年代後半から失い、それに代わって棉作が盛んに行なわれるようになり、1937年からは棉作がコーヒーを凌駕するようになった[28]。棉作は借地による略奪農であり、数年間で地力が低下すると移動を繰り返すのが常であった。この意味で、永年作物を主要作物とする植民地と比較すると、30年代から40年代後半にかけて棉作に従事する日本人農家の学齢期を迎えた日系子弟にあっては、ブラジルのナショナリゼーション政策によって制限、禁止されていく日本語教育は言うに及ばず、こうした活発な移動のために、ポルトガル語も正式に習得したことがないという者も多く存在するという状況を出現させることになったのである[29]。一方、国策移民会社であった海外興業株式会社の現地法人であるブラジル拓殖会社が造成したバストス移住地などでは、最盛期には9つの小学校と中学校1校が設立され、活発な日系子弟教育が展開されていった[30]。

つまり、以上のような植民地の個別的性格——規模、造成主体、造成時期、栽培作物、渡航目的等——が、そこに居住する日本人移民やその子弟たちの言語接触や習得の内容（質）を規制する基本的、そして個別的条件として存在していたといえよう。

3.1.2. 日本人移民の経済的地位の上昇

さて、日本人移民による植民地形成はすでに1910年代から開始されるものの、活発になるのは20年代後半からで、質量ともに最盛期を迎えるのが30年代、30年代半ばにはサンパウロ州内を中心に500から600程度の日本人植民地が存在していたと推定されている。

そして、この植民地において、日本人移民は農業分野において経済的上昇を目指すことになった。日本人移民の農業分野における経済上昇は最底辺のコロノから借地農・分益農を経て自作農（独立自営農）へという経営上の地位上昇から、その一端を知ることができる。図表6は、1912年から1942年までの日本人コーヒー農家の農業上の地位の推移を見たものである。これによれば、1912年時点で92%だったコロノが徐々に減少し、分益農[31]、自作農という農業上の地位への上昇傾向が顕著に認められるだろう[32]。

こうした日本人移民世帯間に出現した経済的階層分化は、特に経済的成功者の中に出稼ぎストラテジーとは異なる新たな生活ストラテジー、すなわち、ブラジルへの永住ストラテジーを析出させ、子弟に対してより高いブラ

図表6　コーヒー農家の地位変遷（1912～1942年）

年次	自作農	分益農	コロノ
1912	2.1%	6.0%	91.9%
1917	10.1%	8.8%	81.1%
1922	28.3%	18.5%	53.2%
1927	26.9%	16.8%	56.3%
1932	23.8%	21.7%	54.5%
1937	38.8%	15.0%	46.2%
1942	59.7%	13.8%	26.5%

（出典）『ブラジル日本移民八十年史』107頁

ジル教育を受けさせ、ブラジル社会のなかで成功を収めさせようとする者を出現させることになった。そして、この新たな生活ストラテジーは、後述するように、地方都市の出現やそこへの日本人移民の初期移動などの条件とも密接な連関をもっていた。

3.1.3. 日本人移民の増加と属性の多様化

ところで、〈旧移民〉たちの間に中・長期的な出稼ぎストラテジーが明確な姿を現すようになった20年代は、ブラジルへの日本人〈新移民〉が増加し始めた時期に当たっていた（図表2、5、7）。この日本人移民の増加には様々な要因があった[33]。ブラジル側（サンパウロ州コーヒー耕主）の主要な理由としては、イタリア政府が農村賃金労働者（コロノ）移民の労働条件の劣悪さから、同国からのブラジル移民送出を禁止したことで、サンパウロ州内のコーヒー耕地は深刻な労働力不足に陥っていたこと、日本側の理由としては、まず第一に日露戦争の反動で1905年から13年頃まで日本社会は農村部を中心に不況が継続し、1918年には米騒動、20年には世界恐慌の発生、23年の関東大震災による国内景気のさらなる悪化が起こっていたこと、第二にはこうした経済状況打開の方策の一つとして海外移民を奨励したのであるが、肝心の移民先が日本人移民に対して門戸を閉ざすようになったことで、ブラジル向け移民が重要性を増したことなどがあった。

こうした背景もあって日本政府は移民を国策化していった。この国策化は従来移民送り出しを担当してきた民間の移民会社を1917年に統合し、資本金1,000万円で海外興業株式会社を設立し、移民業務を一本化することから

図表7　最盛期における対ブラジル日本人移住（1923〜1934年）

年	移民数	全外国移民入国者数に対する割合	備考
1923	895	1.1%	第1次排日運動
1924	2,673	2.8%	北米での日本移民締め出し
1925	6,330	7.7%	
1926	8,407	7.1%	
1927	9,084	9.3%	
1928	11,169	14.3%	
1929	16,648	17.3%	世界恐慌
1930	14,076	22.5%	
1931	5,632	20.5%	（世界恐慌の影響）日中戦争の開始
1932	11,678	37.1%	第2次排日運動開始
1933	24,494	53.2%	
1934	21,930	47.6%	移民制限法（排日法）通過

（出典）前山　隆『移民の日本回帰運動』83頁

開始され、1925年からは、1921年に廃止されたサンパウロ州政府からの渡航費補助金に代わって、ブラジル向け移民の渡航費及び移民取り扱い手数料全額を日本政府負担とする決定、同年には南米航路を移民送出航路に指定することで船内設備の充実を図り、27年には勅令第229号によって神戸に大規模な移民収容所を建設するなどのプロセスで推進されていった。

　以上のような一連の状況のなかで、20年代後半から日本人移民は急増し、30年代初頭にそのピークに達し、33、34年には日本人移民数はサンパウロ州に導入された外国人移民総数の4割を超えるに至った（図表7）。日本人移民が増加したこの時期において、移民形態や移民の属性などに初期移民とは異なる特徴が出現した。第一の変化は日本政府の渡航費援助や指導などもあって、それまでの〈構成家族〉的形態による移民が減少し、夫婦、子供、親などを含む〈普通〉家族形態が卓越するようになったことである。このことは前出の図表4から看取できる。この〈普通家族〉化は子供移民を多数含むものであり、これらの子供移民の教育問題が日本人移民の間で大きな懸念となったのである。

　第二には、日本政府のブラジル移民政策が基本的には国内問題処理の社会政策、つまり第一次世界大戦以後の目前の失業対策として内務省社会局に

よって打ち出された「小作争議鎮撫のための農業政策」＝自作農創出政策だったことに関連して、日本政府主導で設立された海外興業株式会社を中心に、半官的な移住地が造成され、そこに「自作農」としての移民を送り込むということが行なわれた。このことはこの当時から、移民の一部には最初からブラジル永住を目的とする移民が存在していたことを意味している。また、半田が指摘するように[34]、移民の中に1925年以降、「インテリ移民」がかなり含まれるようになったということもある。半田によると、これらの「インテリ移民」は大学卒業の学歴を持ち、最初から永住目的での移民であり、コスモポリタン的思想、同化主義的思想を持ち、ブラジル式教育を尊重し、日本語教育には無関心であるという共通の性格を持っていたという。つまり、この時期には、移住目的にしろ、移民がもつ個人的属性にしろ、多様化の様相を示すようになったといえる。

　第三には、この時期の日本人移民の多くは、すでに独立自営農となり経済的な安定や上昇を果たしていた〈旧移民〉の耕地へとコロノとして導入されたケースが増加したということである。つまり、多くの〈新移民〉は移住直後から〈植民地〉の構成メンバーとして吸収されるようになっていったのであり、こうした新旧移民の接触が質量ともに増大、また長期にわたるようになったということである。こうした背景から、この時期においてコーヒー耕地時代に開始された日本の地方方言間——東日本方言と西日本方言——の接触が本格化し、後に〈コロニア語〉と呼称される独特の日本語が創出されることになるのである[35]。

3.1.4. 「在伯同胞社会」という日本語共同体の成立

　初期移民のブラジル滞在期間の長期化と20年代からの日本人移民の増加、移民の経済的な安定などはブラジルにおける日本語出版市場形成を可能とした。ブラジルでは既に1910年代半ばから邦字新聞が発行されていたが、その後様々な出版物がサンパウロ市を中心に編集・出版され、鉄道網を利用したサンパウロ市の新聞社や出版社と地方の「駅町」に出現した日本人商店とを繋ぐネットワークを通じて流通されるようになった。

　ブラジルの邦字新聞の歴史は1916年の週刊南米と日伯新聞を嚆矢とし、その後、伯剌西爾時報（1917）、聖州新報（1921）などが続々と発行され、移民たちに様々な情報を提供していった。最初の邦字新聞（週刊南米）が創刊

された当時の状況は「多大な歓喜と興味を以て迎えられ[36]」「奥地の日本移民も争って注文し購読申し込み、送金は日本総領事館[37]に殺到した[38]」とされ、日本人移民がいかに日本語とその情報に飢えていたかが想像される。

ごく初期の邦字新聞は石版、ジンク、謄写版などで印刷され週刊で発行されていたが、移民増加や移民の経済的な安定や上昇などを背景に徐々に発行回数や部数を増やしていき、1910年代末からは印刷も日本から輸入した機械による活版印刷となり、30年代末には日刊（4頁から8頁）となっていった。

邦字新聞の発行部数は創刊当時では300部（日伯新聞）から1,500部（伯剌西爾時報）程度であったものが、1933年には邦字新聞の最大発行部数（伯剌西爾時報）は8,000部に達し、1938年には日伯新聞1万5,000部、伯剌西爾時報1万7,000部、聖州新報9,000部、日本新聞5,000部、日伯協同新聞（旧アリアンサ時報）5,500部、北西民報（旧ノロエステ民報）4,500部に達した。この当時の日系世帯数は約4万世帯と推計されており、邦字新聞が移民たちの間でいかに読まれていたかが看取されるだろう。

輪湖俊午郎は1939年当時に、「邦人の新聞並びに雑誌購読者数」に関する調査をバウルー領事館管内在住日系人世帯11,567世帯で実施、その結果は邦字新聞購読世帯数10,154、男子雑誌5,967、婦人雑誌1,168、子供雑誌1,078であったと発表している。輪湖はこの調査結果から「新聞の如きは9割に達し、将に新聞の天下と言ふを得べき」普及率であり、「さらに驚いたことは一萬五千家族、在伯在住年数平均十一年と言ふに拘らず、伯国語の雑誌などは一冊もなく、新聞が僅かに百部内外であったが、大部分は都市生活者のインテリ層に限られていると言ふ貧弱さである。これでは伯国政府が心配し出すのも無理はない［筆者註：日本人不同化論のこと］[39]」と述べている。

ところで、新聞社が導入した活版印刷設備は新聞発行だけではなく、雑誌などの定期刊行物の出版を促していった。また30年代中頃には、サンパウロ市内には新聞社以外に、サン・ジョゼー、博友堂、日本堂といった日本語印刷所も開業し、定期刊行物[40]や様々な書籍が出版されるようになっていた。勿論、日本人移民はブラジルで発行された新聞や雑誌を読んでいただけではない。移民たちは10年代末から開業した日本人商店（後には書籍専門輸入業者）による移民船貿易を通じて、食品や生活必需品、嗜好品などとと

もに輸入された日本発行の書籍の読者でもあった。輸入された書籍は個人的な購入のほか、植民地に組織された青年会などでは団体で雑誌・書籍を定期的に購入し、会員間で閲覧することが広く行われた。この点を『移民八十年史』は次のように記述している。

> 青年会には修養部という部門が設けられていて夜学、日曜学校を主催するほか、青年雑誌(例えば大日本雄弁会講談社(現代の講談社の前身)の『雄辨』、評論雑誌『現代』、娯楽雑誌『キング』『講談倶楽部』『婦人倶楽部』、少年少女向きの『少年倶楽部、少女倶楽部』など)が青年会の経費で購入され(サンパウロの書籍輸入店から)会員間で回覧された[41]。

以上のような邦字新聞や雑誌、日本から輸入される書籍などが広く流通し購読されたこと(情報や知識の共有)や、後述するような日本語教育や日本人会、農業協同組合の中央―地方のネットワーク構造の創設などを通じて、20年代から30年代にかけて、ブラジルに居住する日本人移民間に〈在伯邦人〉〈在伯同胞〉といったエスニック・アイデンティティを鮮明に析出させていった。1930年代には、日本からの新移民ばかりではなく、日本からの輸入書籍・雑誌や日本からの情報を転載した邦字新聞などを通じて日本ナショナリズムや国粋主義的思想が植民地へと移入され、移民や農村青年たちの思考、心情や行動、価値観に大きな影響を与えるようになった。

3.1.5. 地方都市の誕生と初期都市移動

この時期(30年代)には、ブラジル社会においても新しい変化が出現していた。コーヒー経済による資本の蓄積を背景として、〈コーヒー貴族〉やそれと関係の深い輸出入業者層の間から工業化への動きが活発化し、新しい企業家層が形成されはじめ、多くの地方中小都市が勃興した。そしてこの動きと並行したかたちで、コーヒー耕地の農村賃金労働者として導入された外国人移民の多くがサンパウロ市を中心とする都市に流出し、新興都市における中間的職業層を形成していった。このような動きの中で、日本人移民の一部も、日本人移民によって形成された植民地が集中する地域に誕生した地方都市やサンパウロ市[42]などへ移動を遂げ、都市住民となるものも増加し[43]、

これらに日本人街的空間や〈町〉の日本人会＝エスニック組織を形成するようになった。また、日本人農家の中には、こうした都市住民に野菜などを供給するために都市近郊へと移動し、そこで近郊作物を生産する者も出現するようになった[44]。

3.1.6. ブラジル・ナショナリズム政策（外国人同化政策）

　日本人移民が増加し、植民地が最盛期を迎えた30年代はまた、ブラジル・ナショナリズムの高揚した時代、国民国家ブラジルの建設と国民の形成が外国人移民やその子弟のブラジルへの同化というかたちで強力に展開された時期にも当たっていた。ブラジル・ナショナリズムを背景に採用された一連の同化政策は言語的な側面から言えば、国民・国家形成にあって、日本語を含む外国語は外国人移民やその子弟のブラジルへの「同化」にとってマイナスのファクターである、つまり「問題としての言語[45]」としてとらえられていたといえるだろう。こうした認識から、日本人を含む外国人移民とその子弟に対する、言語を含む様々な同化政策がとられるようになるのである。
　ブラジルにおけるナショナリズム[46]は1920年代から徐々に台頭し、20年代には様々な外国人移民制限法が実施された。日本人移民をめぐっては、1923年の第一次排日運動から始まり、序々に日本人移民導入反対論が強まっていった。1930年、ナショナリゼーション政策を打ち出すゼツリオ・ヴァルガスが革命で政権を奪取し、臨時大統領に就任した。その4年後、ヴァルガス大統領は国内労働者や定着している外国人労働者の利害を守るという観点から大統領令19482号、いわゆる「移民二分制限法[47]」によって、外国人移民（特に日本人移民）の入国を制限する法案を憲法制定議会に提出している。
　ヴァルガス政権のナショナリズム政策に先立って、日本人移民へ直接影響を与えた政策決定を行ったのは、日本人移民の大半が居住していたサンパウロ州政府であった。それは主に移民子弟の教育領域における同化・国民化政策であった。サンパウロ州政府は次のような内容をもつ州教育令を公布した。

　　（1）外国語以外の科目はすべて教授すべし。
　　（2）10歳未満は年齢の如何にかかわらず、国語文盲者に外国語を教授することを禁ず。

（3）ポルトガル語及びブラジルの地理・歴史の教授は監督課より指定する時間数を以て、生来のブラジル人ポルトガル人又は帰化人の有資格者により担任せらるべきこと。
（4）外国語の教授は検定試験合格者たること。
（5）外国語の教授に使用する教科書は予め監督課に許可を得たものに限る[48]。ブラジル国民の涵養に有害なる影響を与える教科書の使用を禁ず。
（6）幼稚園及び育児所の学校担任者はブラジル人たる教員に限る。ただし正確なるポルトガル語を話し得る外国人はその助手たることを得る。

　もっとも、この州教育令は現実的にはそれほど深刻な影響を植民地の「小学校」に与えたわけではなかった。この法令にはまだ、日本語教師が外国語教師として資格試験に合格する、使用教科書の州政府による認定を受けるなどによって、ある程度対処することが可能であったからである。

　ナショナリゼーション政策が直接、移民の生活や子弟教育などに影響を与えるようになるのは、1937年11月のクーデターを経て、独裁政権を樹立したヴァルガス大統領による中央集権的なエスタード・ノーボ体制が確立された後の、1938年以降のことであった。38年から39年にかけてナショナリゼーション政策の立法が活発化し、外国人移民とその子弟に対する強硬な同化政策が実施されるようになった。その政策は移民の入国、居住、植民地形成、初等教育、商工業活動など移民の生活全般に及ぶものであったが、日本人移民にとって大きな痛手であったのは、外国語教育の規制と外国語の出版物規制であった。

　1938年8月、外国人入国法の施行細則が交付されたが、その第93条には、農村地帯においては14歳未満の者に対する外国語教授禁止（サンパウロ市およびサントス市は農村地帯ではなかったので11歳未満）のほか、①教師はブラジル人に制限、②教科書はすべてポルトガル語で記述されたものの使用義務化、③初等・中等科ではブラジルの地理・歴史教授の義務化などが細則として盛り込まれた。さらに、翌39年9月には、サンパウロ州政府が州内私立学校を対象に「サンパウロ州内学務官憲に対する訓令」を発布し、州内居住の外国人子弟のブラジル化を推進しようとした。この「訓令」の骨子は①教室内に非国家的意識を与える表象物の設置禁止、②国家・国旗の歌及

び愛国的唱歌の授業義務化、③外国語授業の制限（1日2時間まで）、④私立学校の催し物のプログラムのなかに外国語や外国精神を高揚するが如き種目の挿入禁止からなるものであった。

　こうした一連の外国人（教育）に対する同化政策は、「本国的色彩を失うこと極めて急速なるもの[49]」があったし、『移民70年史』によると「法令に従う限り、子弟に日本語を教えることはこの時点でもはや不可能[50]」にさせたという。サンパウロ州政府によると、外国人入国法施行細則実施によって農村地帯の邦人小学校では学校経営不能に陥り、当局より閉鎖命令を受けた学校が235校に達し、そのうち実に219校は日本人関係であったという。そして、1938年12月には、ブラジル全土の外国語学校に対する閉鎖命令が交付され、サンパウロ州内では294校、ブラジル全国では476校の日本語学校が閉鎖に追い込まれることになった。

　また、ブラジルにおける日本語教育の中心機関であった「ブラジル日本人教育普及会」は1938年10月に定款改正を行い「ブラジル日本人文教普及会」と改組され、従来の事業を拡大しようとした矢先、前述の外国人入国法施行細則が交付され、傘下の日本語学校の閉鎖という事態に直面したのに加えて、自らも外国人団体取締法（第6条）により、外国の政府・団体又は外国に居住する個人からのいかなる名目の補助・寄付・援助などを受けることが禁止されたこともあって、その活動を停止せざるを得ない状況に追い込まれることとなった。

　一方、1910年代後半から発行されてきた日本語新聞もまた、ナショナリゼーション政策の直接の影響を受けることになった。37年7月、ブラジル政府は外国語新聞・雑誌取締規則を交付し、外国語による出版を規制し、さらに39年9月以降には記事検閲制（社説・主要記事などのポルトガル語訳添付）を敷き、後には社説・記事に対するポルトガル語欄併設へと規制を厳格化し、ついに41年8月には外国語新聞など外国語出版物の禁止令が交付され、その四半世紀にわたる活動の歴史に終止符が打たれたのである。

　以上のような一連のプロセスを通じて、日本移民は自らの「国語」やその教育機関、報道機関を失うことになった。子弟を日本民族＝臣民として育て上げることの困難さ、情報の欠如、日本民族として生きることの困難さ、こうしたファクターからこの時期、日本人移民間では日本ないし帝国主義的拡張政策の結果、植民地化した領土への「帰国」希望者が急増、1939年の「同

胞現勢調査報告」によると移民の 85% までが帰国を希望していた[51]。

　1941 年 12 月 7 日（ブラジル時間）太平洋戦争が勃発し、翌年 1 月末にはリオデジャネイロで汎米外相会議が開催され、ブラジルを含む 10 カ国は枢軸国との経済断交を決議、ブラジル政府はさらに 1 月 29 日対枢軸国との国交断絶を決定した。そして、42 年 1 月、サンパウロ州政府保安局は敵性国民となった日・独・伊三国人に対して、生活全般にわたる様々な禁止項目[52]を交付し、敵性国人の生活に様々な制約を設けた。

　以上のようなナショナリズムは、非常に重要な影響を日本人及びその子弟の言語をはじめとする様々な側面に与えることになった。第一には、30 年代半ばからの一連の日本語教育に関する制限と 39 年 12 月の日本語教育禁止措置は、総じて言えば、この時期から戦後の 50 年代初頭までの間に学齢期にあった二世たちの日本語からポルトガル語への言語シフトを促進させる基底的な条件として作用するようになったという点である。

　第二に、この 2 つのナショナリズムは統合の論理を欠如していたブラジル性と日本性との混淆という問題に対して、二世をして混淆の否定という、2 つの相反するポジションを選択させることになったという点である。これらのナショナリズムの影響はすでに 20 年代から内部的に分裂しはじめた二世層、すなわちサンパウロ市や地方都市へ「遊学」し、より高学歴を取得した二世と植民地の「小学校」を終了し親とともに植民地に居住しつづけた二世に対して、等しく作用したわけではない。前者の範疇にある二世においては、すでに日本語からポルトガル語への言語シフトが開始されており、ブラジル・ナショナリズムは日本語の喪失を早め、ポルトガル語へのシフトを加速化させるように機能したが、さらに重要なことは、こうしたナショナリズム下で、ブラジル人教育を受けた、これらの二世は戦後の勝ち負け問題、排日的感情の醸成もあって、言語を含めて自らの日本人性を否定し、ブラジル・ナショナリティを内面化し、志向的にブラジル人になろうとするポジションを出現させることになったのである[53]。

　一方、圧倒的に多数を占めていた後者の二世にあってはポルトガル語への言語シフトを生起せしむるファクターとして機能したものの、そのセミ・バイリンガリズムを破棄させるまでには強く作用はしなかった。換言すれば、そのセミ・バイリンガリズムは、日本語理解の低下を伴いながらも植民地という社会的環境ゆえに継続しえたということである。むしろ、後者の二世の

場合、日本からの国粋主義的なナショナリズムの影響を受けた「親や学校の先生から民族意識をつぎ込まれ一世と同じ気持ち、場合によっては、ブラジル生まれとあなどられることにコンプレックスを感じ、それを克服するために、意識的に日本人的になろうとするものさえあった」といわれるように志向的に「日本語を通じて日本人となる」というブラジル・ナショナリズムに対抗するようなポジションを析出した二世を出現させることになったのである。つまり、2つのナショナリズムは2つの二世をしてブラジル性と日本性の調停というよりも、これらの調停を否定し、志向的にブラジル人になろうとする二世と志向的に日本人になろうとする二世とへと分裂を促進し、2つの二世間に対立や相克を生み出すことになったのである。

3.2. 植民地における日本語（人）教育
3.2.1. 初期子弟教育観とその変遷
(1) 日主伯従主義

　中・長期的出稼ぎストラテジーによる植民地の形成、20年代半ばからの〈普通家族〉形態による戦前移民の増加などを背景にして、植民地時代にはその初期から子弟教育をいかに行うかが大きな問題となり始めた。しかし、その初期においては「子弟教育は俄に大問題」とはなっていったものの、子弟の教育方針に関しては確固たるモデルが定まらなかった。

> 其後植民地熱が勃興し、邦人集団地が至る所に簇出するや、教育問題は非常に強力な力を得、漸次之が植民地の中核的問題をなすに至ったのであります。然しブラジル教育か、日本教育か、それともチャンポン教育かに就いては、移住者自体に確固たる方針が定まらぬまま議論は百出し帰趨を知らずという状態が永く続いたのであります[54]。

　移民一世によって、植民地時代から現在に至るまで連綿と続けられてきた子弟教育観（理念）の析出は常に、ブラジル性と日本性とをいかに調停し、統合していくのか、換言すれば、同化＝混淆にかかわるポジショニングを、その時々の状況を勘案しながらどのように決定していくのかという移民一世の側からの、葛藤と相克を内包させた営為であった。

　この当時、大多数の移民一世にあってはブラジル永住ということは問題に

されず、二世の同化という問題もそれほど大きな懸念材料ではなく、日本への帰国というプロジェクトがその最大で最終的な目標であったのであり、日本語による日本人教育を施すことは当然のことであった。日本人としての徳目や価値・倫理観を、日本語を通じて学ばせ、日本へ帰国した際に困らないようにすることがまず大前提として存在していたのである。その一方で、移民たちはブラジル教育を否定しないというポジションをもっていた。現実的にブラジルで生活し経済的成功を収めていく上で困らない程度のポルトガル語を身につけさせたいと希求したのであった。「青年たちがブラジル語が上手になることはいいことだった。しかし、子供たちは、まず日本語をおぼえてから、ブラジル語をならってほしかった[55]」というバイリンガリズムのスタンスがこの当時の親たちが持っていた基本的なものであった。

　換言すれば、日本語習得、そして日本語を通じての〈徳育教育〉〈修身教育〉を相対的に重要視しながら、現実の生活のうえで必要なポルトガル語を習得させるという〈日主伯従主義〉バイリンガリズムが移民一般の親たちの子弟教育観だったのである。こうした〈日主伯従主義〉バイリンガリズムというスタンスは植民地に開校された「小学校」という二元的教育体制の中によく反映されていた。

(2) 伯主日従主義

　ところで、1916年以降ブラジルの在伯同胞社会において発刊されてきた邦字新聞では、こうした移民一般の子弟教育観とは異なるスタンスの子弟教育観が主張されていた。それはサンパウロ市という都市に在住した日本人（新聞記者は多くは知識人であった）、あるいは日本政府官憲や移民事業関係者などのポジションからのもので、そこに共通したのは永住と同化を前提とする〈伯主日従主義〉＝ブラジル教育の重視と「徳育教育」を中心とする日本語による補習教育という教育方針であった。それはまた、二世の持つナショナリティとブラジルでの成功を重視した立場であったといえるだろう。

　例えば、1917年に創刊された、伯刺西爾時報（ブラジル移民組合、後の海外興業株式会社の機関紙的性格をもっていた）は、1921年8月、3回にわたり、社説において「児童教育とは何ぞや」を論じ、児童教育はブラジル式を主体とするが、ブラジルの教育には人間教育としての「修身」教育が不在であり、この道徳をどうするかが問題であり、日系社会にあっては「修身教科

書」の編纂が急務であると主張している[56]。日本的徳目をもった、よきブラジル国民を育てるというのがこの立場の理念であった。

　勿論、こうした伯主日従主義に基づくブラジル教育の重視、日本語による徳育教育（補助教育）という立場だけが存在していたのではなかった。20年代半ばには、日伯新聞が伯主日従主義に基づきながらも、「日本教育と日本語教育とを取り違えて」はならないという立場から、あくまで「日本語は一つの外国語」として教えることが肝要であると伯剌西爾時報などの主張を批判し、しかもブラジルの中等教育や専門教育という高学歴取得の重要性を主張している。

　このブラジル教育、それも中等教育や専門教育を子弟に施し、高学歴を取得させ、ブラジル社会のなかで成功を収めさせようという教育観は前述したように、新しい企業家層や外国人移民の中間的職業層の形成などを条件とするサンパウロ市の発展[57]や地方都市の誕生、植民地という生活＝生産世界において経済的成功を収めた移民や20年代半ばからの「インテリ移民[58]」、都市移動を遂げた日本人移民の中に析出されてきたものである。これらの移民間には前述のように、新たな生活ストラテジー＝ブラジルへの永住という生活ストラテジーが析出されてきており、このストラテジーから、子弟に高い学歴をもたせるために、サンパウロ市を中心にした都市へ子弟を「遊学」させる者も出現していったのである[59]。そして、これらの学生を寄宿させるための寄宿舎[60]が日本人移民自身の手によって、地方都市やサンパウロ市に建てられるようになり、サンパウロ市の場合には、こうした寄宿舎が20年代半ばには出現し、30年代には「聖市学生寄宿舎協会」が結成されるなどの動きが見られた。

　「聖市学生寄宿舎協会」が1938年に出版した「聖市遊学の手引き」という小冊子では、植民地の日常生活のなかで話される〈カマラーダ言葉〉のポルトガル語や父兄の子弟教育観を以下のように批判している。この「寄宿舎協会」のポジションは、都市在住の知識人らがもつ永住と同化に基づく〈伯主日従主義〉の子弟教育観に立つものであった。

　　よく田舎で「ブラジル語なんかすぐに覚えられるものなんだよ…うちの
　　子供はもうあんなにペラペラやっているから…」なんて子供がカマラー
　　ダとカイピーラ言葉でやっているのを自慢そうにながめて悦に入ってい

る親御さんがあります。また御自身が所謂アケーレのエステで用事が達せるものだからそれで充分なりとして子供にもろくな授業をうけさせずにおく方があります[61]。

その上で、植民地の「小学校」（多くの場合、小学校3学年）を終了した者を対象に、どのような中等教育や専門教育課程が存在するのかを以下のように説明している。

* 奥地の小学校3年生を終了した者——義務教育年限は4年のために卒業証書はない。奥地から出て4学年を行なう目的。そうすれば卒業証書が獲得でき、将来の就職に有利となる。
* 中学校——州立中学校、州立師範学校、連邦政府立師範学校、私立中学校。満11歳から18歳までのもので入学試験に合格したもの。公認中学校卒業者は上級学校に入学資格。中学科は5年。小学校教師又は幼稚園保母となるためには、さらに2ヵ年の師範科を終了する必要がある。5年だけでは中学校卒業資格のみ。
* 商業学校——予科3年本科3年の6年制。入学資格は中学校と同じ。会計士の資格を得ることができる。女子は昼間、男子は夜間。公立のものはない。私立のみ。中学からの転校も可能。

20年代には、少なくとも経済的成功者や知識人（インテリ移民）の間にあった永住主義に基づくブラジル学校教育重視というストラテジー（換言すれば伯主日従主義というスタンス）と、植民地在住の移民一般間で強固であった日本への帰国を前提にした「日本語によって正しい日本人になり、帰国して日本に貢献する」というスタンスからのブラジル教育の軽視（あるいは日主伯従主義）というストラテジーが並存するようになっていたのである。

(3) 国粋主義的〈和魂伯才論〉

前述のように、1920年代半ばから日本人移民数は増加し、30年代初頭にそのピークを迎え、33、34年当時にはサンパウロ州に導入された外国人移民数に占める日本人移民数の比率は4割を超えるに至った。こうした大量の移民の到来や先着移民の経済的安定などを条件として、30年代、植民地は

その全盛時代を謳歌することになった。

　30年代には日本語教育分野ばかりではなく、各地の植民地（日本人会）は在伯日本人文化協会や日伯産業組合中央会といったエスニック中央組織とその頂点に立つ在伯公館に統合され、さらに日本へと繋がる構造のなかに組み込まれていき、地域を越えた〈在伯同胞社会〉という想像の日本人共同体と在伯同胞・邦人アイデンティティが鮮明に析出された時代であった。

　当初週1回発行の邦字新聞がその発行部数を漸次増やし、38年には日刊となり、移民たちは自集団（移民消息、集団地事情、日本語教育界の動向など）、ブラジル（国内情報、農産物の傾向や市況など）、日本などに関する多様な情報の共有度合いを高めていった。この当時には、1931年から始まる日本軍部による大陸侵略政策の一連の動向や国粋主義的な思潮などを盛んに報道し、異国にある移民たちの心を強く揺すぶっていった。

　そして、この心情は移民の子弟教育（日本教育）へと具体的に跳ね返っていった。20年代までの植民地における子弟教育は、ある程度の同化を許容しながらの日主伯従主義を基本とするものであったが、30年代初頭頃より、そのモデルは、同化を否定する国粋主義的イデオロギーを基盤とする日主伯従主義へと大きくシフトしていくことになった。この当時の状況を『移民70年史』は次のように記している。

　　日本の秀れたものを子弟に継承させる方法は日語教育をおいてはないと信じ、世界無比の皇統連綿の神国、世界を導く選ばれたる民族、悠久の大義、八紘一宇、東亜共栄圏、絶対不敗の皇軍といったことを環境とは全く無縁な次元で子弟に注ぎ込む努力が続けられた。（中略）明治この方の国家至上主義教育を受け、天皇即国家、天皇は父、国民は子、世界に冠たる日本、という思想は移民たちが既に身につけて来たものであったが、日本が異常な事態に突入するとともに、移民たちは改めてそれを自分のことと感じて心情的な傾斜を深めたのであった[62]。

　1920年代末には、サンパウロ総領事館を中心にして、全伯の日本語学校を結ぶネットワークが創設され、各植民地の「小学校」がサンパウロ総領事館の中に設けられた中央機関に統合されていった。20年代半ば頃までの日本政府出先機関の日本語教育に対するスタンスは、北米などの排日運動の経

図表 8　初期子弟教育観とその変遷

時代	バイリンガリズム	目標・内容	バイリンガルの内容	教育機関
中・長期的出稼ぎ―植民地	共同体バイリンガリズム	・20年代――日主伯従主義（移民一般） 　…「日本に帰国する」「日本社会に貢献する」 ・日本語＝徳育教育・修身教育 ・ポルトガル語＝実用的機能 ・ごく一部に伯主日従主義（成功者、インテリ、都市住民）…「ブラジルで成功する」	日本語に傾斜した（セミ）バイリンガリズム	「小学校」という二元的教育機関
		・30年代 　――国粋主義的な日主伯従主義、和魂伯才論 ・「日本精神をもったブラジル国民」 ・日本語＝民族精神建設 ・ポルトガル語＝実用的機能	30年代末から第二次世界大戦後まで、外国語教育禁止による、ポルトガル語への傾斜	

験やブラジルのナショナリズムへの懸念などから、むしろ国粋主義的な日本語教育に反対するスタンスであったが、後には国粋主義的な日本語教育（国語教育）を推進する立場へとそのスタンスを移行させていった。半田によると、「満州事変のころから、日本の国粋主義がブラジルの同胞社会へ流れ込み、小学校の先生たちは日本領事館との接触が緊密になるころには、二世だって日本人ではないか、という議論も起こって」きて、「移民をして、反同化的思想に追いやり、日本精神至上主義におもむかせること」になったという。

　サンパウロ日本帝国総領事館は 1925 年、「子弟教育問題懇親会」を開催し、その 2 年後には子弟教育の中央機関である「在伯日本人教育会」を設立、さらにそれを 1929 年に社団法人「サンパウロ日本人学校父兄会」に改組し、各地に支部を設置することで、各植民地の「小学校」をこの中央機関に統合していった。この中央―地方組織の創設を通じて、移民の子弟教育に対して、日本という国家の影響力を具体的には学校建設補助金、奨学金の支給、教師の派遣などを通じて行使していったのである[63]。

3.2.2. 二元的教育機関＝「小学校」の成立
(1)「小学校」の特徴
　コロノ時代（コーヒー耕地）と決定的に異なるのは、植民地という生活世界に、移民たちによって教育機関＝小学校が開設されたという事実であっ

た。この教育機関の成立の背景には、旧移民＝初期移民の在留期間が長期化する中で、若い労働力を主体とした〈構成家族〉が解体し、構成家族員であった青年層によって新たな家族が形成され子供が誕生・成長していたことや、〈普通家族〉形態の新移民が増加し、この新移民の中に数多くの学齢期の子供が含まれていたこと、さらには中・長期的な出稼ぎ―帰国という目標の中で、教育不在に対する懸念の強化、ブラジル政府の農村教育の不在[64]など、様々な要因が存在していた。

多くの植民地では開墾されたばかりの土地に自己資金によって邦人小学校を建設したが、植民地形成直後では資金的な困難性もあって、それは「安上がりの学校」でなければならなかった。当初、この建設されたばかりの「小学校」では、「学童児童のいる父兄が先生の給料だけうけもつ」というかたちで教師を雇用したり、「先生には半日だけ学校へ来てもらって、午後は百姓をしてもらう」かたちをとったり、「植民者のなかから適当な人を選んで毎日何時間か教えてもら」ったり「コロノのなかにいる新移民の奥さんか青年にでも頼む」というかたちをとったりしながら、日本語によって子弟教育が開始されたという[65]。植民地における日本語教育は専門家（教師）によって開始されたのではなく、移民自身の手によって開始されたのであり、知識や教授法などに当初から、ある限界を抱え込んでのスタートであったといえるだろう。そして、この限界はある意味で、戦後、日本政府と日系「社会」の日本語教育中核組織との間に、トランスナショナルな日本語教師養成システムが確立されるまで連綿と続くことになるのである。

コーヒー農家を中心とする植民地の場合、学校運営の支出を捻出できるようになるのは、新種のコーヒー樹が結実するようになる4、5年後であり、この時期になると、学校（校舎）を「州又は郡に寄付し、係官の監督の下にこれを経営」し、「邦人小学校は（中略）州又は郡の公認を得、また有資格者のブラジル人教師を得」るというプロセスが採られるのが一般的であった。この登録は学校継続の必須条件であった。つまり、学校開設後、4、5年を経て、その学校は州又は郡の「公認小学校（農村地帯混成初等学校：Escola Mista Rural）」という地位を獲得していったのである。そして、この「公認小学校」は、午前中はブラジル教育令に基づいたカリキュラムによる〈ブラジル学校〉、午後からは補習教育としての日本語教育（日本学校）という二重の教育体制をもつ教育機関として子弟教育を実施していった。

この〈小学校〉には植民地に在住するすべての学齢期の子弟たちが通学したが、この当時の植民地における学校に関して、『伯剌西爾年鑑』は次のように説明している。

> 各校日本語部の授業様式は概ね日本式で六学年制を以てし、中には高等科以上を設けて居るものもある。学科目は国語、修身、算術、地理、理科、体操、唱歌で、教科書は日本の国定教科書に拠る為め、伯国で生まれた児童に説明しても諒解されぬ事が多いという。葡語部は学科目等すべて聖州教育令によって行なわれ、両部の授業は午前と午後に別けて行なわれている[66]。

こうした「邦人小学校」は1916年にサンパウロ市に大正小学校が開設されたのがその嚆矢であるが、1927年までにサンパウロ州内で、サンパウロ総領事館管内30校、バウルー領事館管内31校の合計61校が開校されている。また、1931年6月現在では、邦人小学校数は122校、収容生徒数5,000人、教師200名（ブラジル人70名、邦人130名）と増加し、1939年3月時点では学校数は486校に達している。

この当時、サンパウロ州内陸農村部における「農村小学校（Grupo Escolar Rural）」の教育年限は3年ないし4年間（奥地農村では3年間が主）であった。また、日本語教育においては日本と同様に6年制を採るところが多かった。

図表9　1932年4月現在日本人小学校公認の有無

小学校の資格	校数	教師数 日	ポ	計
州立	24	22	23	45
州立・私立併設	23	27	23	50
私立	54	75	46	121
未公認	27	34	13	47
郡立	18	18	20	38
郡立・私立併設	10	11	15	26
未届	31	24	1	25
計	185	211	141	352

（出典）『ブラジル日本移民八十年史』118頁

植民地の子弟教育は、この〈小学校〉で日本語による教育を6年間、ポルトガル語による教育を3年ないし4年受けるというのが一般的な形態、つまり、相対的に日本語習得に重点が置かれた構造になっていたのである。

　この二言語による教育構造は常に葛藤や相克を内包するものであった。伯刺西爾年鑑（1933）の「教育の項」には当時の「小学校」の抱える問題が次のように記されている。

　　茲に注意すべきは日本人教師と伯人教師との教授法、児童訓育に対する理想、規律、訓練等が異なる為め往々にして午前一方の教師に受けた訓導を午後他方の教師により全然覆される様式に依り訓練さるる為め遂に去就に迷わしめられ、ひいては日伯両語教師の反目を来す現象を縷々見る事がある[67]。

　つまり、そこには、ブラジル公教育制度の目的である「ブラジル国民」を養成するために、教育を行おうとするブラジル人教師と日本語を通じて「日本人」を育成するという目標をもつ日本人教師の間に、ブラジル性と日本性を巡る相克や葛藤が内在していたのである。より正確にいえば、ハイフン付のブラジル国民を否定する国民観をもつブラジル人教師と、ブラジル（人）性と日本（人）性の相克を調停する〈日主伯従主義〉という立場をとることでハイフン付の〈ブラジル国民〉＝日系―ブラジル人を作ろうとした移民一世側との葛藤、あるいはポルトガル語という言語に対して実用的技術的機能を、日本語という言語に対して人格形成機能を分担させようとした移民のバイリンガリズム観に内包された矛盾や相克であったともいえるかもしれない。

(2)〈日本臣民〉形成の〈場〉としての「小学校」

　1930年代には、日本からの国粋主義思潮が植民地を席巻し、植民地という生活世界に開校された「小学校」という〈場〉を使っての日本人＝皇民・臣民を育成しようとする動きが広まっていった。「日本臣民」を構築する一つの手段として、各植民地においては、前山が「天皇崇拝シンボリズム」と呼ぶ儀礼コンプレックスが創造された。この天皇崇拝儀礼コンプレックスを実践する中核的な場が「日本学校」に他ならなかった。前山によると、天皇

崇拝儀礼は「氏神」であり「祭社」であった日本学校において、「天皇」を「ご神体」、「教育勅語」を「経典」として、次のように実践されていた。

> それ（日本学校）は今日のごとき単なる語学教育の場ではなかった。子供も、青年男女も、そして親たちもそこで真の「日本人」となり、真の「人間」となることが期待された。そこでの行事に参加しない日本人は集団の一員と見なされず、日本人とも見なされなかった。日本学校は日本人会によって運営され、そこには必ず「御真影」が安置され、教育勅語が備えられていた。日本学校は子弟教育の場であると同時に、日本人会の集会場であり、青年団・処女会の活動の中心であり、さらには産業組合の事務所であったりした。新年の四方拝、紀元節、入植記念祭、天長節、卒業式などに際しては、生徒だけでなく、植民地の全員が参列して、皇居遥拝（「東方遥拝」）とも言って、「日本遥拝」を意味した」御真影への最敬礼、勅語奉読、君が代斉唱などの儀式が、大抵の行事に先行して行われた[68]。

こうした天皇崇拝シンボリズムを通じて、移民個人は植民地の日本人会—中央統括機関—在外公館という象徴構造の中に位置付けられ、日本の天皇へと直接に結び付けられていったのである。30 年代半ば[69]には日本でなされた国体明徴の声明がブラジルの邦字新聞にも発表され、「万邦無比の国体」の宣伝とともに、「邦人社会の空気も、日本的国粋主義一食に塗りつぶされたような時代[70]」になり、日本語は移民にとって「日本民族の本質」と同一なものとして認識され、国粋主義的な「国語」観が生み出されていったのである[71]。

3.3. 植民地における言語接触の特徴
3.3.1. 回避された社会的言語接触

早くは 1910 年代から形成されはじめた植民地という生活世界は、日本人移民やその子弟の社会的な言語接触を最小限に食い止める「構造」をもった世界として形成されたといえる。半田が指摘するように、植民地はブラジル人との接触を可能な限り回避し「気兼ねなく」日本人同士で暮らせるような空間、そしてこの空間において二世や子供移民を「日本人」として育てるこ

とを目的として形成されたものであった。この目的のために、植民地では一世へのポルトガル語の圧力を最小限に止める目的で、さまざまな「装置」が創出された。例えば、植民地の形成とともに組織された日本人会、農業協同組合などのエスニック組織は、成人移民一世のポルトガル語習得の限界を共同体全体として補填する機能を果たすべく創設されたものといえるだろう。

しかしながら、実際には、植民地という生活世界は決して日本人だけによって排他的に構成されたものではなく、人口構成から言えば、日本人及びその子弟が卓越する構造をもっていたものの、そこには日本人農家の労働力であったコロノや自給自足的な農業を営むブラジル人たちが共住していた。また、植民地は生産や生活といった領域で外社会との交渉を必要とするものであった。つまり、植民地はその対内的には、ブラジル人労働者や自給自足的なブラジル人農民を含むものであったし、対外的には農産物販売や生活必需品の購入、出生・婚姻・死亡などの届出などの関係を中心としながら、外社会や国家とつながっていたのである。

日本人農家の経済的上昇にとって重要な意味をもっていたブラジル人労働者との相互作用や対外的な交渉は一世にとってはある種の限界を伴うものであった。それゆえ、移民一世たちは二世や子供移民にこうした役割を分担させることにより、言語的障壁を乗り越えようとしたのである。つまり、二世や子供移民に対する「小学校」での二言語教育には、世帯や共同体における言語適応戦術としてのバイリンガリズムという意味も込められていたのである。「小学校」でバイリンガル教育を受けた二世は、共同体の社会組織にとって、日系人農家にとって重要な存在であった。世帯レベルでは小学校を「卒業」した二世たちはすぐに家族労働力として両親とともに就労し、使役するブラジル人コロノやカマラーダたちとの意思疎通機能を担わされることになった。共同体の社会組織レベルではバイリンガルとして、対外的な交渉や書記としての役割を負わされるようになっていったのである。

移民一世に対する言語圧力を最小限に止め、二世をして日本語による「日本人」教育を授ける目的をもって形成された、この当時の植民地では、家庭、近隣、共同体のいずれのレベルにおいても日系人間の意思疎通手段として「日本語」のみが使用されたのであったが、そこに問題が全く存在しないわけではなかった。

3.3.2. 共同体(セミ)バイリンガリズムの成立

　二言語による相対的に短期間の教育は矛盾、相克、葛藤を孕みながらも植民地に不完全な形ではあったもののバイリンガルな子弟を出現させていった。半田によると、これら子弟の言語能力は、ポルトガル語では「カマラーダやコロノとしゃべる分には不足はないとしても、教養のために本を読むというようなことはなかった」レベルであったし、日本語は「小学校程度の本」が読める程度、会話はポルトガル語と日本語が混在した日伯混成語であったという[72]。そして、「植民地の日本語学校で一応、小学校程度の本を読み上げ、ブラジル語もなんとか「よみかき」ができるようになると一人前の人間として働かされるようになった[73]」という。

　この共同体(セミ)バイリンガリズムは日本への「錦衣帰国」プロジェクトを最終目標とする出稼ぎストラテジーを効率的に達成するための〈手段〉として創出されたといえるのであり、子供移民や二世はこのために、2つの言語を不充分ながら操ることで異文化の中での生活をスムーズにする〈通訳〉、そして貴重な家族労働力とされたのであった。このことは多くの二世たちをして「ポルトガル語と日本語のどちらも満足にできない人間[74]」に育て上げることにも繋がっていったのである。

　この(セミ)バイリンガルの質は、中・長期的出稼ぎストラテジーそれ自体が抱え込んでいた限界であり、現実的には植民地という生活世界が持っていた二重の限界性の結果であった。つまり、植民地という世界は、ポルトガル語習得(家庭・近隣・地域社会における日本語の卓越)と「正しい日本語」習得(これらのドメインにおける日本語の特質)の環境がともに不完全にしか整備できなかったということである。半田はこの葛藤を「小学校」で教鞭をとるブラジル人教師と日本語教師との対話から次のように記述している。

　　女の先生(ポルトガル語)は「日本人の子供は従順でおしえいい」とか、「算数がうまい」とか、「絵を上手にかく」とか、お世辞をいいだす。「エ・オ・ポルトゲース(ポルトガル語は?)」ときくと、ちょっと微苦笑をもらして、「よくよめるし、字も上手にかきますが、何しろ、家へ帰ると日本語ばかりでしょう?」とあとはなにもいわない。「すると日本語のほうはらくですね」と日本語の先生のほうへむきなおる。「らくなはずですがな、日本のことを知っている子供はまだよろしいが、ここ

生まれのものは、読むことはよんでも、どうも内容がピンとこないらしいですなぁ。おうむみたいにペラペラやるだけですよ。それに学校でならった日本語が、家へ帰ってそのまま役にたつというわけではないし、何しろ、親たちの使っている日本語ときたら、ひどいもんですから…」温厚な先生らしくみえたが、ブラジル語はあまり得意ではなさそうだ。それでも「トード・ジフィーシル、トード・ジフィーシル」とポルトガル語の先生にも同情するようにいった[75]。

　この記述から、植民地における二世は家庭における日本語使用という事実が彼らのポルトガル語習得の障壁となり、他方、家庭における「親の話すひどい日本語[76]」と学校で学ぶ日本語の落差や、日本語教育で使う日本の国定教科書の内容がブラジルという異文化の中で生まれ育った子供には理解されないという事実を背景とする日本語教育の困難さという、二重の葛藤に直面していたことが看取されるであろう。

3.3.3. 〈方言融合〉の本格化と〈共通日本語〉の確立
　20年代以降、旧移民によって形成された多くの植民地では、コロノ時代の「より有利な賃金」を求めての活発な地域的移動は相対的に減少し、比較的安定した生活が営まれていた。この植民地で旧移民たちは経済的安定や上昇を達成し、独立自営農となり、当時増加の一途をたどっていた日本各地からの〈新移民〉をコロノとして吸収していく経済条件をもつようになった。勿論、植民地に土地を購入し独立自営農となったり、そこで分益農を営む場合においてはある程度定着した生活を送ることになるが、コロノの場合には、よりよい条件を求めての移動や別の植民地で独立するというのが一般的であり、活発な移動を遂げていくことになる。しかし、この時期、これらのコロノが〈ガイジン〉の耕地を選択することはほとんど行われず、日本人〈パトロン〉の耕地への移動が卓越するかたちであった。

　一方、経済的に安定した植民地は決して孤立した存在ではなかった。この当時、特に全盛期（30年代）を迎えた植民地相互間あるいは植民地と地方都市やサンパウロ市との間での交流が日本語教育、スポーツ[77]・文化活動（弁論大会など）、生産活動などの様々なレベルで出現するようになっており、こうした交流を通しても、日本各地の方言の接触が進行していった。

こうした背景から、植民地時代に、すでにコロノ＝コーヒー耕地時代に開始されていた、日本各地の方言間の接触が長期化し、共同体における緊密な社会生活——共同体の行事・冠婚葬祭・生産活動など——や日本人同士の交流の中で本格化していくことになった[78]。こうした空間における言語接触（言語シフト）は安定的構造をもっていた。植民地においては家庭・近隣・地域社会という３つのレベルの、あらゆるドメインにおいて「ポルトガル語交じりの日本語」が唯一の生活言語として使用されていたといえるだろう。

さて、コーヒー耕地時代に開始され、植民地時代に本格化した日本人移民の重層的言語接触の結果、どのような特徴をもった「日本語」が生成されてきたのであろうか。ブラジル日系社会における日本語は後述するように、1950年代後半から特に、日系知識人たちによって記述されたが、学問的な立場からの記述・分析が開始されるのは1970年代以降のことであった。これらによって、指摘されてきた特徴を整理すると、(1) ポルトガル語からの借用、(2) 西日本方言を中心とした方言の混用、(3) 日系社会特有の語彙や語法の使用が挙げられる（中東 2006b）[79]。

(1) に関しては、まず借用量の多さであり、日本語の語彙に存在しない語句や概念を補うだけではなく、日本語に既存の語彙——呼称・親族名称、数量、時間を表す語など——も借用語で代用されている（比嘉 1982）[80] ほか、ポルトガル語の動詞の直説法三人称単数現在形に「する」を付したサ変動詞にしての利用、形容詞に「な」を付したり、副詞に「に」「で」などを付して使用したりされているという[81]。

また、(2) に関しては、ブラジル日系人の言語調査結果を踏まえて、工藤（2003）が「コロニア語」の文法的特徴のいくつかを次のように暫定的に提示している[82]。

　①東日本方言的要素（あるいは標準語的要素）と西日本方言的要素の混在・併用——イルとオル、〜テルと〜トル、〜ナイ（ナカッタ）と〜ン（〜ンカッタ）
　②西日本方言のコロニア共通語化（一世の東日本出身者でも普通に使用）——〜ヨル、ヨウ〜セン、〜シキランなど
　③単純化——すべての動詞の五段活用化、ラ抜き可能形式や〜シナイ（セン）デス形式の使用、男女差を示す諸形式の不使用

④類推による生成形式——行カンキャナラン（行かなければならない）のようなモダリティ形式の使用など（ただし、日本における方言における実態については未確認）

　(3)に関しては、ポルトガル語の干渉を受けて、「タクシーをつかむ」「トランプを投げる」、「養国」「同航」「着伯」「出聖」「直来」「配耕」など、日本の日本語とは異なる新しい語彙や語法が誕生している事実が指摘されている。

4. 戦後都市時代（1940年代末〜80年代末）

4.1. 社会的経済的政治的文化的諸状況
4.1.1. 永住による社会的上昇ストラテジーの析出
　1930年代から50年代初頭までの、ナショナリゼーション政策と第二次世界大戦、戦後の排日的感情の醸成、日系人間の勝ち負け問題など一連の出来事は日本人移民とその子弟たちにとって大きな意味をもつものであった。30年代からのナショナリゼーション政策や第二次世界大戦においては、〈敵性国人〉として、「日本人」として生きることを様々に制限されることになった。

　しかし、その一方で、日本人移民の大半が従事していた農業部門は却って戦争によって好景気となり、この時期に多くの移民たちが財産を形成し、戦後における経済的社会的上昇の地歩を築いた。この財産形成、そして第二次世界大戦での日本敗戦による戻るべき祖国の喪失感、ナショナリゼーション政策のもとで、「ブラジル国民」として成長してきた二世の存在、自らや二世の話す〈日本語〉と日本の日本語（標準語）との落差の認識、戦災同胞救援活動を通じての出自社会と自らの引き離し、50年代初頭からの同化主義に基づくナショナリズムの脆弱化などの状況を背景として、日本人移民の間にブラジル永住というストラテジーを析出させることになった。

　移民一世間に析出されたブラジルへの永住という新たな生活ストラテジーはある意味で、「ブラジル国民」として成長する子弟（二世）を、ブラジル社会の中で経済的にも社会的にも成功させるという移民の心情から析出されてきたものということも可能である。こうした移民たちにとって、ブラジル社

会での成功を達成する、自らに与えられた数少ない社会的上昇の選択肢の一つが二世たちにブラジル教育を施していくことに他ならなかった。しかし、植民地では高度な教育を与える機会が不在であり、より整備された教育機会・機関はサンパウロ市をはじめとする都市に集中していた[83]。

一方、40年代後半から50年代にかけて、当時の権威主義的政府は工業優先政策をとり、サンパウロが大きく成長を遂げ始めていた。前述のような目的をもった移民にとって、都市部における商工業関連の職種は経済的上昇を実現し、二世たちに教育を施す上で非常に有効であると認識されるようになった。都市における商工業分野の職種は戦時中に蓄えることができた小資本で起業することが可能であったし、言語的な障壁も他の業種に比較すれば低いものであり、家族労働力を投下し、家族員の協力と連帯によって経済的成功を収められると認識されるようになったのである。こうして、移民や二世のブラジル永住による経済的社会的上昇ストラテジーはその多くが、サンパウロ市を中心とする都市における商工業分野をその舞台として開始されることになった。

既に記述したように、日本人移民のほとんどはサンパウロ州のコーヒー耕地に農村賃金労働者として入り、農村の最底辺の社会階梯からの上昇をはじめ、農業部門での地位上昇とそれに伴う経済上昇を達成してきた。1934年の州勢調査によると、当時の日系人の92％までが農村にあって農業に従事していたが、上記のような永住による経済的社会的上昇ストラテジーの析出に伴い、日系人の都市部への地理的移動が活発化していった。日系人の都市化は1940年代後半から顕著となり、1958年の日系センサスではすでに45％が市街地（都市）在住者となっている。そして、1987年には日系人口の89.2％までが〈都市住民〉となった。

図表10　1958年当時の日系人口

	移民	ブラジル生まれ	市街地	農村	合計
ブラジル	138,637	291,332	193,207	236,762	430,135
	(32.2%)	(67.8%)	(45.0%)	(55.0%)	
サンパウロ州	104,156	221,364	156,570	168,950	325,520
	(32.0%)	(68.0%)	(48.0%)	(52.0%)	

4.1.2. サンパウロ市における都市在住日系人の組織化——共同体から結社へ

　ブラジル日系人の都市移動は親族、同県、同船、同植民地関係などのエスニックな社会関係に基づいて、先着移民を頼るかたちでチェーン・ミグレーションというかたちで行なわれた。多くの日系人が移動を遂げたサンパウロ市では、こうしたチェーン・ミグレーションの結果として、市内の特に市中央から南東方向へ広がるリベルダーデ、イピランガ、サウデ、ジャバクアラ街区に集中的に居住する傾向が強かった[84]。こうした日系人の集住した地域では当初、日系人間に頼母講というインフォーマルなエスニック相互扶助システムが組織され、新着日系人家族の初期都市適応過程——自営業種の立ち上げなど——を支援し、その後、50年代になると、こうした関係性を利用するかたちで地域的なエスニック団体＝結社が形成されるようになった。

　一方、戦前のナショナリゼーション政策と第二次世界大戦によって崩壊した地域を越えた日系〈社会〉——中央エスニック組織——の再編は、終戦直後に発生した〈勝ち負け〉を巡る対立が終息した50年代前半に、サンパウロ市創立400年祭（1954年）にブラジル社会（サンパウロ市役所）から〈日系社会〉としての参加を要請されるという外部からの〈日系社会〉〈日系人〉の存在認知を受けるかたちで、400年祭日系協力委員会が組織されて開始されていった。そして、この委員会が400年祭以降、サンパウロ日本文化協会（後にブラジル日本文化協会となる）として恒常的なエスニック団体として再編され、この協会がブラジル〈日系社会〉の中核的エスニック団体として、サンパウロ市内に組織され始めた地域日系エスニック組織、さらには全国の地方日系組織を統合していくというプロセスで、戦後の〈ブラジル日系社会〉＝コロニアの構造が成立していった。そして、こうした集住地域と日系エスニック団体＝結社が集中するリベルダーデ地区には、様々な経営形態の日本語学校が設立されていった[85]。

　ところで、日系人が集住する地域に組織された日系エスニック組織は戦前期の農村部に形成された〈植民地〉という地域エスニック共同体とはその性格を異にするものである。まず第一に、日系人の高い集住性はあるものの、戦前の植民地とは異なり、近隣に日系人が住むことは少なく、地域社会レベル（リベルダーデ地区は例外）からは日本語が消失し、日本語は家庭とエスニック結社というドメイン内に限定されていった。第二に日系エスニック団体＝結社は相互扶助・親睦、レジャー・スポーツ、日本文化継承活動などの

特定の目的をもって組織されたのであり、道路・衛生・生産活動から子弟教育など成員の生活全般を管理・運営する植民地＝共同体とは全く異質な組織であり、あくまでこの団体＝結社への加入は個別的な任意性に基づいたものであるという点である。例えば、1988年の日系サンプリング調査では都市部日系人口全体の25％が地域エスニック団体といったエスニック結社に加入しているにすぎなかった。この任意性という特徴は、日系集住地区やエスニック中央団体などが集中するリベルダーデ地区に数多く設立されるようになる日本語学校への通学も含めて、都市エスニック結社に共通して認められる特徴となっている。

4.1.3. 〈コロニア人〉アイデンティティと〈コロニア語〉の「発見」

　戦後、ブラジルへの永住を決意した日本人移民であったが、50年代半ばにはまだ、戦前の〈在伯同胞社会〉〈在伯邦人〉（日本への帰国を条件とする）というアイデンティティに代わる、新たなアイデンティティやそのシンボルは析出されてはいなかった。ブラジルへの永住を条件とする〈ブラジルの日本人〉という、新たなアイデンティティが析出され始めるのは50年代後半から60年代前半にかけての頃であり、この頃、日本人移民一世は自らの〈名乗り〉として〈コロニア〉〈コロニア人〉という呼称を選択し、この〈名乗り〉を通じて、〈ブラジルの日本人〉という自己を主張していった。

　この〈コロニア〉という語は新しい自己規定を表象するために、新たに創造されたものではなく、地域日本人共同体＝植民地を意味するポルトガル語をカタカナ表記し、それに新たな意味を付与し、自らのエスニック・アイデンティティのシンボルとして戦略的に選択したものであった。〈コロニア〉というエスニック・シンボルに関して、パウリスタ新聞社編『コロニア五十年の歩み』(1958)では次のように述べられている。

> 題名についた「コロニア」という言葉は、コロニアには関係のない読者には耳慣れない字句かもしれないが、実はこのコロニアという言葉そのものが、われわれ日系社会で生活するものの姿をあらわしている。『在伯日本人』といい、『在留民』といい、或いは『在伯同胞』という使い古された言葉はすでにブラジルの日系人の実態とは程遠いものになってしまった。戦前何かの機会に使われはじめた「コロニア」という言葉

は、それこそコロニア特有のもろもろのニュアンスを含んで、今ではちょっと訳語のない言葉となってしまった。直訳すれば「日本人とその子孫が形成し営んでいる社会」と言えるのかも知れないが、コロニアという語は、その本来の語意からすら離れて、いまでは訳しようもないものである[86]。

　この新しいアイデンティティ（のシンボル）は一方において、自らを「日本の日本人」から差異化しつつ、他方において「人種」的にブラジル人一般とも差異化を図ろうとする二重の差異化の過程を通じて構築され、自らを「ブラジル人の親」である「ブラジル社会の正規のメンバー」として位置付けていこうとするものであった。
　〈コロニア〉〈コロニア人〉アイデンティティは言語領域においては、自らが日常生活のなかで話す言葉、即ち、それまでは「ポルトガル語交じりの日本語」「ひどい日本語」「日伯混成語」などと呼ばれてきた生活言語に対して、〈コロニア語〉というレッテルを貼り、「日本の日本語」から自らの「日本語」を差異化し、それへの心情的一体化というプロセスを通じて立ち上げられた。言語領域におけるアイデンティティの析出は日系人たちが自らの使用する生活言語に注目した初めての瞬間であったが、それはまた、自ら（の集団）のもつ〈混淆性〉への注視の瞬間であったといえるだろう。ここでは、〈コロニア語〉という言語アイデンティティの析出のプロセスを概観しておこう。
　自らの話す「日伯混成語」はまず、ブラジルへの永住という新しい生活ストラテジーを析出する際、自らを日本から引き離す根拠として機能した。『コロニア戦後十年史』は自らの話す日本語や日本語能力の低下といった側面から永住へ至る決定を次のように記述している。

　　…コロニアに定住の傾向が著しいのは、一つは過ぐる大戦の結末がもたらした現象といえるかも知れぬが、それよりも、コロニア自体が永住か帰国かの問題に当面して、何れかに決定せねばならぬ状態におかれたときに、あの戦争の結末がきて移民の永住を決定ならしめた、という方が当たっているであろう。というのは、錦衣帰郷を夢見て、子供の教育を怠っている間にも子女は成長した。単に成長しただけではなく、ブラジ

ル的な要素を吸収して、ブラジル的に成長した。親は老い込んだだけではなく、戦時中の緘口令も祟ったのか、漢字を忘れたのはもとより、ブラジル語を混ぜずに標準語のニッポン語もなかなか話せぬ状態となり、これではブラジル的な息子や娘を連れて、ブラジルぼけした人間が生存競争の激しい母国に帰るのもどうか、と内心は多くの移民が考えはじめた頃に戦争の結末がやってきた[87]。

この言説は、第二次世界大戦終戦直後、移民一世がブラジルへの永住を決意する当時の心理状況を語ったものであるが、永住決意には第二次世界大戦での日本の敗戦やブラジル的に成長した子女の存在とともに、「ブラジル語を混ぜずに標準語のニッポン語もなかなか話せぬ」自らの状況が大きく作用したことを示している。つまり、自らの話す「日伯混成語」が母国日本からの自らの切り離しにとって、大きな役割を果たしたということを指摘しているのである。しかし、自らの話す「日本語」に対する肯定的な眼差しはまだ出現してはいなかった。

日系知識人やジャーナリストらによる、〈コロニア語〉に関する議論が出現するようになるのは1950年代半ば頃からで、例えば、1952年には半田知雄が所属する土曜会の機関誌『時代』に「ブラジルにおける日本語の運命」という論考を、1956年にはアンドウ・ゼンパチが自らが主宰する雑誌『エスペランサ』第3号に「コロニア語」と題する論考を、また1957年日系歴史家佐藤常蔵はその著書『ブラジルの風味』の中に「コロニア語の解剖」という論考をそれぞれ発表した頃からのことであった[88]。

日系知識人のなかで、〈コロニア語〉に関して最も網羅的体系的な記述、分析を行っているのは半田知雄である。半田は「ブラジルにおける日本語の運命」という土曜会機関誌『時代』に発表した論考の中で、ブラジルにおける日本語は「何よりもまず、労働移民の使用するコトバ」であると規定し、そののちに、①「移民の生活とコトバ」②「生活様式の変化とコトバの単純化」③「コトバの単純化における方言の影響」④「階級の一時的消滅とコトバの単純化」⑤「生活と言語感覚の関係」⑥「日本語に対する刺激の不足」⑦「階級、層、圏のコトバ」⑧「ブラジル語の日本語化」といった側面から、自らが所属する集団の言語＝コロニア語の特徴に関して詳細に論じている[89]。

日系知識人の〈コロニア語〉に対する初期の眼差しの中にはその〈混淆性〉を否定的に捉える立場が存在していた。佐藤[90]は「コロニア語の解剖」のなかで、〈コロニア語〉による家庭内の会話（「ターちゃんはフィカ・ケットしてコメしないとママィはノン・ゴスタですよ」（ターちゃんは静かにして食べないと、ママは嫌いですよ））などを例示して、それらを「奇怪な言葉」として否定的な評価を与えていた。佐藤はポルトガル語からの借用が多い〈コロニア語〉を純粋日本語と対比して「乱れた」「ひどい」「奇怪な」日本語として見つめていたのである。

　しかし、その一方において、1956年「コロニア語」や1966年「コロニア評論　コロニアにおける日本語の運命」という論考の中で、戦後のブラジル日系社会を代表する知識人の一人であったアンドウ・ゼンパチは次のような〈コロニア語〉観を披瀝している。

　　…こんな明治大正的なコロニヤに一つ、母国ニッポンをしりめにかけて、すばらしく進歩しているものがあるのに気付いているものは少ない。それはコロニヤのニッポン語である。コロニヤのニッポン語はくずれているとか、ガラがわるいとかいうが、必ずしもそうとばかりはいえない。

　　コロニヤをつくっているものは、みんな、同じように移民としてやってきたもので、目上だ目下だのというややこしい身分カンケイがなかった。だからそんなところでは、バカ＝テイネイな言葉や相手をみさげたようなコトバはきえていって、みんな平等の立場で話ができるから、しぜんデモクラチコなものになる。大いに民主化したというニッポンで、民主化の根本になるコトバづかいが、いっこうデモクラチコでなく、あいかわらず、明治、大正時代のままで、目上のものにはバカ＝テイネイで、目下のものにはオウヘイなコトバがつかわれているのは、ニッポンの民主化が、まだ、ほんものでないしょうこだ[91]。

　　…もともと同義語である母国と祖国という語に、このようなちがった概念を持たせた使い方は、まだ、いっぱん二世の間には普及していないが、二世にとって、ブラジルは生まれ育った母国、日本は両親や祖先の国、すなわち祖国という考え方は面白い。このような誤解も、ひっきょ

う、ある必要から生まれたもので、いちがいに、一笑して葬り去るのはどうかと思う。コロニアの日本語は日本のそれとちがってもいい。それが必然的な言葉の運命というものなのだ[92]。

　アンドウの最初の言説は〈コロニヤ語〉の特徴の一つである敬語、丁寧語、謙譲表現の欠如（ないし脆弱化）を移民社会が平等な民主化された社会であることと関連付け、しかもそれを日本社会と対比することで、日本社会よりも有利なポジションに自ら（コロニア）を位置付けたものであり、第二の言説は日本のコンテキストでは同義語である母国と祖国という語彙に、新たな意味を付与し利用するというのがまさに〈コロニア語〉の特徴の一つで、それは日本の日本語と「違ってもいい」のであると主張するものである。半田にしろ、アンドウにしろ、そこには〈コロニア語〉に対する「乱れた」「奇妙な」「ひどい」といった否定的眼差しは全くなく、むしろ肯定的に捉えながら、両者は〈コロニア語〉と日本の日本語との対比、あるいは切り離しを通じて、日本の日本語と〈コロニア語〉を差異化しながら、自らの集団の独自性を主張していったのである。
　半田やアンドウ以外の日系知識人たちもまた、〈コロニア語〉を別のやり方で「発見」していった。例えば、鈴木信男は 1965 年 4 月 7 日付『パウリスタ新聞』において、「ミーリョか玉蜀黍か」という論考を発表し、ミーリョという語彙に含まれる移民としての独自の経験や心情から、ミーリョは玉蜀黍には代替不可能であると主張している。知識人たちはミーリョのほか、バタタ（Batata）、エンシャーダ（Enxada）、ムダンサ（Mudança）などの語彙は日本語の同義語が存在するにもかかわらず、ポルトガル語から借用され続けていることの意味、あるいは翻訳不可能性を問題にしながら、日本の日本語とは異質な自らの言葉としての〈コロニア語〉を位置付けていったのである。
　また、1972 年には文芸雑誌『コロニア文学』に戯曲「トマテとコンピュータ」を発表し、ブラジル日本文化協会が創設した「コロニア文学」を受賞した前山隆は「コロニア語」に関して、次のように述べている。

　　"コロニア人"などと称していながら、自立的な脚本創作の活動もなしに、日本直来または直訳のやくざ芝居、母物人情劇、ドタバタ寸劇ばか

りやっているのでは、コロニア六十年の歴史を云々しながら、うら淋しい話である。なんとか自律的なコロニア演劇つまりコロニアの問題をテーマとして、コロニア人によって創作され、演技するものと観るものとが自らの生きる問題を共に考えるよすがともなり、同時に娯楽をも提供しうるコロニア土着劇といったものができないものかと、ぼくはしばしば考えていた（中略）コロニアには、日本語を中核において喋るものと、ポルトガル語を中核においてしゃべるものがある。しかし、程度の差はあれ、大体みんな、多少とも両語を聞き分け、喋る。実生活においては、これらの両語を巧妙にこねあげ、使い分けて、コミュニケーションが成立している。単に言葉が"崩れて"混じっているのではない。生きていくうえでのストラテジー（戦術）として、われわれは故意に混ぜ、苦労して両語をこねあげているのである。その結果今こうしてコロニアで流通しているものを、コロニア語という[93]。

　前山は〈コロニア語〉というものがブラジルで生活する中で、その生活ストラテジーと関連しながら意識的に生成されてきたものであり、それはコロニア人の言語的なアイデンティティに他ならないと主張しているのである。
　このように50年代から70年代にかけて、日系知識人たちはブラジルという異質な文化・社会構造との接触による、様々な交渉の中から醸成されてきた移民の心情や集合的な記憶、歴史的体験などを背負わされてきた「混成日本語」に〈コロニア語〉というレッテルを貼り、それを自らのアイデンティティの言語的なシンボルとして肯定的な眼差しで捉えながら、「日本の日本語」＝真正性という視座＝呪縛から自らを解放していったのである。そして、50年代末から60年代にかけ、〈コロニア語〉は言説のレベルを超えて、後述するように、自らの子弟教育の〈言語〉として実践のレベルに取り込まれていったのである。

4.1.4. 家族労働力を利用した自営業による中間層への上昇
　都市において展開されたブラジル日系人の永住ストラテジーはどのようなものであったのだろうか。前山によると、「都市化の初期には日系人は主として独立自営の道を選んだ。これには日本人の文化的、言語的障害の事情も大きく関与しているが有利な工業労働者の領域は主としてヨーロッパ系に占

められていたし、その方面での特殊技能を所有しない日本移民はむしろ無賃金で働く家族労働力を結集して共同できる小規模の家族経営体への道を選択した」という。つまり、ヨーロッパ系人に占有された有利な工業労働者部門や日本人の文化的言語的ハンデキャップ、投下できる家族労働力の存在などが勘案されて、「小規模な家族経営体」を永住ストラテジーに基づく社会的経済的上昇の舞台として選択したのである。

　前山によれば、都市化初期において日系人によって選好された「小規模な家族経営体」の職種は、洗濯業（洗染業と呼ばれた）と、農業移民であったことでなじみの深かった農産物の販売——中央市場での卸売業、小売業、露天商、青果物店など——であり、いずれも小資本で、言語的障壁が低く、家族労働力が投下できる自営業種であった。また、日系人が選択した自営業種の大半は非エスニック財を非エスニック市場で加工・販売するような職種であることを特徴としていた（エスニック市場向けのエスニック財の製造・加工・販売などは日系人の都市への定着が進み、彼らが経済的上昇を遂げるという条件のもとで成立してくる）。この特徴は1960年代以降、日系人の都市自営業種多様化の中でも基本的な性格の一つであり続けている。

　こうした家族員の協力と連帯に基づく「小規模な家族経営体」による社会的上昇ストラテジー[94]は有効に機能し、その結果は1958年時点でブラジル日系人の8割以上が中産階層に属し、88年の調査結果でも、都市部在住日系人の7割が中間層以上の社会階層帰属意識をもっているという事実のなかに看取されるだろう。

4.1.5. 二世層の分裂——2タイプの〈二世〉の出現

　こうして都市部での経済的社会的上昇が図られていったのであるが、その自営業戦術はもう一つの社会上昇戦術を内包するものであった。それは経済的上昇を遂げたあと、さらに家族員（特に二世世代）の連帯と協力によって、兄弟姉妹の一部を大学などの高等教育機関に送り込み、経済的成功を随伴する社会的威信のある職種（ホワイトカラー・テクノクラート、専門職など）につかせるという戦術であった。密接に連関した2つの社会上昇ストラテジーには、前山が「黒い兄と白い弟」問題と呼ぶ、同世帯内の同一世代間の協力と連帯関係の存在とそれ故の分裂を内包されていた。少し長くなるが、この状況を前山から引用しておこう。

移民の選んだ、そのような農村・都市両者における自営の職業においては、家族労働力に強く依存するのが一般で、子女を多数もつことを望むのがふつうだった。移民船から上陸したかれらはサントス港で「ヨーイ・ドン」で一斉に社会上昇の競争を皆一様に裸一貫で開始したといわれるが、その時点でかれらの間に介在した唯一のハンディキャップは子供の数、家族の大きさであった、ともいわれる。

　数多い子女の中では、年長の者が教育を犠牲にして肉体労働に従事し、父母とともに家業に励む者が多かった。移民家族の周期論的見地からいっても、長男、長女、次男が成長してくることには、平均的にいって経済的基板がまだ確立されず、家長が家族労働力の助けをもっとも必要とした時期であった。年長子弟の労力提供の十分な蓄積を経て初めて、家族外からの雇用も可能となり、年少の子弟が家内労働から解放されてくる。移民家族はこうして初め子弟の教育を犠牲にして社会的に上昇してくるが、彼らの職業の多くはかなりの肉体労働をともなうものであった。一方、長い奴隷制を経て社会の構造化が進んできたブラジルでは、今日でも労働、ことに肉体労働は黒人と奴隷とに関連して象徴され、蔑視される。肉体労働に従事するものは、たとえ財力をもってもなかなか中産階級のメンバーとは認められない。日本移民の家族内協力にのっとった社会上昇ストラテジーは、財力を築く上では大いに効果をあげたが、社会的威信を獲得するうえでは力がなかった。ここに日本人家族の大きなジレンマ、葛藤の根があった。このような矛盾に対処して、多くの日本移民はあとから育ってくる年少の弟妹たちを上級学校へ送り込み、かれらを「ドットール」に仕立て、家族にブラジル的威信をもたらそうとした。これが状況に対応した移民の適応の仕方であった。こうして「黒い兄」と「白い弟」が生まれた[95]。

こうした同一世代内（二世）で2つのカテゴリーへの分裂が生じた。「黒い兄」は「教育程度が低く、野外の肉体労働に従事して黒く日焼けし、父母に密着して生活し、日本語の上手な『労働する』兄姉」であり、「白い弟」は「大学教育[96]を受け、小さい時から家庭内労働を免除されてきた、家族外世界に強いアイデンティティを抱く、日本語のあまりできない『勉強する』弟妹」であり、両者の間には徐々に「文化と使用言語とライフ・スタイル上の

分裂」が明確になり、「成人して別々の家族をもった黒い兄と白い弟は異なった階級に属し、異質な社会的ネットワークの中に生き、かなり異質なサブ・カルチャー」の中に生きるようになっていった。

　この二世という同一世代内の文化的分裂は言語領域においてみれば、「白い弟」たちが実家を離れ、分家独立した後の家庭内使用言語やその言語観に明確な差異となって出現することになる。家庭内使用言語に関しては、「白い弟」の家庭では、両親と同居し日本語の使用がある程度維持された『黒い兄』世帯[97]とは異なり、ポルトガル語使用が卓越することになる。また、これらの家庭においてもバイリンガリズムが志向されたが、このバイリンガリズムは「黒い兄」家庭におけるポルトガル語と日本語という「移民のバイリンガリズム[98]」ではなく、むしろ「エリートのバイリンガリズム」として、外国語の実用性や有効性などの視点から判断された英語とポルトガル語が志向される傾向が強く、少なくとも日本語はそうした視点から選択されるべき一外国語と認識される傾向が強くなるのである[99]。

　すでに、二世世代内における、こうした分裂は戦前の植民地時代においても僅かながら出現していたことは前述のとおりであるが、この分裂は50年代後半ないし60年代初頭から明白なものとなっていった。60年代以降、日系人の大学進学率が急上昇し、全人口の1%にも満たない日系人が多くの大学で10%以上の席を占めるように至り、二世、三世の兄弟姉妹間で家業を助ける兄姉と、進学し公務員や技術者となる弟妹の分裂、日系人間の階層分化が顕著になっていったのである。都市部における1958年時点での非農業部門日系人人口を移民および日系ブラジル人、新中産階層（公務員・技術者・医者などのホワイトカラー・専門職・自由業従事者）、旧中産階層（自営業など）そして労働者階層とに区分して示したのが図表11である。この図表からも、二、三世の属する「日系ブラジル人」範疇での中間層内部での階層分化が認められるであろう。

図表11　非農業分野日系ブラジル人の階層構成（1958）

階層	日本生まれ	ブラジル生まれ	合計
新中産階級	13%	25%	20%
旧中産階級	75%	52%	63%
労働者階級	12%	23%	17%
合計	100%	100%	100%

4.1.6. 戦後移住

　戦前移民がブラジル永住ストラテジーによる社会的経済的上昇を目指していた50年代初頭（1953年1月）、「近親呼び寄せ」という名目で独身者51名がサントス港に到着して、ブラジル向け日本人移住が再開、同年には戦後最初の計画移住となった、いわゆる「辻移民」と「松原移民」がそれぞれブラジルに到着した。これらはブラジル在住の日系人が直接ブラジル政府に申請、認可された、いわば民間移植民事業であった。

　戦後移住再開の翌年、海外移住を国策とした日本政府は、日本国内での移住者募集、選考及び送り出し業務、移住先国での受け入れ手続きなどを担当する財団法人日本海外協会連合会（海協連）を設立するとともに、1955年には移住先国で土地を購入し、移住地を造成して自営開拓移住者に分譲する目的をもって海外移住振興会社が設立され、その現地法人としてジャミック移植民有限会社（移住地の造成や営農指導を行う）とジェミス信用融資株式会社が設立された。こうして、日本政府は計画移住政策を開始したのである。しかし、実際には民間斡旋業者が指名呼寄せによる自由移住（農業部門）による移住が全体の50%以上を占めていた[100]。

　戦後のブラジル移住の形態は大別すると、計画移住と自由移住とに区分することができる。計画移住はブラジル政府移住機関（1953年以降はブラジル移植民院）から事前に募集条件、入植条件などの許可を取って移住する方式で、辻、松原のような自営開拓農と養蚕、コチア青年移民、産業開発青年隊移民のような雇用農の2つのタイプがあった。一方、自由移民は主として近親呼び寄せや雇用農としての指名呼寄せ、あるいは農業分益農移住、工業移住者移民などがあった。

図表12　戦後における形態別日系移住者の推移（1988年まで）

年度	農業	技術	商業、他	指名呼寄せ	計
1952–1959	16,191	251	44	14,124	30,610
1960–1969	8,309	1,365	539	8,406	18,619
1970–1979	1,564	1,377	41	628	3,610
1980–1988	356	112	16	228	722
合計	26,424	3,105	640	23,386	53,555

（出典）国際協力事業団『海外移住統計』

　上記のような様々な移住形態によって、1950年代と60年代を中心に、

1988年までに54,000人ほどの戦後移民がブラジルに渡った。この戦後移民に見られた主要な特徴は、まず第一に当初からブラジルへの永住を目的としていたこと、第二に個人的属性が多様であり、比較的高い学歴、都市部出身者、特殊技能・専門技術をもった移民が高い割合で含まれていたこと、第三に日本政府の計画移住の場合を中心に政府から様々な支援があり、速やかな適応が可能であったこと、第四に戦前移民が築き上げてきた地歩を利用することが可能であったこと、第五に戦後移民の間においても、都市における卓越した社会的経済的上昇ストラテジーは戦前移民同様、商工業分野における自営業種を舞台として展開されたこと、などが挙げられるであろう。

戦後期においても大半を占めた農業移民たちは戦前移民をその〈パトロン〉とする農場に「配耕」され、労働力として貢献するとともに、ブラジル農業の経験を積んでいったが、この過程はまた、戦後移民たちが〈パトロン〉家族の話す「日伯混成語」へと適応する時間でもあった。比較的高い学歴や専門技術・技能を身につけていたことはブラジル到着後、それぞれの専門分野への参入が可能であった。また、戦後移民は戦前移民が築き上げた団体や結社、日系地場産業、さらには50年代からブラジル進出が開始された日本企業などに吸収されていった者も多く、自らが持っていた言語的障壁を乗り越えることが可能であり、速やかに生活基盤を整備することができた。また、50年代以降、数多く設立された日本語学校へ教師として雇用されたり、自ら日本語学校を設立するものも多く、戦後移民では日本語教育界へ参入していったものも多かった。

しかしながら、50年代初頭から再開されたブラジルへの戦後日本人移住は、実質的に日本が高度経済成長を遂げていた80年代初頭を最後に幕を閉じることになった。ブラジルへの日本人移住衰退の要因としては、日本経済の景気回復により国内人口が国内の産業構造のなかに吸収されるようになり「冒険」的意味をもつ開発途上国への移住が敬遠されるようになったこと、カナダ・オーストラリアなどの諸国が日本人に移住の門戸を開いたこと、さらにはブラジル東北伯地域の人口増加により、国内の単純・未熟練労働力を移民労働力に求める必要がなくなったことなど、様々なファクターを指摘することができる。

4.1.7. 80年代末の日系人口の特徴——58年調査との比較

　実質的に、日本人のブラジル移住が終焉した80年代、ブラジルの日系人はどのような特徴をもっていたのだろうか。ここでは1987年と88年に実施された、標本による日系人口調査結果[101]をもとに、当時の日系人口の主要な特徴を概観することにしよう。調査時における、ブラジル在住日系人口総数は129万人程度で、この人口のうち約27%、33万人がサンパウロ市に居住し、サンパウロ市の衛星都市を含めたサンパウロ大都市圏居住者（14%、17万人）を含めると、サンパウロ市及びその近郊に全人口の41%、50万人の日系人が集中的に居住していた。続いて、サンパウロ市・サンパウロ大都市圏を含まないサンパウロ州内居住者が32%、39万人となり、サンパウロ州内に全人口の72%が集中していた。そして、パラナ州を含む南部地域に全人口の12%（14万人）ほどが居住していた。

　1958年当時の日系人口数43万人と比較すると、30年間で総人口は約3倍増加したことになる。また、都市・農村別人口では、58年当時、日系人口の55.1%が農村部居住者であったのに対して（市街地＝都市部居住者44.9%）、88年には都市部居住者が90%に増加し、農村部居住者はわずかに10%程度にすぎなくなり、日系人の都市化が進行したことを示している。

図表13　1988年当時の地域別日系人口

地域	人口数	比率%
北部	33,000	2.7
東北部	28,000	2.3
サンパウロ市	326,000	26.5
サンパウロ大都市圏	170,000	13.8
サンパウロ州（市・都市圏を除く）	391,000	31.8
リオ・ミナス・エスピリトサント州	87,000	7.1
南部	143,000	11.6
中西部	49,000	4.0
合　計	1,228,000	99.8

　このことは、58年当時は56%が従事していた農牧畜水産業分野の人口比率が、88年には12%まで減少しているという職業別人口構成の変化と関連している。職業別人口構成では、58年当時多かった商業・販売、製造・加工・土木・建築などの分野が88年では少なくなり、代わって、専門・技術、管理・

図表14　職業別人口構成比の比較― 1958・1988 ―

職業	1958年	1988年
専門・技術	8.1	15.5
管理・事務	9.6	27.8
農牧畜水産	55.9	11.8
製造・加工・土木・建築	28.0	9.4
商業・販売	36.3	20.9
運輸・通信	5.0	3.4
サービス	12.1	10.2
その他	0.9	0.1

図表15　1988年当時の世代別人口構成比

世代	％
1世	12.5
2世	30.9
3世	41.3
4世	13.0
5世以下	0.3
不明	2.0
合計	100.0

事務分野が大きく増加しているという特徴を持っている。

　日系人の世代別人口を見ると、88年には移民世代＝一世は全体の12.5％にすぎず、全体の8割以上がブラジル生まれの日系人となっている。58年当時は全体の32％ほどが一世人口であった。88年当時の世代別人口では二世が31％、三世が41％、四世13％、五世以下0.3％となっており、この当時、既に日系人口は三世を中心とする構造となっていたことが看取される。

　世代別に混血状況をみると、二世では全体の6％にすぎなかった混血日系人の比率が三世では42％、四世では62％に達している。このことは日系人の配偶者選択の状況と関連している。すなわち、88年当時夫婦とも健在な日系夫婦の婚姻は54％が日系人同士、46％が日系人と非日系人との婚姻であった。58年当時のインターマリッジの割合は13％程度であったことからすれば、30年間で日系人のインターマリッジは3倍以上に増えていることになる。

　つまり、88年当時の日系人口の特徴は58年と比較すると、①都市化、②

都市化や高学歴化などと関連する農業従事者の減少と専門技術・管理・事務の増加、③一世世代の減少と三世世代を中心とする人口構成、④インターマリッジを条件とする混血化の進行、などである。そして、30年間の日系人口の変化はいずれもが、日系人口のポルトガル語への言語シフトを促進する条件として機能したことは明らかであろう。

4.1.8. 戦後における言語政策

　戦後の40年代後半からは、戦前のナショナリズム政策下で禁止されていた外国語出版や外国語教育が緩和され、それに従って、邦字新聞や雑誌類が刊行されるようになり、日本語教育も再生した。戦後におけるブラジルの言語政策は大筋においては、戦前の「問題としての言語」という認識に基づく言語政策から、「権利としての言語」、さらには「資源としての言語」観に基づく政策へと変化してきている。

　「権利としての言語」は、特に60年代から起こったカウンター・カルチャー運動とも連関するルーツ探しへの関心の惹起や多文化主義的イデオロギーの台頭などの状況を背景とするものであり、エスニック集団に母国の言語習得への関心を惹起するようになった。「資源としての言語」は、80年代後半のグローバリゼーション（特にメルコスル）の加速化と連動して、複数の言語を理解することは国家にとっての資源であるという考え方に基づいており、移民・エスニック集団を超えた複数言語習得のための政策が公教育のなかで採用されるようになってきている。例えば、世界各国からの移民が重要な構成ファクターとなっているサンパウロ州やパラナ州では、州政府がCEL（Centro de Estudos de Línguas）、CELEM（Centro de Línguas Estrangeiras Modernas）といった外国語教育センターで、「現代外国語とその背景にある他国の現代文化との接触機会を与えるとともに、一般教養、または就職の可能性を高める」といった目的において、スペイン語、フランス語、ドイツ語、イタリア語、ポーランド語、ウクライナ語そして日本語といった外国語教育を公教育機関の中で行うようになっている[102]。

　こうした動きの中で、ブラジルにおける日本語教育の分野に日本政府も積極的に関与している。前者の立場では、日系「社会」の要請を受けるかたちで、旧国際協力事業団が「移住のアフターケア」として、日系子弟への継承語教育（文化伝承）領域へ様々なかたちで支援を行ってきている。一方、

後者の立場からは、国際交流基金が公教育機関での日本語教育を様々なかたちで実施するようになっている。図表 16 は近年におけるブラジルの日本語学習者数を示したものであるが、近年において「資源としての言語」という観点からの日本語学習者が増加している傾向をここから看取できるだろう[103]。

図表 16　ブラジル日本語教育機関学習者数

調査年	初等・中等教育学習者	高等教育学習者数	日本語学校等私塾学習者数	合計学習者数	多数地域順位
1990	0	244	14,657	14,901	6 位
1993	130	512	17,730	18,372	9 位
1998	2,299	785	13,594	16,678	10 位

(出典)国際交流基金日本語国際センター
『海外の日本語教育の現状——日本語教育機関調査・1998 年』

4.2. 都市日系人の子弟教育
4.2.1. 重視されたブラジル公教育

　農業分野よりも有利に映った都市部での商工業業種における社会経済的上昇と子弟教育を目指しての、サンパウロ市を中心とするブラジル日系人の都市移動は、40 年代から活発化していった。日本人移民はそこで家族労働力を投下しての自営業による社会的経済的上昇を目指した。

　日本人が選択した自営業の職種は、当初、洗濯業、農産物関連の仲買商、小売商、市商人などの非エスニック財の非エスニック市場での販売や製造という共通の特徴をもつものであった。この自営業による社会上昇ストラテジーは、自営業に投下する家族労働力の仕事時間を比較的柔軟に調整することが可能であり、調整された時間のなかで子弟をブラジルの公教育機関へと通学させることが可能であった。市立、州立の教育機関では授業料は無料であったこと、昼夜の二部制教育システムをとっていたこと、といったファクターも日系人のブラジル公教育へのアクセスを容易にする条件として機能した。

　公教育機関へ通学した日系人児童は戦前の植民地における〈小学校〉とは異なり、クラスメートがすべて日系人子弟というわけではなく、様々なエスニック的背景をもった多くの〈ブラジル人〉児童・生徒との緊密な相互作用を開始するようになった。このことは地域社会における日本語使用の消失と

ともに、日系人、特に二世や子供移民の言語使用（理解）を大きくポルトガル語へとシフトさせる条件となっていった。そして、さらに 1961 年に改正された義務教育年限は、それまでの 4 年間から 9 年間へと大幅に長期化され、このシフトをさらに加速化させることになった。

　ブラジルにおいて、日系人のみを対象にした学歴調査は実施されていないが、1991 年に実施されたブラジル国勢調査結果における皮膚の色別学歴という統計データをみると、学歴 11 年以上（即ち高卒以上）を有する者は白人が 18.4%、黒人 7.3%、褐色 6.2% であったのに対して、黄色（中国、韓国などのアジア系が含まれるがその当時はまだ人口数が少なく、日系と見なすことが可能）は、ずば抜けて高く 41% 程度となっており、黄色＝日系人がいかに高学歴となっているかが看取されるであろう。

4.2.2. 戦後日本語教育の特徴

　1938 年以来停止を余儀なくされてきた日本語教育は、1947 年 11 月に新教育令が施行され、外国語教育の実施規則が緩和されたのを受けて、1948 年から再開された。サンパウロ市ではこの年以降、日本語学校が「伯国公認日本語学校」として開校されはじめ、1954 年の時点で、日本語学校数は 30 校近くに達し、60 年代初めにはブラジル全国で 600 校ほどの日本語学校が開校していたと推定されている[104]。

　50 年代半ばには、公認日本語学校数が増加したことで、日本語学校連合会の結成の機運が高まり、54 年 7 月に第 1 回サンパウロ州公認日本語学校連絡会議がサンパウロ市ドン・ペドロ二世日本語学校において開催された。伯国日本語学校連合会機関誌『幾山河』によると、この連絡会議は戦前、帝国総領事館監督のもと、文教普及会が中心となって実施された日本語教育にかわって「コロニア自体の力によって日語教育を実施しなければならないという決意」のもとに開催されたものだった。このことはブラジル永住を決意し、自らを「ブラジルの日本人」として日本の日本人との〈切り離し〉た移民一世たちの心情と関連しているだろう。この連絡会議を経て、翌 55 年 1 月には、25 校の経営者、教師などが参会し、聖州公認日本語学校連合会創立総会が開催され、連合会組織が設立されている。

　戦後に開校された日本語学校（特にサンパウロ市の場合）は、戦前期の邦人小学校と対比すれば、次のような特徴を有している。まず第一に、日本語

学校の経営形態は日系人が集住する地域に結成されたエスニック組織＝○○文化体育協会と呼称される結社が設立運営する形態、エスニック中央組織や日伯文化普及会など地縁性をもたない団体が経営する形態、さらには集住地域に個人が開校する私塾形態などが主要なものであった。

　第二に、戦前期の植民地の邦人小学校とは異なり、日本語学校への通学・日本語習得の問題は父兄や児童の任意性（選択性）に基づくもので、ある地域に在住するすべての日系児童が通学することはなく、日本語学習＝習得はあくまで個別的なアイデンティティと関連した選択の問題である点である[105]。このことは戦前において出現した共同体（セミ）バイリンガリズムとは異なり、バイリンガリズムもそれぞれの個人の選択の問題、すなわち選択的バイリンガリズムへと変容を遂げたことを意味している。

　この任意性・選択性という問題は、日本語教育が再開された当時、『二世たちをいかに優秀なるブラジル人』として育てるかをめぐって、日本語教育が必要か否か、必要な場合にはどのような理念や目標において、それを行うかなどが盛んに議論されたが、複数の日本語教育の理念とそれに基づいて設立された日本語学校の選択の問題とも交錯している。

　この当時の日本語教育をめぐる議論は基本的にブラジルへの永住と「同化」を基本的な前提として展開されたが、その立場は基本的に3つのタイプに分類することができる。

　第一の立場はブラジル国民としての二世のブラジル社会への完全な同化、そこでの成功のために、日本語習得は不必要とする〈日本語教育不要論〉であり、これは「日本語有害論」と「児童の負担過重論」とに分けることができる。この立場は30年代から終戦直後にかけての同化主義に基づく国民国

図表17　戦後期における卓越した子弟教育観の概要

時代	バイリンガリズム	目標・内容	バイリンガルの内容	教育機関
永住―都市	選択的バイリンガリズム	・「中庸の同化」――日本語とポルトガル語の双方を自由に操れる ・日本語＝文化伝承機能 ・ポルトガル語＝国語 ・「日本文化や技術を通じてブラジル社会に貢献する日系ブラジル人」（文化伝承モデル） ・このほかに、国粋主義的教育観、日本語不要論などが子弟教育観として存在した。	ブラジル教育重視と私塾の日本語学校の限界などによるポルトガル語へ大きく傾斜するバイリンガリズム	公教育機関と分離された私塾的日本語学校

家建設というブラジルの〈国是〉へ移民側から同調するものであり、完全主義的同化論に基づくものである。

　第二の立場は戦前からの〈和魂伯才論〉に拠りながら、「日本精神（大和魂）をもった立派なブラジル国民」を養成するために、ある程度の同化は許容しつつも、日本語習得を通じての日本精神醸成が必要であるという「国粋主義」的な立場である[106]。

　第三の立場は、日本語習得を通じて日本移民一世のもつ技術、文化、価値などを継承し、これらを通じてブラジル社会の発展に貢献する「立派なブラジル国民」を養成するという〈文化伝承〉手段としての日本語教育の立場である。この立場では戦前の国粋主義的な側面が払拭され、目標とされた「理想的な二世」とは「ニッポン文化とブラジル文化がちょうど半々に身についているものでニッポン語ポルトガル語もどちらも自由に話し、さらにどちらも読み書きできる」人間とされた。この立場は「二世も日本人の血をもつ日本人である」という〈ニッポン主義者〉の立場、「二世はブラジル人である」とする〈完全同化主義者〉の立場をともに相対化し、ブラジルへの「中庸の」同化というポジションにたつものである。以上のような複数の日本語教育の理念や目標もまた、父兄のアイデンティティ、ポジションからの〈選択〉の問題であったのである。

　戦後の日本語学校における第三の特徴は、戦前の二元的教育体制をもっていた「小学校」とは異なり、日本語教育とともにブラジル公教育の教育機関であることはなく、この２つの教育空間は完全に分離されたという点である。戦前期のような二元的教育体制を備えた「日伯学園」構想は日本移民の歴史的節目に実施されてきた、日系社会の〇〇周年記念事業の一つとして、これまで構想が提示され続けてきたのであるが、少なくともサンパウロ市において、こうした「日伯学園」が実際に設立されることはなかった。

　第四の特徴は、戦前のような全日制が採られることはなく、日本語学習は時間数が多い場合で１日２時間、週３回というものであり、しかも通学年数も戦前に比較すると格段に短くなっているという点[107]、また、少ない通学年数・授業時間に加えて、戦前期と同様に日本語以外の図画、工作、音楽、唱歌などの授業が行われたり、学芸会や運動会などの学校行事も盛んに行われていたという点である。このことは、戦前と同様に戦後においても、日本語教育の場は純粋な語学学校というよりも「日本人教育」の場という様相を

呈していた。

　1963 年に日本語普及会が実施した日本語学校実情調査結果から、60 年代初頭の日本語学校のモデルを示すと以下のようになる[108]。

　　○教師　　　1 名
　　○生徒　　約 40 名
　　○教師授業時間　　　1 日 4 時間〜 6 時間まで　　50.6%
　　○生徒受講時間　　　1 日 2 時間〜 3 時間まで　　58.0%
　　○授業方式　　　　　超複式　　　　　　　　　 100.0%
　　○日本語以外の科目　図画・工作　58.4%　　音楽・唱歌　48.6%
　　○学校行事　　　　　学芸会　　　49.8%　　運動会　　　46.9%

　こうした日本語学校のもつ特徴は他の様々なファクター（例えばブラジル公教育の長期化、近隣・地域社会レベルでの日本語の消失など）とも交錯しながら、戦後の選択的バイリンガリズムを、よりポルトガル語へと急速に傾斜する内容としてきたといえるであろう。

4.2.3. 〈コロニア語〉による日本語教育——〈コロニア語〉日本語教科書編纂運動

　戦後、日本語教育はいくつかの子弟教育理念に基づいて再開されていったが、その後の日本語教育界のなかで最も広く受容されていったのは日本語習得を通じて、日本人移民一世のもつ技術・文化・価値などを継承し、これらを通じてブラジル社会に貢献する「立派なブラジル国民」を養成するという〈文化伝承〉手段としての日本語教育の立場であった。この立場からの二世に対する日本語教育を唱えた最大のイデオローグはアンドウ・ゼンパチであった。アンドウは 1958 年に『二世とニッポン語問題—コロニヤの良識にうったえる—』（私家版：28 頁）を自費出版し、そのなかで新たな二世像モデルと戦前の国粋主義的な側面が払拭された日本語教育論を唱導していった。

　アンドウは冒頭の「ニッポン語教育の理念」章で、次のように「ニッポン語教育の根本目的」を論じている。

　　ニッポン語教育の根本目的は、二世とは何か、また、コロニヤにとってはどうあるべきか、ということが、はっきりときめられていないと、正

しくつかまれない。二世は、一世にとって、その子である。しかし、ブラジルにおける一世は移民としてきた外国人であるが、二世は生来のブラジル人である。このような外国人とブラジル人が、血の上では親子の関係でむすばれならが、日系コロニヤという特殊な社会を構成しているのである。日系コロニヤが二世との密接な協力の上に築かれてこそ、ニッポン民族がブラジルへ移住したことが意義のあるものとなりうるのだ。そして一世と二世とのつながりを密接にして、その協力を完全にするためには、何よりも必要なのはコトバである。しかもそのコトバは一世のもつすぐれた才能、技術、また一世の母国ニッポンのいい文化を二世を通じてブラジルに伝えるために、ニッポン語でなければならない。このように考える時、二世の立場はたんに、よいブラジル人であるというだけではすまされないものがある。二世はブラジルを母国とする立派なブラジレイロであるとともに、一世の気持ちを理解し、ニッポンの文化に深い関心をもつニッポン人の子どもであることによって、二世という特殊な立場が、かがやかしい社会的存在となるのである[109]。

そして次章「二世の人間像」で、アンドウは３タイプの二世像を提示した後、理想的な二世の人間像を「ニッポン文化とブラジル文化がちょうど半々に身についているものでニッポン語ポルトガル語もどちらも自由に話し、さらにどちらも読み書きできる」二世であるとする。さらに最終章「日語読本編集の目的と方針について」で、二世に対する教育のレヴェルや内容を「ニッポンの四年生終了程度を目標」とし、その内容は「二世の日常生活に関連あることを主として、ニッポン語の教科からとったものブラジルの国語読本からホンヤクしたもの、これに、こちらで書いたコロニヤ的なものなどを適当にまぜたもの」が理想的であると述べている。しかしながら、日系子弟たちがこうした「中庸の同化」を達成する条件は前述のように、この教育運動が開始された当初から急速に消滅しており、現実的にはこの目標を達成することは困難であった。換言すれば、目標と現実との乖離の中での新たな教育運動のスタートであったといえるだろう。

さて、アンドウの日本語教育論が骨子となり、〈コロニア社会〉のなかで〈コロニア語〉発見＝エスニック・アイデンティティを背景とするエスニック日本語教科書編纂運動とそれを用いた子弟教育が「コロニア」の事業とし

て推進されていった。日本語教科書編集刊行運動はアンドウ自身の提唱によって1957年に設立された「日本語教育会議」における議論から出発し、1959年に日本の帝国書院社長の来伯と当該事業への協力方の申し出により、コロニア社会の中核的団体であった日伯文化普及会の中に、当時のサンパウロ日本文化協会（現在のブラジル日本文化協会）の会長山本喜誉司を委員長とする「日本語教科書刊行委員会」が組織され、1959年11月よりサンパウロ日本文化協会図書館内に事務所を置き、日系社会挙げての事業として具体的な編集事業を開始した。編集作業に1年半ほどを費やし、1961年4月末に第一期分小学生用全8巻を完成させ、1963年、発行元である日伯文化普及会は、この教科書8巻に対する出版許可申請をサンパウロ州学務局に対して行い、無事に認可を受けた。

　刊行委員会は編集作業開始前に、コロニア社会の理解と協力方を得ることを目的に、1959年に「日本語教科書刊行会の状況」というパンフレットを作成し、広く配布している。このパンフレットをもとに、日本語教科書刊行運動の理念、基本的立場、内容などを概観しよう。

　まず、このパンフレットの「日語教育の必要性」という箇所を要約的に記すと、「わたしたちのコロニアを栄えさせるためには、経済的にも、文化的にも一世二世三世がしっかりと結ばれ、互いに力を合わせることが緊要であるが、協力は理解し合うことから始まり、理解はコトバがよく通じ合う所に生まれる。ここに日本語を二世三世に学ばせる第一の理由がある。日系子弟は将来東洋文化と西欧文化とを織り混ぜて、ブラジル文化の開花に力をつくす有力分子でありたいと思うが、それには日本のすぐれた文化と技術を充分に吸収してもらわなければならない。その第一歩は日本語習得からである」とあり、日本語教育の理念はアンドウが提唱する文化伝承手段としての日本語習得に置かれていたことがわかる。

　また、この教科書刊行の意義に関しては「日系児童は純粋のブラジル人であり、ブラジルの栄光を担う運命のもとにおかれ」ており、日本人育成のための教科書は適切ではなく、さらにそれを学校での教科書として用いることは法的に禁止されているために、「その欠陥を補うとともにブラジルの国情と、コロニアの実情に即した教科書」でかつ「外国語教科書として学務局の認可を得たもの」を目指すとされた。

　この意義に基づいて、教科書の中心思想は「ブラジルの国民性の上にたっ

て、コロニア独自の精神をつちかい、ブラジルの繁栄のために挺身する人物」を育て上げることにおかれ、このために「童話、伝記など日本人の独自な行動を強調したものはさけ」「概念化されたいわゆる日本精神」は排除された。そして、教科書の内容は「ブラジル（コロニアを含む）、日本及び世界に教材を求め、童話、伝記、児童作品、文芸、社会、科学その他あらゆる分野」を含むものとし、特に「ブラジルの歴史的人物の業績を取り入れ」たり、「ブラジルへの愛情、日系人としての自覚と正しい誇りをもたせたいという意図からブラジルへの移住、コロニアの歴史なども入れ」てあるのが特徴である。さらに、この教科書では「既にコロニア日本語化していると思われるブラジル語は低学年に限りそのままかたかなで入れ」られているのが特徴であった。

　以上のような理念、意義、目的をもって刊行された教科書を用いての日本語教育は実は自らの言語である「混成日本語」＝〈コロニア語〉を用いて、日系ブラジル人＝二世という主体を創り上げていこうとする〈コロニア人〉による「エスニック日本人養成運動」であったといえるだろう。

　第一期小学校低学年用日本語教科書全8巻が完成するとただちに、高学年用教科書4巻の編集・刊行事業が1年間の期間、日語教科書刊行委員会によって実施され、この4巻は1964年に完成、刊行された。この〈コロニア語教科書〉（小学校低学年用）は刊行直後から、日本語学校において従来の教科書にとって代わりはじめ、1963年日本語普及会が実施した「日系ブラジル人に対する日語教育実情調査」結果によると、コロニア語教科書の使用状況は55％となり、コロニア語教科書と柳田教科書の併用34％を加えると、実に全体の90％近くの日本語学校でこの教科書が用いられていたことになる。

4.2.4. 日本語教育界における日本語観の変容——混淆性の否定と「正しい日本語」への志向

　1964年に完成をみたコロニア版日本語教科書は短期間のうちに、ブラジルの日本語教育界を席巻し広く普及したものの、この教科書に対する批判が存在しなかったわけではなかった。それはこの教科書の記述言語＝コロニア語の〈混淆性〉を巡ってのものであった。この批判は密接に関連する「外国語としての日本語教育」と「正しい日本語＝日本の日本語」教育という立場

からのものに大別することができる。

　前者の立場からの批判は、日語普及会の教科書編纂者船津禮作が1965年6月23日付パウリスタ新聞に発表した「ブラジル語と日本文字表記」（この論考で船津は、小学校低学年では生活感覚の中に深く入り込んでいるポルトガル語に関してはそのままカタカナで表記し、高学年でその日本語対訳を行っていくというコロニア版教科書改訂の基本方針を示した）に対して、7月14日付けのパウリスタ新聞に「ブラジル語の借用について」という論考を投稿した田中敬吾は、話し言葉であれなんであれ、教育においては純粋な日本語を扱うのは自明であり、日本語はブラジルの子供たちにとっては外国語なのだから、「正しい外国語」を教えなければならないとした。

　また、後者の立場からの批判を行ったのは野元菊雄であった。野元は1969年3月、サンパウロ大学東洋語学科最初の客員教授として国立国語研究所から赴任し、大学での講義や研究指導を行う傍ら、ブラジルにおける日本語教育や日本語に関する観察を行い、これらに関して積極的に発言を行った。野元は1969年『言語生活』12月号に「ブラジルの日本語」という論考を発表し、ブラジル日系人の話す日本語に関する考察を音声、アクセント、語彙などの側面から試みている。語彙に関して野元は、日系人による作文集から事例を引用しつつ、「外来語をたくさんとり入れることができるのは日本語の生命力を現すものと思うから、このこと自身は非難すべきことではないと考えるが、日本の日本語のことは常に頭に置いて、日本ではどう使うかを教えるべきだろう。例えば、オニブスといったのでは日本語にならない。バスといってもらいたい」と指摘し、さらに「今、日本語学校では大多数（96％という）が採用しているのは、サンパウロ州教育局公認のいわゆる『コロニア版日本語教科書』12冊で、ブラジルで1959年から編集を始め、1961年以後発行されたものだ。これは大変このようなポルトガル語からの外来語が多い。オニブス式日本語だ。これをもう少し整理しようと改訂を考えているらしいのは大いにわが意を得たものだ。このように標準的な日本語を教育しないとせっかく日本語で書いても、日本語を話す人の多数派である日本の日本人に理解できないことになるおそれがある[110]」とコロニア語教科書を批判した。

　野元は日本の日本語や日本人との関係において、多数派である日本の日本人にもわかる日本語を教えることを主張しているのであるが、こうした日本

からの研究者の権威をもった言説の強い影響も受けるかたちで、〈コロニア語〉によるエスニック日本語（人）教育は徐々に否定されていき、日本の日本語＝真正なる日本語教育が志向されるようになったのである。

　そして、1970年代になって日本語に関する専門家派遣や日本語教師研修などのトランスナショナルな日本語教育体制が整備されるようになると、真正な日本語、日本の日本語教育という目標がさらに鮮明に立ち現れてくることになった。さらに、この当時から活発化した移民一世の訪日旅行や研修・留学、さらにはその後の「出稼ぎ」の発生と拡大など状況が変化する中で、訪日した一世、日本語教師、日系人らが、自らの話す〈コロニア語〉と日本の日本語とのディスコミュニケーションを経験し、自らの言語に〈古い日本語〉〈遅れた日本語〉〈乱れた日本語〉などと否定的な認識をもつようになり、ブラジルの日本語は生活言語である〈コロニア語〉と日本語教育分野での目標としての〈日本の日本語＝真正なる日本語〉へと分岐を強めていったのである。換言すれば、日本との繋がりが活発化し強化されるようになると、集団内のコミュニケーション言語／アイデンティティの言語である〈コロニア語〉と集団間（日本の日本人との間の）のコミュニケーション言語としての「正しい日本語」とへ分岐していったと言えるであろう。

　ところで、これまで記述してきたように、戦後、日系社会の言語シフトを促進する様々なファクターの存在――都市化（近隣、地域社会からの日本語の消失など）、高学歴化（ポルトガル語学習の長期化）、任意性による日本語習得と日本語学習時間の短縮、世代降下の進行、非エスニック財の非エスニック市場での販売・製造、専門技術・ホワイトカラー職種の増加などなど――によって、80年代以降、日系家庭内からの加速的な日本語消失や、「資源としての言語」観を背景とする非日系人日本語学習者の増加などの現象が発生してきている。こうした状況を背景にして、日系社会、特に日本語教育界ではそれまでの〈継承語としての日本語〉から〈外国語としての日本語[111]〉、あるいは〈文化伝承〉手段としての日本語から〈文化普及〉手段としての日本語へと、日本語観を移行させてきた。しかしながら、〈文化伝承〉手段としての日本語教育、〈継承語としての日本語[112]〉教育が完全に消滅してしまったわけではなかった。そこには常に「ブラジルにおける日本語教育の特殊性」、つまり「日系社会の存在」「日系児童の存在」、さらには日本語教師や父兄たちの心情などを条件とした移民後連綿と実践されてきた〈エス

ニック日本人〉としてのアイデンティティ構築という問題が強弱の差はあるものの随伴されているのである。

4.3. 都市日系人の言語使用状況
4.3.1. 60年代末〜70年代初頭における日系家庭の意思疎通構造

　戦前の植民地において、日系人家庭での使用言語は半田が「家庭内で親子がブラジル語で話したのはごくまれで、それはほとんど都会のものか、農業以外の職業のものに限られていた[113]」と記述しているように、前述したようなポルトガル語と方言とが混淆した「日本語」であった。その後、植民地の日本人はナショナリズム政策（外国人同化政策）の一環として実施された日本語教育禁止や日本語出版物の発行禁止、集会やそこでの日本語使用の禁止など、さらには第二次世界大戦から終戦までは敵性国人としての様々な行動の規制、排日的感情の強まりなどの状況に直面してきた。こうした中で、日本人移民間にブラジルへの永住という意識が醸成され、サンパウロ市を中心とした都市へ移動し、家族員の協力と連帯のもとで自営業という分野に参入、社会的経済的上昇を目指した。

　そこで重要視されたのは「より年長の子弟」が親と協力し、その学歴を犠牲にしながら経済的上昇を目指し、その後、子弟へ数少ない社会上昇のチャンネルであったブラジル高等教育を授け、社会的威信のある職業に就かせるという戦術であった。このような諸状況は日系二世を、中間層内で2つの文化的サブグループに分裂させていった。

　言語運用能力という面から言えば、30年代末から第二次世界大戦後の40年代末の間に学齢期にあった二世たちは日本語習得の機会を実質的に喪失していたし、その後にはブラジル公教育を相対的に重要視していた子弟教育観、日本語習得の任意性や学習時間の短縮などから、総じて二世たちの言語運用能力をポルトガル語へと大きくシフトさせていった。勿論、このシフトの程度はカテゴリカルに言えば、学歴を犠牲にして親とともに家業に励んだ「黒い兄」たちと、兄姉たちの協力のおかげで高学歴を取得し、ブラジル社会の中で社会的威信のある職業へ就いていった「白い弟」たちとではかなり異なっていた。

　こうした背景において、日系人の社会上昇がかなり進んでいた1960年代末から70年代初頭において、実際に日系人たちはどのようなコミュニケー

ションのかたちをとっていたのだろうか。この課題に接近しようとするとき、残念ながら、我々には実際のコミュニケーションを記録した言語データや資料などはほとんど残されていないのが実情なのであるが、ここでは、長期間にわたってブラジルに滞在し、フィールドワークを行った一人の人類学者が1972年に発表した「戯曲：トマテとコンピュータ」という作品[114]を利用し、その当時のブラジル日系人の意思疎通構造の一端を考察していくことにしよう。

　この作品の作者前山隆は60年代にサンパウロ大学給費留学生としてブラジルに渡航した後、10年以上の長期間、いわば「土着の」人類学者として精力的にフィールドワークを行うとともに、〈コロニア社会〉でのエスニック文学運動の一人のリーダーとしても活躍してきた人物である。

　この戯曲はサンパウロ州内の地方都市に居住する一世を世帯主とする日系家族とこの都市にある大学に通学する日系二世大学生、近隣に住む日系二世などを主要な登場人物とする戯曲である。戯曲の舞台となった地方都市は、前山のフィールドであったサン・カルロス市である。この戯曲は、人類学者前山が長期間にわたったフィールドワークで行った観察に基づいて書き下ろしたものであり、その当時の、サンパウロ州内地方都市の一世を含む日系家庭の家庭内コミュニケーションのあり方をある意味で忠実に再現している作

図表18　「トマテとコンピュータ」主要登場人物

主要登場人物	プロフィール	作品で使用する言語
父	60歳。老日本移民（戦前移民）。農業に従事。	日伯混成語
アリセ・静子	28歳。長女。既に死亡している母親に代わって家事を引き受ける。父や兄弟と同居。義務教育を終了し、司書学の専門教育を受ける準備をしている。	日伯混成語・ポルトガル語
アントニオ・一郎	26歳。長男。エンジニア。妻は非日系人。高学歴取得。父親からは独立している。	ポルトガル語
勇次	23歳。次男。父や姉と同居し、農業に従事している。	日伯混成語・ポルトガル語
五郎	20歳。三男。オペラリオ（工員）。父や兄弟と同居。	ポルトガル語
マリオ	25歳。アリセの恋人。二世。工科大学在学中。	日伯混成語・ポルトガル語
正	30歳位。二世。農民	日伯混成語
大学生A、B、C	いずれも日系二世。	ポルトガル語

品となっていると思われる。

　勿論、この作品における「せりふ」は前山の創作であり、実際になされた会話ではないという限界をもっていることは言うまでもない。こうした限界を了解した上で、一世及び二世たちがどのような言語をどのようなかたちで運用しているのかを観察することで、60年代末から70年代初頭にかけての日系人の意思疎通構造の一端に触れていこう。

　図表18は、この主要登場人物の簡単なプロフィールを整理したものである。この作品は、移民の家族員の協力と連帯に基づく社会上昇ストラテジーや、その結果として出現した二世世代における文化的分裂や葛藤といった、前山がその研究テーマにしている問題を主題とし、老移民一家の家庭での家族の対話からなる第一幕と、バール（Bar：飲み屋）での大学生の会話が中心となる第二幕、そして再び家庭での家族の会話からなる第三幕に分かれて展開する構成になっている。

　第一幕と第三幕（日系家庭での場面）において、それぞれの登場人物がどのような「言語」を用いているかを整理すれば、以下のとおりである。

(1) 一世の老日本移民である「父」は専ら「日伯混成語」で話す。
(2) 二世の場合には、①「父」との会話に〈日伯混成語〉を用いるケース、②「父」との会話にポルトガル語を用いるケース、③父との会話に〈日伯混成語〉とポルトガル語を文、語句レベルでのコード・スイッチングで対応するケースとに区分することができる。
(3) 近隣に住む二世である正と「父」の会話は専ら〈日伯混成語〉である。
(4) 二世同士の会話には、〈日伯混成語（日本語）〉はほとんど出現せず、ほぼポルトガル語による会話となる。但し、そのポルトガル語には日本語からの語彙の借用が見られるし、稀にではあるが短い日本語文がコード・スイッチングで出現する。

　これらの会話のごく一部を示せば以下のとおりである。

①父と〈日伯混成語〉による会話。
　父：ママエが死んでしまってからは…、静子、なあ、静子。オッセがママエの代わりになって、アルモッソも、ジャンタもつくったし、おれたちのカルサにつぎもあててきたんだ。

アリセ：それで、トマテがどうしたの？

父：オッセは、外人のムイエーとは違うんだ…。

父：オイト？——8時か。…8時。4時間もどこをうろうろしてやがるんだ。

正：セニョーラといっしょに、赤い、ボニート・フォルクスに乗っていましたよ。——赤い、ボニート・フォルクスでしたよ。ノーヴィーニョ、ノーヴィーニョ。

アリセ：アーエー？…一郎が？

正：（鈍感に）どこに、行ったんだろう？

②父とポルトガル語と〈日伯混成語〉による会話。

五郎：Saiu o resultado? Achou seu nome?

父：あったか？ あったか？

父：どうした？——ないのか…？オッセの名前は、出てないのか？

父：オッセは…、落ちたな？——オッセは…、また、今年も落ちやがったな？ 五郎！やっぱり、ないか？

五郎：Não tá.

父：静かにしろ！…なさけない娘だ！…デスグラッサード！まったく、困った奴だ。

五郎：Não fala assim, papai! お姉は、エスツーダするテンポがないから、ペルデしたのよ。

父：まったく、なさけない娘だ。

五郎：Quê fica dia inteiro trabalhando em casa. Não teve tempo pra estudar, papai.

③父とポルトガル語での会話。

父：マリオさんはどうなんだ？

アリセ：O quê?

父：コノヤロ、オケとは何だ！ナモラしとるんだろうが…

アリセ：Eu já namorei varias vêzes....desde 15 anos... Mas nunca me casei.

一方、3人の日系二世大学生とその友人であると思われるマリオ、正を主な登場人物とする第二幕（バールでの場面）では、3人の大学生はほとんどすべてポルトガル語による会話を行っている。しかし、このポルトガル語のなかには、Sukiyaki、Udon、Kaikan、Nihonjin、Kawaiko-chan などの多くの日本語の語彙が含まれていたり、稀ではあるが、Dareka Inai ka naa? といった日本語の短文も出現している。このような学生との会話で、唯一〈日伯混成語〉を用いているのは正である。正は〈日伯混成語〉で話しかけ、他の二世大学生はポルトガル語で対応している。第二幕での会話のいくつかの例を挙げれば次のようになる。

①二世同士でのポルトガル語による会話。
　C：Você não quer arranjar uma empregada japonesa pra nossa república?
　B：Boa ideia...Mas não existe. Existe só em São Paulo.
　A：Empregada é bahiana...bahiana é empregada...
　B：Quando estudava no crusinho em São Paulo, hospedava numa pensão japonesa. Aquela comida ainda dava pra quebrar galho...
　A：Um Sukiyaki de vez em quando não seria nada mal..., eim.
　C：Nem diga.
　B：Preciso arranjar uma boca pra sabado e domingo... uma familia Nihon-jin para ir comer Shiro-gohan e Misso-shiru.
　C：....Udon....
　A：.... Daikon-no-tsukemono!
　C：E realmente preciso uma familia nihon-jin aqui.

②正と他の二世（Mario）の会話。
　正：マリオさん！
　Mario：……
　正：マリオさん…、マリオさん、あなたは…、それでいいのですか。もういちど。それをぼくに、言ってみてください。あなたが、そんなことを言って、それで、いいんですか？
　Mario：Calma,calma,Tadashi! ... O que foi? O que foi que você tá zangado?
　正：ひとをオモチャにして、いいんですか？　あなたは、アリセを…、

オモチャにしていたんですか？
Mario：O que aconteceu com Alice?

　さて、簡単に示してきたこの作品で用いられたコミュニケーションの特徴を示すと、次のように整理できるだろう。まず第一に、一世と二世双方で、習熟度などの差異は存在するものの、ポルトガル語と「日本語」のいずれをもある程度理解できる二言語習得状況がそこには存在しているという点である。唯一〈日伯混成語〉を話す父も正も会話相手の話すポルトガル語が理解できているし、他の二世たちも彼らが話す〈日伯混成語〉が理解できている。

　第二に、一世との対話において、日伯混成語を使うのは、父親と同居する子供と正、マリオであり、長男のアントニオはもっぱらポルトガル語を使用しているという特徴をもっている。しかし、父親と同居する子供、正、マリオとの間には、その運用能力にはかなりの差があり、マリオの場合には、〈日伯混成語〉での対話は非常に短く簡単な内容となっている。3人の子供の中では、父親の世話をする長女のアリセと父親とともに農業に従事する次男勇次が最も流暢に〈日伯混成語〉を運用し、三男の五郎はマリオと同程度の運用能力である。一方、アントニオは〈日伯混成語〉を聴解できるものの、話さない。おそらく、アントニオもこの言語の運用能力があると判断できるのであるが、彼は志向的に〈日本語〉の運用を避け、ポルトガル語使用に固執している感じがする。以上のような特徴から、〈日伯混成語〉の運用を巡っては、一世との同居、学歴や職業、アイデンティティなどのファクターが関与しているということが予想させる。

　第三に指摘できるのは、父である一世を介さない二世同士の対話で使用される言語は正を除いては専らポルトガル語であるという点である。正のケースはちょうどアントニオと逆の意味で、使用言語への固執は彼がもつ日本人志向的なアイデンティティと関連があるのではないかと思われる。一方、他の二世のケースは、彼らが家族を形成して独立した際、家庭内からは使用言語としての日本語の消失を予想させるものである。

　第四に、二世同士が話すポルトガル語は日本語からの語彙の借用（日本語混じりのポルトガル語）や短文レベルでのコード・スイッチングが認められる点である。戦後に学齢期にあった二世や三世の話すポルトガル語は戦前、

植民地のなかで学齢期を過ごした二世のポルトガル語とは決定的な差異があると思われるが、それでも日本語の構文構造や音韻、さらには日本文化の影響を受けていると予想され、日本語・文化からの干渉、コードスイッチングの機能などの研究が期待されるところである。

　以上のような複雑な日系家庭内のコミュニケーション構造は、戦後10年以上を経過した時点での、戦前移民一世を含む家族の典型的な世代間・世代内コミュニケーションのあり方の一つのモデルと考えることができるのではないだろうか。少なくとも、日系家庭における複雑な二言語運用によるコミュニケーション構造の存在を想像させるものであろう。

4.3.2. 日系家庭内使用言語の変化

　さて、次に1958年と1988年当時の日系家族内使用言語実態を比較することによって、この30年間でどのような変化が出現しているかを簡単にみることにしよう。

　図表19は1958年と1988年当時の日系家庭内の言語使用実態を比較したものであるが、ここから、30年間に日系世帯での使用言語が日本語からポルトガル語へと移行したことが看取されるだろう。そして、この言語シフトは都市部居住日系世帯において、農村部居住日系世帯よりも急速に進行している実態も看取されるであろう。このことは、基底的にはこの30年間に起こった一世人口の減少による二世を世帯主とし、三世を主要な構成員とする家族構成の増加と大いに関連している。一方、農村部居住世帯において、まだ21%程度の家庭で日本語を使用言語としている事実は、農村部日系世帯が「植民地」的な環境の中で生活を続けているということや、植民地で教育を受けた戦前二世が日本語に傾斜するバイリンガル話者であるという点と関連しているのではないかと思われる。

図表19　1958年と1988年当時の日系家族内使用言語の比較

使用言語	1958年		1988年	
	都市部	農村部	都市部	農村部
ポルトガル語	18.7%	11.4%	66.3%	47.4%
日本語	44.9%	60.5%	6.0%	21.7%
日本語＋ポルトガル語	36.4%	28.1%	22.3%	28.7%

他方、1958年と88年とを比較すると、88年では少し減少はするものの、それでもそれぞれ20％以上の比率で「日本語とポルトガル語」併用が出現しているという実態が看取される。農村部にあっては、両時点での併用比率はほとんど差が存在していないのである。ここには、戦前移民の世帯における一世人口の減少や二世層の独立などに起因する一世の含まれる世帯数の減少（減少要因）、農村部二世の（セミ）バイリンガル性や農村部二世の中に〈黒い兄〉的二世がより多く含まれる（維持要因）といった状況に加えて、おそらく戦後移民の家庭において、こうした二言語併用という現象が出現しているといった、様々なファクターが複雑に交錯しているように思われる。

　しかしながら、その一方で、二言語併用という実態の内容は1958年当時とではかなりその内容を変化させてきているのではないかとも予想される。まず第一に、戦後におけるブラジル公教育での高学歴化、移民一世のポルトガル語理解度の上昇、日本語教育期間の短縮、地域社会や近隣、仕事といったドメインでの日本語の後退などの状況の変化から、おそらくは一世側からの〈日伯混成語〉による発話に対して二世側ではポルトガル語での対応、即ち（少なくとも聞く・話すという領域で二世層の日本語理解度は高いということと、一世側でもポルトガル語は聞くことはかなりできるようになったという状況を背景とする）「双方の受動的言語習得による非対称的な二言語使用」という形態が卓越しているのではないかと予想できる[115]。そして、こうした形態は都市部在住家庭において増加しているように思われる。

　こうした「非対称的な二言語使用」は家庭ドメインだけではなく、移民一世が戦後、組織した都市エスニック結社のなかでも並行的に発生している現象でもある。一方、農村部在住日系世帯では、「双方の受動的言語習得による非対称的な二言語使用」という実態が増加しているだろうが、むしろ、前山が描いたような状況が継続しているのではないかと考えられる。

5.　おわりに

　これまで、ブラジルに移民した日本人とその子弟たちの〈言語〉を巡る諸状況を共時的通時的に概観してきたが、そこから看取されたのは〈言語〉を巡る移民史はブラジル性（ポルトガル語）と日本性（日本語）を巡って、それぞれにどのような意味を与え、いかに調停していくのかといった相克や矛

盾、葛藤に満ちたプロセスであったといえるだろう。

　ブラジル性―日本性の交渉が最も鮮明に出現するのは、移民一世たちが連綿と構築しつづけてきた二世教育モデルである。この二世教育モデルはブラジルという国民国家内部で、二世をどのような人間として育て上げるかという目標であり、一世たちはそれをその時々の、彼等や二世を巡る状況を勘案しながら、必死に練り上げてきたものである。

　この二世教育モデルにおいては、理想とされる二世像は常にバイリンガル、ハイブリッドな主体として構築されてきた。二世はブラジルで〈日本人〉の子として誕生した〈ブラジル国民〉である、これが基本的な了解であった。その上で、この〈日本人〉の子供である〈ブラジル人〉をどのような人間として育てていくかが、子弟教育モデルとして練り上げられてきたのである。

　このモデルはその時々の移民一世がもっていた生活ストラテジーと密接に関連づけられながら、二世という人間のブラジル社会への〈同化〉(あるいはブラジル文化との混淆)をどの程度許容するか、換言すれば同化をどの辺りで止揚するのかを巡る、ポルトガル語と日本語の交渉あるいは混淆性の程度の問題であり、その上で、それぞれの言語にどのような機能(役割)を与えるのかというバイリンガル性の内容という2つの軸を中心としながら構築されてきたといえる。

　ポルトガル語と日本語の混淆性という軸においては、〈日主伯従〉(日本語重視のバイリンガリズム)〈伯主日従〉(ポルトガル語重視のバイリンガリム)〈中庸の同化〉(バランスの取れたバイリンガリズム)といったポジションが析出されてきた。一方、二言語にどのような意味を付与してくのかという軸においては、ポルトガル語は「労働者への指示や外社会との交渉」「ブラジル社会での成功」などといった実用的技術的機能という意味を与えられ、他方、日本語に対しては〈日本人〉形成の人格・価値・文化などを植付け継承させるという機能が与えられてきた。

　つまり、移民一世にとっては、二世にとっての〈国語〉であるポルトガル語は〈外国語〉であり、日本語は〈国語〉的な位置が常に与えられてきたのである。こうして、日主伯従主義に基づく「日本的徳目をもったブラジル人」モデル、和魂伯才主義に基づく「日本精神(大和魂)をもった立派なブラジル国民」モデル、中庸の同化に基づく「日本文化や技術、価値を伝承し

た立派なブラジル国民」モデルといった様々なモデルが析出されてきたのであり、現在も日系子弟教育モデルは練り上げられ続けている。

　しかしながら、苦心して練り上げられたバイリンガル子弟教育モデルにおける二世像はある意味において内部分裂し矛盾する人間像であったし、モデル実現の環境を整備することも移民が抱え込んだ限界性ゆえに困難を伴うものであった。このモデルに基づいた教育体制を整備し、理想の二世育成を実現しようとする時には新たな状況が出現し、このモデル自体が意味を喪失するという状況もたびたび出現している。換言すれば、モデル自体、モデルとモデルを実現する現実的状況の中に大きなズレやギャップが常に存在しつづけてきたのである。こうした相克、矛盾、葛藤はモデルを練り上げた一世だけにあったのではなく、それによって教育を授けられた二世にあっても、自らのナショナリティとエスニシティの位相からある種の相克や矛盾、葛藤を内包させるものであった。

　こうした例は日本人移民やその子弟が直面してきた様々な相克や葛藤のほんの一面にすぎない。国境を越えて移動するという営為は、2つの国家の狭間にあって、常に状況の変化に随伴する様々な矛盾や葛藤、相克に直面し、その都度、それらを調停しながら、新たなアイデンティティと新しい生活モデルを析出しつづけ、それに沿った生活ストラテジーを生き続けることにほかならない。そして、言語（接触）領域はとりわけ、こうした問題が鮮明に出現する領域の一つにほかならない。

　加速化するグローバル化の中で、生れた国家・地域を離れ、新たな国家や地域で新しい生活を切り開いていこうとする人間が急増しているが、これらの〈移民〉たちの多くもまた、こうした問題に直面しているのである。言語接触を巡る（非）言語学的領域からのアプローチの一つはおそらく言語接触の背後に横たわる、こうした〈移民〉という主体や文化の問題を、葛藤、相克、矛盾などといった動態性を内在させた視点から描き出すことであろう。

　80年代半ば以降、日本人移民たちの子孫が数多く、日本へ「労働力」として移動し、定住化あるいは環流化を強める中で、ブラジルという舞台で起こってきた問題は、その舞台を日本あるいはトランスナショナルな空間へと移行させてきている。日本人やその子孫たちの「移民史」はこの意味でまだ完結した物語ではないのである。

　また、本章ではほとんど触れることができなかった沖縄県出身の移民たち

の言語接触プロセスは、言語学的には沖縄語、日本語、ポルトガル語との三言語接触のプロセスであったことは勿論として、日本と沖縄という歴史的あるいは地政学的な関係性を背景とする日本（人）性—沖縄（人）性、さらにはブラジル（人）性を巡るアイデンティティの相克や葛藤の存在などから、本土系移民、日系人とはかなり異なるプロセスであったのであり、沖縄県移民や子弟を巡る〈言語〉の移民史は全く異質な〈民族誌〉として描かれることになろう。

　本章は、ブラジルへの日本人移民とその子弟たちの80年間の言語状況とその背景を概観したにすぎないのであり、今後ブラジルや日本、あるいは両国で展開されるであろう複数の民族誌的研究のささやかな一里塚にすぎないのである。

　〔付記〕本章は大阪大学21世紀COEプログラム「インターフェイスの人文学」言語の接触と混交「ブラジル日系社会における言語の総合的研究および記録・保存事業」による研究成果の一部である。なお、本章は工藤真由美編（2007）『大阪大学21世紀COEプログラム「インターフェイスの人文学」研究報告書2004–2006：第6巻：言語の接触と混交』に発表した拙稿「「言語」をめぐる移民史：ブラジル日系人の言語状況に関する民族誌的考察」（pp.187–272）に加筆・修正したものである。

注

1　本章では中間言語を細川（1996a）に依拠して、「ある集団の言語を他集団が不十分に習得し運用する状態」と仮に規定する。中間言語という概念は、本章では「日本人移民によって不十分に習得されたポルトガル語」ということを具体的には意味している。細川弘明（1996a）「第11章　民族接触と言語の変容」宮岡伯人編『言語人類学を学ぶ人のために』世界思想社：245–262頁.

2　Doi, Elza T. (1983) *A Interferência Fonológica no Português Falado pelos Japoneses na Região de Campinas.* (SP) Tese de Mestrado, UNICAMP. 彼女によると、日本人一世の話すポルトガル語はカイピーラ方言（Dialeto de Caipira）の強い影響を受けている点、日本語の音韻上の影響を受けている点が指摘されている。

3　Kanashiro, Cecília K. Jo (2000) *A Interferência da Língua Japonesa na Língua Portuguesa por Nipo-Brasileiros: Estudo de aspectos da concordância nominal e verbal.* Tese de doutrado, FFLCH-USP.

4　Conklin, Nancy F. and Lourie, Margaret A. (1983) *A Host of Tongues: Language*

Communities in the United States. New York: Free Press. Conklin and Lourie (1983) では、政治・社会・人口学的ファクターとして、1. Concentration, 2. Recency of arrival and/or continuing immigration, 3. Geographical proximity to homeland and ease of travel to homeland, 4. Permanence of residence, 5. Occupational continuity, 6. Concentration in particular occupations, 7. Social and economic mobility, 8. Educational level, 9. Ethnic group identity as opposed to identity through nativism, racism and ethnic discrimination.、また、文化的ファクターとして、1. Community language institutions, 2. Whether religious/cultural ceremonies require command of the Community language or use another language/do not require an active language, 3. Whether ethnic identity is tied to the language and the Community language is the homeland's language, 4. Emotional attachment to the Community language as a defining characteristic of ethnicity.、さらに、言語学的ファクターとして、1. Whether the Community language is the standard written variety or a minor, non-standard and/or unwritten variety, 2. Whether it uses Latin script, 3. The international status of the Community language, 4. Whether the speakers are literate in the Community language and if Community language literacy is used for communication in the community and with the homeland, 5. Some tolerance and flexibility for loanwords. が挙げられている。

5　前山　隆 (1982)『移民の日本回帰運動』日本放送出版協会.
6　構成家族に関しては、アンドウ・ゼンパチ「日本移民の社会史的性格」サンパウロ人文科学研究所編『研究レポートⅡ』参照のこと。また、初期移民の家族構成上の特徴に関しては、前山　隆 (2001a)「同伴移民、妻移民、子供移民―ブラジル日系女性移住体験を中心に―」阪南大学学会編『阪南論集　人文・自然科学編』36-3：1-14頁に比較的詳細な分析がある。
7　この〈構成家族〉の特徴は、第1回移民の42％を占めた沖縄県移民の家族構成に明確に看取される。下表は第1回沖縄県ブラジル移民の男女別年齢別構成と、第1回沖縄県移民家族の続柄別構成を示したものである。

補表1　第1回沖縄県ブラジル移民の男女別年齢別構成

年齢階層	男	女
10歳～20歳未満	108	21
20歳～30歳	106	25
30歳～40歳	56	3
40歳以上	6	―
合計	276	49

補表2　第1回沖縄県移民家族の続柄別構成（百分比）

続柄	百分比	続柄	百分比
家長	100	叔父	12
妻	100	妻の叔父	14.9
従兄弟	289	兄弟	2.1
妻の従兄弟	123	姪	2.1
妻の兄弟	12.8	妻の甥	4.3
甥	14.9	父	2.1

8　〈構成家族〉は、初期移民の契約期間内でのコーヒー耕地からの逃亡や紛争などの原因の一つとも考えられていた。そして、こうした家族形態を取る移民は沖縄県出身移民に多いと認識され、沖縄県からの移民送出は数度の禁止や制限措置を受けることになった。2度目の制限措置（実質的禁止）がとられていた1926年には、付帯条件6項目付きで試験的に沖縄県からの契約移民送出を許可する外務省通達が出された。この6項目のなかには「普通語を解する」という言語的条件のほか、家長夫婦は3年以上同棲したものであること、家族は家長夫婦いずれかの血縁者のものに限り養子は認めない、といった〈構成家族〉形成を回避する項目が加えられている。因みに、沖縄語で〈構成家族〉は〈チュクイ家族〉と呼ばれていた。森　幸一（2006a）「沖縄県ブラジル移民小史―戦前を中心に―」『言語の接触と混交―ブラジル日系社会言語調査報告』大阪大学21世紀COEプログラム「インターフェイスの人文学」：23-32頁.

9　入江寅次（1958）『ブラジル移民五十年』サンパウロ：28頁.

10　ごく初期において、日本人移民が「配耕」されたコーヒー耕地で卓越していたのはイタリア移民であり、言語接触はポルトガル語ばかりではなく、イタリア語などとも発生していた。

11　日本人移民にとって、コーヒー耕地の監督などとの唯一のコミュニケーションの「手段」であった〈通弁〉であったが、香山六郎によれば、初期移民が起こした紛擾の原因の一つとして「生活環境不慣れのうえ、言語普通、それに通訳自身も言語不自由の役たたずであった」ことが挙げられており、〈通弁〉自身のポルトガル語運用能力もそれほど高くはないというのが実態だった。香山六郎（1948）『ブラジル移民四十年史』：サンパウロ.

12　第1回移民の場合、特に沖縄県出身者たちの多くはサントス市へと逃亡し、そこで港湾労働者となったり、さらにリオ・デ・ジャネイロ方面やアルゼンチンへの再移動を遂げる者、さらにはノロエステ鉄道線延長線鉄道工夫になる者などが多かった。勿論、サンパウロ市へ向かった者たちもいた。

13　この点は、ブラジルへの日本人移民が国策移民となった後には少しは改善されることになった。少なくとも出発前には、移民収容所で若干のポルトガル語講習が行われた。

14　大武和三郎（1918）『葡和辞典』財団法人日伯協会.

15　半田前掲書（1970）：126頁.

16 輪湖俊午郎(1939)『バウル管内の邦人』：サンパウロ：51–52 頁．
17 半田前掲書(1970)：125–126 頁．
18 日本人移民が「配耕」された植民地の大半において、コロノとして多く就労していたのはイタリア移民であり、この当時では、ポルトガル語ばかりでなく、イタリア語との接触も起こっていた。
19 山下は日本人移民の言語接触と変容プロセスを「まず入植地における日本語対日本語の接触」から開始され、その結果、「新方言」が生まれ、それがホスト社会の言語と接触し、借用が起こり、「共通日本語」となり、その共通日本語がホスト社会の言語からの干渉を受け、最終段階で「日本語共通語と現地語が融合してできあがった一世代のみの共通語」ピジン(Pidgin)が生まれると図式化しているが、ブラジルの場合に即していえば、歴史的には日本各地の方言の接触もあったが、むしろ、ホスト社会のポルトガル語や同じコーヒー耕地のイタリア人のイタリア語などとの接触が本格的に開始され、語彙や語句の借用が起こっている。日本各地の方言間の接触が本格的に開始されるのは定住的な植民地においてであり、その結果として「コロニア語」と称された「共通日本語」が成立したというプロセスであった。山下によれば、最終段階で「日系人独特のポルトガル語」が〈Pidgin〉として成立するとされる。日系人独特のポルトガル語がどのような内容なのかは明確でないが、それが存在したとしても、それを〈Pidgin〉として捉えることはできない。山下暁美(1995)「第 4 章 日系移民の定住と言語問題―ラテン・アメリカを中心に」古屋野正伍・山手茂編『国際比較社会学』学陽書房：171–185 頁．
20 半田前掲書(1970)：119 頁．
21 半田前掲書(1970)：127 頁．
22 日本移民 50 年祭委員会編(1958)『かさと丸』：サンパウロ：64 頁．
23 細川前掲書(1996a)：245–262 頁．
24 カイピーラ方言に関しては、Doi(1983)を参照．
25 Saito, Hiroshi (1961) *O Japonês no Brasil*. Ed.Sociologia e Política: São Paulo.
26 ブラジル最初の日本語学校は、サンパウロ市コンデ・デ・サルゼーダス街 38 番地に、1915 年 10 月に開校された「大正小学校」で、宮崎信造が児童 3 名相手に教鞭をとった。鈴木貞次郎(1941)『埋れ行く拓人の足跡』神戸日伯協会：213 頁．その 2 年後には、ノロエステ線沿線の平野植民地に旭小学校、同線アラサツーバ駅アグア・リンパ植民地にアグア・リンパ小学校などが続々と開校されていった。入江寅次(1933)『邦人海外発展史(下巻)』海外邦人史料会：194–197 頁．
27 移民八十年史編纂委員会編(1991)『ブラジル日本移民八十年史』ブラジル日本文化協会：サンパウロ：51–52 頁．
28 日本人移民と棉作との関係には、コーヒー価格暴落の苦境や 34 年の「移民二分制限条項」の導入などの状況打開のために、日本政府が送った平生ミッションが関わっている。このミッションの報告を受けて、日本商社が棉の買い付け、日本向け輸出を行なったことで、その販路や価格が安定したこともあって、サンパウロ州の日本人農家の棉生産量は飛躍的に上昇を遂げることになった。1939 年にはサンパウロ州内全日

本人家族の農業総生産額 52 万 4,945 コントのうち、棉が実に 69%を占めている。移民八十年史編纂委員会編前掲書 (1991)：107-108 頁。なお、サンパウロ州での棉生産が国内的に知られるようになったのは 1919 年のことであった。
29 筆者が 30 年代に学齢期だった沖縄系二世女性と行ったインタビューによると、この女性は両親が棉作に従事し、他の沖縄系移民数家族とともに頻繁に移動したため、正式の教育は全く受けたことがなかったという。
30 バストス移住地で二元的な教育を受けた二世の中から、戦後、数多くの二世が学界、経済界などへ進出を遂げているのは基礎―中等教育を日本政府の支援もあって、より整備されたかたちで受けられたことに起因するものと思われる。バストス移住地に関しては、Mita, Chiyoko (2001) *Bastos: Uma comunidade étnica japonesa no Brasil*. Tese de Doutrado, FFLCH-USP.
31 分益農とは 4 年から 6 年の期間、コーヒー樹を仕立てる作業を請け負う形態で、4 年契約の場合には、その間の間作から上がる収益と 4 年目に結実したコーヒーの売上、そしてコーヒー樹植付け本数に対応した請負料を獲得する。6 年契約の場合には、間作収益と 5～6 年目のコーヒーの売上収益を獲得する。
32 1927 年から 1932 年にかけて、コロノの比率が高いのは日本人移民数の増加を背景としている。この頃のコロノ生活の平均年数は 3～4 年だったといわれる。旧移民間では、分益農から自作農への上昇が進んでいた。
33 この当時の移民送出状況及びその背景に関しては、日本ブラジル中央協会編 (1985)『日本ブラジル交流史―日伯関係 100 年の回顧と展望―』の中に詳細な記述がある。
34 半田前掲書 (1970)：505 頁.
35 ただし、沖縄県からの移民の場合、本土出身の移民と同じ植民地（移住地）に入植するものもあったが、多くは親族関係、同郷関係などを利用した地域的移動を行い、また本土系移民からの差別的な眼差しなどもあり、カンポグランデ市やサントス・ジュキア鉄道線沿線に独自の排他的な共同体を造成するという動きが活発であった。このことは、一方において、本土系移民からの差別を回避するための一方策としての〈普通語〉教育の実践（沖縄系移民の〈県人〉アイデンティティを条件とする「日本人」への同化というマイノリティ戦略などとも関連）と、他方においては、排他的共同体における日常言語としての沖縄語の維持という 2 つの異質な方向性を内在させた。ブラジルの場合、沖縄系移民及びその子弟の数は全移民数の 10%程度と推定されているが、これらの条件のほか、沖縄語と日本語との違いの大きさもあり、〈コロニア語〉創出に、沖縄語はほとんど関与していないのである。
36 青柳郁太郎 (1941)『ブラジルに於ける日本人発展史（下巻）』ブラジルに於ける日本人発展史刊行委員会：サンパウロ：258 頁.
37 サンパウロ市において、日本帝国総領事館がアウグスタ街 297 でその業務を開始したのは 1914 年 9 月のことであったが、正式に開設されたのは 1915 年 7 月 14 日であった。初代館長領事は松村貞雄であった。その後、日本人移民の増加とサンパウロ州内陸部への定着が進むと、1918 年にはサンパウロ州内陸部リベイロン・プレット市に領事館分館（初代主任：三隅葉蔵副領事）、1921 年にはバウルー日本領事館（主任：多

羅間鉄輔副領事）が開設されるようになった。
38　香山前掲書（1948）．
39　輪湖前掲書（1939）．
40　この当時出版されていた主要な定期刊行物は 1933 年 5 月当時、邦字新聞のほか、物産週報（日伯物産週報社・月刊）、農業のブラジル（農業のブラジル社・月刊）、波紋（波紋社・月刊娯楽誌）、ポプラール（リンス通信社・月刊・少年少女向け娯楽雑誌）、青空（サンパウロ父兄会機関誌・月刊）、若人（農業のブラジル社・月刊スポーツ誌）、力行会の叫び（力行会聖市支部機関誌・月刊）、角笛、おかぼ、新天地（アリアンサ時報社・月刊俳句・短歌雑誌）、家庭と健康（互生会・月刊衛生啓蒙誌）、郷友（耕地通訳協会・月刊衛生啓蒙誌）などがあった。
41　移民八十年史編纂委員会編前掲書（1991）：82 頁．
42　サンパウロ市における日本人の歴史は、第 1 回移民到着の 2 年前（1906）までさかのぼる。すでにこの年、仙台市の藤崎商会がサンパウロ市に進出していたし、「移民の草分け」と呼ばれる鈴木貞次郎、帽子製造工場の職人などの日本人が数人居住していた。第 1 回契約移民とともに渡航した自由移民では当初から、サンパウロ市にとどまる者も十数人存在していた。また、第 1 回移民のなかで、特に構成家族として渡航した青年たちを中心に、サンパウロ市に〈逃亡〉し、定着するものも相当数あり、多くがコンデ・デ・サルゼーダス街を中心とするダウンタウンに居住していた（家庭労働者の場合は主人の住宅に居住、週末にコンデ街にやってきた）。そして、第 2 回移民が到着する 2 年間に、サンパウロ市在住の日本人数はかなり増加していたという（香山前掲書 1948 によると、130 人程度）。これらの初期サンパウロ市在住者は、男性では大工・ペンキ塗りが最も多い職業で 54 人、続いて多かったのが家庭労働者（家庭奉公人）で男 20 人、女 18 人、計 38 人であった。この初期サンパウロ在住日本人の職業は必然的にポルトガル語習得が条件となるものであった（香山前掲書 1948、半田前掲書 1970）。なお、第 1 回日本人移民がサンパウロ市に到着した当時のサンパウロ市の人口は、30 万人程度であったと推定されている。
43　統計資料によると、日本人の商業従事者数は 1930 年に 1,434 人であったものが、2 年後の 32 年には 3,016 人に急増し、この年には商業自営者数も 871 人に達している。また、当時の開拓前線で、周辺地域に日本人植民地も多かったパウリスタ延長線マリリア市の市内在住日本人数をみると 116 世帯で、その職業の内訳は、医師 1、歯科医 2、測量事務所 1、自由業 4、商業部門は雑貨商 12、農産物仲買 7、飲食店 7、野菜・果物商 6、薬局 3、旅館 2、運送業 3、洗濯業・洋服店・写真店・理髪店・仲介業各 2、魚店 1、時計商 1、行商 1、商店従業員 13、また、工業分野では、大工 5、製靴 3、鉄工所 3、製菓 4、製麺 1、豆腐加工 1、精米 1、ブリキ加工 1、農業 16、その他 10 となっている。移民八十年史編集委員会編前掲書（1991）：110–111 頁．
44　日本人農家で近郊作物を栽培する農家比率は、1912 年の 0.6％から 1947 年には 27.5％へと増加している。この増加傾向は 20 年代以降に始まった。本研究の一環として言語調査が実施されたスザノ市福博村はこうした動きの中で形成された植民地であった。

45 権利としての言語、資源としての言語、そして「問題としての言語」は Ruiz（1984）の概念である。Ruiz, R. (1984) Orientation in language planning, *Journal of the National Association for Bilingual Education*. 8（2）.

46 20 年代から 30 年代にかけてのナショナリゼーション政策と日本人移民の動向に関しては、三田千代子（1985）「Ⅰ　ブラジルの外国移民政策と日本移民」日本ブラジル中央協会編『日本ブラジル交流史―日伯関係 100 年の回顧と展望』：93–116 頁に詳細な記述がある。

47 「移民二分制限法」は 1934 年の憲法第 121 条第 6 項「移民の入国は人種統合ならびに移民の肉体的または公民的能力の保全に必要なる制限を受けるものである。而して各国よりの毎年の入国者数は過去 50 年間に国内に定着した当該国人総数の 2%の制限を越ゆることを得ず」のことである。当時、日本人移民はサンパウロ州総移民数の 4 割程度にまで増加しており、当時ブラジルが目指していた「混血」を通じての国民形成のイデオロギーからすると大きな懸念となっていた。第一次世界大戦後、イタリアなどのヨーロッパ諸国からの移民がそれなりに順調に導入されていたこともあり、この国民形成のイデオロギーにとっては後退を意味する「黄色人」移民導入を抑制するために、この条項が盛り込まれることになったのである。

48 この州教育令に対処するために、ブラジル日本人文教普及会は 1935 年、日本政府から派遣された文部省監学官佐野保太郎、野村基東京高師訓導、関庸外務省嘱託などや外務省派遣職員、さらに古野菊生が加わり、1935 年に編集・出版された二世用の日本語読本の改定版編集、出版作業が開始されている。この帝国政府主導でなされた編集作業では日本に対する愛国主義をある種、カムフラージュするかたちで植えつけようとする戦術が採用されている。この読本は 1938 年に日系子弟向け『日本語読本』（全 8 巻）と教授用参考書 8 巻として刊行され、その後、この内容はポルトガル語に翻訳され、州教育局の認可を受けて、邦人小学校で使用されるようになった。

49 青柳前掲書（1941）：200–201 頁.

50 移民 70 年史編纂委員会編前掲書（1978）：74–75 頁.

51 輪湖前掲書（1939）など。この当時の邦字新聞には、ナショナリズムを背景とする移民同化政策の厳格実施、二世のブラジル人化などの状況から、日本人移民間には日本や、日本の拡張主義的政策の結果獲得したアジア諸国への帰国・再移住論を中核とする転向ストラテジーをめぐる記事が多く掲載されるようになる。しかし、この新しい生活ストラテジーを実行できる経済的条件を備えた移民は少なかった。1938 年 1 月 11 日付け『日伯新聞』には「日本語教育の弾圧で子弟を日本へ」という記事が出ている。「やれ外国人団体取締法、やれ移民法等々、相次ぐ国粋化法の乱発に在留外国人たちも「なんだ人種平等を国是とするブラジルが」と悪口のひとつも溜め息と一緒に吐き出したくなる始末だが、在伯邦人にとって最大の関心事である第二世子弟の教育問題も、今のところお先真っ暗で、先頃は一村挙げて支那行きを決行した植民地もあったほどで、子弟教育の将来を思う父兄たちの悩みは深刻なものがある。日本語学校は一律閉鎖の運命に直面し、今更ながら家庭教育の強化だ、さあ巡回教授で行こうといっても、現在北パラナ地方で続出する幾多の不祥事件のように、地方官憲の非

道な圧迫干渉を覚悟しなければならない。あれやこれや思いあぐね「良きブラジル人をつくるための日本語教育」に見切りをつけた父兄たちは、子供を続々日本に送り帰している。最近のブエノスアイレス丸、サントス丸、リオデジャネイロ丸の三船で、ブラジル生まれの二世で、父母とともにあるいは単身で日本に帰った者は70余名の多数に達している」。

52 「ブラジルの日・独・伊との国交断絶に当たり、本州居住当該国民に対し、以下の事項を禁止する。1．如何なる者も当該国国語にて記されたものを頒布すること、2．当該国国家を唱し、あるいは演奏すること、3．当該国独特の敬礼をなすこと、4．多数集合の場あるいは公衆の場において、当該国国語を使用すること、5．当該国政府要人の肖像を人の集まる処、あるいは公衆に展示すること、6．保安局より発給の通行許可書（Salvo Conduto）なくして、一地域から他地域に旅行すること、7．私宅内といえども、私的祝祭の名義をもって集合すること、8．公衆の場に於いて国際時局に関し、討論あるいは意見の交換をなすこと、9．以前に正当な許可書を取得しているとも、武器を使用すること、また武器弾薬あるいは爆薬製造に使用し得るべきものを売買すること、10．保安局に予告なくして、転居すること、11．自己保有の飛行機を使用すること、12．保安局より許可される特別許可なくして空路旅行すること」。

53 都市在住のエリート二世たちはブラジル・ナショナリズムの影響を強く受け、強固なナショナル・アイデンティティをもつ主体であり、国粋主義的な日本人教育を強要されること（例えば、日本政府からの奨学金を受け取る際に、御真影への最敬礼など）に強く反発し、次のような強固なナショナル・アイデンティティを表明するものもいた。「…我らは実にピラチニンガの地に生まれたことを誇りとするものである。我らの血管内には日本民族の血が流れていようとも、ブラジルの祖国愛にこそ心は高鳴るのである。その証拠として1932年の革命に際しては、我ら二世は護憲兵の列に身を投じた。我らはこの出生の地に、他ならぬ国土のためになすべき義務をかくの如く遂行しつつあるのだ、我らは如何に我らの父兄の祖国日本を愛することができようか。遠く離れて目に見ぬ国のために如何にして愛国心が生じ得るか。我々は父兄の祖国に対して尊敬を持つことはできる。しかしながら菊花の国のために愛国心は断じて起こりえないのである。我々はブラジルを愛する。ブラジルこそ我らの祖国だからである。日本国家に対する想像に過ぎない愛国心を我々に強いることは、それは一顧の価なき一大矛盾である」サンパウロ学生聯盟編（1936）機関誌『学友』に掲載された「我らの心情」という論文の一節。

54 輪湖前掲書（1939）：52頁．

55 半田前掲書（1970）：311頁．

56 これと同様の主張は、1927年、コチア小学校の日本語教師馬渕至宏がその著書『在伯子弟教育論』のなかで「伯国教育界現実に鑑み吾人は民族将来の為に、子弟将来の幸福を希う為にあくまで補助教育の必要を叫び以て伯国教育の後援指導に努め、就中徳育教育に尽くし日伯合金の善良なるブラジル国民を養成せんことを期するのみである」と主張している。馬渕至宏（1927）『在伯子弟教育論』：サンパウロ．

57 サンパウロ市は1890年から1900年にかけて、急激な人口増加の過程にあった。1890

年には約 7 万人であった人口が 10 年後には 24 万人へと急増した。多くのイタリア、ドイツ系などのヨーロッパ移民が発展するサンパウロ市の工業部門へ吸収されていった結果であった。

58 半田は「初期の移民のなかでブラジル人の大農場で移民たちの通訳や監督をしてきたような、かなりのインテリたちは、コスモポリタンな思想を抱いて、同化主義を採るものも多かった。彼らは子供たちが二世としてブラジル人であることも知っていたので、ブラジル式教育を尊重し、日本語教育には無関心なものもいた」としている。半田前掲書 (1970)：615 頁.

59 半田はサンパウロ市や地方都市に「遊学」に出すと、日本語運用能力が極端に低下したという。「早くからブラジルの学校に行って中等教育をうけたものは、たいがい日本語ができなかった。」半田前掲書 (1970)：615 頁.

60 こうした寄宿舎を経営する日本人移民はほとんどが知識人やインテリ移民であり、早くからブラジルへの永住という立場を析出し、ブラジル式教育の重要性を認識していた人々であった。

61 聖市学生寄宿者協会編 (1938)『聖市遊学の手引き』：サンパウロ：11 頁.

62 移民 70 年史編纂委員会編前掲書 (1978)：77 頁.

63 この当時、こうした子弟教育への日本という国家の干渉は「二世の教育をば日本の外務省が、出先官憲をして扱はせるということは表面のみならず又実質に於いても非常に向こうの反対を受ける所でありまして、所謂内政干渉とでも謂えば言はれる所であります」(安東義喬) といった批判を受けてもいる。

64 半田によると、政府が農村各地にエスコーラ・ルラール (3 年制) を作るようになるのは戦後のことであったという。

65 半田前掲書：308 頁.

66 伯剌西爾時報社編 (1933)『伯剌西爾年鑑』：サンパウロ：108 頁.

67 伯剌西爾時報社前掲書 (1933)：108 頁.

68 前山 隆 (2001b)『異文化接触とアイデンティティ―ブラジル社会と日系人―』御茶ノ水書房：55 頁.

69 この当時には、地方の日本人小学校は日本語教育に対する監視が厳格化し、教師にも多くの失格者が出始め、この事実も移民の心情を、狂信的な国粋主義に駆り立てることになった。

70 半田前掲書 (1970)：617 頁.

71 こうした国粋主義的な「国語」観は、1935 年にサンパウロ市ピンニェイロス地区に暁星学園という実務・日本語学校を創設した岸本昂一の思想の中によく認められる。岸本は 1947 年という戦後の早い時期に出版した『南米の戦野に孤立して』という著書の中で、自身の日本語観を展開している。岸本によると、「日語教育とは単に文字を教えるということだけではない。日本歴史をたて糸として生成発展して来た民族の精神建設をいう」、そして、「日本語は日本人の血液を持つ者にとっての大地であり、太陽であり、水であり、空気であるのだ」、「日本語の中には、民族の純粋至高なる脈拍、流れてやむこと無き壮大雄渾なる歴史が呼吸しているのであって、言葉の響きの

中に、文学の一句一節の中にも祖先の血管が脈々と波打って居り、その精神がしみこんでいるのだ」と主張し、「日本語」なしに海外発展は「民族の本質」を失って形骸だけを止めることになってしまうと結論付け、日本民族は世界の果てにいっても、「日本語」とともに永遠に生き続けなければならないとした。しかしながら、国粋主義的な日本語観を強くもっていた岸本であったが、日本民族にとって外国語（この場合、ポルトガル語）を不必要だとは考えていなかった。逆に岸本は、日本民族は積極的に外国語を学ばなければならないと主張している。その理由は「彼らを啓蒙し、強化し」、そして「私たち自身を、そして日本を、世界中に押し広げてゆく」ためであり、「人として必要な学問技術」でもあるからである。つまり、岸本は日本民族精神建設のために不可欠な「日本語」と実際的実用的技術のために不可欠なポルトガル語の双方を子弟に授けるべきであると主張するのである。こうした日本語＝民族精神建設、ポルトガル語＝実用的機能というバイリンガリズムは決して岸本だけの主張ではなく、在伯同胞社会で当時広く流布していた「和魂伯才論」に基づく子弟教育観であった。岸本昂一（2002）『南米の戦野に孤立して』：サンパウロ．

72 半田によれば、この当時の親たちにとって「子供たちに日本語を教えるということは、出稼ぎに来た親たちの不安をとり去る方便であり、ブラジル語だけ話す子供は「情が移らん」から、とにかく日本語で（それがどんなにくずれていようとも）しゃべってもらいたいという気持ちであった。それに、ブラジル語の学校では「親孝行」ということを教えんらしいから、日本人の子供には向かん、という考えもあった」。半田前掲書（1970）：311頁．

73 半田前掲書（1970）：515頁．

74 前山前掲書（1982）：35頁．

75 半田前掲書（1970）：474–475頁．

76 半田によると、この当時、「家庭内で、親子がブラジル語で話したのはごくまれで、それはほとんど都会のものか、農業以外の職業のものに限られていたといってもいい」という。半田前掲書（1970）：513頁．

77 例えば、邦人最初の、植民地を越えたスポーツ交流は1930年に「第一回汎ノロエステ陸上競技大会」として実施されている。

78 この当時の「日本人社会」について、ある新聞記者は「あのころの邦人社会を考えてみると、日本人の世界にブラジルがあった」と述懐しているし、半田も「この時代は外国へ移住したことを、ほとんど意識しなかったほど、ブラジルの日本移民は、同胞社会のなかに不自由なく生活することができた」と記している。よみもの社編（1941）『よみもの』7月号：126頁、半田前掲書（1970）：476頁．

79 中東靖恵（2006b）「ブラジル日系社会における言語の実態」『国文学解釈と鑑賞　特集南米の日本人と日本語』71-7：至文堂：99–119頁．

80 比嘉正憲（1982）「ブラジルにおける日本人移住者の言語適応」『ラテンアメリカ研究』4：153–179頁．比嘉は「コロニア語」における借用を、日本語に対応概念がないために必要な外来語と、対応概念があるのに使われる言語の効率からいえば不必要な外来語とに二分している。その上で、比嘉は後者に関して、仲間意識という心理的な必

要性のために借用が起こっているのではないかと推測している.

81 このポルトガル語からの借用に関しては、久山（2000a, b）、鈴木（1979）など多くの先行研究がある。久山　恵（2000a）「ブラジル日系一世の日本語におけるポルトガル語借用─借用頻度と社会的要因との関連性─」『第 7 回国立国語研究所国際シンポジウム第一専門部会─日系ブラジル人のバイリンガリズム』国立国語研究所，同（2000b）「ブラジル日系一世の日本語におけるポルトガル語借用─その形態と運用─」『社会言語科学』3-1：社会言語科学会：4-16 頁，鈴木英夫（1979）「ブラジル日系社会における外来語」『紀要 A（人文科学・社会科学）』23：名古屋大学教養部：115-134 頁.

82 工藤真由美（2003）「研究調査結果概略　ブラジル日系社会調査班」『大阪大学 21 世紀 COE プログラム「インターフェイスの人文学」2002・2003 年度報告書第 5 巻、言語の接触と混交─日系ブラジル人の言語の諸相』大阪大学 21 世紀 COE プログラム「インターフェイスの人文学」：27-31 頁.

83 日本人移民がブラジルに導入された当初より、コーヒー生産部門は衰退期に当たっていたため、コーヒー輸出経済のもとで行われていた教育体制は破綻しており、政府には農村部に新たな教育機関を開設するような余裕はなかった。この要因もあり、日本移民は自らの共同体で自らの資金により教育機関を創設せねばならなかったのである。これに関しては Tongu, Érica A. S.（2002）に詳しい記述がある。Tongu, Érica A. S.（2002）*Resistência de Seda: Um estudo preliminar sobre a nacionalização dos imigrantes japoneses e a educação no Brasil.* Tese de mestrado, FEUSP.

84 本章では触れることができないが、沖縄系日系人の場合、本土系日系人とは異なり、市内北部及び西部の周縁地区への移動と集中という傾向が強かった.

85 当時、筆者が所属していたサンパウロ人文科学研究所で、1997 年に筆者が中心になって、日本外務省の委託調査として実施した「ブラジル日系社会における日本語教育」調査結果によると、日本語学校（139 校）の経営主体別では、公共団体 60％、私塾 34％、その他 6％という構成であった。サンパウロ人文科学研究所（1997）『ブラジル日系社会における日本語教育─現状と問題─』（日本外務省委託調査報告書）：サンパウロ.

86 パウリスタ新聞社編（1958）『コロニア五十年の歩み』：サンパウロ：3 頁.

87 パウリスタ新聞社編（1956）『コロニア戦後十年史』：サンパウロ：7 頁.

88 中東靖恵は「ブラジル日系社会における言語の実態」という論考のなかで、佐藤常蔵の論考を引用し、佐藤が「代表的なコロニア語の実例」として挙げている特徴を、①ポルトガル語からの借用の多さ、②方言的要素の出現、③日本語とポルトガル語のコードスイッチングの存在などに整理している。中東（2006b）：99-119 頁.

89 半田知雄（1952）「ブラジルにおける日本語の運命」土曜会編『時代』15：サンパウロ：7-21 頁.

90 佐藤常蔵（1957）『ブラジルの風味』日本出版貿易株式会社.

91 アンドウ・ゼンパチ（1956）「コロニア語」『エスペランサ』3：サンパウロ.

92 アンドウ・ゼンパチ（1966）「コロニア評論　コロニアにおける日本語の運命」『コロニア文学』11：サンパウロ：46 頁.

93 前山　隆(1972b)「トマテとコンピュータ縁起」『コロニア文学』18：サンパウロ：114-117頁.
94 この家族労働力を投下しての小規模な家族経営体による上昇ストラテジーは、一世の言語的限界を世帯レベルにおいて補完するという戦術を内包するものであった。当然ながら、この家族経営体における家族員の役割分担は一世に対して、言語的制約のない／少ない役割を分担させた。
95 前山　隆(1997)「ブラジル日系人における分裂と統合―エスニシティとアイデンティティの問題―」重松伸司編著『現代アジア移民』名古屋大学出版会：1-32頁.
96 二木秀人が個人的に実施したサンパウロ大学の日系人学生数に関する調査結果によると、1949年当時では在学生全体に占める日系人学生の比率は2.5%にすぎなかったものが、1978年には学部平均で15%への上昇している。日系大学生の専攻分野は社会的な威信だけではなく、「経済的な向上と結びつきやすいものになる傾向」が強固で、医科、歯科、薬学、法学、商科、工科などが選好されてきた。
97 「黒い兄」世帯において、家庭内での日本語使用が卓越していたのはおそらく50年代までで、1961年の教育法改正によるブラジル義務教育年限延長措置のあとでは、黒い兄世帯からも日本語は徐々に消失していったものと予想される。
98 「移民のバイリンガリズム」と「エリートのバイリンガリズム」の特徴を対比的に示すと以下の表のようになろう。

名称	主体	言語	時期	言語観	国家・政府の関与	教育機関
移民のバイリンガリズム	・移民一世（子供移民） ・二世、特に「黒い兄」	・ホスト社会の国語（ポルトガル語）と日本語	・移民以降連綿と続いているが、特に60年代のカウンターカルチャー運動や多文化主義の台頭	・権利としての言語 ・継承語・母国語 ・文化伝承手段としての日本語など	戦前―ブラジル政府の移民同化政策―日本政府の遠隔地ナショナリズム 戦後―国際協力機構による移住事業	・「小学校」 ・日本語学校 ・日本語センター（中央機関）
エリートのバイリンガリズム	・二世、特に「白い弟」 ・三世以下の日系人	・ポルトガル語と外国語。日本語も選択する外国語	・特に70年代より。進出した日本企業への就職、日本留学などの実用性	・資源としての言語 ・外国語としての日本語	・サンパウロ・パラナ州政府 ・国際交流基金	・日伯文化聯盟 ・公教育 ・高等教育機関など

99 サンパウロ人文科学研究所が実施した日本語学校父兄に関する調査結果によると、子供を日本語学校に通学させている親の属性はこの事実を明確に示している。例えば、父兄の世代別学歴構成をみると、「学歴なし」31%、「小学校卒」26%、「中学卒」31%、一方、高卒以上は11%にすぎず、相対的に低学歴者の父兄が多いという傾向があった。また、父兄の日本語能力意識でも「ほぼわかる」41%、「完全にわかる」13%、「少しわかる」38%となっており、比較的日本語能力意識が高くなっていた。さらに、子供を日本語学校へ通学させる事由に関しては二世父兄の31%、三世父兄の40%が「日本人らしさを身につけさせるため」、また「日系人として知っているの

が当然」が二世父兄38%、三世父兄27%と多くなっており、日本語習得の実用性に関しては低い結果であった。

100 戦後移住に関する記述は、移民八十年史編纂委員会編前掲書(1991)による。
101 サンパウロ人文科学研究所(1988)『ブラジルに於ける日系人口調査報告書― 1987・1988 ―』(JICA提出報告書)。なお、1958年のデータは鈴木悌一編著(1964)『ブラジルの日本移民(記述篇)』東京大学出版会によっている。
102 土居エルザ多恵子(2006)「ブラジルの多言語環境における言語状況」『国文学解釈と鑑賞　特集　南米の日本人と日本語』71-7：至文堂：137–152頁.
103 従来からの日系子弟を中心とする継承語教育の場は「日本語学校等私塾」、「資源としての言語」という観点から州政府が実施している外国語教育の一環としての日本語学習の場は「初等・中等教育」「高等教育」とするならば、前者は近年学習者が減少し、後者は大幅に増加している傾向がある。
104 1977年のブラジル日本語普及会の調査では全国に244校、日系の学習者は8,242名となっている。この244校のうち、サンパウロ市及び近郊に104校が集中していた。
105 例えば、学齢期や青年期をナショナリズムの高揚した30年代後半から第二次世界大戦後の50年代初頭までの排日的感情が醸成された時期に学齢期を送った二世では、自らの日系性から逃避し、「150％のブラジル人」、ブラジルへの完全同化主義を取るものも多く、こうした二世では自らの日本語習得を否定したばかりでなく、自らの子供を日本語学校に通学させなかったものも数多く存在した。
106 こうした国粋主義的な主張が戦後においても継続していたことの背景には、ブラジルは連合国側で参戦したものの、ブラジル国内では直接の戦時行動がなかったことや日本のようにGHQによる外側からの強制的改革などの不在、つまり具体的な敗戦経験を経ていないという状況が存在した。1948年サンパウロ州内陸部トレスバレス市の青年聯盟が主催した第2回弁論大会では「邦語教育への叫び」という弁論で、以下のように日本語教育の必要性が主張されている。「三年前の八月十五日、祖国聖戦の目的完遂の喜びの日を迎へ、我等在伯三十五万同胞は感謝感激を味わひまして、京中に澎湃と盛り上がった民族的自覚は再び邦語教育に重大関心を払ふ様になったのであります。然し己が子弟を見ました時、戦時中の環境は教育の放任であった為二十歳にもなる青年が自分の名前すら書けない実例がある位に、一般子弟の日本語学力は実に嘆かはしい程、低下していたのであります。私は当局の理解ある措置を切望すると共に父兄各位の奮起と青年諸君の自発的協力を求め「日本語教育なくして日本民族なし」と断言し、邦語教育の継続を提唱する者であります。真の日本を識るには日本語の習得が唯一の方法でありまして、日本語により、世界に比類なき日本精神の神髄を知らしめ、より良き日系伯人となすべく努力せねばならないと思ひます」。こうした立場から実際、1950年に、日本精神の涵養を目的とする日本語教育を重視した全伯青年聯盟が発足し、日本語教育を実施した。
107 当時、筆者が所属していたサンパウロ人文科学研究所で、1997年に筆者が中心になって、日本外務省の委託調査として実施した「ブラジル日系社会における日本語教育」調査結果によると、1週間当たりの授業時間は1時間から10時間まで大きなばらつ

きがあったが、1週間4時間が全体の4分の1以上（26.6％）を占め最も多く、以下3時間（18.7％）、10時間（10.1％）、6時間（9.4％）と続いている。つまり、半数弱の日本語学校では週3〜4時間の学習時間であった。サンパウロ人文科学研究所前掲書（1997）．

108 日本語普及会編（1963）『日系ブラジル人に対する日語教育実情調査』：サンパウロ．
109 アンドウ・ゼンパチ（1958）『二世とニッポン語問題—コロニヤの良識にうったえる—』：サンパウロ：4–5頁．
110 野元菊雄（1969）「ブラジルの日本語」『言語生活』1996年12月号：67–75頁．
111 近年においては、〈外国語としての〉「継承日本語（教育）」という矛盾する立場が出現してきてもいる。これは日系家庭からの日本語消失という現実を一方において受け入れ、外国語として日本語を教授する必要があるが、他方において、日系人にとっての日本語は〈継承語〉であると継承語概念を拡大することで、繋げられたものであろう。ここにもこれまで連綿とつむぎだされてきた、ブラジル（人）性と日本（人）性をめぐる対立や相克を調停しようと試みる結果として析出された、内部矛盾する日系子弟観が存在しているように思われる。
112 近年、海外日系人協会（横浜）ではJICA横浜センター内に「継承日本語センター」を設立し、海外日系人の日本語教育に〈継承日本語〉という観点から取り組み始めている。
113 半田前掲書（1970）：513頁．
114 この作品は1972年にサンカルロス日本人会主催で実施された沖縄母国復帰祝賀演芸会で、サンカルロス青年会有志によって上演されたものであると同時に、1972年7月発行の『コロニア文学』誌に発表され、コロニア文学賞を受賞している。
115 このような変化は「白い弟」は勿論、「黒い兄」世帯でも生じていることは言を俟たない。

参考文献

青柳郁太郎（1941）『ブラジルに於ける日本人発展史（下巻）』ブラジルに於ける日本人発展史刊行委員会：サンパウロ．
アンドウ・ゼンパチ（1956）「コロニア語」『エスペランサ』3：サンパウロ．
アンドウ・ゼンパチ（1958）『二世とニッポン語問題—コロニヤの良識にうったえる—』：サンパウロ．
アンドウ・ゼンパチ（1966）「コロニア評論　コロニアにおける日本語の運命」『コロニア文学』2：サンパウロ．
アンドウ・ゼンパチ（1967）「日本移民の社会史的性格」サンパウロ人文科学研究所編『研究レポートⅡ』：サンパウロ．
移民70年史編集委員会編（1978）『ブラジル日本移民70年史』：サンパウロ．
移民八十年史編纂委員会編（1991）『ブラジル日本移民八十年史』ブラジル日本文化協会：サンパウロ．
入江寅次（1933）『邦人海外発展史（下巻）』海外邦人史料会．

入江寅次（1958）『ブラジル移民五十年』：サンパウロ．
大武和三郎（1918）『葡和辞典』財団法人日伯協会．
岸本昂一（2002）『南米の戦野に孤立して』：サンパウロ．
工藤真由美（2003）「研究調査結果概略　ブラジル日系社会調査班」『大阪大学 21 世紀 COE プログラム「インターフェイスの人文学」2002・2003 年度報告書第 5 巻：言語の接触と混交―日系ブラジル人の言語の諸相』大阪大学 21 世紀 COE プログラム「インターフェイスの人文学」．
工藤真由美編（2003）「第一部　ブラジル日系社会と日本語」『大阪大学 21 世紀 COE プログラム「インターフェイスの人文学」2002・2003 年度報告書第 5 巻：言語の接触と混交―日系ブラジル人の言語の諸相』．
工藤真由美（2004）「ブラジル日系社会言語調査報告」『大阪大学大学院文学研究科紀要』44-2．
工藤真由美編（2006）『大阪大学 21 世紀 COE プログラム「インターフェイスの人文学」報告書：言語の接触と混交―ブラジル日系社会言語調査報告』
久山　恵（2000a）「ブラジル日系一世の日本語におけるポルトガル語借用―借用頻度と社会的要因との関連性」『第 7 回国立国語研究所国際シンポジウム第一専門部会―日系ブラジル人のバイリンガリズム』国立国語研究所．
久山　恵（2000b）「ブラジル日系一世の日本語におけるポルトガル語借用―その形態と運用」『社会言語科学』3-1．
香山六郎（1948）『ブラジル移民四十年史』：サンパウロ．
国際協力事業団（1989）『海外移住統計』
国際交流基金日本語国際センター（2000）『海外の日本語教育の現状―日本語教育機関調査・1998 年』
佐藤常蔵（1957）『ブラジルの風味』日本出版貿易株式会社．
山東　功（2003）「ブラジル日系人の日本語への視点」『女子大文学　国文篇』54．
山東　功（2005a）「ブラジル日系社会における混成日本語「コロニア語」の意味」『女子大文学　国文篇』56．
山東　功（2005b）「1950 年代のブラジル日系社会と日本語」『阪大日本語研究』17．
サンパウロ学生聯盟機関誌（1936）『学友』：サンパウロ．
サンパウロ人文科学研究所（1988）『ブラジルに於ける日系人口調査報告書― 1987・1988 ―』サンパウロ人文科学研究所：サンパウロ．
サンパウロ人文科学研究所（1996）『ブラジル日本移民史年表』無明舎出版．
サンパウロ人文科学研究所（1997）『ブラジル日系社会における日本語教育―現状と問題―』（日本外務省委託調査報告書）サンパウロ人文科学研究所：サンパウロ．
鈴木悌一編（1964）『ブラジルの日本移民（記述篇）』東京大学出版会．
鈴木貞次郎（1941）『埋もれ行く拓人の足跡』神戸日伯協会．
鈴木英夫（1979）「ブラジル日系社会における外来語」『紀要 A（人文科学・社会科学）』23．
聖市学生寄宿舎協会編（1938）『聖市遊学の手引き』：サンパウロ．

土居エルザ多恵子（2006）「ブラジルの多言語環境における言語状況」『国文学　解釈と鑑賞』71-7.
中東靖恵（2005）「ブラジル日系・奥地農村地域における言語シフト―アリアンサ移住地における言語使用の世代的推移―」『岡山大学文学部紀要』44.
中東靖恵（2006a）「ブラジル日系・近郊農村地域における言語シフト―スザノ市福博村における言語使用の世代的推移―」『文化共生学研究』4.
中東靖恵（2006b）「ブラジル日系社会における言語の実態」『国文学解釈と鑑賞』71-7.
日本移民50年祭委員会編（1958）『かさと丸』日本移民50年祭委員会：サンパウロ．
日本語普及会編（1963）『日系ブラジル人に対する日語教育実情調査』：サンパウロ．
野元菊雄（1969）「ブラジルの日本語」『言語生活』1969年12月号．
パウリスタ新聞社編（1958）『コロニア五十年の歩み』：サンパウロ．
パウリスタ新聞社編（1956）『コロニア戦後十年史』：サンパウロ．
半田知雄（1928）「日伯混成語の使用」聖州義塾機関誌『塾友』：サンパウロ．
半田知雄（1952）「ブラジルにおける日本語の運命」土曜会機関誌『時代』15：サンパウロ．
半田知雄（1996）『今なお旅路にあり―ある移民の回想―』：サンパウロ．
半田知雄（1970）『移民の生活の歴史―ブラジル日系人の歩んだ道―』家の光協会．
比嘉正憲（1982）「ブラジルにおける日本人移住者の言語適応」『ラテン・アメリカ研究』4.
伯剌西爾時報社編（1933）『伯剌西爾年鑑』：サンパウロ．
細川弘明（1996a）「第11章　民族接触と言語の変容」宮岡伯人編『言語人類学を学ぶ人のために』世界思想社．
細川弘明（1996b）「第12章　少数民族と言語の保持」宮岡伯人編『言語人類学を学ぶ人のために』世界思想社．
前山　隆（1972a）「トマテとコンピュータ」コロニア文学会編『コロニア文学』18：サンパウロ．
前山　隆（1972b）「トマテとコンピュータ縁起」コロニア文学会編『コロニア文学』18：サンパウロ．
前山　隆（1982）『移民の日本回帰運動』日本放送出版協会．
前山　隆（1997）「ブラジル日系人における分裂と統合―エスニシティとアイデンティティの問題―」重松伸司編著『現代アジア移民』名古屋大学出版会．
前山　隆（2001a）「同伴移民、妻移民、子供移民―ブラジル日系女性移住体験を中心に―」阪南大学学会編『阪南論集　人文・自然科学編』36-3.
前山　隆（2001b）『異文化接触とアイデンティティ―ブラジル社会と日系人―』御茶ノ水書房．
松田時次（1998）『ブラジルコロニアの先駆者　岸本昂一の生涯』新潟県海外移住家族会．
馬渕至宏（1927）『在伯子弟教育論』：サンパウロ．
三田千代子（1985）「Ⅰ　ブラジルの外国移民政策と日本移民」日本ブラジル中央協会編『日本ブラジル交流史―日伯関係100年の回顧と展望―』：日本ブラジル中央協会．
宮岡伯人編（1993）『言語人類学を学ぶ人のために』世界思想社．
森　幸一（2006a）「沖縄県ブラジル移民小史―戦前を中心に―」『言語の接触と混交―ブ

ラジル日系社会言語調査報告』大阪大学 21 世紀 COE プログラム「インターフェイスの人文学」.
森　幸一（2006b）「ブラジルの日本人と日本語（教育）」『国文学　解釈と鑑賞』71-7.
山下暁美（1995）「第 4 章　日系移民の定住と言語問題―ラテン・アメリカを中心に―」古屋野正伍・山手茂編『国際比較社会学』学陽書房.
よみもの社編（1941）『よみもの』7 月号：サンパウロ.
輪湖俊午郎（1939）『バウル管内の邦人』：サンパウロ.
Cline, Michael (2003) *Dynamics of Language Contact: English and Immigrant Languages* (Cambridge Approaches to Language Contact). Cambridge Univ. Press.
Conklin, Nancy F. and Lourie, Margaret A. (1983) *A Host of Tongues: Language Communities in the United States*. Free Press.
Comissão de Recenseamento da Colônia Japonesa (1964) *The Japanese Immigrant in Brazil*. Tokyo Univ. Press.
Doi, Elza T.(1983) *A Interferência Fonológica no Português Falado pelos Japoneses na Região de Campinas*. (SP) Tese de Mestrado, UNICAMP.
Kanashiro,Cecília K. Jo (2000) *A Interferência da Língua Japonesa na Língua Portuguesa por Nipo-Brasileiros: Estudo de aspectos da concordância nominal e verbal*. Tese de doutrado, FFLCH-USP.
Mita, Chiyoko (2001) *Bastons: Uma comunidade étnica japonesa no Brasil*. Tese de Doutrado, FFLCH-USP.
Mori, Koichi (2003) Identity Transformations among Okinawans and Their Descendents in Brazil. In Lesser, Jeffrey (ed.) *Searching for Home Abroad: Japanese Brazilians and Transnationalism*. Duke Univ. Press.
Nawa, Takako (1988) *Bilinguismo e Mudança de Codigo: Uma proposta de analise com os nipo-brasileiros residentes em Brasília*. Tese de Mestrado, UnB.
Ruiz, R.(1984) Orientation in language planning, *Journal of the National Association for Bilingual Education*: 8 (2).
Saito, Hiroshi (1961) *O Japonês no Brasil: Estudo de mobilidade e fixação*. Ed. Sociologia e Política. São Paulo.
Saito, H. e Maeyama, T. (1973) *Assimilação e Integração dos Japoneses no Brasil*. Ed. Vozes e edusp: São Paulo.
Saito, Hiroshi (ed.) (1980) *A Presença Japonesa no Brasil*. T.A. Queiroz. Edusp: São Paulo.
Shibata, Hiromi (1997) *As Escolas Japonesas Paulistas (1915-1945): A afirmação de uma identidade étnica*. Tese de Mestrado, FEUSP.
Tongu, Érica A. S. (2002) *Resistência de Seda: Um estudo preliminar sobre a nacionalização dos imigrantes japoneses e a educação no Brasil*. Tese de Mestrado, FEUSP.

（森　幸一）

補遺：沖縄系ブラジル移民を巡る〈言語〉状況（覚書）

1. はじめに

　第2章においては、ブラジル向け日本人移民とその子弟を巡る諸状況の変化を「日本語」を中心にしながら概観してきたが、ここでは沖縄系移民やその子弟を対象にしながら、彼らの〈言語〉を巡る、いくつかの状況を予備的に考察しておくことにしよう。

　総じて言えば、ブラジル向けの沖縄系移民も本土系ブラジル移民と、その生活戦術（短期的出稼ぎ→中・長期的出稼ぎ→永住）は基本的に異質であったわけではない。しかしながら、「沖縄」出身であることにより、本土系移民や日系人とは異なる経験や体験も存在する。言語的に言えば、本土系日系人とは異なり、方言（とそのバリエーション：沖縄南部方言／北部方言）、標準日本語（とそのバリエーション：コロニア語）、ポルトガル語の接触と混交という、より複雑な状況が出現したのであり、ここでは「沖縄」出身であることによる独自性や特殊性を彼らの〈言語〉状況との関連において、以下のようなトピックを通して概観することにする。

1. 沖縄県からのブラジル向け契約移民の禁止・制限措置と〈言語〉
2. 同郷性に基づく移動と定着という適応過程における沖縄系人の言語を巡る状況
3. 沖縄系人のアイデンティティと〈言語〉

2. 「普通語を解すること」——沖縄県移民禁止・制限措置と言語

　周知のように1908年の第1回契約移民781名の42%に相当する325名が沖縄県からの移民であった[1]。325名の沖縄系移民たちは、6つの「配耕」

先であったコーヒー農園のうち、カナーン耕地とフロレスタ耕地に集中的に導入された。前者には中頭郡出身者24家族、後者には島尻郡と国頭郡出身者23家族がそれぞれ導入され、沖縄系移民たちは本土出身移民らとともにブラジルでの移民生活を開始した。しかしながら、様々な要因から、これらの移民たちは導入直後から「逃亡」、紛擾、同盟罷免などの問題を引き起こすことになった。こうした問題（1910年代末まで発生し続けた）は沖縄系移民によって引き起こされたと在外公館や移民会社には認識され、この結果として、沖縄県人は1913年から16年と1919年から1936年の2度にわたって、契約移民禁止・制限措置の対象となったのであった。

沖縄系移民はどのように「眼差」されていたのであろうか、2度目の措置（契約移民制限措置であったが実質的には禁止措置）に先立って、在外公館領事によって外務省に送付された「報告」を通じてみてみよう[2]。

1918年8月にはリベイロン・プレット総領事館分館副領事三隅葉蔵が外務大臣宛報告を送付しているが、そこでは日本人移民が受ける非難は、本邦内地移民とは異なる特殊風俗をもち、蔑視すべき倫理観念を内面化している沖縄系移民の責任とし、米国での日本人排斥運動を意識しつつ、ブラジルにおいても将来的な日本人排斥の口実を与えることを回避するために、沖縄系移民の制限措置を採ることが望ましいと報告されていた。複数の「報告」に共通する〈眼差し〉は沖縄系移民がもつ、言語を含む風俗習慣、倫理観や性格の、本土出身移民との違いが「欠点」と捉えられ、それゆえ、沖縄系移民は禁止ないし制限されるべきであるというものであった。

外務省は一旦沖縄県からの契約移民を解禁したものの、1919年には再び「契約を無視して耕地を逃亡するものの多きこと」「一箇所に定住する風を欠き移動甚だしきこと」「団結心強く他県人との融和を欠き紛擾を醸し易きこと」「同盟罷業を起こし易きこと」「偽家族多きこと」「生活程度低く裸体其他の悪習慣を改めざる者多きこと」といった沖縄系移民に対する偏見を含む理由によって、沖縄県からの契約移民を禁止し、呼寄せ移民だけに制限した[3]。

この措置は、第一次世界大戦後の不況の波による「ソテツ地獄」と呼ばれる経済的疲弊の中で、それを緩和する手段としての本土出稼ぎや海外移民が急増していた沖縄にとっては大きな痛手となった。その痛手は、一方においては1924年に米国の排日移民法の制定によって、沖縄県からの有力な移民

先となっていたハワイへの移民が不可能となったこと、他方においては25年から内務省社会局がブラジルへの契約移民に対して渡航費を支給し、国策移民としてブラジルへの移民を奨励するようになり、ソテツ地獄下にあって渡航費用を捻出するのが困難であった沖縄人にとって、渡航費補助のあるブラジルは移民先として重要だったのにもかかわらず、沖縄人はその恩恵の外側に置かれることになったのである。

　経済的疲弊を移民によって緩和しようとする沖縄県、貧困に苦しむ故郷の状況を強く懸念する在伯沖縄系移民双方にとって、この措置の可及的速やかな撤廃が急務と捉えられ、沖縄・ブラジルにおいて、制限措置撤廃へ向けての運動や要請が、沖縄県庁やブラジル在住沖縄系移民などによって展開された。その結果、外務省は1926年、「移民にして十五歳以上の者は義務教育を終へたる者に限る」「男女共に四十歳以下にして普通語を解し且女は手の甲にイレズミなき者に限る」「家長夫婦は三年以上同棲したる者たること」「家族は家長夫婦いずれかの血縁のものにして養子に非ざること」「借財の少なきこと」「移民数は一船10家族（人員50人）以下たること」という6つの付帯条件をつけて、ブラジル契約移民を試験的に許可した。

　この試験的許可の決定を受けて、ブラジル沖縄系人、沖縄県側双方で様々な施策が実施されていった。沖縄県（庁）では、この外務省の付帯条件を達成すべく、移民者の厳格な選定とともに、移民に対する教育を重要な施策とし、「海外発展ヲ鼓吹シ移民ノ素質改善ヲ図ル」教育の研究を沖縄県教育会に指示した。この指示を受けて、沖縄県教育会では1928年3月開催の第17回沖縄県初等教育研究会において、小学校における「県民の海外県外発展及生活改善」の具体的な方案研究を課題とした。この研究会において配布されたものが『島の教育[4]』であり、具体的な課題として「小学校における移民・出稼ぎの奨励と「生活改善」すなわち沖縄人の言語風俗生活習慣を大和化する風俗改良[5]」があげられている。

　近藤によると、『島の教育』の特徴は、外務省通商局がまとめた沖縄系移民の長所短所に関する資料に基づき、沖縄人が「排斥され特別視される原因」を7つに整理し[6]、これらの「諸欠陥」を改善することを目的とし、特に「あらゆる風俗改良を教科教育に取り入れ、特に標準語教育を重視し、話方（国語科）を中心としての教科目、さらに学校生活全般において、語彙、発音、語調の矯正を行うことを構想した」点、学校という場を越えた家庭や

地域の「改良」——特に女子の服装や礼儀作法——を視野に入れていた点、第三に国史と地理の教科教育において、「国体観念」を養成しつつ、「海外発展」に関する事項をとりいれることで移民奨励を行おうとした点などにあった[7]。

『島の教育』に示された方向性は小学校においてかなり徹底的に実践され、例えば、方言札を用いての標準語徹底強制が行われたこと、1928年頃から洋服着用の強制が出現し始めたことなどであり、このことは従来から行われてきた風俗改良を、海外移民・県外移民への排斥の克服という新たな目標を付加することで徹底することにより、「際限のない大和化」を追求していくことになったという[8]。

また、沖縄県では、既に1910年半ば、フィリピン移民のエピソードやブラジル移民の問題などもあり、「県民風俗言語の改善」の急務さや「風俗習慣言語などの移民教育」の必要性が主張されており、1924年には、沖縄県庁が中心となり沖縄県海外協会が設立され、海外在住者との連絡や沖縄人の海外発展を図るための活動が行われ、また同時に移民直前には移民に対する若干の教育も施すようになった。1934年には開洋会館が落成し、そこでは移民直前の1週間、「主ニ食事、挨拶、時間励行、清潔整頓、普通語励行、洗面、入浴等ニツイテ訓練」を施したりもした。

一方、1926年、試験的に沖縄県からの契約移民送出を許可するという通知を在外公館から受けたブラジル在住沖縄人リーダーたちは、同年8月にブラジル初の全伯的な県人組織「球陽協会」を設立し[9]、付帯条件をクリアし、全面的な制限解除に向けて努力を重ねることになった。サントス市の沖縄人経営旅館「東京館」で開催された球陽協会設立総会では、差別的待遇の完全撤廃を目指す会則及び県人の行動を規定する14か条の申し合わせ事項が議決されている。

球陽協会の初代会長に選任された翁長助成は、その機関誌『球陽』創刊号の中で、同会の活動目標を次のように記述している。

> 此差別待遇は幾多の誤解に起因していることは勿論だが、又、吾々沖縄県人の短所欠点が此自由の國に来て遺憾なく暴露され、駐在帝國官憲や心ある人々をして眉をひそめしめた事がその主たる原因である事を思ふ時、吾々は徒に官憲の誤解に憤慨したり吾々を支那人扱ひして外国人ま

でに之を宣伝して得々と偉がる無知下劣な者共と喧嘩したりの愚を悟りまづ吾々の欠点短所として一般から指摘される点をお互いに誡め合って改善していくのが、目下の吾々が取るべき唯一の道であらねばならぬ[10]。

　翁長が「欠点短所」とし是正すべき問題とは大別するならば、①移民の中に「不良分子」を含むことを避け、偽成家族をなくすため、移民の選抜を厳格に実施すること、②耕地からの逃亡や紛擾を回避すること[11]、そして、③沖縄人の持つ内地とは異なった習俗・習慣を是正すること、に整理することが可能である。この①、②に関しては会則の中に、それらを回避するための諸策が規定され、③に関しては「申し合わせ14か条」（史料1）を規定し、県人に遵守・励行させることによって是正に努めようと試みたのである[12]。

史料1　球陽協会「申し合わせ14か条」(1926)

1. 日本服を着て家から外に出ないこと
2. 子供を背中へおぶらないこと
3. 他人殊に外人の前で肌を見せないこと
4. なるべく裸足にならないこと
5. 出産の時飲んだり歌ったりして大騒ぎするくせを断然止めること
6. 住居はなるべく伯國式にすること、莫をしいてあぐらをかくことを止めること
7. <u>出来る限り普通語及びポルトガル語を話すこと、殊に他県人の前にて方言を使わないこと</u>
8. つとめて伯國人及び他の外人と交際すること
9. 遺骨を掘り出す時は伯國の法令に従って正当の手続きを経てすること
10. 他人の言を考えなしに信用するくせをなおすこと、このくせがあるのでストライキを起こしたり契約耕地を逃亡するようなことになる。此点は大いに気をつけねばならぬ
11. 大いに公共のためにつくすこと
12. 一ヶ所に辛抱するよう心がけること
13. 目の前の小さな慾に迷わないこと

14. 新渡来者を迎える時都市生活をしている人々は其自慢話を慎むこと、大多数の都市生活者は真の農園生活を知らず、従って彼等の自慢話は新渡来者の脳裏に耕地の労多くして収益少なきことを深く刻み込み其結果逃亡移民の続出となる。サントス港へ出迎えにいく人は大いにこの点に注意してもらいたい［傍線筆者］

　この14か条の内容は外務省通商局の報告が沖縄県人の短所欠点として指摘した風俗習慣、言語、行動規範などを徹底的に是正することを目指すものであり、言語に関しては、少なくとも本土系移民の前では方言の使用を回避し、〈普通語〉の使用を徹底したものであった。しかしながら、ブラジルの沖縄系移民たちは後述するように、重層的な同郷性を利用した移動と定着のプロセスを取るものが多く、〈普通語〉の利用はフォーマルな儀礼や行事における挨拶の中で、あるいは植民地が創設した日本語教育の空間、さらには本土系移民との意思疎通といったドメインに限定され、同質的な植民地内での同県人間でのコミュニケーションの手段としては方言が利用されてきたのである。

　この言語を巡る二重のポジションはブラジル日系社会における、マイノリティとしての沖縄系移民の「人となり」（アイデンティティ）のあり方を如実に物語るものといえるだろう。さらに言えば、沖縄系人たちの方言（のバリエーション）、〈普通語〉（のバリエーション）、そしてポルトガル語という言語の複数性は、日本人性、沖縄（人）性、さらにいえば、ブラジル在住性・ブラジル性を巡る、自らの〈人となり〉を物語るものといえるだろう。

3. 同郷性による移動と定着——方言の維持と三重の言語生活

3.1. 戦前沖縄系移民の特徴

　それではブラジルに渡った沖縄県人とは出身地（方言）との関係で言えばどのような人々であったのだろうか。図表1は1935年12月末現在、ブラジルに在住していた沖縄人を地域別に示したものである。

　これによれば、少なくとも戦前期ブラジル沖縄系移民の特徴は、第一に先島地方出身者はほとんどおらず、専ら沖縄本島出身者によって構成されていたということ、第二に沖縄本島出身者では国頭、中頭、島尻郡からの移民数

図表1　1935年12月末現在ブラジル在住沖縄系移民の出身地別総数

地域・郡	総数	比率
国頭郡	3,762	35.3%
中頭郡	3,407	31.9%
島尻郡	3,395	31.8%
宮古	32	0.3%
八重山	5	0.1%
首里市	67	0.6%

はほぼ拮抗していたということ、の2点を指摘することができるだろう。このことは彼らの方言との関係で言えば、宮古諸島方言・八重山諸島方言、与那国方言といった先島地方の方言はほとんど不在であり、沖縄方言話者が卓越、そして本島内における地域差――北部方言／南部方言――は数的にはほぼ拮抗していたことを予想せしむるところである。

3.2. 戦前期の移動と定着プロセス

さて、ブラジルに渡った沖縄人たちはコーヒー農園に「配耕」された後、どのように、そしてどのような地域に移動や定着を図っていったのだろうか。結論的に言えば、まず前者に関しては、沖縄県出身であるという同郷性を最も上位とする、様々な同郷性に基づく社会関係を利用して移動、定着、そして経済上昇を図ってきたといえるだろう。この同郷性には同じ字出身、市町村出身、さらには門中などの親族関係者などが含まれる。

一方、後者に関しては、本土系移民と同様な移動方向を持った沖縄人の範疇と、本土系移民とは異なる移動方向をもった沖縄人の範疇に大別することが可能である。前者には、「移民の揺り篭」と呼ばれ、戦前期、日本人移民の一大集団地であったノロエステ鉄道線沿線（1933年当時、日本人移民の51%程度がこの沿線近くに創設された〈植民地〉や〈駅町〉[13]に居住していた）やソロカバナ鉄道線沿線（17%程度）地域などが含まれる。ノロエステ鉄道線沿線では、1933年当時1,687世帯の日本人移民が集中して居住していたリンス駅及びその周辺地域や、1,029世帯の日本人が居住していたプロミッソン駅及びその周辺地域などが代表的なケースで、そこにはそれぞれ163世帯、157世帯の沖縄系移民世帯が含まれていた。しかしながら、これらの地域での沖縄系移民の居住地をみると、リンス市内居住者を除くリンス

駅周辺地域の場合、44の日本人植民地・耕地のうち、沖縄出身者が居住していたのは 11 のみで、しかも、その大半は上塚第二植民地アリアンサ第 1 区 (71/107)、イデアル植民地 (24/65)、チビリッサ植民地 (13/27) などに集中して居住していたし、同様の傾向はプロミッソン駅周辺地でも同様に認められるものであった。つまり、本土出身移民と同じ地域内に共住する場合でも、沖縄系移民は特定の〈植民地〉や耕地に集団的に居住していた傾向性が強固であった[14]。

　他方、後者の典型例としてはカンポグランデ市及びその近郊農村地域、サントス市を含むサントス・ジュキア鉄道線沿線を指摘することが可能である。図表 2 は、1933 年当時のカンポグランデ駅及びその近郊農村、及びサントス・ジュキア鉄道線沿線の日本移民世帯数及び沖縄系世帯数を示したものである。

　これらの地域には、沖縄系移民からのみ構成される、ほぼ排他的な沖縄系地域共同体＝植民地（耕地）が 1910 年代半ば頃から 30 年代にかけて創設されてきた。しかも、これらの植民地は同シマ、同門中、親族関係などの社会関係を通じての移動と定着によって形成される傾向が強固に認められ、結果として同シマ、親族関係者、同市町村出身者などが累積することになった。例えば、ジュキア鉄道線沿線に開拓された植民地は景観的に沖縄本島北部地方＝ヤンバルに類似しているということもあって、旧羽地村、今帰仁村、本部村などからの移民が集中的に居住していたとされ、またカンポグランデ市

図表 2　カンポグランデ市及びその近郊農村における日本人／沖縄系移民世帯数

地域	日本人全体	沖縄系	比率
カンポグランデ駅　市内・近郊	209	190	90.9%
セローラ植民地	64	64	100%
バラコン植民地	139	138	99.3%
マットローナ植民地	23	23	100%
マットセグレード植民地	35	34	97.1%
バンデーラ植民地	30	27	90.0%
インビルース	23	23	100%
リンコン	31	30	96.8%
仲尾耕地	4	4	100%
その他	5	5	100%
合計	563	538	95.6%

図表3　サントス・ジュキア鉄道線沿線における日本人／沖縄系移民世帯構成

地域	日本人全体	沖縄系	比率
サントス市及び近郊	620	428	69.0%
サンビセンテ市及びペルイーベ駅付近	11	3	27.3%
アンナディアス駅・アンナディアス植民地	63	55	87.3%
ラポーゾ・タバレス駅ラポーゾ・タバレス植民地	31	21	67.7%
イタリリー駅・イタリリー植民地	191	186	97.4%
アレクソン駅―アレクソン植民地	219	216	98.6%
―日光植民地	9	0	0%
ペドロ・バロス駅・ペドロ・バロス植民地	76	69	90.8%
プライニャ駅・プライニャ植民地	12	11	91.7%
ビブア駅・パラダ植民地	32	27	84.4%
セドロ駅・セドロ植民地	43	39	90.7%
ジュキア駅付近耕地	39	3	7.7%
イグアッペ植民地	352	18	5.1%
桂植民地	27	0	0%
セッテ・バラス植民地	209	0	0%
合計	1,934	1,076	55.6%

にも北部出身者が数多く定着を遂げた。

　こうした結果として、本土系移民が「ガイジンに気兼ねなく暮らす」ためや「子弟の日本人教育のため」に排他的な共同体＝植民地を形成したように、沖縄系移民は相互的な差別意識の存在を背景としての本土系移民との相互接触を最小限とする空間で、より親密な同郷人たちと気兼ねなく生活するために、自らの植民地を形成し、中・長期的な出稼ぎ戦術による、〈金儲け〉⇒〈錦衣帰国〉を目指す傾向が強固だったといえるだろう。

3.3. 戦前期カンポグランデ市における沖縄系社会と言語状況

　ところで、戦前期における沖縄系地域共同体ではどのような言語生活が営まれていたのだろうか。ここでは戦前期の共同体としては最も古く、かつ最大規模を持っていたカンポグランデ市を事例として取り上げておこう。

　カンポグランデの沖縄系地域共同体は、ノロエステ鉄道施工工事に参加した第1回移民が、1910年代前半に工事終了後定着したのを嚆矢とし、その後、コーヒー農園から移動した沖縄系移民が移動―定着することによって発展していった。カンポグランデ市の沖縄系移民は、第1回移民のうち国頭郡

出身移民が定着したことで、その後もこの同郷性を利用したチェーン・ミグレーションが起こり、結果として、旧羽地村、今帰仁村、本部村など〈ヤンバル〉地方出身者が卓越してきたという特徴を持っており、沖縄系移民間の交際や行事、家庭においては当たり前のように、ヤンバル地方の方言が話されていたという。そして、この傾向は後述のように、1973年当時にも維持されていた。

　1915年には新植民地の貧困層及び病人の救済、小学校を建設するための資金獲得、ブラジル人間における対沖縄人友好感情の増進、呼寄せ移民の促進などを目的にした〈カンポグランデ日本人会〉という中核団体が沖縄系移民たちによって組織化された。〈日本人会〉という名乗りは地方色を前面に押し出すことで受ける否定的な眼差しを回避するために選択されたものであった。そして、翌16年には市内中心部にVisconde de Cail小学校が設立され、この小学校を舞台にして天長節、新年祝賀会、入植記念祭、弁論大会、本土及び沖縄の芸能を中心とする演芸会、角力、サッカーや野球などのスポーツ大会、運動会などの多彩な行事が行われた。この小学校では、午前中、ブラジルの公教育カリキュラムに沿った授業がポルトガル語によって、午後からは日本語や日本精神を教える修身教育が〈普通語〉（標準日本語）で行われた。

　戦前期、カンポグランデ市に居住していた一世によると、日本・ブラジルのナショナリズムが席巻した30年代当時、正月祝賀会・天長節・運動会などのカンポグランデ日本人会の公式行事では必ず、前山が天皇崇拝儀礼コンプレックスと呼ぶ、東方遥拝—御真影への最敬礼—教育勅語奉読—君が代斉唱と続く〈儀礼〉が実施されていたという。そして、この一世によると、こうしたフォーマルな儀礼過程（や挨拶）で方言が使われることはなく、〈普通語〉によって進行され、その後の新年会、祝賀会や運動会、さらには演芸会などの、相対的にインフォーマルな機会では〈普通語〉が使われることは稀で、参加者は方言を用いて歓談するという言語スイッチングが行われており、〈普通語〉はこうしたフォーマルな機会や本土系移民との稀な意思疎通機会に利用されていたにすぎなかったという。一方、小学校においては沖縄の小学校のような「方言札」といった罰則はなかったものの、授業は勿論、休み時間などでも〈普通語〉使用が義務付けられていたのだという。あくまで学校という場は〈日本国民〉〈臣民〉を育成する場と認識されていたのであっ

た。

　つまり、日本ナショナリズムの席巻という状況に直面しても、沖縄系人の間では自らの〈人となり〉（アイデンティティ）を言語的に確認するために日本語の複数性は維持されていたと解釈することもできるのである。

　ところで、カンポグランデ市内在住沖縄系移民の職業は、近郊型野菜栽培、薬剤師、商業（市場仲買商）、旅館業、運搬業、写真師、指物並び大工、鉄道従業員、理髪業、洗濯業など非エスニック市場における非エスニック財やサービスを販売するものであり、大半の顧客は非沖縄系（日系）であったこともあり、「仕事」というドメインではごく初期よりポルトガル語が利用されてきたという。

　以上のように、カンポグランデ在住沖縄人の言語生活においては、北部方言を中心とする方言（とバリエーション）、〈普通語〉（とそのバリエーションであるコロニア語）、そしてポルトガル語が、家庭、共同体、仕事などのドメインごとに、あるいは行事のもつ目的や意味ごとに複雑に使い分けられ、三重の言語生活（スイッチング）が営まれていたのである。

3.4. 戦後期の状況 [15]

　第二次世界大戦終戦を契機に、本土系移民と同様に、沖縄系移民の間でもブラジルを永住の地とする永住戦術が析出され、この戦術に基づいて社会経済的上昇が図られていった。この戦術の一環として、戦後、多くの日本人・日系人たちがサンパウロ市やその周辺都市への移動を開始したが、沖縄系移民も例外ではなかった。この都市移動プロセスも、重層的な同郷性に基づくチェーン・ミグレーションというかたちでなされ、その結果、戦前同様、ある特定地域にあるシマ出身者や親族関係者、同じ地方出身者らが集住するこ

図表3　1973年当時の五大沖縄県人会支部出身地別一世会員数

支部名	一世会員数	第1位	第2位	第3位
カーザ・ベルデ	371名	小禄村（57）	今帰仁村（28）	大里村（27）
ビラ・カロン	346名	小禄村（109）	西原村（27）	中城村（18）
カンポグランデ	238名	羽地村（94）	名護町（25）	本部町（20）
サント・アンドレ	171名	糸満町（16）	具志頭村（14）	真壁・具志川（各13）
ビラ・エマ	165名	具志川市（51）	中城村（21）	西原村（15）

（出典）石川友紀（1997）『日本移民の地理学的研究』554–555頁

ととなったのである[16]。例えば、図表3は、1973年当時、沖縄県人会支部のうち、会員数上位5位までの支部の会員（一世）の出身地上位3位まで示したものである。

　また、先行移動者（のうち成功者）の存在は、後続者の都市における〈職業〉選択に重要な意味をもっていた。即ち、先行者は後続者に対して、いわば〈インフォーマルな企業家養成システム〉とも呼べるべき〈仕組み〉を提供し、初期都市適応を支援したのである。この結果、サンパウロ市やその近郊都市での沖縄系人の職業構成は市場商人（青空市小売）、中央市場商人（仲買商）、雑貨店、洗染業、バナナ販売業、バール（軽食店）などの特定職種への集中を示すことになったのである。

　これらの職種は戦前カンポグランデ市の職業と同様、非エスニック市場を対象とするものであり、その顧客は大半が非日系ブラジル人であった。こうした特定職種への集中は現在においてまで、時代的な職種の流行があるものの、継続している傾向であり、仕事というドメインでは専らポルトガル語が使用されてきたことと密接に関連しているのである。そして、これらの沖縄系集住地には後に、中核的地域エスニック組織である〈県人会支部〉が結成され、同郷性に基づく相互扶助が盛んとなっていった。

　ところで、サンパウロ市に居住する沖縄系人のエスニック結社への帰属は何も県人会支部だけに限定されているわけではない。例えば、ビラカロン地区には沖縄系1千世帯のほかに、本土系日系人が約1千世帯居住していると推定されおり、後者は〈日系人〉というエスニシティに基づいた〈カロン文化体育協会〉を結成しているのだが、当地在住の沖縄系人の多くは、支部会員であるとともに、この文化体育協会の会員ともなっているのであり、沖縄系／本土系という複数の地域エスニック組織へ参加している者が多く認められるのである。

　このような本土系と沖縄系という別のエスニック組織に同時に加入するという傾向は、沖縄系人のもつ日本（人）性と沖縄（人）性を巡る2つのポジションの統合、換言すればハイフン付の〈ニホンジン〉エスニックアイデンティティの可視的な表明と捉えることができよう。そして、こうした営為は、沖縄系移民一世がそのごく初期から強弱の差はあるものの、連綿として試みてきた自らの「人となり」を巡る位置と意味付けの葛藤と調停の問題であったといえるのである。

沖縄県人会本部（リベルダーデ地区）や地域支部の行事や活動の際の言語使用は、一世主導であった時代は専ら日本語（とそのバリエーション）であり、世代降下が進んだ近年においては日本語（とそのバリエーション）とポルトガル語との併用というかたちになっており、特定の方言（例えば沖縄南部方言）が公式言語として用いられることはない。このことは支部においてある特定の出身地の沖縄系人が集中する傾向があるとはいえ、南部及び北部出身者（やその子孫）という混成的な構成を持っており、北部方言話者と南部方言話者間の〈方言〉の力関係から生じるコンフリクトを回避するという機能を果たしてきたともいえる。一方、本土系の日系エスニック組織に参加する沖縄系人が、その行事や活動で方言を使うことは全くなく、コロニア語ないし日本語（ないしそのバリエーション）が専ら使用されている。
　その一方で、ある程度同一地域内に累積することになる同シマ出身者間では、タノモシ、新年会、敬老会などの行事の中で、コロニア語や日本語が利用されることはあまりなく、むしろ〈シマ・クトゥバ〉や方言の利用が一般的な姿となっているのである[17]。

4. 〈文化〉の差異化を通じての新たなアイデンティティの創出と言語

　別項（Mori 2003[18]）で述べたように、ブラジルの沖縄系人の間に、新たな集合的エスニック・アイデンティティ＝〈ブラジルのウチナーンチュ〉が創出されてきている。方言における〈我々〉を本土の日本人（大和人：ヤマトンチュー）との対比から指示する〈ウチナーンチュ〉という用語による、この新たな〈名乗り〉は本土系日系人や官憲などに対して沖縄性、琉球性を潜在化ないし捨て去り、〈ニホンジン〉や〈コロニア人〉へと同化していくというポジションの表明であった県人アイデンティティ、〈コロニア人〉アイデンティティ、あるいは二世アイデンティティとは異なり、本土と沖縄との〈文化〉を差異化の指標として操作しながら、本土系日系人から自らを切り離していくというかたちで創出されているものである[19]。
　この肯定的なアイデンティティが創出される背景には、1972年の沖縄の本土復帰、ブラジルにおける沖縄系人の経済的社会的地位の上昇、本土系を凌駕する社会参加（特に政治領域）、本土や米国などでの〈琉球〉文化再活

性化運動の展開、60年代のマイノリティ復権運動を経ての多文化主義的国家観の台頭など様々なファクターが存在している。

このアイデンティティは、沖縄固有の価値観、例えばホスピタリティ（イチャレバ・ヌル・チョーデー（出会えば皆兄弟））や、琉球王国時代の海外貿易からくる国際性の豊かさ、冒険心の強さ、そしてこうした点から〈移民〉としての素養に優れているといった言説を通じて、沖縄系の多様な組織や団体が行う行事やイベントの中で盛んに再生産されてきている。

また、この言説において、かつては本土との文化的異質性を示す代表的証左の一つと認識された〈方言〉は〈コロニア語〉と同様に、〈ウチナーグチ〉として自らの固有の言語という位置と意味を与えられているし、3節で指摘したような条件を通じて、沖縄系人の間で保持されてきた〈ウチナーグチ〉が「沖縄以上に残っている」事実を自らの誇りと捉えられているのである。こうした認識は80年代以降、沖縄と沖縄系〈社会〉の間に緊密な相互交流が始まり、相互校門の機会が増える中で、沖縄からブラジルを訪れた沖縄県人が挨拶や対話の中で述べる「ブラジルには本当の沖縄が残っている」などという言説を流用しながら、鮮明化されてきたものである。

勿論、〈ウチナーグチ〉の使用は、一世同士の会話、一世を含む沖縄系世帯や一世を主体とする行事（敬老会など）といった領域に著しく限定され、三世ともなると、方言や日本語からポルトガル語への移行を完了しているという状況であり、むしろ〈ウチナーグチ〉は、ブラジルのウチナーンチュという想像の共同体のシンボルとしての言語というほうが当たっている。

90年代初頭からブラジルの沖縄系〈社会〉では、ポルトガル語によるエスニックジャーナル『ウチナープレス』が月刊で8,000部ほど発刊されているが、その中に、方言と日本語とポルトガル語の語彙対照の欄が設けられている。これは、ウチナーグチを学ぶというよりも、前述の〈文化〉の差異化を通じての我々意識の創出という営為という意味合いが強いといえるだろう。

この〈ブラジルのウチナーンチュ〉という主体は言説の中で創出されるばかりではなく、実践を通じても構成され続けている[20]。例えば、沖縄県人会ではそれまでの県人・県系人同士の相互扶助という機能に加えて、70年代から古典音楽、民謡、琉球舞踊コンクールなどを年中行事として、沖縄社会でのコンクール形式を流用したかたちで実施し、琉球沖縄文化の伝承・継承

を目指している。

　勿論、こうした実践は全伯レベルでの県人会本部だけに限らず、沖縄系地域組織（支部）や重層的な同郷会組織などにあっても、琉球沖縄文化の継承や〈ブラジルのウチナーンチュ〉という意識を保持・醸成するための様々な〈文化〉が創造されてもきている。例えば、サンパウロ市ビラカロン地区では、2002年から大規模な「オキナワ祭り」がハワイにおけるオキナワン・フェスティバルを流用するかたちで、地区の中心に位置する広場において実施されてきているし、在伯小禄・田原字人会では2005年より、オリジンの「シマ」で実施されてきた民俗行事〈腰ユックイ〉を流用したイベントを行っている。そして、こうした行事・イベントにおいては、意識的にウチナーグチやシマ・クトゥバ（シマ言葉）が使用される傾向が強くなっている[21]。

　芸能やスポーツ、民俗行事に加えて近年においては、90年代から沖縄社会で「流行」しはじめた方言スピーチコンテストの形式を流用しながら、ウチナーグチ・スピーチコンテストが創造されているし、ウチナーグチを用いた沖縄芝居が様々な機会に上演されるようになってきている。

5. むすびに代えて
——沖縄系人の言語接触と混交に関するいくつかの特徴

　これまで3つのトピックに限定して、沖縄系移民及びその子弟を巡る言語状況を予備的に記述してきた。そこから、いくつかの傾向性と可能性を仮説的に指摘することができるだろう。

（1）沖縄系移民及び二世たちは日本語を巡っては常に〈普通語〉（とそのバリエーション）と方言（とそのバリエーション）という複数の言語的ポジションを維持し、前者はフォーマルな儀礼過程、行事・イベントの際の挨拶、植民地や集団地に創設された日本語教育空間、さらには本土系移民やその子弟との意思疎通手段として、また後者は植民地内の日常生活や家庭内の意思疎通手段として利用しながら、二言語的ポジショニングを保持してきた。この事実はブラジル日系〈社会〉にあっても本土系移民やその子弟らからの差別的〈眼差し〉に抵抗するマイノリティの言語的生存戦術であったと捉えることも可能であろう。その一方で、ブラジル在住性（一

世の場合）やブラジルのナショナリティ（二世の場合）は仕事のドメインで用いられたポルトガル語によって表明されてきており、沖縄系人の場合、言語領域においては3つの言語をドメインによって操作し、志向的に使い分けることで、沖縄（人）性、日本（人）性、そしてブラジル（人）性が調停され、表明されてきたといえるだろう。

（2）沖縄系移民によって排他的に形成された植民地では方言が有力な意思疎通手段であり、しかもその方言は移動と定着プロセスにおける同郷性の利用により、特定地方の方言が卓越する傾向が存在してきたし、現在における沖縄系人集住地でもある程度維持されている。このことは換言すれば、沖縄北部方言と南部方言話者がある程度の棲み分けを行っており、これらの方言や〈シマ・クトゥバ〉が維持される可能性が存在していたことを予想させるものである。

（3）その一方で、北部方言話者と南部方言話者が混住していた排他的沖縄系植民地（集団地）ではいずれの方言が〈共通語〉とされていたのか、それともそれぞれの話者との間の葛藤を回避するために日本語（とそのバリエーション）が戦略的に選択されていたのか、こうした点は全く不詳であり、今後の課題として残されている[22]。

（4）沖縄人と本土系移民との棲み分けの存在は比嘉（1974）[23]が指摘するように、標準日本語と方言の類似性の低さ、さらには方言話者が日本人移民の1割程度に過ぎなかったという事実、沖縄人に対する本土系移民の差別観などとともに、方言がブラジルの〈共通日本語〉＝コロニア語の創造プロセスに関与しえなかった要因の一つと見なすことができる。

（5）沖縄系移民と本土系移民が混住する植民地では日本語（ないしコロニア語）が植民地での意思疎通手段となり、方言は家庭ないし沖縄人同士の意思疎通手段として利用されてきた。また、排他的な植民地に居住する沖縄系移民であっても、本土系移民との接触は様々な機会で維持されており、この際には日本語（そのバリエーション＝コロニア語）が意思疎通手段となってきた。

（6）仕事や買い物などのドメインではポルトガル語の使用（不完全なも

（7）方言、ポルトガル語、日本語（とそのバリエーション）が接触し、〈コロニア方言〉、あるいはポルトガル語からの語彙借用などを随伴したブラジルの〈ウチナーヤマトゥグチ〉ないし〈ヤマトゥウチナーグチ〉とも呼びうるような言語が生成されている可能性があるものの[25]、実態は現在のところ不明であり、今後の課題の一つであろう。

（8）方言の使用は一世同士の会話、一世を含む沖縄系世帯や行事（敬老会など）といったドメインに著しく制限されており、三世世代では方言や日本語からポルトガル語への移行を完了しているという現状であり、現在においては、方言（ウチナーグチ）は自らのエスニック・アイデンティティの言語的シンボルということが妥当と思われる。

注

1　ブラジルへの沖縄系移民の歴史は、ブラジル沖縄県人会編（2000）『ブラジル沖縄県人移民史―笠戸丸から90年―』（サンパウロ、サンパウロ州印刷局）に詳しい。

2　当時、ブラジルの在外公館から外務省宛に送られた報告には① 1918年3月15日付リベイロン・プレット総領事館分館副領事三隅葉蔵による外務大臣宛報告、② 1918年8月リベイロン・プレット総領事館分館主任領事多羅間鉄輔の外務省通商局長宛報告、③ 1918年12月在サンパウロ総領事代理領事野田良治が通商局長に提出した「沖縄移民成績不良に関する取調」などがある。

3　斉藤広志は「雇用主であるコーヒー農場主の立場から日本移民の『欠点』として指摘されたことはすべて沖縄系移民に帰するという論旨」であり、「むしろ日本政府側の偏見ないしステロタイプ現象に基づいたものであって、客観的にその理由は成立」せず、不当なものであったと分析している。斉藤広志（1960）『ブラジルの日本人』丸善：202頁。

4　『島の教育』は、「序にかへて」と「第一篇　本研究題目と移民」「第二篇　教育」「第三篇　其他の施設経営」という3篇からなり、それぞれの篇は章に分かれている。

5　近藤健一郎（2006）『近代沖縄における教育と国民統合』北海道大学出版会：197頁．

6　7つの欠陥とは「教育程度が低く教養が足りない。服装を異にし（特に婦人）容儀に対する観念が薄い。言語の修練が不充分である。日常の礼儀作法を解しない。衛生思想乏しく一般に不潔である。職業道徳が欠けている。風俗習慣生活様式を異にす」という諸点である。

7　近藤前掲書（2006）：203–207頁．

8　近藤前掲書（2006）：212–213 頁．
9　全ブラジル的な県人会組織結成の動きは、1919 年頃、初期県人会リーダーの間で起こったものの、当時の県人一般間では「日本人会」があれば充分で、沖縄県人はただでさえ差別の対象になっているのに、独自の県人会を組織すればその差別をさらに助長することになるという懸念が強く、この試みは失敗に終わっている。屋比久孟清（1987）『ブラジル沖縄移民誌』トッパンプレス：サンパウロ：96 頁．
10　翁長助成（1926）球陽協会編『球陽』創刊号：サンパウロ：3 頁．
11　この点に関しては「財伯球陽協会会則　細則　第 1 章　互助・救済・改善」の第 4 条から第 8 条において、渡航者の逃亡や紛擾に関して罰則規定が設けられた。
12　翁長助成（1936）「沖縄県移民差別問題の回顧」球陽協会編『球陽協会創立 10 周年記念誌』：サンパウロ：29–36 頁．
13　駅町とは鉄道駅周辺に形成された市街地のことで、日本移民集団地を周辺にもつ駅町には、日本人商店、旅館、食堂などが初期から成立している。
14　勿論、本土系移民と沖縄系移民とが同一植民地に混住しているケースも多く見られる。このようなケースでは被差別体験を経験している沖縄人も多い。
15　ブラジル向け戦後移民は 1952 年の呼寄せ移民から再開され、沖縄県からは 1952 年〜 1989 年までに 6,175 名の移民が送出されている。もっとも、沖縄県からの移民は 1952 年から 65 年にかけての時期に 5,400 名ほどが集中的に渡航している。国際協力事業団編（1989）『海外移住統計』．
16　サンパウロ市ビラカロン地区の沖縄系〈社会〉の形成プロセスに関しては、拙稿（2000）に比較的まとまった記述がある。森幸一（2000）「還流型移住としての《デカセギ》―ブラジルからの日系人デカセギの 15 年」（編）森正廣『国際労働力移動のグローバル化―外国人定住と政策課題―』法政大学出版局：347–376 頁．
17　例えば、サンパウロ市の小禄・田原字人会では、1 月 1 日に実施される新年祝賀会において意識的にシマ・クトゥバを使用し、しかも会員は、門中名と屋号とを用いて呼称されるといったことが行われている。
18　Mori, Koichi (2003) Identity Transformations among Okinawans and Their Descendents in Brazil. In Lesser, Jeffrey (ed.) *Searching Home for Abroad: Japanese Brazilians and Transnationalism*. Duke Univ. Press.
19　これらの集合的アイデンティティは累積的なものである。
20　ブラジル沖縄系人のアイデンティティとその文化的実践（特に琉球芸能文化）に関しては、拙稿（2003）を参照。森幸一（2003）「ブラジル沖縄系人の琉球芸能実践と主体の構築―演芸会・コンクール・パレード―」（編）西成彦・原毅彦『複数の沖縄―ディアスポラから希望へ―』人文書院．
21　那覇市小禄・田原地区からのブラジル移民の特徴に関しては、拙稿（2006）を参照。森幸一（2006）「ある沖縄系移民社会の予備的考察―家族・コミュニティ―」（編）工藤真由美『言語の接触と混交：ブラジル日系社会言語生活調査報告』大阪大学 21 世紀 COE プログラム「インターフェイスの人文学」：33–47 頁．
22　例えば、ブラジルの事例ではなく、ボリビア沖縄第一移住地の場合、南部方言話者が

卓越していることもあり、北部方言話者は南部方言を用いて対話をしていると言われ、北部方言話者の中にある種の葛藤を引き起こしている事例もある。
23　比嘉正範 (1974)「ハワイの日本語」『現代のエスプリ』85：178-197 頁．
24　どのようなドメインで、いかなる言語が利用されているかは言語生活調査により調べられている。
25　本書第二部第二章で取り上げるサンパウロ市ビラカロン地区在住字小禄・田原出身者及びその子弟の中には多くのボリビア（沖縄移住地）からの転住移民が含まれており、スペイン語との混交も存在し、実態はより複雑となる。

参考文献

石川友紀（1997）『日本移民の地理学的研究』熔樹書林．
翁長助成（1926）球陽協会編『球陽』創刊号：サンパウロ．
翁長助成（1936）「沖縄県移民差別問題の回顧」球陽協会編『球陽協会創立10周年記念誌』：サンパウロ．
国際協力事業団編（1989）『海外移住統計』．
近藤健一郎（2006）『近代沖縄における教育と国民統合』北海道大学出版会．
斉藤広志（1960）『ブラジルの日本人』丸善．
比嘉正範（1974）「ハワイの日本語」『現代のエスプリ』85：至文堂．
ブラジル沖縄県人会編（2000）『ブラジル沖縄県人移民史―笠戸丸から90年―』サンパウロ州印刷局：サンパウロ．
屋比久孟清（1987）『ブラジル沖縄移民誌』トッパンプレス：サンパウロ．
森　幸一（2000）「還流型移住としての《デカセギ》―ブラジルからの日系人デカセギの15年」（編）森正廣『国際労働力移動のグローバル化―外国人定住と政策課題―』法政大学出版局．
森　幸一（2003）「ブラジル沖縄系人の琉球芸能実践と主体の構築―演芸会・コンクール・パレード―」（編）西成彦・原毅彦『複数の沖縄―ディアスポラから希望へ―』人文書院．
森　幸一（2006）「ある沖縄系移民社会の予備的考察―家族・コミュニティー―」（編）工藤真由美『言語の接触と混交、ブラジル日系社会言語生活調査報告』大阪大学21世紀COEプログラム「インターフェイスの人文学」．
Mori, Koichi (2003) Identity Transformations among Okinawans and Their Descendents in Brazil. In Lesser, Jeffrey (ed.) *Searching Home for Abroad: Japanese Brazilians and Transnationalism.* Duke Univ. Press.

（森　幸一）

第3章　ブラジル日系移民社会と日本語観

1. はじめに

　絶え間なく生起する日本語に関する主義・主張の中で、時として看過される視点は、それがどこでなされたものか、という場の存在である。日本国内において問題となる日本語と、海外における日本語とは、当然のことながら様相を異にする。それは「世界の中の日本語」という問題設定においても然りである。なぜ日本語が問題となるのか。言い換えれば、何をもって日本語へのこだわりとするのかということによって、その意味は大きく変わってくる。

　こうした初歩的な確認は、日本人という民族的表象と不可分であることを自明とする場において、日本語が常に喧伝されているのをふまえてのことである。とりわけ在外移民社会においては、日本語を話せない日系人について、ある種の危機感をもって語られることがある。逆に、日本国内に居住する日系ブラジル人の言語生活に対するスタンス、すなわちバイリンガル志向のブラジル人保護者に対する日本人保護者の違和感なども一部において見受けられる。例えばバイリンガル志向の在日ブラジル人保護者が、子供をブラジル人学校に通わせることに対して、日本人の親の中には教育に対する消極的な態度とみなして強い違和感をもつという事例が小内編 (2003) に示されている。つまり、言語における場の問題を、最も先鋭化させながらわれわれに突きつけるものとして、移民社会の言語は存在するのである。

　それでは、具体的に移民社会の言語問題はどのような形で存在するのか。たとえばブラジル日系移民社会に限定してみれば、サンパウロ人文科学研究所の宮尾進氏（ブラジルに生まれ、日本渡航を経て 1953 年から再びブラジルに在住）は、ブラジル日系社会で「なぜ日本語は普及しないのか」という

問いを設定し、それに対し「1. 日本語の必要性の稀薄さ　2. 日本語のむずかしさ　3. 日本の文化力の弱さ」(宮尾 2002、p.218) の3点を挙げている。ここでいう日本語の難しさは別にして、ブラジル日系社会の中で長らく日本語問題を分析してきた宮尾氏が最初に「日本語の必要性の稀薄さ」を挙げなければならない状況については、逆にブラジル日系社会における日本語が、いわゆる「日本人らしさ」と不可分な、アイデンティティーの問題として扱われていたことの証左でもある。また、桑原武夫の「文化力」とった発言の引用からも、日系社会における日本文化についての関心の低さを批判するスタンスが見受けられるが、これも逆に日本文化継承としての日本語という側面を顕在化させている。つまり、ブラジル日系社会においては「日本語」を問題として取り上げること自体が、重要な意味をもっているのである。このことは、日本国内における「国語」や「日本語」に関する言説が、時として表層的な批判や賛美一辺倒に振幅してしまうという状況と明らかに異なる。それだけに、ブラジル日系社会の日本語問題は、日本国内の日本語言説を反照しているともいえよう。

　本章はこうした前提をふまえ、ブラジル日系社会における日本語の位置とその意味を考察すべく、日本語観に着目した言説分析を試みるものである。なお、本章はCOEに関する報告として、既発表論文である山東 (2003f)、山東 (2005a)、山東 (2005b)、山東 (2006c) をもとに加筆・修正したものとなっている。

　それでは、ブラジル日系移民社会における日本語観とは一体どのようなものであり、またどのようなものであったのか。まずここで問題となるのは、なぜそのような問いが発せられるのかという前提と、そのような問いによって示された何らかの知見の持つ意味である。仮に日本語観を「日本語をどのように見たのか」というように換言してみたとしても、そこでは「日本語」なるものの内実を示したことにはならない。ましてや「ブラジル日系移民社会」と限定した枠組みの意味など全く明らかにはされない。それだけにブラジル日系移民社会を問うということは、そのことが何を意味しているのか、という点を反芻し続けることによって、自らの立場を確認するという根本的かつ始原的な態度が要求されていると見るべきであろう。

　しかしながら、このような問いは時として視線の安住化という危険性をはらんでいる。喩えるならば、批判的であるという立場から全てを特権的に語

ることで免罪符を交付するのにも似た危険性である。本章が、その免罪符の機能として理解されるとするならば、それは間違いなく筆者の力量不足によるものであり、その点は大いに恥じなければならない。ただ、ブラジル日系社会における「日本語」をめぐる諸言説を、現地において聞き取った際に、ある時は手を拱き、またある時には懊悩に喘いだ経験は、筆者にとっての根源的な問いを常に意識させるものであったことに間違いない。それは移民社会にとっての「危機の言説」に他ならなかったからである。

　近代以降の日本語表象から、日本語観について批判的に検討するという筆者の立場は、国語学・言語学といった専門学知については日本語学史として、また広く言語思想の問題として捉えるべき特質のものについては日本思想史として位置付けられるものである（筆者の日本語学史・日本思想史に関する論及については、参考文献掲出のものを参照されたい）。その意味で移民社会の言語（日本語）観とは、日本語学史と日本思想史の両者を射程におくことで、不十分ながらも見渡しうる性格のものであるだろう。なぜならば、日本語学史における「日本語」の相対化でもあり、日本思想史における「日本思想」の相対化でもあるからである。

　改めて言及することにする。本章はブラジル日系移民社会における日本語観を、主として日系社会を牽引した知識人達の言説を中心に検討を試みるものである。少なくとも本章においては、かくあるべきといった日本語観を提示することはできないし、またそのように日本語観を提示する意義を見出すこともできない。また、日系社会において成立した狂信的な日本語観に対する批判として、穏健な日本語観を称揚するという政治的態度をも選択していない。それは、狂信的日本語観の出来要因に、少数者の「危機の言説」という側面が存在するからである。ただ、この点は筆者にとって深刻な課題として屹立している。

2. 戦前ブラジル日系社会と日本語

2.1. 輪湖俊午郎『バウル管内の邦人』をめぐって

　ブラジル日系社会における戦前と戦後の差異は、「日本人」としてのアイデンティティーの差異であるともいえる。すなわち、戦前移民の中にはブラジル国民であるよりも大日本帝国臣民との意識が強い者も多く存在し、それ

と関係して「国語」としての日本語教育が支配的であったのである。これは特に1930年代から終戦にいたる戦中期に一層顕著なものとなり、ブラジルの日本参戦に及んで一転して敵性国民となった日本移民は、自らのアイデンティティーの問題について切実に意識せざるを得なかった。これは当時のブラジル政府がとった移民排斥政策（1934年のいわゆる移民二分制限法）、とりわけ1937年に発足したヴァルガス政権下の強権発動（1941年の外国語新聞発行禁止令など）とも関係しており、いわば歴史の波に翻弄され続けた時代であった。ただ、こうした排斥によって日系社会が壊滅的な危機に立たされたと、単純に即断することはできない。むしろ森（2004）が指摘するように、直接交戦状態になかったことから、農業部門などにおいて成功を収め「戦後における経済的社会的上昇の地歩を築くことができた」層も存在したのである。これは日系社会の経済格差の問題とも関係しており、そのことが戦争認識とも密接につながっていた。そしてそれはアイデンティティーの問題へと展開していくことにもなった。つまり、時局認識に代表される「日本人」としてのアイデンティティー問題が、1940年代を中心として切実化してきたのである。

　そのような中で、戦前のブラジル日系社会の多くの人々は、祖国日本に対してどのような思いを抱いていたのか。この問いに対する端的な回答となる資料として、1939（昭和14）年にブラジルで刊行された、輪湖俊午郎『バウル管内の邦人』が挙げられる。輪湖はジャーナリストとして「日伯新聞」の創刊など日系社会の啓蒙活動に従事する一方、アリアンサ移住地などの建設に対して大いに尽力した日系知識人の一人である。『バウル管内の邦人』は輪湖の日系社会調査研究であるが、ここで述べられているアンケート調査結果からは、以下の引用のように大半が帰国を目的としていた実情がうかがえるのである。

　　今回の管内調査事項中に私は「永住か、帰国か」の一項を挿し挟んだのでありますが、さすがに目今の関心事丈けに、殆ど全部の回答を得たのであります。乃ち全数一万二千通の中、其八割五分は実に「帰国」と回答し、一割が「永住」残余の五分が「不明」との回答であつたのであります。
　　　　　　　　　　　　　　　　　　　　　　　　　　　　（p.1）

そうした移民の心情とは別に、1941年以降の日伯国交断絶と交戦状態突入に至る事態は、結果としてブラジルにおける日系社会の位置付けを再考させる契機ともなった。これには、ブラジル・ファシズム政権下の外国語排斥政策という状況も大いに関係していたが、結果として、ブラジルでの永住が不可避となっていくことへの対処法を考えざるを得ない情勢へと変化していったのである。ただ、大勢はあくまでも「出稼ぎ移民」として渡伯し、内地日本と同様の心性のままでいる以上、皇国臣民としてのアイデンティティーを放棄することなど考えられないことではあった。しかしながらそうした中でも、現実にブラジルで生まれ育った世代の出現を目にし、日系社会の将来について沈思する、いわゆる日系知識人層も一方では存在したのである。例えば、先に引用した『バウル管内の邦人』の中で輪湖は、ブラジル国民として生きることの意味を模索し、その意義を以下のように切々と述べている。

　　　私の願ふ所の立派な伯国人とは、先づ其国を愛し、其国を堅城として人類浄化の大使命に突入する所の勇者であります。此大理想は誇るべき祖国三千年の伝統であり、又ブラジル建国の精神と相結ぶ所のものであります。斯く考ふる時、子供の為めに帰国すると云ふ事は、全く無意義に終るのであります。　　　　　　　　　　　　　　　　　　（p.11）

　即ち「私共の血がブラジル人の血脈に流れ入り、勝れたる伝統を以て其濁りを浄化してこそ、私共が爰に移り来た意味をなすのであります。（同頁）」という積極的意義を持つことであり、祖国日本を想うブラジル国民という以下のような理想像を提示している。

　　　此国の墓に入る其日迄、私は一生懸命働くでありませう。懐かしき祖国日本の姿を胸に抱き、私は最後の瞬時まで、其隆昌を祈るでありませう。而して私は我子を立派な伯国人として、役立たせる為魂身の努力を払ふでありませう。更に子孫の繁栄を確く信じ、尚ほ伯国の将来を祝福して已まぬのであります。　　　　　　　　　　　　　　　（p.11）

　このような所論の根底には、日系社会における2世問題が大いに関係して

いた。正確には、ブラジルで生まれ育った2世と、幼少期に渡伯した1世の子弟である準2世（あるいは準1世）の両方を含んだ2世問題である。これは生活言語を日本語しかもたない1世と、ポルトガル語の比重が大きい2世との間で生じる言語問題であり、ひいては生活全般にも及ぶ社会問題としての意味を持っていた。戦前・戦時下のブラジルでは外国語教育が禁止されていたことから、日本語教育が公にはなされなかった。これは言語面における1世・2世間の隔絶を意味する。輪湖はこの点を指摘し、日本語教育をコミュニケーションの問題と捉え、時局に配慮しながらその意義を説いている。

　尠くとも私共一代は、親子の意思を通ずる為め、完全な日本語を家庭内に於て、絶対必要と致します。又或程度の日本文字も教へて置く事が子供の為めに有益であり、これはブラジルの国法にも触れず、又其精神にもとらざる範囲に於て、父兄の覚悟次第で、充分可能な事であります。　　　　　　　　　　　　　　　　　　　　　　　　　　　　　　　（p.55）

大半の移民にとっての日本語は、これも内地日本と同様に皇国臣民の紐帯として存在していた。しかしながら時流はそれを許さないばかりか、2世という日系社会構成者がその前提を揺るがす存在としてクローズアップされていくのである。そこでは精神主義的に規定するのではない日本語教育の意義を析出しない限り、この隔絶は修復不可能な壁として存在し続けることになるのである。輪湖はこの点について以下のように、戦前としては極めて大胆な発言をしている。

　よし、二代三代となつて、全く日本語が私共の子孫から絶滅しても、否現在に於ても、若し私共に完全なブラジル語が出来るならば敢て家庭内に於て、ブラジル語で押し通しても支障ないのでありまして、問題は私共の家庭に対する透徹した認識と教育の目標であり、これさへ把握するならば、私共の誇るべき伝統は、充分に伝へ得ると確信するのであります。　　　　　　　　　　　　　　　　　　　　　　　　　　　　　（p.56）

こうした輪湖の主張の原点には、渡伯前に滞在していたアメリカでの日本移民排斥の体験が関係していると思われる。輪湖にとって定住自治可能な移

住地の建設や2世以降の教育などは、最重要課題として位置付けられていた。輪湖の思想史的定置については、ブラジルにおける力行会の活動との関係など多くの検討すべき課題を有しているが、少なくとも精神主義的日本語教育観が主流であった戦前のブラジル日系社会において、2世の日本語問題とブラジル同化との関係を説いた点については、大いに注目すべきものであろう。

2.2. 時局認識と日本語教育

　ブラジル日系社会における戦争認識は、ブラジルが日本の交戦国であったとはいえ、直接的な戦時行動がなされていなかったことと関係して、日本国内とは大いに異なったものであった。むしろ終戦そのものよりも、その後に勃発した日本敗戦に関する時局認識の差から多くの被害者を生んだテロ活動、いわゆる勝組・負組事件のインパクトのほうが大きかったと見るべきであろう。日本敗戦を首肯せず、いっそうの皇道精神醇化を図った臣道聯盟の行動は、ブラジル日系社会に対して暗い影を落とした。この勝組・負組事件についてはTigner(1961)、移民八十年史編纂委員会編(1991)や、そこに示されている参考文献などに詳述されているが、とりわけ勝組とされる敗戦否定派の主張や日本語観は、日本国内のそれと酷似したものである。むしろ、具体的な敗戦経験を経ていない分、主張を純粋化していった傾向が見受けられる。これはヴァルガス政権の外国語教育禁止という圧制とも関係して、ますます先鋭化されていったのである。たとえば、終戦3年後の1948年において以下のような日本語教育の必然性が叫ばれる演説がなされていたことは、そうした性格を最も如実に表している。

　　丸山由三（ペローバ区代表）「邦語教育への叫び」
　　　三年前の八月十五日、祖国聖戦の目的完遂の喜びの日を迎へ、我等在伯三十万同胞は感謝感激を味わひまして、胸中に澎湃と盛り上つた民族的自覚は再び邦語教育に重大関心を払ふ様になつたのであります。
　　　然して己が子弟を見ました時、戦時中の環境は教育の放任であつた為二十歳にもなる青年が自分の名前すら書けない実例がある位に、一般子弟の日本語学力は実に嘆かはしい程、低下してゐたのであります。
　　（中略）

私は当局の理解ある措置を切望すると共に父兄各位の奮起と青年諸君の自発的協力を求め「日本語教育なくして日本民族なし」と断言し、邦語教育の継続を提唱する者であります。
　　　真の日本を識るには日本語の習得が唯一の方法でありまして、日本語により、世界に比類なき日本精神の真髄を知らしめ、より良き日系伯人となすべく努力せねばならないと思ひます。
　　（『トレスバラス青年聯盟主催第二回弁論大会　青年雄弁集』(1948)所収）

　これは当時の日本語教育が何を目するものであったのかを示した典型例であるが、永住を希望せず、いつか故郷に錦を飾るといった意識のある移民にとっては、こうした戦前型の姿勢は当然といえば当然であった。
　ただ時局認識が鮮明化するとともに、永住を前提とする大勢に順応する日本語教育観への転換も、次第になされるようになった。これは、いわゆる勝組の多かった日本語教育関係者が、日本国内以上に「日本人」たろうとした意識が関係していたと見るべきであろう。つまり、時局認識を誤り、敗戦を首肯しなかったがゆえに生起した不幸な事件を契機として、日本国内では成し遂げないものをブラジル日系社会において育成させようというものである。実際1950年には、日本精神の涵養を目する日本語教育を重視した全伯青年連盟が発足している。これはまさにブラジルにおける戦前日本型「国語」教育である。1949年に昭和学院を創設した朝川甚三郎は、外国語としての日本語教育を拒否し続けた教育者として知られているが、彼は臣道聯盟の指導者の一人であった。つまり、日系社会の日本語教育の場で今日にまで及ぶ継承語か外国語かという問題設定の遠因に、こうした日本語・日本語教育観の差異を見出すことができるのである。
　日系社会において伝統的な要素が強い地域が存在することはすでに多くのところで言及されているとおりである。たとえば2004年4月14日付「ニッケイ新聞」記事によると、イタペセリカ・ダ・セーラ文化体育協会においては1947年に建立された奉安殿が現在まで守られており、新年には東方遥拝や教育勅語奉読がなされている。以下、記事部分を引用する。

　　　サンパウロから西に四十キロ。イタペセリカ・ダ・セーラ文化体育協会（長野健造会長）は今なお、奉安殿を保守。新年には必ず拝賀式を開

き、東方遥拝と教育勅語の奉読を行っている。

　コロニアの先駆者たちが持ち込んだ伝統的な思想文化を、消したくないという思いからだ。会は現在、三世が主体。梶原祥天前会長は「若い人たちも、あと二十年は、大丈夫と話しています」と自信をのぞかせる。

　イタペセリカ方面への日本人の入植は一九一五年に始まる。第一回笠戸丸移民（一九〇八）がサントスに第一歩を印してから七年後のことだ。

　三四年には六十家族ほどに増え、子女の教育が共通の懸念材料として持ちあがってきた。多くは農村地帯に居住しており、小学校のある市街地まで遠かったからだ。道路や交通機関も十分に整ってはいなかった。

　イタペセリカ日本人会（現文化体育協会）が三五年に組織されると直ちに、学校建設に着手。翌三六年の天長節（四月二十九日）に合わせて開校にこぎつけた。

　「両親は二、三年で帰国するつもりで、子供が日本の学校に入ったとき、遅れをとらないように勉強させたかった。だから、学校は日本の延長のようなものでなければならなかった」

　当時の教育方針について、清水さんの記憶だ。旧文部省（現文部科学省）検定の『尋常小学校国語』（全十二巻）が教科書に採用されたのは自然のことだった。"日本人づくり"を目標に、修身や算術（算数）の授業も時間割に組み込まれた。

　二代目教師の故橋詰雄一氏は質実剛健をモットーにスパルタ教育を行い、児童が泣き出してしまうこともちょくちょくあったという。（以下略）　　　　　　　　　　　　　　（「教科書　時代を映して変遷（1）」）

　このような「国語」教育に似た日本語教育のあり方は、極言すれば敗戦という時局認識について、よき戦前日本のブラジルにおける継承として見るか、悪しき戦前日本に対する科学的進歩への転換としてみるかの差でもあった。そしてその淵源が終戦直後の日系社会における思潮であったと考えられるのである。

3. 戦後ブラジル日系社会と日本語

3.1. 認識派と科学的思潮

　日系社会での、いわゆる勝組・負組事件に象徴される終戦直後の混乱は、社会全体に対してブラジルで生活する日系移民の社会的位置への深い内省を誘発した。とりわけ日系社会の知識人層にとっては、戦前以上に当時の同化政策とどのように向き合うべきか、またどのような未来への展望が描きうるかといったことが、深刻な問題として存在することになったのである。結果として勝組・負組事件は、敗戦といった時局認識にとどまるものではなく、その後の日系社会における日本語や日本語教育観にも多くの影響を与えたといえよう。森 (2004) が指摘するように、ブラジル永住への道を探る「永住戦術の析出」が図られ、その中で日本語を位置付けるということがなされたわけである。それゆえに時局認識を鮮明化させる日本語メディアの創刊や復刊は極めて重要な意味を持っていたのだが、そこで注目されるのは「科学的」認識を持つ知識人層の活躍であった。これはイデオロギーや主張で若干の隔たりはあるものの、日本国内における戦後進歩派知識人とも共通するものである。いわば勝組・負組事件は、ブラジルでの敗戦ともいえる社会心理上の大きな転換を与えたものといえる。

　さて、戦後ブラジル日系社会における時局認識の牽引は具体的には新聞や雑誌であったのだが、敗戦認識派の中でも早くから活動していた「土曜会」という組織は、雑誌『時代』において興味深い主張を展開していた。土曜会についてはすでに石神 (1991) で紹介されているが、具体的には戦後ブラジル日系移民社会の知識人層を代表するアンドウ・ゼンパチ（安藤潔）、半田知雄、斉藤広志、鈴木悌一といったメンバーを擁した、いわゆる「インテリ」的側面の強い組織であったことがうかがえる。そうした性格については内部においても認識されていたらしく、たとえば『時代』11 (1950) 所収の匿名記事（X・Y・Z「土曜会と時代」）には以下のような記述が見られる。

　　土曜会が「インテリのあそびごと」だという批評については、こんな風に見られるのも尤もだと思う。ということは、しかし、その批評が正当に急所をついているというのではない。こういうように誤つて見られるのもムリはないということなのである。なぜなら、われわれはコロニア

から遊離した超然たる存在となりうるには、われわれはあまりにコロニア的である。しかし、それかといつて、コロニアと会とが密接に関連しているように、社会から見られるような仕事をやるには、いろいろな点でまだ力がたりない。

こうした移住地「コロニア」に生きる者の仕事というように、戦前の認識とは違ったブラジル永住への道に向かっての研究・啓蒙活動を企図していたことがうかがえる。なお土曜会の主要なメンバーはその後、サンパウロ人文科学研究所（当初はサンパウロ人文科学研究会）を設立し、ブラジル日系移民社会研究の中心的存在となっていった。また土曜会に限らず、このような研究・啓蒙活動については山本喜誉司（東山農場）、蜂谷専一（蜂谷輸出入商会）、中尾熊喜（中尾肥料店）といった代表的な経済人からの支援があり、ブラジル日系社会の育成にとって正確な時局認識が必須であったことを端的に示している。そこには敗戦国からの移住者という立場からくる、ブラジル政府当局への配慮という政治的側面があったことも事実であろう。

この土曜会が編集した雑誌『時代』の第 1 号は 1947 年 1 月 31 日に刊行されており、その後 15 号（1953 年 5 月刊行）まで継続されたようである。興味深いのは、日系社会における日本語や日本語教育に関する論考が多く掲載されている点である。特に、後述するアンドウ・ゼンパチや半田知雄らの所論については、今日的問題としても通じうる日系社会の日本語観として重要なものである。

『時代』では、「二世と日本語の問題」と題する座談会を 2 回特集しているが、ここでは日系社会の日本語問題が、究極的には日系 2 世の問題であるという点を中心に活発な議論が展開されている。最初の座談会では日本語表記の難しさが議論となり、日本語教育の障壁となっている状況が報告されている。これらは終戦直後の日本における国語施策の流れとも近似しており極めて興味深いものである。例えば後述するアンドウ・ゼンパチは、ローマ字専用について以下のような発言をしている。

もし日本語の書物が「いろは」いや、もう一歩進んでローマ字になれば、教養上にも大いに役立つのだから、ローマ字運動は、コロニアで二世諸君によつて起されるべきものだとぼくは考えています。しかし一世

の中には、とんでもない感（ママ）ちがいから、漢字でなければ日本精神が身につかんなどといつている人が多いのだから困るんだがね。

『時代』論者の中には、桑原武夫やタカクラ・テルらの俳諧論に共鳴する者もおり、戦後日本の思潮とも大いに呼応している。これは日本との関係以上に汎時代的な傾向をブラジルにおいて摂取したと見るべきであろう。それだけにアンドウの所論も個人的感想の域を超えたものとなっている。なおローマ字論については、俳号「恆河」の名でも知られている増田秀一氏が「コロニアに於けるローマ字書き日本語の立場」（1949b）において以下のように述べている。

いわゆるローマ字論者たらずとも、事ここに至っては何とか簡略、改良の余地はないものか、もし複雑な文字の故に国民が言語教育上無駄が多いとかそのために文化水準の向上を阻まれたり、科学する上に非能率であつたり、延いては国語を愛する風がすたれたりすることになれば、これは大いに考えねばならない。

こうした主張の背景には、日系社会において日本語が廃れていくことへの危機感が存在していた。これは「ブラジルにおける日本語の将来について」（1949a）における以下の記述からもうかがえよう。

ブラジルにおける日本民族の伝承の上に、どの程度に日本語が次代へうけつがれ、変遷し、発達するかの問題となると、悲観説を裏書きする材料の方が多くて、頗る淋しいのである。（中略）ブラジルにおける日本語の問題で、一番重要なのは、次代、（日系伯人）がどれほど日本語（ブラジルにおける「海外語」）を習得する機会と社会環境を持つているかということである。

ただ、このような危機感は日本精神の衰退を嘆くという精神主義的危機感としてではなく、2世の教育問題、ひいては日系社会＝コロニアのアイデンティティーの問題として、ブラジルという地での生活の意味を問うものであった。このことは、戦前の日系社会がブラジルの中において感じた孤立感

の意味を反照することにもなるだろう。日系社会知識人の日本語観は、極言すればブラジルでの永住生活を前提とする中で構築されていったのである。そして、このような思潮を牽引した人物の一人として、後にサンパウロ人文科学研究所において活躍したアンドウ・ゼンパチ（安藤潔）を挙げることができる。

3.2. アンドウ・ゼンパチをめぐって―日本語文法と日本語問題―

　アンドウ・ゼンパチ（安藤全八、本名安藤潔）は 1900 年に広島で生まれ、東京外国語学校葡萄牙語科一期生として卒業後渡伯、移民移送監督官や『伯剌西爾時報』記者、旧日伯新聞社編集長などをつとめた人物である。戦後は『二世とニツポン語問題―コロニアの良識にうつたえる―』(1958) を自費出版するなど、日系コロニア社会の啓蒙活動に尽力し、さらには 1965 年に設立されたサンパウロ人文科学研究所において中心的な役割を果たした。日本国内では『ブラジル史』(1956) の著者として知られている。またアンドウは月刊誌『ESPERANCA』(1956 ～ 1957) において幅広い執筆活動を行う中で、日本語教育に関する積極的な提言を行った。こうした啓蒙活動は、1960 年代にブラジル日系社会独自の日本語教科書『日本語』(1961 ～ 1963) の刊行へと実を結ぶことになった。

3.2.1.「日本語文法私見―口語法はいかに改むべきか―」(1950) について

　「日本語文法私見―口語法はいかに改むべきか―」（以下「私見」）は先述『時代』11 号に掲載された論文であり、ブラジル日系社会において「二世に役立つニツポン文典の編著」という、日本語教育に資する文法研究の必要性を説いたものである。ここでアンドウは独自の日本語文法体系を断片的に打ち出しており、海外における日本語研究の一例としても極めて興味深いものである。なお、論文末尾には「この問題に関心をもたれる人は、近く出版される拙著について充分な批判と検討をされることを切望する」と記されており、別に本格的な日本語文法書を編纂しようとしていたことがうかがわれる。以下「私見」の内容について概述する。

　構成は「一、非科学的な国文法」「二、動詞の活用について」「三、派生動詞」「四、形容動詞」の四章から成っており、具体的な文法記述に関しては動詞、形容動詞の品詞のみに言及している。「一、非科学的な国文法」の冒

頭では、アンドウの日本語文法書に対する苦言が次のように記されている。

> ぼくは、かつて、日伯文化研究会でブラジル人にニツポン語を教えたことがある。その時ニツポン語文法を教えて気がついたことは、ニツポン語文法は、ニツポン語を全然しらないものにとつてはほとんど役にたたないばかりか、煩雑でのみこめないという印象をあたえることであつた。

このような日本語教育に資さない文法書について、アンドウは「非科学的」と徹底的に批判している。

> しかるに、この分類法なるものが、一言にしていえば、言語学的な分析が不十分であるために非科学的な点が多い。したがつて、ニツポン語をはじめて習うための基礎的な手引とならない。ただ、ニツポン語をすでにしつているものに対して、その知識を整理する上で役立つだけであるが、それすらも言語学的な分析と分類が不十分であるから、けつして明晢なものではない。

アンドウは例として岩井良雄の『新国文法精説』(1948)を具体的な文法書として取り上げているが、これは戦前から戦後にかけて文部省が編纂した『改制新文典』や『中等文法』などに則った、いわゆる学校文法の参考書である。つまりアンドウの批判は学校文法の非科学性という点に向けられているのである。

また「科学的」発想の根底には、戦後日本の国語施策に対するまなざしも関係していた。アンドウは「ニツポンでは新かなづかいの制定、漢字制限の断行、ローマ字採用など国語改革上の新しいこゝろみが、行われたが文法に関しては、まだ革新的なことは行われていないようである」と指摘している。この文法に関する改革が行われない理由として、現在の文法で満足しているからだと批判的に分析しているが、満足していたかどうかはさておき、こうした学校文法に対する問題提起は今日にも及ぶ重大な意味をもっている。

また、学校文法のみに批判が向けられているわけではなく、さらには次の

ように山田孝雄の文法論にも言及している。

> 博士（山田孝雄：引用者注）の一名著「日本文法論」は菊判千五百ページの大冊でニツポン語に間（ママ）してのすぐれた独創的な批判が多く、国文法研究上必読の書であるが、博士はこの本で、ニツポン語の特殊性をいたるところで強調し、これをアアリアン系言語と同様に分類することの非を論じている。しかし、私見では山田博士はニツポン語の特殊性をあまりに強調しすぎて、そのために人類言語としての普遍性を軽視しすぎたきらいがあるように思う。そのためにニツポン語を、ますます、いわゆる西洋文法的な（ぼくはこの分類法を国文法のそれよりはるかに科学的なものと考える）分類から離れたものにさせているのではないかとうたがつている。

　山田の主張については「語性の異なれる国語を西洋文典の範疇によりて支配せむことの非理なることは吾人の研究の結果之を証せり」（『日本文法論』(1908) p.10）という一文に全てが示されているが、アンドウの批判はまさしくこの点に向けられているのである。
　興味深いのは、こうした批判が山田孝雄や学校文法に向けられてはいるものの、それ以外については言及されていない点である。逆にいえばそれだけで批判は十分だということにもなるが、それよりも学史的な俯瞰を行うならば、戦前の松下大三郎や戦時中の大東亜共栄圏下の日本語教育、戦後の時枝誠記の文法論といったものが抜け落ちている。これは国語学者でもなく、ましてや国内の文法研究の中心から大きく離れていたアンドウにとっては当然のことであった。それでも、終戦直後の移民社会という、最新の日本語研究上の知見から隔絶した場において、戦後の日本国内で起こった学校文法改良の流れと共振するかのごとき文法論が存在したことには、もっと注目されてよい。そしてそれが「科学的」という言説において成立するという事実は、終戦直後の日本における科学主義が、まさに「現象」面において共通するということと、戦前の国語教育のあり方が移民社会における言語の問題を根源から問い直す契機を与えたということに他ならない。ここにアンドウの文法論が存在するのである。
　さて、アンドウは学校文法の活用表が雑然であると批判し、対案として独

特な活用表を提示している。これは主にポルトガル語文法の動詞変化表に似せて作られたものである。

　この活用表については、学校文法でいう未然形を「否定形になるものと、未来形になるものとを包含しているなど、実に非科学的である」としてこれを退け、時制（現在・過去・未来）と法（直接法・接続法その他）による語尾変化をもとに作られている。対立という観点からなされてはいないものの、ここでは文法範疇に基づいた体系性を志向していたことがうかがえる。なおアンドウは、この活用表の独創性を否定しつつも次のように述べている。

　　今日までにも、国語学者以外の人、おもにニツポン語文法を欧米人に示すために書いた人や、ローマ字論者などによつて、いろいろと試みられていたもので、そのいずれもが、分類方法に多少の相違があつたが、満足すべきものは一つもない。こゝに示した表にもまだ欠点はあろう。しかし、こういう活用表が、ニツポン語を初めて学ぶ者にとつてぜひ必要であるということについて注意を喚起したいのである。

　ここで指摘されている「いろいろと試みられた」活用表というものが具体的に何であるのかはわからない。ちなみに英文法の枠組みで書かれた日本語文法書の中では、山田孝雄が極めて高く評価した馬場辰猪の『日本文典初歩（Elementary Grammar of the Japanese Language）』（1873）が挙げられる。一方のローマ字論者の試みというのは、詳細は不明である。ただ、こうした文法研究の存在にも言及していることは一種の驚きである。学史的にも極めて専門的な内容にまで踏み込んでいることに、アンドウの文法論がブラジルにおいて主張されたものであることを思えば、その意味は極めて大きいものがあるだろう。

　次に、活用の種類については、従来の分類を規則変化動詞と不規則変化動詞に整理し、四段（五段）活用を第一活用動詞、上一段・下一段を第二活用動詞としている。これは明治前期の田中義廉『小学日本文典』や中根淑『日本文典』といった洋式日本文典にはじまり、その後も多くの文法書で見られる整理法である。助詞・助動詞との具体的な連接は、「さ行動詞（話す）」を例にすると、以下のように示されている。

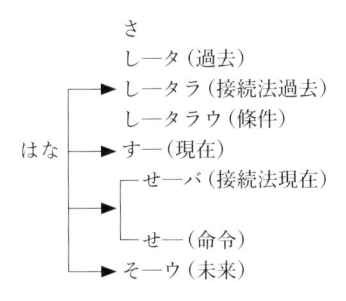

```
        ┌─ さ
        │  し─タ　（過去）
        ├─ し─タラ（接続法過去）
        │  し─タラウ（條件）
はな ─┤  す─　（現在）
        ├─ せ─バ（接続法現在）
        │  せ─　（命令）
        └─ そ─ウ（未来）
```

　さらに、「かかない」や「かきます」といった活用変化については「使役・受動・可能の意を表わす諸動詞と同様に、1つの動詞から派生してできるもの」として動詞の活用形から除外し、否定動詞（「かかない」）、敬語動詞（「かきます」）と名づけている。これらについては派生動詞と総称し、その作り方を以下のように示している。

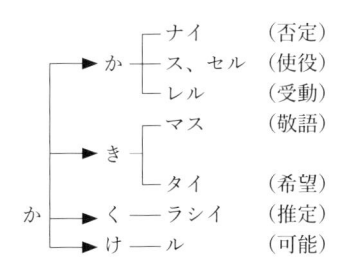

```
        ┌─ か ┬─ ナイ　　（否定）
        │      ├─ ス、セル（使役）
        │      └─ レル　　（受動）
か ─┼─ き ┬─ マス　　（敬語）
        │      └─ タイ　　（希望）
        ├─ く ── ラシイ　（推定）
        └─ け ── ル　　　（可能）
```

　つまり「書かない」は「書く」から派生したものの、別の動詞として位置付けるというものである。
　最後は学校文法の形容詞について言及しており、例えば「高い」は「高くある」の代用として動詞活用の一種とみなし、形容詞から生まれる動詞として「形容動詞」と名づけている。これは、日本語の形容詞が動詞とともに用言として概括される部分を重視した結果ともいえる。
　さてアンドウの文法論は以上のように、学校文法を批判するものとして位置付けられる。ここで注目すべきところは、1つに学校文法が現実の日本語教育という場において意味をなさなかったという点、さらに学校文法がいわば「非科学的」というロジックによって語りだされている点にある。これについては、学校文法が戦前では初等教育ではなく中等教育において重視され

ていた科目であるということと無関係ではない。ある程度の言語運用能力を
ともなった年代に対してなされる解釈重視の文法指導と、初等教育からの内
容を含む日本語教育の目するところの文法指導とは根本的に異質である。そ
れをアンドウは「ニッポン語を全然しらないものにとつてはほとんど役にた
たない」と喝破しているわけだが、こうした主張は戦前から、海外での日本
語教育の場においては常に問題視されていたテーマであった。つまり学校文
法に対する反学校文法の系譜の中では、海外における日本語教育というもう
一方の主軸が設けられるのである。解釈文法を可能にする言語知識、社会、
文化、歴史といった背景を共有しない場合には、解釈文法による文法指導は
不可能に近い。

　ただ、ブラジル日系移民社会の場合、日本語学習対象者は植民地下の日本
語教育の場合とは異なる。特に日系1世が2世以下の世代に要求した日本
語観は、戦前の日本語教育の歴史から見てもわかるように、それこそ解釈文
法による指導を許容する背景と不可分な形で存在する「国語」的な日本語で
あった。ここに、解釈文法で通したいにもかかわらず、それを通しきれな
かったという、客観的にみれば当然にして、当事者としては切実な問題が横
たわっていたのである。それが文法という中等教育以降のものが重視された
教科において顕著に現れたと見るべきであろう。現実には、書取や音読と
いった個別具体的な教育活動や、学校文法に代表される「解釈」という反復
継続の営為によって、精神主義的言語教育が立体化していく。それゆえに、
学校文法が機能しないということを表明する言説の存在は、逆に学校文法に
よって強固になされるべきものが空白であったということを示している。つ
まり学校文法批判とは学説や研究内容の問題ではなく、戦前の国語教育その
ものへの批判として機能していたと見るべきなのである。

　ところで、アンドウ(1967)において指摘されているように、日系社会に
おける日本国内同様の精神主義的思潮に対する批判は、戦前においてもわず
かながら存在していた。具体的には以下のような言及である。

　　国粋思想に対して、日本移民の一部の知識層はきびしい批判を投げた。
　　また、1932〜3年頃からぽつぽつ現れだした二世の大学生たちも、満
　　州事変以来、日系社会に浸潤しつつあった"日本精神主義"に対して
　　苦々しい表情で眺めてきたが、ついに1938年、ポルトガル語の雑誌

"Teansição"（過渡期）を発刊して、一世の逆せあがった国粋主義に抵抗したことは日系社会における思想面の事件として注目すべきことであった。

この点は移民社会に対し同化政策を主導したヴァルガス政権下という背景もあり、日本国内と大いに異なっていたところである。それだけに、終戦後のいわゆる負け組（認識派）らによる積極的な啓蒙活動が突発的に現れたものではなく、戦前から胚胎していた問題意識が醸成した結果であったとみなすことができよう。事実、アンドウ（1967）ではそうした流れについて次のような感想が述べられている。

> 平和が恢復するまでの数年間は、日本語教育の暗黒期であったが、その結果、二世に対する日本精神主義的な指導がつぶれたことは、むしろ喜ぶべきことであったといっていい。

これは日系社会の日本語教育を考える上で、極めて大胆な見解である。あたかも丸山（1946）の「日本帝国主義に終止符が打たれた八・一五の日はまた同時に、超国家主義の全体系の基盤たる国体がその絶対性を喪失し今や始めて自由なる主体となつた日本国民にその運命を委ねた日でもあつたのである。」という結句を髣髴とさせる口吻である。アンドウの立場を示す興味深い総括といえよう。

ただアンドウの業績を日本語学史的に埋もれた研究の発掘として顕彰することは、本質的ではない。むしろブラジル日系社会の言説分析においては、個別具体的事象と共に「現象」としての日本語という視点が必要であろう。つまりアンドウの文法論は、海外での日本語教育問題を1950年代という極めて早い段階で、しかも戦前の長沼直兄や石黒修といった系譜とは異なった立場から、日本国内の戦後進歩派知識人と同様のスタンスにおいてなされていたことに注目すべきなのである。

なお興味深いのは、日本国内でほとんど同時期に宮田幸一が学校文法の批判として、ローマ字表記による日本語文法書を刊行している点である。宮田が1948年に著した『日本語文法の輪郭』では、学校文法の活用表と全く異なる独自の動詞変化体系を示している。四段活用の系譜から外れる文法研究

については、古くはホフマン、アストン、チェンバレンら外国人の日本語研究にはじまるものではあるが、繰り返すように、アンドウの主張は学説史上のものとは異なる重要な言説を提示しているのである。それは学校文法の成立と共に出来した反学校文法の意味を示すことであり、現象として解釈重視の学校文法による日本語教育に対する根源的な批判や、戦前型「国語」教育を「非科学的」とする立場であった。そして、こうしたものの契機として、「国語」教育が成立し得ない日系社会の日本語教育問題という、終戦により植民地下の日本語教育を放棄した日本国内では全く看過された問題提起が存在したのである。アンドウが日本語文法に関する私見を示した意味が、ここからもうかがえよう。

3.2.2. 「二世とニツポン語問題―コロニヤの良識にうつたえる―」(1958) について

アンドウは 1958 年に 28 ページからなる小冊子「二世とニツポン語問題―コロニヤの良識にうつたえる―」を私家版で発行した。ここでは日系 2 世の日本語問題について、理想的な 2 世像と日本語教科書編纂を提示している。具体的な章立ては以下のとおりである。

　　ニツポン語教育の理念
　　二世の人間像
　　外国語教育令の改訂をのぞむ
　　日語教育の現状と日語教育会議の目的
　　日語読本編集の目的と方針について

この小冊子がどの程度普及したのかは詳らかではないが、アンドウの日本語教育観を余すところなく伝えているものとして、極めて興味深いものである。さらに 1950 年代の日本語教育に関する言説が、1960 年代の日本語教科書編纂の動きとどのように連関しているのかを知る上でも重要なものであるといえる。

冒頭「ニツポン語教育の理念」の章では、なぜ日本語教育が問題となるのかという、本章の主眼ともいえる前提を次のように論じている。

　　ニツポン語教育の根本目的は、二世とは何か、また、コロニヤにとつて

どうあるべきか、ということが、はつきりきめられていないと、正しくつかまれない。二世は、一世にとつて、その子である。しかし、ブラジルにおける一世は移民としてきた外国人であるが、二世は生来のブラジル人である。このような外国人とブラジル人が、血の上では親子の関係でむすばれながら、日系コロニヤという特殊な社会を構成しているのである。(中略)このように考える時、二世の立場は、たんに、よいブラジル人であるというだけではすまされないものがある。二世は、ブラジルを母国とする立派なブラジレイロであるとともに、一世の気もちを理解し、ニツポンの文化に深い関心をもつニツポン人の子どもであることによつて、二世という特殊な立場が、かゞやかしい社会的な存在となるのである。 (p.4〜p.5)

　1950年代は戦後移民の開始とも関連して、まさにいくつもの世代間問題が顕現化した時代でもあった。アンドウが「外国人とブラジル人」と表現する親子関係のあり方は、定住を意識せず、親子ともども「日本人」として生きることを志向した戦前移民に見られた立場とは大きく異なる。戦後の定住とアイデンティティーに関する世代間問題が噴出したちょうどその時に、2世の日本語教育というテーマによって、いわば解決への1つの方策をアンドウは示そうとしたのであった。
　次章の「二世の人間像」では、先の世代間問題から「ニツポン文化とブラジル文化がちょうど半々に身についているものでニツポン語もポルトガル語もどちらも自由に話し、さらにどちらも読みかきができる」(p.10)2世を理想的な人間像として示した。これはブラジル、日本のいずれか一方の文化に偏りのある2世像の中庸を示したもので、アンドウの言に従えば2世の人間像はA(日本・ブラジル両文化共有)、B(日本文化中心傾向)、C(ブラジル文化中心傾向)の3つの型に大別できるという。たとえばレジストロ、バストスといった日系移民の大集団に多い形態として、日本文化中心の2世像についてアンドウは次のようにまとめている。

　　このタイプの中には、一世たちとは同じにつきあえるが、ブラジル人の
　　中に出るとコトバの不自由なことや、ブラジル的な習慣になれていない
　　ために劣等感をいだくものが多い。市役所などへ行つて、当然いつてい

いことさえも、ものおじしていえず、小さくなつてしまうのが、その一
例である。　　　　　　　　　　　　　　　　　　　　　　　　（p.11）

　彼らは「ニツポン語学校」で日本語を叩き込まれているため、日本語の生
活では不自由しないが、逆にブラジルでの生活に支障をきたしているという
のである。
　逆にブラジル文化一辺倒で日本語がほとんど話せない2世については、次
のようにまとめられている。

　このタイプのものは、一世の気持ちや考えが分らないから、コロニヤ文
　化、ひいてはニツポンそのものの文化に対してあまり好感をもつていな
　い。ニツポン語が話せないという劣等感は、かれらの場合は、「自分は
　ブラジル人だ。ブラジル人がニツポン語を知らなくても恥でない」とい
　う、裏返しのものになつて、卑屈になつたり、ちゞこまつたりせずに、
　尊大になつて、いばつた態度をとるようになる。だから、一世との間
　は、うまくいかないことがしばしばである。　　　　　　　　（p.11）

　これはブラジルにおける社会性ある2世の育成ということを、日本語問
題と関係付けながら論じたものといえる。アンドウ自身「わたしは、社会心
理学などわからないしどういう方法で、かれらを調べたらいゝのかも知らな
い。ただ何冊かの本をよんでえた知識をもとにして、自分なりに観察し、
調査したまでのことである」(p.6)と釈明している。厳密な分析については
1958年から開始された鈴木悌一らのブラジル日系移民調査（ブラジル日系人
実態調査委員会編(1964)）などを待たねばならなかったが、当時の2世の現
状を示した上で理想的2世像を求めたことは、日本語教育の目的と目標を顕
現化させる上で、極めて大きな意義をもっていたと思われる。
　また「日語教育の現状と日語教育会議の目的」の章では、1957年8月に
発足した日語教育会議設立の趣旨が改めて述べられるとともに、前章「外国
語教育令の改訂をのぞむ」を受けて外国語教育令の制限撤廃を強く訴えてい
る。ここでは、日系社会において一方に存在していた、「2世はブラジル人
である」として日本語教育を不要とする極端な「伯主日従」を推進する立場
に対し、次のように日本語教育の必要性への理解を求めている。

ニッポン語教育会議はコロニヤの日語教育のうれうべき現状を打ちやぶつて、ほんとうに、いい意味での同化が促がされるような「二世のための日語教育」ができるようにという目的で、活動をおこしたものである。(p.23)

また「2世はブラジル人である」といった一種の切り札に対し、アンドウは「一世のニッポン主義者が「二世にはニッポン人の血が流れているのだ」ということを誇張するのと同じように、ゆきすぎた、一方的な考え方である。」(p.21)と批判している。これは、先の2世の人間像を究極的な理想形として、そのための日本語教育ということを明確に打ち出していることからも当然の反論である。この点は最終章「日語読本編集の目的と方針について」において、より具体的に言及され、日系2世に対する日本語教育の内容やレベルを次のように設定している。

　日語の初等教育の程度は、だいたい、ニッポンの四年生終了程度を目標とすべきあろうという意見が当をえているように思う。
　そして、内容は、二世の日常生活に関連あることを主として、ニッポン語の教科書からとつたものブラジルの国語読本からホンヤクしたもの、これに、こちらでかいたコロニヤ的なものなどを適当にまぜたものが理想的だろうと思われる。(p.25)

また漢字教育については、無理に詰め込むことなく「四、五百程度にとどめてさしつかえない」(p.26)としている。これは「初等科四年をおえれば、書くことと話すことだけは、まずまずできるようになるというところを目標にした教科書の編集こそ、コロニヤ版としての意義がある」(p.26)という見解に由来しており、結論として以下のような初等教育重視の方針を打ち出している。

　ニッポン語の本や雑誌が自由によめるような教育は、大部分の二世に望まれることではなく、ある限られた、いい條件のもとに、あるものにできることで、コロニヤの日語読本の目的は、完全な初等教育ということを目ざすべきである。(p.27)

さらに、高度な日本語読解能力がなければ日本文化理解が不可能であるという予期される反論に対して、「二世にとって、分りやすいポルトガル語でニッポンの歴史、地理、文学その他の文化を紹介した本をいろいろ出版すれば、その目的はじゅうぶん達せられるのである。」(p.27)としている。この徹底した実用的なスタンスは、理念重視の精神主義的日本語教育観に対する批判でもあり、こうした見解は先述の文法私見にも共通するものである。つまりアンドウは、内容や方法論を吟味することなく、それこそ精神主義的に日本国内の国語教育を行うことに対し、科学的な文法論や目標と段階を設定した教育論を提示することで、日系社会の日本語に対して積極的な意味付けを行おうとしたのであった。この点については卓越した見解であると評価できよう。

　こうした2世像を前提とした場合、1世とブラジル社会とをつなぐ役割としての2世のための日本語教育であり、それが日系社会＝コロニアのアイデンティティーを意味することになる。ただこうした図式では、3世以降に同化が進んだ場合の日系社会の意味を消極的に捉えることにもつながる。事実アンドウは次のように、そうした点まで見越して論を進めている。

　　わたしのニッポン語教育論は、ただ、ニッポン人の子孫だからというだけの観念的なものではない。同じ子孫であつても、三世については、それが、一世がコロニヤで支配的である間は、コロニヤの構成分子となりうるだろうが、二世が支配的な時代になれば、日系社会とよばれるコロニヤの存在は、もはや、よほど色彩のうすれたものになるだろうし、(中略)三世は百パーセント、ブラジル人であつても、一向さしつかえないものである。
　　　　　　　　　　　　　　　　　　　　　　　　　　　　　　(p.13)

　精神主義的日本語観とは異なる日本語観が、1世とブラジル社会とをつなぐ役割以上を持たないとするならば、逆に精神主義的日本語観を温存させ得る土壌を提供したことにもなるだろう。これは、日系社会のアイデンティティーを考える上で、極めて大きな問題である。今日においても、日本以上に日本的であるとされ、またそのことを美徳とする心性が一部に見られるが、それは、精神主義的日本語観の連続相であると共に、それと対峙する日本語観への対抗的危機言説として機能していたことにもなるからである。

さて、こうしたアンドウの主張は1960年代に及んで、本格的な日本語教科書の編纂へと結実することになる。なおブラジル日系社会における日本語教科書の変遷については、日本国内における国語教育史・教材史との関係や、ハワイなどの他地域での教科書との比較を行うことで、その意味がいっそう明らかになってくることだろう。なお、1960年代の日本語教育に関しては、文学運動とあわせて「コロニア語によるエスニック日本語教育運動とエスニック文学運動」として森(2004)で言及されている。

3.3. アイデンティティーと日本語

1950年代のブラジル日系社会の日本語問題は、以上のアンドウの主張に代表されるように、日系2世の言語問題を主軸として、日系社会の永住化とアイデンティティーの確認作業、そしてその際に民族的共同体として形成された地域コミュニティの一般化が図られた中で解決が模索された。一般に「コロニア(コロニヤ)」と称される日系移民社会が求めたアイデンティティーとは、間違いなく日本人を形成する「日本語」にあった。しかも、日本語をうまく操れない日系2世が増加した1950年代からは、ブラジルと日本との共存を目する日系人の育成を図るべく、精神主義ではない科学的な方法論を希求していったのである。それがアンドウの文法私見であり、日本語教科書編纂計画なのであった。少なくとも日本国内とは異なった敗戦体験をもつ日系社会では、戦後においてもブラジル政府に配慮しつつ日本精神の涵養が叫ばれていたし、その流れは日本語教育の必要性を牽引する働きをも担っていた。いわゆる勤勉性や美徳といった倫理的側面が「日本語」と結びつくためには、どのようにしても修身と一体化した「国語」の教育が必要であった。また、常にポルトガル語との接触にさらされた日系社会の日本語にとっては、どのような「日本語」を希求するのかという問題も存在した。こうした「国語」で通しきるにも通しきれない矛盾から、必然的に教育に関する科学的方法論と、日系人としての新たなるアイデンティティーへの模索がなされていったのである。結果的に重視されていったのが同胞社会の「コロニア」であり、日本語とポルトガル語との混成語である「コロニア語」であった。なお半田知雄や佐藤常蔵の「コロニア語」に関する言説は、この延長線上にあるものと位置付けられよう。

ブラジル日系社会における日本語は、コロニアと称される移民社会のアイ

デンティティーと不可分な関係にある。戦前においてブラジル国内で独自の社会を形成し、日本国内での国語教育とほぼ同一の日本語教育が行われていたことは、日系社会での日本語のもつ意味がいかに重要であったかということを示している。また、ブラジル永住化への道を選択した戦後の日系社会で日本語は、日系人としてのアイデンティティーを強固にするものとして機能した。正確には、強固にすべきであるという主張と、強固でありたいという意識によって構成されていったといえるだろう。ただここで生起する問題点は、現実において日本国内での日本語とは異なる日系社会内の日本語をどのように考え、どのように扱うべきか、ということである。この点については森（2004）で指摘されているように、1950年代半ばから「ブラジルの日本人」としてのアイデンティティー析出が日系知識人層の間でなされていき、それが普及していったという経緯が背景に存在する。例えば「コロニア人」といった規定が日系雑誌の中で見られるのも、まさしく1950年代後半のことであった。これらの思潮を形成したのがアンドウ・ゼンパチや、佐藤常蔵、半田知雄であり、彼らの「コロニア語」論の移民思想史的意義は極めて大きいものといえよう。

　ただ「コロニア語」に対し、その具体的な分析や普及という面については、多くの問題が残されていた。すなわち、どのように扱うべきか、という点が問題となるのである。こうした問題点を明示する資料の1つに伯国日語学校連合会編（1966）があり、1950年代からの日本語教育に関する重要論文の要約として以下の9編が掲載されている。

在外国語読本考	岡崎　親
学童と流行歌	岡崎　親
ニッポン語教育の理念	アンドウ・ゼンパチ
日語教育の必要性とその目標	永田泰三
ブラジルの教育を観る	後藤豊治
かいま見たコロニアの家庭教育	吉留　要
日語教育について	大沼　薫
情操教育の重要性	サンパウロ新聞社説
日語教育は家庭から	パウリスタ新聞社説

これらは、教育視察でブラジルを訪れた後藤豊治国学院大学教授の論考を除いて、日系社会の中で主張された日本語・日本語教育・教育観が如実に反映しているものといえる。日本語教育の目的について永田泰三論文では「①家庭内の意思の疎通を図ること。②日伯児童文化の交流と調和を意図すること。③日本文化探求の素地を作ること。④情操を陶冶し、精神を向上させること。⑤日本人本来の長所である勤勉、誠実、正直等の点を伸ばしてやること。」(p.65、パウリスタ新聞初出 (1960) を要約したもの) とまとめられている。こうした情操教育重視の日本語教育観は、程度差はあるもののほとんどの論文で主張されているのである。岡崎親「学童と流行歌」では「真実な意味における学童愛護運動を起して、混乱しているコロニア社会の欠陥を是正し、前途有為の学童たちの進むべき道をはっきりと示して貰いたいと切願する。」(p.57、「やまと民報」(1957) 所載文) として、唱歌・童謡教育の重視が謳われている。つまり、日本語教育が社会改良運動にも似た機能を期待されていたといえる。これは戦前と戦後とで大いに異なることとなった移民社会での、変容に伴うコミュニケーション問題が前面化してきたことと関係しており、そこには日系人としてのアイデンティティーのゆらぎを、どのように立て直すかという、一種の叫びを見ることもできるだろう。

　ここで注意しておくべきことは、精神性という観点からはおのずと「正しい日本語」の重視が導き出せるのに対し、コミュニケーションという観点からは日系移民にとって「なじみのある日本語」を重視せざるを得ないという点である。これは日本語観の上で大きな矛盾を抱えたことを意味する。例えば日系社会では senhor (セニョール) の直訳として「オジサン」が用いられることがあるが、これなどは「正しい日本語」という観点からは逸脱してしまう。実際、ブラジルにおける最初の日本語教育専門家としてサンパウロ大学に赴任した野元菊雄は「ブラジルの日本語は非常に乱暴だとの印象は拭えない。敬語的精神基盤のないところに育った日本語だからだ。」(野元 (1969a)) と評している。しかし、このような表現は逆に日系社会の言語生活に極めて合致したものだからこそ存在すると積極的に評価することもできるのである。こうした点への解決法について「日語教育は家庭から」(サンパウロ新聞社説) では「殊にコロニアにおいての情操教育には日本語による方法が大切である。それは、これによって家庭と結ばれるという重要性があるからである。」(p.71) と述べられている。これは日本語と精神性との関係

を家庭教育のロジックに置き換え、家庭内コミュニケーションの問題として考えようとする立場を示している。つまり「正しい日本語」以上に「正しい家庭教育」といった意義が強調されることで、日本語の内実の転換を図ろうとしたと考えられるのである。実際、ポルトガル語混用における語彙借用については、比較的寛容であることなどからもこうしたことがうかがえる。例えば伯国日語学校連合会編(1966)所収の「日学連創立十周年記念事業"B"」による童謡レコード「山羊の車」(高田正巳作詞・宮浦哲夫作曲・小野寺七郎編曲)には、以下の歌詞が掲載されている。

　一　ジョセの車がでかけます
　　　五ひきの山羊が引っぱって
　　　ギーギーギーコ音たてて
　　　バストの中へレンニヤとり
　二　ジョセの車を引くやぎの
　　　すずをつけたはマンシンニヨ
　　　せんとう行くのがボニチンニヨ
　　　道草くいくい通ります
　三　ジョセの車がかえります
　　　レンニヤの上にイッペーの
　　　花をかざって口ぶえを
　　　ふけばチジュウのむれがとぶ　　　　　　　　　　　(p.72)

　日系社会では極めて日常感あふれる風景であるにしても、日本においてはまず理解不能な語が多数用いられている。こうした表現はアイデンティティーの文学的発露といえる「コロニア文学」の形成において重要な要素となっている。すなわち、ポルトガル語からの語彙借用という、日本における外来語とは異なる「外来語」を意図的に用いることが効果的になされているのである。それは日系社会にとっては当然のことであり、バスの代わりにオニブスが用いられ、トマトはトマテと表現されるほうが実態を示していると認識されたからに他ならない。なお、この点を森(2004)では「ムダンサ」(Mudança：引越し、移転)という語を使用する日系人の心性について言及している。

以上の「コロニア語」析出の背景から、実際に「コロニア語」がどのように捉えられていたのかについて概観することにしたい。

3.4. 佐藤常蔵の「コロニア語」論

　佐藤常蔵(1907〜1997、移民史家)は日本力行会員として1922(大正11)年に渡伯、雑誌「農業のブラジル」社主幹として活躍し、経営のかたわら精力的に文筆活動も行い多くの著述を残した移民史家である。佐藤は『ブラジルの風味』(1957)の「コロニア語の解剖」の中で「奇怪な言葉」の実例として「ターちゃんはフィカ・ケットしてコメしないとママイはノン・ゴスタですよ。」といった会話を引用しながら、次のような感想を述べている。

> 　かくも日常会話が乱雑だが、過去の生活環境を通して出来上つたコロニア語が一つの型をなして殆んどの家庭に滲みこんでいることを悟るのである。ところがこの乱れたコロニア語の中にコロニア自体の歴史と姿が反映しているかのようで何かしら親しみがある。
> 　従つて若し急にコロニアの各家庭で整然とした日本語が話されるならば美しい冷蔵庫を眺める感じになるかも知れない。しかし言葉の乱れにも自ら限度がある。言葉そのものが乱雑である上に、おかしな訛音で話されてはたまらない。
> 　オニブスの中などで数人の日本人が大声で話し合うのは聞くに耐えないことがある。　　　　　　　　　　　　　　(p.81〜p.82)

　自然とオニブスといった語が使われているように、ブラジルでの日本語は入植地「コロニア」を十全に反映した生活相そのものであるという思いが、随想的に語られていることがうかがえよう。ただ、「ついでにアジノモトばウン・ラッタ買わにやならん、今なら二百ミルもするべね。」といった方言色の強い会話に対しては、「このまゝではコロニヤの日本語は衰亡する。」(p.82)というように強い危機感を表明している。佐藤はこの点に関してイギリス上層社会について言及しながら、コロニア語を上品に話せないものかと提起し、次のようにまとめている。

> 　悲壮な気持で日本語を習い、又偏狭な日本精神などを結びつけること

なく、悠々迫らぬ態度で日本語を研究し、せめて美しいコロニア語を後世に残したいものである。
　この見地からも歯切れのよい日本語を話す新移民から受ける影響は大きい。　　　　　　　　　　　　　　　　　　　　　　　　　　　(p.83)

　佐藤の随想において注目すべき点は 2 つある。1 つは、生活相と密接なつながりを持つコロニア語の上品さが生活のエレガントさから喚起されるものであるとする認識である。佐藤は「智識人の集まつた場所で奇智はおろかおどおどして碌にモノも云えない日本人を見る時つくづく一世移民の悲哀さを感ずる。」(p.83) とも述べている。もう 1 つは、新移民の影響とコロニア語とを関係付けながら言及している点である。新移民とは戦後移民のことであり、戦前移民と意識の上でも多くの異なりをみせていたことは、アンドウ (1967) をはじめ多くのところで指摘されている。そしてこれらの 2 点は 1950 年代のブラジル日系社会そのものを映し出しているのである。佐藤が 1 世の悲哀として象徴的に示した事例は、一般的な都市・農村の対立構造における農村生活のカリカチュアともいえる。上田 (1982) において「ブラジルの日系社会は、いままでの 1 世＝農民というパターンから、2、3 世・戦後移民移住者・商社駐在員＝都市という複雑な形へとさまがわりしてきているのである。」(p.14) と指摘されている状況の端緒期に佐藤の発言を重ね合わせると、コロニア語が担った役割の一端が垣間見られよう。それはブラジル日系人の文化的生活相を反映するコロニア語なのである。これは森 (2004) においても指摘されているように「コロニア文学」とも不可分なものであり、コロニア語と共振する文化的価値としての「コロニア文学」が創られなければならなかった状況を表している。

　ところで、佐藤がコロニア語に対して発言していたという点では、先述のアンドウ・ゼンパチも同様である。アンドウのコロニア語論については文化的生活相に限定せず、逆に日本に対して誇れるものすら存在するとして積極的に評価している点に特徴がある。例えば、敬語などが整理されていることで民主的な日本語の姿が反映されているといった評価である。アンドウの主張については今後一層検討すべきところだが、少なくともコロニア語を日系移民社会のエスニック・アイデンティティーとして根幹に据えていたことがうかがえる。これはブラジル日系社会における日本語教科書編纂事業と密接

に関係してくるテーマである。

3.5. 半田知雄の「コロニア語」論

　コロニア語に関して多くの発言を残した日系社会知識人の代表者は半田知雄（1906〜1996、画家・移民史家）である。半田は1917（大正6）年渡伯、1935年にサンパウロ美術学校を卒業し、後にサンパウロ美術研究会（聖美会）を結成し活躍した日系画家の草分け的存在である。またサンパウロ人文科学研究所理事として移民史研究に携わり、多くの業績を残した。

　半田が「コロニア語」について積極的に論じた論文は、半田（1953）「ブラジルに於ける日本語の運命」である。半田はブラジルの日本語がどうなっていくのか、という点について、次のように研究意義を訴えながらまとめている。

> 究極においてブラジル化することが移民一般の運命だとすれば、その過程において日本語がどのような経路をたどってブラジル化するか、即ち日本語がブラジル語に代わるかということを研究するのは、われわれのなすべき一つの任務ではなかろうかと思う。そして、もしこうした研究が、本当に学者によって専心なされたとしたら、日本語の長所や短所も副産物としてはっきり研究されるのではなかろうかと思う。

　ブラジル日系移民社会の日本語に対する国語学・言語学的研究が着手されたのは、後述の補論で言及するが、実に1970年代以降のことである。それまでの約20年間は全く看過され続けていたと言ってよい。半田の先見の明に驚かされるとともに、言語研究が果たすべき役割が真摯に問われている発言であろう。半田（1953）については、森（2004）の簡潔な要約を参考にすれば、階級や身分関係を表すコトバの省略といった、移民社会の実相を直截に反映した言語への変容という予想が中心となっている。そこではブラジル語（ポルトガル語）への傾斜が進む一方で、ブラジル語も日本語化するという点についても言及しており、今日の「コロニア語」をほぼ正確に示している。こうした現状分析は半田（1966）でも述べられている。ただ、どのようにあるべきかという問題をあえて避けている傾向が見受けられ、日本語教育のあり方についてはそれほど積極的に提言されていない。

日本語教育問題に関して半田は後年、半田(1980)「ブラジル日系社会における日本語の問題」において具体的な言及を行っている。先のものより30年近く経過した中で、半田は2世以降の日本語問題について、外国語教育としての観点の重要性を以下のように強く主張している。

　　二、三世が、ブラジル人であるということの認識は欠くべからざるもので、彼らにとって、ポルトガル語こそ母国語であることを第一にみとめなければならないのである。(中略)即ち、ブラジルにおける二、三世への日本語教授は、日系一世からみれば、ブラジル人である子弟にとっては外国語である日本語を教えるのだということをわすれてはならない。くりかえしていえば、外国語としての日本語を教えるわけである。

　こうした外国語としての日本語教育観は、現在のブラジルでは中心的な見解ではあるものの、日本語教育の実際については、例えば「むしろ、骨組みだけの、最も機械的な日本語とはどんなものか、これに敬語や女性語や階級別、身分別につかう言語はあとから肉づけしておぼえられるような、何か特別な方法はないものか。」(前掲)と述べている。これは野元菊雄の主張した「簡約日本語」の発想に近いが、半田の場合、それは「愛する日本文化の特長的なものを、なんとかして2世やブラジル人一般に伝えたいと、今でも思いつづけている」(前掲)という熱意からなされたものである。ここでいう「日本文化の特長的なもの」は半田の著述からすれば移民のライフヒストリーそのものであり、日系移民社会の文化ということになる。結局のところ、日本の日本語とは異なる日本語「コロニア語」への着眼が何のためであったのかを検証することで、半田の意図が浮かび上がってくることになるだろう。

　半田は自らの社会史的位置について以下のように述べている。

　　私のような少年時代にブラジルへ渡ったものは、二世とは区別する意味で準二世とよばれる。準二世である私が日本語に関心をもつようになったのは新聞社へはいって、日本語をおぼえ、日本人の文化的フンイキの中で自己形成をとげたからでもあるが、日本移民の行動をかなり公平な立場から観察できるのは、日本文化吸収当時に大正デモクラシーおよび

コスモポリタニズムにふれ、ブラジルの国家的立場も理解できたからである。

　1世とブラジル社会との間をつなぐ日系社会＝コロニアのアイデンティティーとして日本語が機能することを、半田はアンドウと同様に見抜いていた。これを「外国語としての日本語」という観点で捉え、以下のようにその意義を説いている。
　こうした主張の背景には、「二世は成長するとブラジル人としてブラジルの社会にとけこみ、それまで日常語であった日本語からブラジル語にかわる。」とする現状認識があり、それだけに、半田は自らを次のように位置付けているのである。

　　二世がどんどん移住者的境遇と性格からぬけだして、ブラジル人になって行くにもかかわらず、一世でありながらブラジルで自己形成をとげた準二世は、移民史の最後をかざる老一世とともに、愛する日本文化の特長的なものを、なんとかして二世やブラジル人一般に伝えたいと、今でも思いつづけている（後略）

　しかしながら、ここで指摘されている日本語は、すでに本土日本の日本語とは異なったものとして存在していた。それは「外国語としての日本語」に示される日系社会の日本語＝コロニア語の姿であり、逆にそうしたコロニア語に可能性を見出そうとする立場も出現することになる。アンドウや半田といった知識人層が1960年代に展開した2世への日本語教育論ではこの点が大いに議論されたのだが、その経緯については森（2004）を参照されたい。

4．おわりに

　1950年代以降に出現した「コロニア語」をめぐる言説について主要なものを概観した。これらからうかがえるのは、日系移民社会のアイデンティティーを表象する日本語を、標準語的日本語とは異なった「コロニア語」という混成日本語と定置することで、今後の移民社会のあり方を模索していこうとするものであった。しかしながら、家庭教育のロジックの中で継承され

ていく日本語である性質上、2世以降のブラジル同化が劇的に進んだ移民社会の変容とともに、今日では「コロニア語」の比重が極めて軽くなっていっる。その上、外国語としての「日本語」教育が進んでいくことにより「コロニア語」との乖離が意識的にも顕著となったのである。例えば、ブラジル日系新聞を分析した白水（2004）でも「日系社会といえどもポルトガル語使用者（二世以降）はそのメンタリティはブラジル人そのものである人が多い。」（p.355）と指摘されているように、現在では日系社会のアイデンティティーをそのまま日本語が代表しているわけではない。冒頭で引用した日系社会の会話についても、一方で明確に「正しさ」を意識した日本語が存在し、その使い分けがなされている。それはあたかも日本国内における方言と標準語との差である。日本における方言尊重の動きは、それが日本という枠において成立することがすでに自明な、いわば安全性が担保されたうえで形成されている思潮である。それに対し日系社会の日本語の場合は、標準語という「正しい日本語」という意識と、外国語として日本語を学習する日系人の増加という背景の中で、いわばブラジルの方言にも似た形で「コロニア語」が存在するわけである。これはエスニック・アイデンティティーとしての日本語の内実が、日本文化継承語なのか、移民文化継承語なのかという根本的な差異を抱えたままで存在するということである。なお、このことを象徴的に示しているものとして、2003年当時のブラジル日系移民史料館（サンパウロ市）での史料展示に、平安朝女房装束といった明らかに移民社会とは関係のない日本文化のディスプレイ（寄贈品ではあったものの）が含まれていたことなどが挙げられる。

　一般的に、ブラジル日系社会の日本語教育を問題にする場合、継承語か外国語かという問題設定がなされることが多いが、それは適切ではないように思われる。正確には、日系移民社会において、日本国内とほぼ同一の日本文化を中心とした継承であるのか、ブラジルにおける日系移民の日本文化を中心においた継承であるのか、という構図になるはずである。日系社会の現状からすれば、前者の日本語が外国語としての「日本語」であり、後者が混成日本語「コロニア語」ということになるだろう。このように規定すれば「コロニア語」とは日系移民社会のエスノグラフィそのものであり、むしろその着眼意義は大きいように思われる。しかも現在では2世以降においても、デカセギ経験などにより、先に概観した「コロニア語」論のものとは異なる、

新たな「コロニア語」が形成されている。これらも日系移民社会の日本語として決して看過すべきではない。つまり混成日本語「コロニア語」を通じて、日本国内以外での「日本」というあり方が、ほぼ十全に示しうることができるのである。

ところで、アンドウの主張に代表される1950～1960年代の日本語・日本語教育観については、中隅（1998）が伯国日語学校連合会編（1966）所載のものをふまえ、以下のように概括し批判している。

> この段階では①日系人はどこまで行っても日本人の血を継承した人間であり、②その日系人が生きる日系社会は未来永劫変らぬ日系共同体であるとの考えから抜けきれず、時系列的に日系人も日系社会も、周囲の環境に応じて変化するという視座は全ったく欠けていた。

確かに、こうした視点の欠如は否めず、旧来の日系社会観を引きずっていたきらいがある。しかしながら重要なことは、改めて戦後における日本語教育の理念を打ち出し、日系社会の変容に対応しようとした態度である。アンドウの場合はこうした態度の根底に、精神主義的日本語・日本語教育観批判が存在していた。そして日系社会における日本語の実態が、それを可能にしたのである。むしろ単一民族国家のごとく単純な日本語観では処しきれない現実を、透徹した視線で分析した点について、積極的に目を向けるべきであるだろう。

またアンドウの他にも、佐藤常蔵、半田知雄といったブラジル日系移民社会の言論に大きな影響を与えた人物が多く存在している。『ESPERANCA』誌におけるアンドウの主張も含めて、本章では言及できなかったが、日本国内における日本語言説との関係をふまえて、広範かつ精緻な分析がいっそう希求されよう。

日系知識人の日本語観全般について見ていくと、2世の日本語問題をブラジル同化との関係を鋭く捉えたという点で共通している。ただ、そのことは日系社会のアイデンティティー構築という積極的要素について現実的な移民像を十分に示しえないことも関係して、結果として精神主義的な日本語観を凌駕するまでには至らなかった。これは民族語として結束を図るという「危機の言説」として日本語が機能するという本質的な問題を提示している。さ

らに、1980年代以降の経済情勢から、逆にブラジル日系移民が日本へ「出稼ぎ」に行くという還流現象が生じ、結果として日本語の経済的需要が高まったという、1950年代頃には予想だにしなかった事態が起こったことも重要である。こうした事態が現在の日系社会における日本語観に対して、どのような影響をもたらすのかについてはまだ結論を出すまでに至っていない。当然のことながら、この点についても扇情的な議論の前に具体的な分析が必要であることはいうまでもない。

補論　日本における「ブラジルの日本語」への視点

　本章はブラジル日系移民社会における日本語観について論及したものだが、日本国内におけるブラジルの「日本語」についてどのような視線が注がれていたのかについて、以下に小史的ながら指摘しておくことにしたい。

　日本国内において、ブラジル日系移民社会の日本語を研究対象とすることは極めて稀であった。その状況に変化を与えたのは、言うまでもなく1990年代以降の「出稼ぎ」現象の増加である。これは、日本における移民問題顕現化の一例であり、それに対し言語研究はどのような対応をすべきか、大いに問われることになったのである。

　なお、補論の元となる記述に際しては、社会言語学が政治性に背を向ける例証として、その通史的記述に対する批判が、山下（2006）で見られるが、かかる通史を問題としたからこそ調査・研究を行っているのであって、その視点構成すら理解できない批判は、単純に文章読解能力の無さを露呈しているに過ぎない。政治的発言がなければ非政治的で無責任であるとするマッカーシズムに似た糾弾が、権威ある（とされる）大学の権威ある（とされる）研究者からなされた場合、批判者からみれば取るに足らない筆者のような者には、絶対的暴力と映ってしまうものである。ただその暴力性がはからずも、批判的であるという点の特権性とともに自らの能力を糊塗するものであったことが確認できた意味で、無益な批判も研究史的には有意義であったといわねばなるまい。

1. 日本語講師派遣と日本語研究 ― 1970年代 ―

　ブラジル日系人社会と日本との交流史については、日本ブラジル交流史編集委員会編(1995)に詳しく述べられているが、「ブラジルの奇跡」といわれた高度成長を実現した1960年代後半から、国際交流基金等の協力のもと、日本語日本文学関係の研究者が客員教授や日本語講師としてブラジルに派遣されることが多くなった。これに伴って、ブラジル日系人の日本語についての注目が、随想的なものだけではなく、学術的な見地からもなされるようになる。具体的には野元(1969b)、金岡(1973)、長尾(1975)、原口(1975)、鈴木(1979,1982)などが、その代表例である。特に野元(1969b)は、最初にブラジル日系人2世以下の日本語の概要を示したもので極めて重要である。野元(1974)では、ブラジルのコロニアにおける日本語の未来は悲観的であると予言し、日本においても通用する日本語を教育すべきであると主張している。また、国語学的知見を活用しながら日本語の変化そのものを考察したものに、原口(1975)や鈴木(1982)が挙げられる。原口はブラジル日系人の話す「みたく」という訛形を調査し、その定着過程を推定している。鈴木は日系新聞における「急求・急売」などの軸字「急―」や「庶民服、新開店」といった造語を例に挙げ、日本語の変容について言及している。こうした研究の特徴は、具体的な言語事象の分析を通じて日本語の変化を分析しようとした点にあり、その意味で後の社会言語学的研究の前提にもなっている。

　ただ、当時実施されていた日本語教育方法論の分析や、ブラジル日系人の日本語の網羅的な記述といったことはまだ行われておらず、そのような研究は、ブラジルにおける日本(日本語)研究の制度上の整備を待たなければならなかった。ただ、ブラジル日系人の日本語を研究対象として扱う段階を準備したという意味での研究意義は認められよう。

2. 社会言語学的視点から ― 1980年代以降(1) ―

　1980年代以降、ブラジル日系人の日本語への注目は大いに高まった。ブラジル日系人の日本語そのものと、ブラジルにおける日本語教育における日本語という両面が認識されるようになったのだが、その流れにはサンパウロ大学をはじめとする日本語関係講座の発展が関係している。サンパウロ大学

の日本語講座は鈴木悌一の尽力の結果、すでに1963年には発足していたのだが、具体的な充実は1970年代以降になってからである。鈴木（1994a）や織田（2006）の紹介するところによれば、ブラジルにおけるポルトガル語による日本語学分野の学位論文は、1980年代以降になって多く著されている。

こうしたブラジルにおける日本語研究者の出現は、おのずとブラジル日系人の日本語に対する研究を可能にする基盤が、徐々に形成されていったことを意味している。

さらに、先の10年に対して「失われた10年」とよばれる1980年代には、いわゆる「出稼ぎ」日系人が増加した。出入国管理法が改正施行された1990年以降は、日系2世・3世及びその配偶者に勤労可能な在留資格が認められたことで、出稼ぎは急増した。結果として在日ブラジル日系人の存在がクローズアップされ、日本におけるブラジル人社会の調査研究も進められていくようになったのである。こうした状況は国際的に見ても、社会言語学的研究を発展させていくのにも十分であった。日本国内におけるブラジル日系人の日本語については、ナカミズ（1995）などが先駆的である。この在日ブラジル人の日本語の問題は、言語研究のみならず社会学、都市研究、産業構造論など多くの分野からも注目されており、むしろ言語学的見地以外からの研究の方が多い状況である。

この時期の注目すべきブラジル日系人の日本語研究は、本堂（1984、1990）、馬瀬（1986）、永田（1990、1991a、1991b）などが挙げられる。また、本格的な社会言語学的研究には国立国語研究所編（1996）、国立国語研究所編（2000a）、国立国語研究所編（2000b）などが挙げられる。中でも、国立国語研究所編（2000b）はブラジル日系人の言語実態について、言語生活から日本語教育に至るまで、多くの観点から分析を行っているものとして重要である。特に「日系ブラジル人児童の日本語教育―ハワイの事例との対照―」（佐々木倫子）は、ブラジルの日本語を取り巻く社会的要因について、消失と保持という両方の面から分析を行っている。ブラジル日系人の日本語は、外国語としての日本語教育であるべきか、あるいは文化を支える継承語教育として機能すべきかという、研究の方向性にも関係する重要な問題点を提起している。また、これに続くものとして、国立国語研究所編（2000c）所載の「コードスウィッチング　日系カナダ人と日系ブラジル人を比較して」（西村美和）があり、日系人の言語切り換えの実例が紹介されている。ただ、西村

自身も断っているように、調査対象地域の特性が強く反映しているため、言語切り換えのあり方をブラジル日系人全体に一般化することは困難である。このことは、いわゆる「コロニア語」が均質な分布をしていないことの証左ともなるわけだが、調査対象地域の検討という基本的なところから注意しなければならないことを示している。

このような社会言語学的研究における1つの雛型を示したものとして、久山(2000)が挙げられる。ここでは、ブラジル日系1世の日本語におけるポルトガル語借用について、音声音韻的統合や形態的統合、統語的統合といった多面的な分析を行っている。ブラジル日系人の日本語に対する社会言語学的研究のあり方としては多いに注目すべきものである。さらに、社会言語学的方法論を基盤においたブラジル日系人の日本語研究は、鈴木(1994b)や山下(2007)のように、新たに出現したブラジル日系人の敬意表現などにも着目していくようになった。ここにおいてブラジル日系人の日本語は、社会言語学的研究の対象として認知されるように至ったのである。

3. 日本語教育の立場から ― 1980年代以降 (2) ―

ブラジル日系人の日本語に関しては、ブラジル日系人の日本語と日本語教育によって習得した日本語との間で大きな差が見受けられる。それゆえに主として日系社会の「コロニア語」を単純にブラジル日系人の日本語の総称とすることはできない。つまり、1970年代から行われた本格的な日本語教育の展開によって、ブラジル日系人の日本語には大きな変化が見られるようになったのである。そこで、日本語教育の立場からは、どのような言語教育をすべきか、またどういった日本語を教育するのかという関心が生じることになる。つまり、ブラジルにおける日本語教育は、ブラジル日系社会の継承語としての側面と、あくまでもブラジル・ポルトガル語に対する外国語の1つとしての側面とが重なり合うことになるのである。そのことと関係して、日本語教育の立場からのブラジルにおける日本語への言及が、1980年以降多く見受けられる。これは先述の社会言語学的研究の立場とも強く関係している。日本語教育が社会言語学における言語計画の側面を担っているからである。具体的には国際交流基金日本語国際センター刊行の『世界の日本語教育 日本語教育事情報告編』などによって、日本語教育事情を把握することが

できる。ブラジルにおける日本語教育の通史は、中南米全体の通史を含めた山下（1991）が画期的な業績として位置付けられる。また日本語教育とブラジル日系人のアイデンティティーとの関係について言及したものに、国立国語研究所編（1996）所収の「ブラジル人の日本語学習環境」（佐々木倫子）がある。これは国際協力事業団による「日本語教育実態調査団」の調査結果を基盤にしたものだが、こうした業績は日本語教育が文法訳読法的「日本語」教授法から、異文化間コミュニケーションやコミュニカティブアプローチへと展開していった過程を反映しているようで興味深い。

　以上の経緯をまとめると、①日系人の日本語への関心が払われた時期（1960年代以前）、②研究者派遣による国語学・言語学的研究の時期（1970年代）、③社会言語学的研究、日本語教育学的観点からの研究の時期（1980年代以降）という展開が見受けられる。これは、生活誌的関心を経て言語学者の記述、教育者の実践、応用言語学・社会言語学的分析、という、ピジン・クレオールなどの言語接触に関する研究動向と、そしていわゆる危機言語に関する研究史の例と同一である。

参考文献
アンドウ・ゼンパチ（1950）「日本語文法私見―口語法をいかに改むべきか―」『時代』11
アンドウ・ゼンパチ（1956）『ブラジル史』岩波書店
アンドウ・ゼンパチ（1958）『二世とニツポン語問題―コロニヤの良識にうつたえる―』私家版
アンドウ・ゼンパチ（1967）「日本移民の社会史的研究」『研究レポート（サンパウロ人文科学研究所）』II
石神照雄（1991）「サンパウロの日本語雑誌「時代」日本語観及び日本語教育観」『信州大学教養部紀要』22
泉靖一編（1957）『移民』古今書院
移民八十年史編纂委員会編（1991）『ブラジル日本移民八十年史』移民八十年祭典委員会・ブラジル日本文化協会
岩淵悦太郎（1948）『新しい口語文法』新日本辞書出版社
上田篤他編（1982）『ブラジル南部外国人移住地域における住文化変容に関する比較調査』昭和55年文部省科学研究費補助金海外学術調査報告書
織田順子（2006）「ブラジルにおける日本語研究の歴史と現状―学術論文の紹介―」『国文学解釈と鑑賞』71-7
金岡　孝（1973）「ブラジル日系二世の日本語と日本語教育」『松村博司教授定年退官記念

国語国文学論集』名古屋大学国語国文学会
カルドーゾ　ルッチ・コレーア・レイテ／二宮正人編訳（1995）『家族構造と社会的移動性―サンパウロ州に在住する日本人に関する研究』サンパウロ大学博士論文（邦訳）
国友忠夫（1934）「米領布哇に於ける日本語教育の現状と教授上の諸問題―米領布哇（Territory of Hawaii, U.S.A.）に於ける米国人及び日系米国市民に対する日本語教育の現状と其教授上の諸問題―」『国語と国文学』11–10
久山　恵（2000）「ブラジル日系1世の日本語におけるポルトガル語借用―その形態と運用―」『社会言語科学』3–1
国立国語研究所編（1996）『日本語と外国語との対照研究Ⅲ　日本語とポルトガル語（1）』くろしお出版
国立国語研究所編（2000a）『日本語と外国語との対照研究Ⅶ　日本語とポルトガル語（2）』くろしお出版
国立国語研究所編（2000b）『第7回国立国語研究所国際シンポジウム第1専門部会　日系ブラジル人のバイリンガリズム』国立国語研究所
国立国語研究所編（2000c）『第7回国立国語研究所国際シンポジウム報告書　バイリンガリズム―日本と世界の連携を求めて―』国立国語研究所
小内透編（2003）『在日ブラジル人の教育と保育　群馬県太田・大泉地区を事例として』明石書店
佐藤常蔵（1957）『ブラジルの風味』日本出版貿易
真田信治・渋谷勝己・陣内正敬・杉戸清樹（1992）『社会言語学』桜楓社
山東　功（1997）「随筆の発見と国文学史の成立―近代の文学研究と徒然草―」『日本思想史研究会会報』15
山東　功（1998）「歴史の空間・言語の時間―日本語史と方言の思惟―」『江戸の思想』9
山東　功（2001）「言語意識と日本語研究」『日本語学』20–8
山東　功（2002）『明治前期日本文典の研究』和泉書院
山東　功（2003a）「臨時国語調査会と漢字・仮名遣い」文化庁編『国語施策百年の歩み』文化庁
山東　功（2003b）「送り仮名法と国語調査委員会」国語文字史研究会編『国語文字史の研究　七』和泉書院
山東　功（2003c）「語の断続」『文莫』25
山東　功（2003d）「実用主義と日本語研究」『日本語学』22–4
山東　功（2003e）「明治の文典」『日本語学』22–13
山東　功（2003f）「ブラジル日系人の日本語への視点」『女子大文学』54
山東　功（2005a）「1950年代のブラジル日系社会と日本語」『阪大日本語研究』17
山東　功（2005b）「ブラジル日系社会における混成日本語「コロニア語」の意味」『女子大文学』56
山東　功（2005c）「国語施策の展開と「日本型」社会」大平祐一・桂島宣弘編『「日本型社会」論の射程　「帝国化」する世界の中で』文理閣
山東　功（2006a）「国語施策前史―近代日本の出発と国語問題―」文化庁編『国語施策百

年史』ぎょうせい
山東　功（2006b）「山田孝雄の文法教科書―『中等文法教科書』について―」『言語文化学研究（日本語日本文学編）』1
山東　功（2006c）「日系知識人の日本語観」『国文学解釈と鑑賞』71-7
山東　功（2007）「学校国文法成立史研究序説」『言語文化学研究（日本語日本文学編）』2
山東　功（2008）『唱歌と国語―明治近代化の装置―』講談社選書メチエ
サンパウロ人文科学研究所編（1997）『ブラジル日本移民史年表』無明舎出版
サンパウロ人文科学研究所編（2002）『日系社会実態調査報告書』サンパウロ人文科学研究所
白水繁彦（2004）『エスニック・メディア研究　越境・多文化・アイデンティティー』明石書店
鈴木　妙（1994a）「ブラジルにおける日本語教育」『世界の日本語教育　日本語教育事情報告編』1
鈴木　妙（1994b）「ブラジル日系人の敬語行動と文化変容」『世界の日本語教育　日本語教育論集』4
鈴木英夫（1979）「ブラジル日系社会における外来語」『名古屋大学教養部紀要 A（人文科学・社会科学）』23
鈴木英夫（1982）「ブラジルにおける日本語の変容」『名古屋大学教養部紀要 A（人文科学・社会科学）』26
高須正郎（1981）「中南米の邦字新聞（下）」『新聞研究』355
高須正郎（1985）「ブラジルの日系新聞その変遷と苦闘」『別冊新聞研究』19
竹内美智子（1973）「ブラジルにおける日本語教育」『日本語教育』19
田村紀雄（1999）「『ラプラタ報知』と日本語維持機能」『コミュニケーション科学』11
田村紀雄（2000）「海外の日本語新聞―ブラジルの日系コミュニティを手がかりに―」『ことばと社会』4
長尾　勇（1975）「ブラジルの言語生活」『言語生活』284
長尾　勇（1977）「ブラジル日系人の日本語」『言語生活』308
中隅哲郎（1998）「日本語教育の流れを考える」『人文研（サンパウロ人文科学研究所）』No.1
永田高志（1990）「ブラジル日系社会の日本語言語生活―パラナ州アサイを例に―」『近畿大学文芸学部論集　文学・芸術・文化』2-2
永田高志（1991a）「ブラジル日系人の日本語の特徴―戦前移民地アサイを例に―」『近畿大学文芸学部論集文学・芸術・文化』2-3
永田高志（1991b）「ブラジル日系人の言語生活―アサイ日系社会を例に」『移住研究』28-3
ナカミズ・エレン（1995）「在日ブラジル人と日本人との接触場面―会話におけるコミュニケーション問題」『世界の日本語教育　日本語教育論集』4
日本ブラジル交流史編集委員会編（1995）『日本ブラジル交流史―日伯関係100年の回顧と展望―』日本ブラジル修好100周年記念事業組織委員会

日本ブラジル中央協会編（1975）『日本におけるブラジル研究　文献目録』日本ブラジル中央協会
日本ブラジル中央協会編（1988）『ブラジルに関する日本語文献目録　1975–1987年』日本ブラジル中央協会
野元菊雄（1969a）「ブラジル便り」『言語生活』213、214、215
野元菊雄（1969b）「ブラジルの日本語」『言語生活』219
野元菊雄（1971）「言語は色眼鏡だ」『言語生活』239
野元菊雄（1974）「ブラジルの日本語教育」『日本語教育』19
伯国日語学校連合会編（1966）『幾山河（全伯日語教育史）』伯国日語学校連合会
原口　裕（1975）「訛形の定着—ブラジル日系人の言語調査から—」『語文研究』39–40
半田知雄（1953）「ブラジルに於ける日本語の運命」『時代』15
半田知雄（1966）『今なお旅路にあり—或る移民の随想』サンパウロ市太陽堂書店
半田知雄（1980）「ブラジル日系社会における日本語の問題」『言語生活』346、347、348
比嘉正範（1976）「日本語と日本語社会」『岩波講座日本語 1　日本語と国語学』岩波書店
比嘉正範（1982）「ブラジルにおける日本人移住者の言語適応」『ラテン・アメリカ研究』4
日向ノエミア（1989）「日本人と挨拶するときの難しさ—ブラジル人の場合—」『日本語学』8–12
ブラジル日系人実態調査委員会編（1964）『ブラジルの日本移民（資料篇・記述篇）』東京大学出版会
本堂　寛（1984）「ブラジル日系人の言語—異言語の中の日本語使用について—」平山輝男博士古稀記念会編『現代方言学の課題　第 1 巻　社会的研究篇』明治書院
本堂　寛（1990）「日本語使用と日本的意識—ブラジル日系人の場合—」『東北大学日本語教育研究論集』5
増田秀一（1949a）「ブラジルにおける日本語の将来について」『時代』8
増田秀一（1949b）「コロニアに於けるローマ字書き日本語の立場」『時代』9–10
馬瀬良雄（1986）「ブラジル便り—ブラジル日系人の日本語—」『言語生活』418
丸山真男（1946）「超国家主義の論理と心理」『世界』5 月号（『現代政治の思想と行動』理想社（1956）所収）
宮尾　進（2002）『ブラジルの日系社会論集　ボーダレスになる日本人』サンパウロ人文科学研究所
宮田幸一（1948）『日本語文法の輪郭』三省堂
森　幸一（2004）「ブラジル日系人の「日本語」を巡る言説— 1908 年から 1980 年代末まで—」『大阪大学大学院文学研究科紀要』44–2
森　幸一（2006）「ブラジルの日本人と日本語（教育）」『国文学解釈と鑑賞』71–7
森脇礼之（1998）「日本語教育の理念の変遷」『人文研（サンパウロ人文科学研究所）』No.2
森脇礼之（1999）「日本語教育の理念の変遷 II」『人文研（サンパウロ人文科学研究所）』No.4

山下暁美（1991）「中南米の日本語教育の歴史―ペルー、ボリビア、チリ、ウルグアイ、ブラジル、メキシコ―」『講座　日本語教育　第26分冊』早稲田大学日本語研究教育センター

山下暁美（2007）『海外の日本語の新しい言語秩序―日系ブラジル・日系アメリカ人社会における日本語による敬意表現―』三元社

山下　仁（2006）「共生の政治と言語」植田晃次・山下仁編『「共生」の内実―批判的社会言語学からの問いかけ―』三元社

山田千香子（2000）『カナダ日系社会の文化変容―「海を渡った日本の村」三世代の変遷―』御茶の水書房

山田孝雄（1908）『日本文法論』宝文館

ロンギ　ソーニア・レジナ（1982）「ブラジルにおける日系社会の言語保持と自己同一性との関係」『言語学論叢』（筑波大学）1

輪湖俊午郎（1939）『バウル管内の邦人』日伯新聞印刷部

Calvet, L. J.(1993) *La sociolinguistique* Paris, P.U.F.（萩尾生訳 (2001)『社会言語学』白水社）

Canale, M. and M.Swain(1980) Theoretical bases of communicative approaches to second language teaching and testing. *Applied Linguistics* 1:1–47

Labov, W.(1971) The study of language in its social context.In Fishman, J.(ed.)*Advances in the Sociology of Language* The Hague, Mouton

Leiter, K.(1980) *A Primer on Ethnomethodology* Oxford University Press.

Milroy, L.(1987) *Observing and Analysing Natural Language:A Critical Aaccount of Sociolinguistic Method* Oxford, Blackwell（太田一郎、陣内正敬、宮治弘明、松田謙次郎、ダニエル・ロング訳 (2000)『生きたことばをつかまえる―言語変異の観察と分析―』松柏社）

Mühlhäusler, P. (1986)*Pidgin and Creole Linguistics* Oxford, Basil Blackwell

Tarone, E. and G. Yule.(1989) *Focus on the Language Learner* Oxford University Press.

Tigner, J. L.(1961) Shindo Remmei: Japanese Nationalism in Brazil *The Hispanic American historical review* 41, no.4 : 515–532

Weinreich, U.(1953) *Languages in Contact : Findings and Problems* The Hague, Mouton

（山東　功）

第4章　ブラジル日系社会言語調査をめぐって

1. はじめに

　本章は、大阪大学 21 世紀 COE プログラム「インターフェイスの人文学」の〈言語の接触と混交〉研究の一部として、2003 年度に行われた「ブラジル日系社会における言語の総合的研究および記録・保存事業」のうち、言語生活調査および談話収録調査についてその詳細を報告するものである。ブラジル日系社会言語調査の報告は、これまでにも工藤編（2003・2004）や森（2003）、李（2006a）などにおいてなされてきた。本章はそれらに基づいていて、調査研究の全体像が見えやすい形に加筆・修正したものである。3.1（日系社会における調査の流れ）および 3.2.（言語生活調査）は、森（2003）にしたがってまとめている。3.3.（談話収録調査）は工藤編（2004）に依拠し、4.（ブラジル日系社会言語調査の意義）は李（2006a）を継承している。
　以下、日系社会言語調査の詳細について、調査研究の計画段階における戦略や調査研究の学術的な意義、社会的使命などを織り交ぜつつまとめていく。

2. ブラジル日系社会言語調査の特色

2.1. 日系社会言語調査の特色

　現在、日本の各地に、31 万人を越える在日ブラジル人が少数言語コミュニティを形成し、定住化しつつある（そのほとんどが日系である）。一方、ブラジルに目を向ければ、ブラジル日系社会では 2008 年に日本人のブラジル移民百周年を迎えた。こうした時代的情勢もあって、日本とブラジルとの関係は、今後ますます重要なものになっていくと予想される。しかしなが

ら、日本の日系ブラジル人コミュニティにおける言語問題や、ブラジル日系社会における言語問題が本格的な研究の対象となったのはごく最近のことである（真田編 2006）。ブラジル日系社会の言語研究の流れを概観し、今後の研究の展望を考察した山東（2003）は、ブラジル日系社会で実施されてきた言語学的研究には、日系人（社会）の言語学的実態を包括的視点をもって全体的体系的に記述・分析したものはほとんどないという限界があると指摘している。さらに、森（2003）はこのような包括的視点の欠如のほかに、日系人や日系社会が経験してきた歴史、社会、文化的状況を踏まえた分析なり解釈の軽視ないし欠如という問題もあると指摘している。

　そこで、大阪大学 21 世紀 COE プログラム「インターフェイスの人文学」の〈言語の接触と混交〉研究班では、ブラジル日系社会における日本語とポルトガル語という系統の異なる言語の接触状況に、包括的かつ動態的にアプローチしようとして、「ブラジル日系社会における言語の総合的研究および記録・保存事業」（以下、「日系社会の言語調査研究」と略述）を行ってきた。日系社会の言語調査研究の特色は、次の 3 点にまとめることができる。

　　（1）日本とブラジル双方の研究者が協力し合い、総合的な言語調査研究が実施される点
　　（2）言語調査と並行して、文化人類学や地域研究といった学際的見地から、ブラジル移民に関する文献資料調査も実施される点
　　（3）日本とブラジル、研究者と現地の人々を結ぶ研究事業が組織されている点

　日系社会の言語調査研究では、先達の研究の蓄積を精査しながら、日本とブラジルの研究者が協力し合い、共同作業として歩調をあわせて、包括的な臨地調査を行った。従来のブラジル日系人の言語をめぐる専門的研究が抱える限界を超えて、ブラジル日系人の言語研究の新たな展開や可能性を追求するという立場から行われたのである。そして日本とブラジルの友好に貢献することを理念とし、総合的学術交流を継続するとともに、日系社会の社会文化的背景、歴史など言語外的状況をも視野に入れ、複数文化の接触面で動態的に見ていくことを目指した。さらに、日系社会の言語調査研究は、単に言語資料の収集に終わるのではなく、研究者と現地の人々を結ぶという、人文科学研究にとって大変望ましい姿を先取りしている。

　こうした日系社会の言語調査研究の特色を一言でまとめるならば、「複数

文化の激しい接触のなかにあるブラジル日系社会に、人文学の諸学問が越境・横断的にアプローチし、日本とブラジル、研究者と現地の人々とを結ぶ臨床的な視点に立つ総合的な調査研究」と言えよう。

2.2. 研究調査事業の流れ

　研究調査事業の初年度(2002年度)においては、共同研究者との第1回研究会を2002(平成14)年12月15日、さらに日本では第5回研究会を2003(平成15)年1月18日に、第7回研究会を2003(平成15)年2月17日に実施し、次年度における本格的調査の準備を検討した。具体的には、在東京ブラジル日系家族に対する予備調査を1月に実施し(中東靖恵、レオナルド・メロ)、2002年度にブラジル側研究者の収集した談話資料の一部文字化作業を試行しつつ、文字化原則の方法論を検討した(中東、李吉鎔)。さらに社会言語学的見地から本格的に構成された言語生活調査票の考察がなされた(エレン・ナカミズ、李)。

　また、ブラジル日系社会の日本語に関する先行研究並びに文献資料の調査を実施し(山東功)、約100件の研究論文を収集した。同期間中、ブラジル側においても Elza Taeko Doi(ブラジル側代表)の指揮のもと、ブラジル内研究者の共同研究会が4回組織され、言語調査に関する具体的手順や方法論について討議が行われた。討議の結果、ブラジル日系社会の調査研究に関しては、談話収録調査と言語生活調査、文献調査の3点が最重点項目であることが確認された。

　2003(平成15)年3月10日には日本側とブラジル側との合同研究会を実施し、翌3月11日には「越境する日本語——ブラジル日系社会の言語をめぐって——」と題する国際シンポジウムが開催された(13:00〜16:30、大阪大学文学部中庭会議室)。開会挨拶には真田信治(事業推進者)があたり、工藤真由美(事業推進者)から事業説明がなされた。各報告者からは以下の題による報告がなされた。

　・馬瀬良雄「急がれるブラジル日系社会の言語研究」
　・Elza Taeko Doi「ブラジル多言語環境における日系社会の言語」
　・森幸一「ブラジル日系人の「日本語」と「コロニア語」をめぐる動向と主要言説―― 1908年〜1960年代まで――」
　・佐々木倫子「ブラジルと日本を結ぶ言語調査研究」

以上、日系社会の言語調査の特色と研究調査事業の流れを見てきた。では、具体的にどのような言語調査が行われたのか、次節で日系社会言語調査の概要について、調査のデザインにおける戦略を織り交ぜつつまとめる。

3. 日系社会言語調査の概要

3.1. 日系社会における調査の流れ

まずここで、言語生活調査や談話収録調査を立案する上で重要かつ決定的な役割を果たした「日系社会実態調査」について見ておこう。本節の内容は、森（2003）を継承したものである。

日系社会実態調査は、日系人の生活実態や日系地域集団地の抱える諸問題を明らかにし、その解決策を模索する際の基礎データとすることを目的に、2000年から2001年にかけて実施されたものである。当時サンパウロ人文科学研究所に所属していた森幸一と浅野卓夫が、立案から調査、分析、報告書作成に至るすべての調査プロセスを担当した。この調査の目的は、「立地条件が異なる複数の日系地域コミュニティーの実態調査を行い、日系人口の特徴、日系の個人や世帯の生活状況、地域社会が抱える問題、日系人の文化やアイデンティティーに関して、データを収集」し、同時に「日系人個人や日系社会が抱えるさまざまな問題（たとえばデカセギ問題、高齢者問題、日本語教育問題、治安問題など）をコミュニティーレベルで詳細に把握するこ

表1　日系社会実態調査における同居世帯員の世代別人口構成（2000–2001年度）

	ビラカロン	スザノ市福博村	マリンガ	アリアンサ移住地	全体(%)
1世	240 (25.6%)	100 (19.5%)	80 (7.9%)	103 (16.0%)	523 (16.8%)
2世	428 (45.7%)	217 (42.4%)	375 (37.0%)	301 (46.7%)	1321 (42.5%)
3世	200 (21.3%)	131 (25.6%)	403 (39.7%)	167 (25.9%)	901 (29.0%)
4世	23 (2.1%)	7 (1.4%)	66 (6.5%)	29 (4.5%)	125 (4.0%)
5世	−	−	1 (0.1%)	−	1 (0.03%)
混血日系人	35 (3.7%)	27 (5.3%)	52 (5.1%)	34 (5.3%)	148 (4.8%)
非日系人	10 (1.1%)	22 (4.3%)	32 (3.2%)	10 (1.6%)	74 (2.4%)
その他・無回答	1 (0.1%)	8 (1.6%)	6 (0.6%)	−	15 (0.5%)
計	937	512	1015	644	3108

（サンパウロ人文科学研究所編（2002）『日系社会実態調査報告書』(p.55)より修正転載）

と、そして立地条件の異なる複数の地域コミュニティー間でそれらを比較」し、問題解決のための基礎データを提示することであった。

　表1にサンパウロ人文科学研究所の「日系社会実態調査」より、4地点の日系社会における、調査対象世帯の同居世帯員の世代別人口構成を示しておく。なお、ここで採用している世代算出方式は、日本政府方式である（工藤編 2003、p.50）。

　この、サンパウロ人文科学研究所が 2000–2001 年度に行った日系社会実態調査を母体にして、大阪大学 21 世紀 COE プログラムにおける日系社会の言語調査が、次のような構成で実施された。すなわち、〔A〕日系社会実態調査から、地点および対象者を狭めつつ、〔B〕言語生活調査および〔C〕談話収録調査のデザインを行ったのである。以下に3つの調査における地点および対象者数を示しておく。

〔A〕社会実態調査（4地点：826世帯、対象者3108人）
〔B〕言語生活調査（2地点：対象者219人、2003年4–5月実施）
〔C〕談話収録調査（2地点：対象者48人（日本側）、2003年7–8月実施）

　このような調査研究の体系性によって、ミクロな言語構造面の分析が、その背景にある言語生活、さらにマクロな社会生活の側面と統合化して分析できるような包括性、体系性を備えているといえよう。ここで強調しておきたいのは、大阪大学 21 世紀 COE プログラムの日系社会の言語調査研究は、ブラジル在住の COE 共同研究者の森幸一が長年のフィールドワークを通して築いてきた現地との信頼関係の上に成り立つ、総合的研究の一環としての調査研究であるという点である。

　以下では、言語生活調査（3.2.）と談話収録調査（3.3.）に分けて、調査の概要をまとめていく。

3.2. 言語生活調査（意識調査）

　言語生活調査は、言語使用および言語教育をめぐる意識という側面からブラジル日系人・日系社会の言語生活の実態を総合的体系的に把握することを目的とするものである。ブラジルに在住する COE 共同研究者の森幸一を中心に、綿密に計画された言語生活調査は、2003年4月〜5月に設問用紙を用いた面接方式で行われ、MD やカセットテープによる録音も行われた。

ここでは言語生活調査について、調査地情報やサンプリングの方法、調査票の構成および調査実施の過程を見ていく。

3.2.1. 言語生活調査地（2地点）

調査地は「日系社会実態調査」で調査地となった日系集団地から2地点を選定することになった。その理由は、これらの集団地において調査対象世帯（個人）に関する情報が既に存在し包括的体系的な調査設計が可能だったこと、COE共同研究者がこれらの集団地を熟知し、かつ調査地の人々とラ・ポール関係を構築していたこと、文書史・資料などが存在しており調査地の歴史や現状を把握する上で有利だったことなど、調査の容易性が見込まれたことである。

先述の国際シンポジウムなどでの議論を経て、最終的に農村部に位置する以下の2つの集団地に決定された（このときの詳細な議論は森2003、p.39に詳しい）。

(a) サンパウロ州奥地農村部アリアンサ移住地（以下、アリアンサ移住地）

(b) サンパウロ州近郊農村部スザノ市福博村（以下、スザノ市福博村）

(a) アリアンサ移住地は、サンパウロ州最西端地域ミランドポリス市の大規模な日系地域共同体である。日本の海外協会が最初から永住型移住地建設を目指した、いわば自営農の計画移住地である。サンパウロ市からおよそ600キロ離れ、サンパウロ人文科学研究所の『日系社会実態調査報告書』によれば、2001年度時点で、約180戸の日系世帯、およそ644名の日系人が居住している。アリアンサ移住地は、弓場農場という特異な日系共同農場の存在でも有名である。弓場農場は、1935年に建設され、現在約80名の構成員が共同で労働し、あらゆる財産を共有しながら生活している。弓場農場の人々による「ユバ・バレエ団」や、1世の高齢者から4世の子供までもが生活言語として日本語を使用するなど、非常に興味深いコミュニティーである。

(b) スザノ市福博村は、サンパウロ市から東に向かって約30キロの距離に位置するスザノ市南部の近郊農村型日系地域共同体である。スザノ市福博村は一旦コーヒー耕地にコロノ（農村賃金労働者）として入った移民たちが、より有利な条件を求めて移動、定着した自然発生的な集団地である。先述の『日系社会実態調査報告書』によれば、2000年度時点で、約140戸の日系世

帯、およそ512名の日系人が居住する。1931年に日本人移民家族の転住をもってその歴史が始まった福博村では、1935年に「福博日本人会」が創設された。1948年には村づくり・村おこしのための実態調査（村勢調査）が行われ、以後、約10年ごとに継続調査が行われている。2006年に75周年を迎えた福博村では、これから5年ごとに調査を行っていく予定で、日本の研究者と連携して、多角的な調査を進めていきたいという希望がある。

3.2.2. サンプリング

調査対象者のサンプリングに関しては「包括的視点をもつ全体的把握」という目的が最重要視されたことは言をまたない。サンプリングの基準として年齢（15歳以上）と世代が採用された。それは、先行研究からの知見や「日系社会実態調査」のデータなどを検討した結果、世代と言語能力意識や言語生活の実態にある種の相関関係が予想されており、また、世代は通時的にも共時的にも、当該集団地の言語生活の実態を包括的に考察する上で有効な指標と考えられたためである。

そして、各調査地において各世代40人というサンプル数を設定した。これは、世代間の比較考察に基づく全体的把握と緊急性を有する言語の保存・記録という2つの目的をともに重視する立場にたちながら、さらに調査資金や期間、調査者数なども考慮してのことである。

こうして世代および年齢的指標により、アリアンサ移住地とスザノ市福博村において、それぞれ40名を目安に等間隔抽出法を実施し、最終的にアリアンサ移住地では111人（1世41人、2世42人（追加調査による1名を含む）、3世28人）、スザノ市福博村で108人（1世39人、2世41人、3世28人）の協力が得られた。表2に、各地点の世代別調査対象者数を示しておく。

表2　言語生活調査対象者の世代別人数

	アリアンサ移住地	スザノ市福博村	計
1世	41	39	80
2世	42	41	83
3世	28	28	56
	111	108	219

3.2.3. 言語生活調査票の構成

言語生活調査票は、全68問からなる。調査項目（設問）は基本的に①言語行動面、②言語意識・意見面という2つの範疇に区分することができる。日系社会構成員の生活における日本語とポルトガル語の使用と、両言語に対する意識を総括的に調べ、言語生活の動向、とりわけ言語保持・シフトの実態を捉えるという意図をもって作成された。

この調査票はこうした目的のほかに、2003年7月下旬から予定されていた談話収録調査の対象者選定のための基礎データ及びフェイスシートとして利用する目的ももっていた。この目的のために、調査項目の中に「言語を中心とした生活史（第1部）」という範疇に類別される設問が組み込まれた。この範疇に含まれる設問群は数量的分析とともに、半構造化インタビューによって、ある程度、調査者が調査対象者とのフォーマルな対話を引き出すことも意図しており、この対話を録音することで談話収録調査対象者選定のための基礎データとして利用することも意図されていた。また、調査票には調査者の観察による、調査対象者の談話収録調査への適性を判断する項目も盛り込まれた。つまり、言語生活調査はそれ自体完結した調査であるとともに、談話収録調査の予備調査も兼ねた「構造」をもっていたのである。

言語生活調査票の構成は次の通りであるが、詳細な項目については資料を参照されたい。

表3　言語生活調査票の構成

第1部　社会的属性・背景 　　　　（一般的な社会的属性、言語を中心とした生活史）
第2部　場面における言語使用の実態 　　　　（家庭での言語使用、地域社会での言語使用〈メディア・娯楽、日系団体、友人、宗教〉、職場での言語使用）
第3部　言語能力に対する意識 　　　　（日本語能力、ポルトガル語能力）
第4部　日本語教育に対する意識 　　　　（日本語教育に対する意識―現状と未来）
第5部　言語使用に対する意識 　　　　（訪日経験・デカセギ経験と言語意識、コロニア語をめぐる意識）

3.2.4. 言語生活調査の実施

ここではブラジル在住のCOE共同研究者である森幸一をチーフにして行

われた言語生活調査実施のための具体的な準備作業と、言語生活調査の実施状況、調査終了後のデータベース化について簡略にまとめる。

まず、言語生活調査実施のための具体的な準備作業が、2003年3月末から開始された。主要な点を箇条書きで示すと次のようになる。

(1) 調査票の印刷・製本及び調査関連書類の作成：調査関連書類は調査協力依頼書、調査録音承諾書、調査対象者リスト、調査実施マニュアル、調査票回答カードなどである。

(2) 調査地との打ち合わせ：共同研究者らが現地に出向き、村のリーダーに対して、調査に関する詳細な説明を行うとともに協力を要請した。具体的には調査日程の調整と決定、調査者の集団地内移動にかかわる交通手段の確保、宿泊場所の確保、食事の手配、調査協力依頼書の配布依頼などの作業を行った。

(3) 調査者の募集と調査実施マニュアルによるトレーニング

次に、言語生活調査の実施状況であるが、スザノ市福博村では2003年4月中旬、アリアンサ移住地では4月下旬から5月はじめにかけて、それぞれ1週間ほどの期間で行われた。調査地のリーダーや協力者、調査対象者の全面的な協力と、調査者の努力により、ほぼ所期の目的を達成して言語生活調査を終了することができた。最終的にスザノ福博村で108人、アリアンサ移住地で111人の協力が得られた。

言語生活調査で収集されたデータ（調査票）と録音済みカセットテープは速やかに日本に送付され、日本側の共同研究者や研究協力者の手で、コーディング作業、コード化されたデータのコンピュータへの入力作業（Excel使用）、そしてデータベースによる集計分析作業が実施された。このデータベースも参考にして、7月に実施された談話収録調査の調査対象者の選定作業が行われた。

以上、言語生活調査がどのようなプロセスを経て立案、準備、実施されたのかを見てきた。次節では言語生活調査に次いで行われた談話収録調査についてまとめる。

3.3. 談話収録調査（使用実態調査）

本節では、日本側の研究者により、ブラジル日系人の言語のうち、日本語という領域を中心に行った談話収録調査についてまとめる。

談話収録調査は、日本側とブラジル側との研究分担により、日本側は「消滅しつつある言語」の記録・保存の緊急性とも関連するので、日本語による談話収録を中心に行った。一方、ブラジル側はポルトガル語による談話収録を中心に調査を実施している。この両者における談話の種類や談話収録の構造は大きく異なるので、本節では本書の内容と関係する日本側の談話収録調査に焦点を当てる。

談話収録調査は、2003年7月〜8月に行われた。談話収録調査では、言語資料を単に後世に残すのみでなく、幅広い分野の研究者に提供できる良質の言語資料の収録を目指した。ここでまず、談話収録調査の全体像をごく簡単にまとめれば、次のようになる。

(a) 調査期間：アリアンサ移住地：2003年7月22日〜7月26日
　　　　　　スザノ市福博村　：2003年7月28日〜8月1日
(b) 調査者：工藤真由美（総括：大阪大学大学院教授）、森幸一（コーディネート：サンパウロ大学教授）、中東靖恵（調査担当：岡山大学専任講師）、李吉鎔（機材・データ担当：大阪大学大学院生）、レオナルド・メロ（連絡・移動担当：大阪大学大学院生）、長田優子（調査協力者：個人参加（NHK所属））、深沢雅子（調査協力者：個人参加（元新聞記者、サンパウロ在住））。このうち、1世の方々の調査には、李・深沢ペア、長田が担当し、2世の調査は中東、3世の調査はメロが中心になって行った。なお、李は韓国語母語話者であるため、調査に際し、日本語母語話者である深沢氏とペアを組んで調査にあたった。
(c) 調査対象者：各地点で24人（1世12人、2世8人、3世4人）、計48人

以下、談話収録調査の基本的な構造と戦略について説明を加えていく。

3.3.1. 調査法と談話の種類

談話収録調査は、半構造化インタビュー（Semi Structured Interview）を採用し、録音・（一部）録画を行った（メイン録音はDATを、状況録音はMDを使用し、調査対象者の協力が得られたときにはビデオ撮影）。収録談話は次の2種類である（各30分以上収録）。

（1）調査者との対話（フォーマルな談話）

（2）地域内の同世代同性の友人・知人（キーパーソン）との対話（カジュアルな談話）

　談話収録調査に際しては、大阪大学大学院文学研究科社会言語学研究室のSSコーパス Ver.1.0 の考え方を採用し（渋谷 2002）、フォーマルな談話とカジュアルな談話を収録した。

　（1）の調査者との対話は、各話者のもつフォーマルなスタイルの日本語を引き出すことを目的としている。しかし、このようなフォーマルな談話の収録だけでは日系社会で用いられている日本語の本質を捉えることはできないだろう。日系社会で使用される日本語は、ブラジルの公用語であるポルトガル語から大量の語彙を借用するなど、ポルトガル語との接触によりさまざまな影響を受けている。日本語へのポルトガル語の借用頻度は話し相手のポルトガル語能力ではなく、相手がスピーチコミュニティーのメンバーであるか否かが重要な指標になると考えられた。その日本語の現実態を把握するため、（2）のカジュアルな談話の収録を行った。

　また、ブラジル日系社会では、日本語とポルトガル語との接触という単純な様相ではなく、日本語内部の方言接触とポルトガル語との接触が重層的に起こったと考えられる。日本の様々な方言を母語とする移民間で日本語によるコミュニケーションを行うにあたっての地域共通語としての日本語が生成されているのである。（2）のカジュアルな談話の収録は、こうした実態の把握をも目的としている。なお、キーパーソンの構想については、3.3.3. で後述する。

　談話の種類として「対話」を収録することにした。調査対象者に（一方的に）話をしてもらうという独話スタイルよりも、対話のほうがより自然な談話が収録できると考えられたことから、「独話」ではなく「対話」形式の談話収録を行った。

　話題は日常的で具体的なもの（例えば1世の場合、移住した当時のこと、自分の子供や孫など家族のこと、2・3世の場合は現在の仕事や家族のこと、子供の頃どんな遊びをしていたか、日本語をどこで勉強したか、など）から政治、経済、教育などの抽象的な話題へと展開していったが、調査時の雰囲気や調査対象者の個性などに合わせ、臨機応変に会話を引き出していくこととした。（2）の地域内の友人・知人との対話では話題を特に限定せず、自由に話し合ってもらった。

　調査時の使用言語について、（1）の調査者との対話においては、原則、調

査者は日本語を使用することとした。しかし、日本語での質問が分からないなど、やむを得ない場合にはポルトガル語を使用してもよいこととした。また、(2)の地域内の友人・知人との対話においては、できるだけ日本語を使用して会話をしてもらったが、例えば話題により日本語での対話が困難である場合など、あまりにも日常の会話とかけ離れるような場合においては、ポルトガル語の使用を認めることとした。

調査時間については、各々の場面において、40分～1時間ほど談話収録を行い、最大2時間以内に調査を終了することとした。これは質的、量的研究に耐えうる量を確保するとともに、調査対象者の負担を考慮してのことである。

なお、(2)の地域内の友人・知人との対話は、同世代・同性間の談話を収録した。1世対2世、1世対3世、2世対3世の組み合わせのような異世代間、異性間の対話は今後の課題である。また、地域内の友人・知人との対話は各話者のもつ日常の自然なスタイルを引き出そうとした調査場面の設定ではあるが、録音機材を目の前にしてのものであるので、現実態そのものを反映していると考えるわけにはいかない。談話の分析・考察に際しては十分に注意すべきであろう。

3.3.2. 調査対象者の選定
3.3.2.1. 選定基準

談話収録調査対象者の選定に際しては、言語生活調査の日本語能力意識を分析した結果に基づいて、言語生活調査対象者（アリアンサ移住地：111名、スザノ市福博村：108名）の中から選定を行った。対象者の選定にはまず以下の点を考慮した。

(1) 1世
    a. 渡航時期：戦前渡航か戦後渡航か
    b. 戦前渡航の場合の年齢：言語形成期を日本で過ごした人かブラジルで過ごした人か
    c. 出身地域：東日本地域出身者か西日本地域出身者か
    d. 上記3点を満たした男女（計12人）

(2) 2世
    a. 幼児期の使用言語：家庭や地域社会で日本語を使ったかポルトガル語を使ったか

b. 学歴：ブラジルにおける学歴が高学歴かどうか（高校卒業を基準とした）
　c. 上記2点を満たした男女（計8人）
(3) 3世
　a. 日本語学習経験の多少：日本語学校で勉強した経験が多いか少ないか（5年を基準とした）
　b. 上記1点を満たした男女（計4人）
　以上の条件について説明を加える。
　1世の場合、戦前渡航か戦後渡航かで言語生活調査データの日本語能力意識に顕著な差は見られなかった。しかし日本で生育し、言語形成期を過ごした場合と言語形成期以前に渡航し、移住地で言語形成期を過ごした場合とで言語的特徴が異なる可能性も考えられた。そのため(1)のa、bのように分け、その検証を試みた。さらに従来の多くの研究において、ブラジル日系社会では、話者が東日本出身者であっても西日本方言形式（例えば、シトル、ショルなど）を用いることが指摘されている。その実態を把握するために、(1)のcの基準を設けた。なお、戦前に成人で渡航した人はわずかであるので、今回は対象外とした。
　2世は、幼児期に家庭と近所の地域社会で日本語を使っていたかどうかで日本語能力意識に差が認められたため、(2)のaの基準を設けた。またブラジルにおける学歴の違いによる日本語能力意識の違いも見られたため、(2)のbの基準をたて、検証を試みた。なお、言語生活調査の結果によると、幼児期に家庭内や地域において日本語を多く使っていた人は、年齢的に50代後半〜60代で、比較的低学歴（中学卒以下）の人が多かった。これとは対照的に、幼児期に家庭内や地域でポルトガル語を多く使っていた人は、年齢的には20代〜50代前半で、比較的高学歴（高校卒・大学卒）が多かった。その他の条件として、配偶者が日系人と回答している人が圧倒的に多いため、談話収録調査の調査対象者も配偶者が日系人である人とした。デカセギ経験者もほとんどいないため、調査対象者としてはデカセギ経験のない人とした。
　3世の日本語能力意識は日本語学習経験の多さと密接に関係している。(3)のaの基準をたてることで、検証できると考えられた。なお、3世における日本へのデカセギ経験と日本語能力意識には有意な差が認められなかったため、デカセギ経験の有無は選定基準に含まれていない。

3.3.2.2. 選定作業

　以上の選定基準に基づいて選定作業に取り掛かった。ここでは実質的な調査対象者の選定作業についてまとめる。まず選定の第1段階として、談話収録調査への適性を判断するため、言語生活調査で録音された音声資料を聞き取ることにした。聞き取りに際しては以下の点に注意して聞き、すべての資料に関して、各項目についてのコメントを記していった。また、以下の項目以外にも気付いたことがあれば、自由に記述することとした。

　　(a) 声の明瞭さ
　　(b) 積極性・話題の豊富さ
　　(c) 日本語における方言的要素の有無
　　(d) ポルトガル語の有無
　　(e) インタビュアーの言語

　談話収録調査においては、1世・2世・3世の各世代における言語的特徴が顕著に表れ、かつ、音声資料としても将来的に有用な談話を収録すること、また、時間的制約もあるため、できるだけ短時間でそのような資料を得る必要があった。(a) 声の明瞭さや(b) 積極性・話題の豊富さをここで挙げたのはこのような理由による。また、(c) 日本語における方言的要素の有無、(d) ポルトガル語の有無を挙げたのは、ブラジル日系社会における日本語の特徴として、西日本方言を中心とした各地方言が交じり合った日本語が使われていること、日本語にポルトガル語からの大量の語彙借用が認められることが先行研究ですでに指摘されているためである。さらに、日本側の調査では、日系社会における日本語の実態、そしてそれがポルトガル語との接触によりどのように変容しつつあるのかということに重点を置いたため、日本語で談話収録の可能な調査対象者を選ぶ必要があった。(e) インタビュアーの言語を聞き取りの際の注意点に入れたのは、そのためである。

　録音資料の聞き取り終了後、各項目について記されたコメントと、調査対象者の個人的・社会的属性、言語生活調査の結果に基づいて、談話収録調査に適した調査対象者の絞込み作業を行っていった。

　このようにして選定された談話収録調査対象者を表4、表5に示しておく。表4の中の対象者記号「BA1M60-17」は、「Brazil（ブラジル）Aliansa（アリアンサ移住地）1（世代）Male（男性）60（年齢）— 17（通し番号）」を表し、表5の中の「S」は「Suzano（スザノ市福博村）」の意味である。

第4章　ブラジル日系社会言語調査をめぐって　203

表4　談話収録対象者と条件（アリアンサ移住地）

1世			言語生活調査人数		談話収録調査対象者	
渡航時期	渡航年齢	出身地	男性	女性	男性	女性
戦前渡航	7歳以下	東日本	7	3	BA1M68-17	BA1F76-30
		西日本	1	2	BA1M67-02	BA1F76-07
戦前渡航	9-14歳	東日本	3	4	BA1M83-107	BA1F81-72
		西日本	1	1[*1]	BA1M82-101	BA1F83-36[*1]
戦後渡航	15歳以上	東日本	9[*2]	6	BA1M71-04	BA1F67-82
		西日本	3	1	BA1M65-64	BA1M87-63[*3]
			24人	17人	7人	5人
2世			男性	女性	男性	女性
幼児期		高学歴	4	2	BA2M60-16	BA2F67-25
（主に日本語使用）		低学歴	14	14	BA2M71-102	BA2F66-103
幼児期		高学歴	2	2	BA2M55-66	BA2F63-37
（主にポルトガル語使用）		低学歴	1	3	BA2M33-58	BA2F48-111[*4]
			21人	21人	4人	4人
3世			男性	女性	男性	女性
日語学校	多い（5年以上）		8	4	BA3M29-19	BA3F30-93
通学経験	少ない（5年未満）		8	8	BA3M27-28	BA3F35-43
			16人	12人	2人	2人

*1 朝鮮出身の話者である。　*2 台湾出身者1人が含まれる。
*3 東日本出身の男性である（1934年：19才で渡航）。　*4 幼児期は日本語使用話者であった。

表5　談話収録対象者と条件（スザノ市福博村）

1世			言語生活調査人数		談話収録調査対象者	
渡航時期	渡航年齢	出身地	男性	女性	男性	女性
戦前渡航	7歳以下	東日本	2	1	BS1M73-98	BS1F74-80[*1]
		西日本	3	2	BS1M71-48	BS1F79-43
戦前渡航	9-14歳	東日本	3	6	BS1M79-40	BS1F80-15
		西日本	7	5	BS1M81-22	BS1F76-20
戦後渡航	15歳以上	東日本	2	1	BS1M60-63	BS1F83-01
		西日本	4	3	BS1M73-73	BS1F64-82
			21人	18人	6人	6人
2世			男性	女性	男性	女性
幼児期		高学歴	5	5	BS2M50-67	BS2F40-54
（主に日本語使用）		低学歴	9[*2]	7	BS2M64-55	BS2F66-56
幼児期		高学歴	3	3	BS2M41-49[*3]	BS2F54-65
（主にポルトガル語使用）		低学歴	2	7	BS2M63-70	BS2F54-88
			19人	22人	4人	4人
3世			男性	女性	男性	女性
日語学校	多い（5年以上）		5	9	BS3M22-35	BS3F28-34
通学経験	少ない（5年未満）		9	5	BS3M27-31[*4]	BS3F24-41
			14人	14人	2人	2人

*1 西日本（石川県）出身者である。　*2 学歴不明な1人が含まれる。
*3 家庭では日本語の使用が多く、地域社会ではポルトガル語の使用が多い。
*4 BS3M27-31は、調査対象者の都合により、キーパーソンとの対話の調査ができなかった。

3.3.3. キーパーソン (key person) 構想

3.3.1. で述べたが、(2)のカジュアルな談話を収録するために、地域内の同世代同性の友人・知人をキーパーソンとして採用し、談話収録調査に協力してもらった。ここではキーパーソン(key person)構想についてまとめる。

談話収録調査では、各話者の最もカジュアルなことばを引き出すことを目的に、当初「友人との対話場面」の調査をデザインした。調査対象者に、最もカジュアルで気楽に話し合うコミュニティー内の親しい友人を紹介してもらうことが最も好ましいと考えられたのである。しかし、車無しでは自由に歩けないといった治安の問題や隣家が何キロも離れていることが多いこと、また1地区3.5日という実質調査日程などにより、親しい友人との対話場面のセッティング(事前承諾や手配など)に多くの困難があった。そこで社会経済的効率性を考慮し、同一地域内の友人・知人をキーパーソンとして採用し、カジュアルな談話を収録してもらうことにした。ここでいうキーパーソンとは、調査対象者から自然な談話を引き出すための重要人物、キー(key)となる人物(person)という意味で名づけたものである。

アリアンサ移住地、スザノ市福博村のいずれにおいても、以下の条件のもとに、キーパーソンにふさわしい人を選定した。

(1) 調査対象者と(親しい)友人関係にあり、調査対象者と自然でカジュアルなことばで話し合っていること
(2) 調査対象者と同年あるいは年下で、かつ同世代であること
(3) アリアンサ移住地、スザノ市福博村の各々の地域において、積極的に活動し、地域のことに詳しい人
(4) キーパーソンは言語生活調査の調査対象者であってもよしとし
(5) 1世のキーパーソンは東日本地域出身者から選出した

繰り返しになるが、本談話収録調査のポイントは日常行われている自然な談話をいかに引き出すかという点にある。そのため、調査対象者が年上の人と話をする場面では、当然、相手と親しい間柄であったとしても、丁寧なスピーチスタイルで話すことが予想される。そのため、キーパーソンは(2)に挙げたような、調査対象者と同年、あるいは年下であることが望ましいと考えた。

また、これと関連し、キーパーソンは調査対象者と同世代の人のほうがよいと考えた。「世代」は調査対象者の選定の1つの重要な条件でもあり、世

代という属性が話者の言語的特徴となんらかの相関性を持つ可能性が高いと考えたため、(2)のような条件を掲げることとした。

さらに、キーパーソンは談話収録調査の趣旨を十分に理解し、その目的に応じて調査対象者との談話を収録するという責務がある。また、調査対象者との調査日程の調整や、調査場所の確保、調査場所までの移動など実際の調査実施を考えた場合、各々の地域においてその地域のことをよく知り、積極的に活動しているような人がふさわしいと考え、(3)のような条件を掲げた。

そして日系社会の日本語には西日本方言形式の使用が見られることを考慮し、(5)のように、1世のキーパーソンは東日本地域出身者から選出し、言語形式のキーパーソンへの歩み寄りによる西日本方言形式の出現を防いだ。

以上、談話収録調査におけるキーパーソン構想について見てきた。表7、表8に各地区のキーパーソン情報を簡略に示しておく。

表7　アリアンサ移住地のキーパーソン情報

記号	世代	性別	生年	国籍	職業	学歴	出身地	渡航年度
1OK	1	男	1924	日本	無職	小学4年	埼玉県	1927
1TK	1	男	1933	日本	農業	小学1年	宮城県	1940
1MT	1	女	1918	日本	主婦(Y農場生活部)	中学卒	長野県	1936
1MS	1	女	1928	帰化	主婦(畜産業)	小学5年	長野県	1940
2YT	2	男	1933	ブラジル	農業(Y農場)	小学3年	-	-
2IM	2	女	1954	ブラジル	主婦(Y農場生活部)	小学卒	-	-
2MM	2	女	1952	ブラジル	主婦(Y農場家事部)	小学4年	-	-
3NE	3	男	1964	ブラジル	牧畜業(養鶏)	高校卒	-	-
3SL	3	女	1968	ブラジル	主婦	大学卒	-	-

表8　スザノ市福博村のキーパーソン情報

記号	世代	性別	生年	国籍	職業	学歴	出身地	渡航年度
1SS	1	男	1944	日本	農業	大学卒(日本)	満州	1969
1IK	1	男	1942	日本	牧畜業(養鶏)	高校2年	茨城県	1960
1ST	1	女	1928	日本	無職	-	宮城県	1937
2IJ*	2	男	1942	ブラジル	商業(植木)	中学2年	-	-
2DA	2	女	1946	ブラジル	農業	-	-	-
3IH	3	男	1984	ブラジル	林業	大学中退	-	-
3IP	3	女	1982	ブラジル	学生	大学在学	-	-

ここで、談話収録調査におけるキーパーソンの具体的な活動を少し紹介しておく。談話収録調査では、調査者がそれぞれの調査対象者の自宅に訪ねていき、約2時間の予定で話してもらったが、キーパーソンの方々は、カジュアルな談話の話し相手役を担当してくださっただけでなく、調査対象者の自

宅に訪ねる際の移動を自家用車で担当してくださった。スザノ市福博村ではキーパーソンの方々が調査対象者に電話をかけて調査の予定を立ててくださった。さらに、談話調査終了後に福博村の日系若年層による太鼓演奏を披露してくださり、バーベキューパーティー（シュハスコ）を催してくださった。アリアンサ移住地では、調査拠点である弓場農場で宿泊や食事をお世話になり、資料館や図書館なども提供していただき、自由に使わせていただいた。また、キーパーソンの方々が我々調査者を弓場農場まで迎えに来てくださった。

キーパーソンの方々、そして調査対象者の方々には相応の謝礼をしているが、感謝の気持ちと敬意はこれからも何らかの形で表していきたいと考えている。

3.3.4. 調査日程

談話収録調査の日程を表9に示しておく。

表9　談話収録調査の日程

日目	月　日	（談話収録調査の）スケジュール	宿泊地
1日目	07月21日	調査打ち合わせ、夜行バスでアリアンサ移住地へ移動	弓場農場
2日目	07月22日	朝：アリアンサ移住地着、現地リーダーと対面、打ち合わせ	弓場農場
3日目	07月23日	午前：インタビュー調査　午後：インタビュー調査 夜：ミーティング（調査の結果、問題点報告）	弓場農場
4日目	07月24日	午前：インタビュー調査　午後：インタビュー調査 夜：ミーティング（調査の結果、問題点報告）	弓場農場
5日目	07月25日	午前：インタビュー調査　午後：インタビュー調査 夜：ミーティング（調査の結果、問題点報告）	弓場農場
6日目	07月26日	午前：インタビュー調査　夜行バスでサンパウロへ出発	
7日目	07月27日	朝：サンパウロ到着、スザノ市福博村調査の打ち合わせ	サンパウロ
8日目	07月28日	午前：スザノ市福博村へ出発、現地リーダーと対面、打ち合わせ	スザノ市福博村 大浦文雄氏宅
9日目	07月29日	午前：インタビュー調査　午後：インタビュー調査 夜：ミーティング（調査の結果、問題点報告）	スザノ市福博村 大浦文雄氏宅
10日目	07月30日	午前：インタビュー調査　午後：インタビュー調査 夜：ミーティング（調査の結果、問題点報告）	スザノ市福博村 大浦文雄氏宅
11日目	07月31日	午前：インタビュー調査　午後：インタビュー調査 夜：ミーティング（調査の結果、問題点報告）	スザノ市福博村 大浦文雄氏宅
12日目	08月01日	午前：インタビュー調査　午後：サンパウロへ出発	サンパウロ
13日目	08月02日	サンパウロで合同会議	サンパウロ

3.3.5. 収録機材

談話収録調査における機材は、メイン録音として DAT とデジタルステレオマイクを使用し、状況録音は MD とデジタルステレオマイクを使用した。そして、ビデオ撮影の協力が得られた調査対象者にはビデオ撮影を行った。そのほかデジタルカメラでの撮影も行った。本調査で使用した機材一覧を以下に挙げる。

* DAT：SONY　TCD-D100（2台）、SONY　TCD-D8（2台）
* MD：SONY　MZ-B100（4台）
* デジタルステレオマイク：DAT用 SONY　ECM-MS907（4本）
　　　　　　　　　　　　 MD用 SONY　ECM-719（4本）
* ビデオカメラ：SONY ハンディカム DCR-PC120（2台）
　　　　　　　　DCR-PC9（1台）
* デジタルカメラ：SONY　DSC-P5（1台）、DSC-P9（1台）

4. ブラジル日系社会言語調査の意義（まとめに代えて）

　本節では、日系社会の言語調査研究のもつ学術的な意義や、社会的な使命についてまとめる。

　まず、本研究プロジェクトは、狭義の言語学や社会言語学、応用言語学（日本語教育学）、文化人類学といった学際的見地から、緻密に計画された総合的な言語調査研究である。こうした総合的な言語調査研究によって得られた言語資料は、幅広い分野の研究者に提供することを目指したものである。ブラジル日系社会において話される日本語は、日本の各地方言の接触と混交によって生まれた「コロニア日本語」とでも言うべきものである。威信言語であるポルトガル語との接触言語としての「コロニア語」とともに、コロニア日本語の生成プロセスを解明し、その運用の実態を記述することが急がれる。日系社会の言語調査で得られた言語資料は、日本語（のバリエーション）とポルトガル語（のバリエーション）の接触・混交の実態について、発音、語彙、文法項目の言語事象や日本語とポルトガル語のコード・スイッチングなどの分析が可能であり、個別言語項目（vocabulary and syntax, as well as the use of small-scale linguistic variants）から言語行動（terms of address, honorifics, turn-taking, and politeness strategies）に至る多様なスタイルの切り換え、ある

いは摩滅に関する研究にも耐え得るものである。

　日系社会の言語調査研究は、学術的に貴重な調査研究となったと確信しており、その成果の一部は『21 世紀 COE プログラム報告書』（工藤編 2003、2006）や『大阪大学大学院文学研究科紀要』（工藤編 2004）に紹介されている。また収集された言語資料は、共同研究者の中東靖恵を中心に研究協力者の協力を得てデジタル化が進められている。その一部が工藤編（2006）において音声資料として紹介されている。今後多くの研究者が参加し、さまざまな観点から分析し考察していく予定である。

　次に、日系社会の言語調査研究の社会的使命についてであるが、これまで多くの調査研究において情報提供をする現地の人々と情報提供を受ける研究者という非対称性の問題が指摘されてきた。日本とブラジルの友好への貢献を理念としてきた日系社会の言語調査研究では、言語調査における研究者と現地の人々との関係のあり方についても、臨床性・横断性という視点から検討を行ってきた。李（2006b）は、研究者と現地の人々との不平等な関係を改善し、互恵的パートナーシップの確立が望まれること、研究者と現地の人々とが共に問題を発見し、共に行動計画を策定する「参加型アクションリサーチ」が求められることなどを指摘し、実践的な言語調査のあり方について、次の 3 点を提案した。

　（a）現地の人々との対話の臨床性という視点から、研究者は（言語）調査研究の計画段階から現地の人々の声を聞くことが大事である

　（b）研究者およびディシプリンの横断性という視点から、フィールドを共にする研究者やディシプリン間で資料の共有を含む交流が望まれる

　（c）これまでの調査研究では、調査のデザインや資料収集、報告書刊行に重点を置いてきたが、臨地調査終了後の研究者と現地の人々との対話の継続が重要である

　こうした検討を経て、日系社会の言語調査研究では報告書や談話収録調査の傍ら収録した映像資料を現地へ還元することはもちろん、現地からの要望がある場合には、第 1 次資料（無修正生データ）に関しても、個人情報保護の観点および著作権の観点、資料流用などの観点からの議論を経て、できる範囲において積極的に現地へ「還元」している（そもそもこういった資料は現地のものであり、研究者は預かっているのだから、「還元」というより「お

返し」である)。たとえば、スザノ市福博村には「収録談話のコピー」を、アリアンサ移住地には「アリアンサ移民80周年史」の作成に役立ててもらうために言語生活調査資料の一部を「お返し」している。

　また、現在スザノ市福博村では、大阪大学21世紀COEプログラムの共同研究者である森幸一がライフヒストリー調査を進めており、映像によって村の歴史を残していく作業も進められている。3.2.1.でも述べたが、スザノ市福博村では1948年に行った第1回村勢調査以降、約10年ごとに継続調査を行っている。今後は5年ごとに調査を行う予定であるが、日本の研究者と連携して、多角的な調査を進めていきたいという希望がある。日系社会の言語調査研究は、社会的な使命として、現地の人々を単なる情報提供者としてだけではなく、研究の主体として位置付け、研究者と現地の人々とが協力し、継続的な研究を行うことによって新たな付加価値の創出を試みている。こうした研究者と現地とが協力し合い、継続的な(調査)研究を行うことが大変望まれるのである。

　以上、日系社会の言語調査研究の社会的使命について述べてきた。研究者の使命の1つとして、調査への協力が現地の人々にとってプラスになる、あるいは現地の人々がプラスにしていけるような研究者の働きかけが必要であると考えている。そして現地(フィールド)に調査を受け入れられる底力があれば、調査の刺激を受けて、現地の内部から力を発揮していくことも可能であろう。現地にもそういった力を期待したい。

参考文献

工藤真由美編（2003）『言語の接触と混交―日系ブラジル人の言語の諸相』大阪大学21世紀COEプログラム「インターフェイスの人文学」2002・2003年度報告書5（第1部）

工藤真由美編（2004）『ブラジル日系社会言語調査報告』大阪大学大学院文学研究科紀要44-2

工藤真由美編（2006）『言語の接触と混交―ブラジル日系社会言語調査報告』大阪大学21世紀COEプログラム「インターフェイスの人文学」報告書

真田信治編（2006）『社会言語学の展望』くろしお出版

山東　功（2003）「ブラジル日系人の日本語への視点」『女子大文学』54　大阪女子大学

サンパウロ人文科学研究所編（2002）『日系社会実態調査報告書』サンパウロ人文科学研究所

渋谷勝己（2002）「プロジェクトの概要」『阪大社会言語学研究ノート』4　大阪大学大学

院文学研究科社会言語学研究室
森　幸一（2003）「日系社会調査と言語生活」工藤真由美編『言語の接触と混交―日系ブラジル人の言語の諸相』大阪大学21世紀COEプログラム「インターフェイスの人文学」2002・2003年度報告書5
李　吉鎔（2006a）「ブラジル日系社会言語調査の概要」『国文学解釈と鑑賞　特集南米の日本人と日本語』71–7　至文堂
李　吉鎔(2006b)「言語調査を内観する―調査者の思いとフィールドの声―」『2005年度〈若手研究集合〉報告書』大阪大学21世紀COEプログラム「インターフェイスの人文学」大阪大学文学研究科・人間科学研究科・言語文化研究科

（李　吉鎔）

第 5 章　ブラジル日系移民社会における言語の実態
　　　　―ブラジル日系人の談話資料から見えてくるもの―

1. ブラジルの日系移民

　　ファゼンダの朝の鐘の音ききいたり遠いむかしをなつかしみつつ
　　　　　　　　　　　　　　　　　　　　　　　　（中山修南、1963 年）
　　冬枯れの苑の一隅黄イペーの咲けば青空一きわ碧し
　　　　　　　　　　　　　　　　　　　　　　　　（井川季子、1968 年）

　これは 1981 年に刊行された『コロニア万葉集』[1] に収められている "コロニア短歌" である(括弧内、作者と発表年)。ここでいう「コロニア(colônia)」とは、今から約 100 年前、ブラジルに移住した日本人によって築かれてきたブラジルの日系移民社会のことである[2]。その歴史は、1908 年 6 月 18 日、日本人 790 余名を乗せた第 1 回移民船笠戸丸がサントス港に入港した時から始まった。

　初期の移民たちは短期的出稼ぎを目的とし、その多くがコロノ(colono：農業契約労働者)としてサンパウロ州のコーヒー・ファゼンダ(fazenda：耕地、農場)に配耕[3] された。だが、ファゼンダでのコロノ生活は過酷で困難を極めたため、中・長期的出稼ぎへと路線を変更、借地農、自立農としての道を歩み始めた。そして、次第に日本人集団地としての「植民地」を形成していく。1920 年代には、サンパウロ州内陸奥地へ伸びた鉄道沿線を中心に数多くの植民地が形成され、1930 年代には移民入国者数のピークを迎え、植民地は全盛期を謳歌することとなる。

　「日本人が 3 人集まると日本人会をつくる」「ヨーロッパ人はまず教会を建てる。日本人はまず学校を建てる」とよく言われたように、植民地が形成

されると、まず日本人会がつくられ、青年会、そして子弟たちに日本語を教える学校がつくられた。植民地が成熟してくると、婦人会、日本人学校後援会、産業組合など数多くの団体が組織されていった。日本人会は、道路・橋の補修、衛生、冠婚葬祭、農事など植民地内の自治組織として管理・運営の中心的役割を果たし、とりわけ子弟教育には力を入れた。

移住当初、子弟教育にはあまり関心が寄せられておらず、日本語よりもむしろブラジル語[4]（＝ポルトガル語）習得を希望する父兄もいた。だが、植民地形成が進むにつれ、日本語教育を含めた子弟教育のあり方が植民地の中核的問題となり、さらには移民社会全体の共通の問題として、その後も尽きることなく議論され続けることとなる。このように子弟教育を通じて形成された植民地間のネットワークは、邦字新聞を中心としたエスニック・メディアの整備と流通体制の確立により補強され、次第に移民たちの間に「在伯同胞社会」というエスニック共同体、あるいは「在伯同胞」というエスニック・アイデンティティが生まれていった。

だが、1930年代後半以降のブラジル・ナショナリゼーション政策と第二次世界大戦開戦により、移民社会は混乱に陥ることとなる。外国語教育・外国語新聞発行・外国語使用の禁止など強力なブラジル同化政策の一方で、満州事変以降の日本の軍国主義・国粋主義思想の影響を受け、移民たちは2つのナショナリズムの狭間で悩み苦しんだ。

そして迎えた日本の敗戦、終戦直後の"勝ち組負け組"抗争を経て徐々に落ち着きを取り戻していく中で、祖国への帰国を諦め、ブラジルの地に永住を決意するという意識が醸成されていく[5]。かつて「在伯邦人社会」「在留同胞社会」などと自称した移民社会はいつしか、ブラジル人として成長した子弟たちを含めた日系社会を意味する「（日系）コロニア」と呼ばれるようになり、「ブラジルの日本人」としての新たなアイデンティティを析出していった。

1941年以来途絶えていた移住も、1952年には再開され、コロニアの新メンバーとして戦後移民が加わった。だが、60年代に入ると入国者数は減り続け、80年代には100人を下回り、約70年間に及んだ移民の時代は実質上幕を閉じることとなった。戦前・戦後を通じてブラジルへ渡った日本人は約24万人、そしてその子孫も含めた現在のブラジル日系人口は推計約140万人である。一世世代の減少・高齢化により構成メンバーの中心は二世、三世

へと世代交代し、職業の多様化、都市部への人口集中、高学歴化、非日系との結婚など、日系人の生活も大きく様変わりし、コロニアに帰属意識を持たない若い日系世代の増加は、エスニック・グループとしての日系コロニアから求心力を失わせることとなった。そして、80 年代後半以降の日本への"デカセギ現象"は、日系コロニアの衰退に拍車をかけた。

2. ブラジル日系移民社会の言語生活と言語の接触

　日系コロニアの衰退は、移民らによってブラジルに持ち込まれた日本語の衰退をも意味する[6]。移住開始から 50 年経った 1958 年に、ブラジル在住の日系人を対象に行われた全国調査[7]によると、家庭内使用言語は都市部・農村部ともに日本語が優勢であったが、それから 30 年が経過した 1987 〜 88 年にサンパウロ人文科学研究所によって行われた全国調査[8]では、都市部・農村部ともにポルトガル語が優勢となっていた。つまり、この 30 年の間に、家庭内での日本語使用とポルトガル語使用は逆転してしまったのである。

　また、近年、サンパウロ人文科学研究所によって 2000 〜 01 年に実施された調査[9]では、家庭内でポルトガル語を使用する傾向は、親子間・夫婦間に比べ、特に子供間で顕著であることが示されており、2003 年に農村部 2 地点で行われた言語調査[10]では、日本語中心の一世から日本語・ポルトガル語併用の二世、ポルトガル語中心の三世へという言語使用の世代的推移が認められると報告されている（中東 2005、2006a、2007a）。移住開始から 100 年経った現在、ブラジル日系社会における日本語からポルトガル語への言語シフトは、ほぼ完了しようとしているのである。

　では実際、ブラジルで暮らす日系人の言語はどのようであるのか。日系社会における言語の問題は移民たちにとって常に大きな関心事であったが、それは戦前・戦後を通じ子弟教育を巡る言語問題、とりわけ日系子弟への日本語の継承という教育問題として語られることが多く、言語の記述が行われるようになるのは 1950 年代後半以降のことである[11]。

　ブラジル移住 50 年を記念して編纂された『かさと丸』(1958: 64) の中に「第一回移民のアルバイト"日伯混合語"で結構商売できる」と題した次のようなコラムがある。

グワタパラ耕地に配耕された第一回移民の元気な若い連中は、いまでいうところのアルバイトを考えついた。（中略）彼らは日曜日や祭日を利用しては附近のブラジル人農家を訪ねては"ポルコの去勢はありませんか"と注文をとった。そしてこういった。
　"ヨウ、グワタパラ、ノエ、メジコ、カッパード、ノエ、シュノール、テン、ポルコか、ノンテンか‥、テンならテンとファーラ・パラミー"
　まことに珍妙な日本語チャンポンのブラジル語だが、彼らの言わんとするところは「私はグワタパラ耕地にいるポルコの去勢の技術者ですが、あなたのところではポルコを飼っていますか。もし飼っているなら、去勢させて下さい」というのである。
　ところが、どうみたところで相手が判りっこもなさそうな、こんな"日伯混合語"で結構通じたというのだから不思議である。

　グワタパラ耕地は第1回笠戸丸移民の配耕先の一つであるが、ここに示されているのはポルトガル語のほとんどできない初期の移民たちが話した言語の一例として興味深い。「ヨウ (eu：私)、グワタパラ (Guatapará：耕地名)」「メジコ (médico：医者)、カッパード (capado：去勢豚)」のような語彙の羅列、「テン (tem：持つ・ある)、ポルコ (porco：豚) か、ノンテン (não tem) か…、テン (tem：持つ・ある) ならテン (tem：持つ・ある) とファーラ・パラミー (fala para mim.：私に言ってくれ)」のようなポルトガル語と日本語の文法の混交、名詞に冠詞はなく単数形・複数形の区別もない、当然のことながら発音は日本語的であっただろう。日系移民らのポルトガル語についての記述は少ないが、半田 (1970) の中に、ファゼンダ時代に言葉が通じず困った移民たちの姿が、言葉の特徴とともに描かれている[12]。
　日常生活におけるブラジル人との接触は、移民たちの日本語に大きな影響を及ぼした。佐藤 (1957: 81) より、ある日系コロニアにおける家庭内の会話例を引く。

「ターちゃんはフィカ・ケットしてコメしないとママイはノン・ゴスタですよ。」
　このような奇怪な言葉が母と子の間に交わされる時に親爺は新聞の市況欄を見るに余念がない。長男と長女はおめかしをして友達の誕生祝の

バイレに出かけるのを二男坊が冷やかしている。
　「二人共ムイト・コンテンテね、バイレでナモラーダをアランジャするつもりかな」
　長男と長女はそれを知らぬ顔で「パパイ、自動車のシャーヴェ・オンデ・テン、それからミ・ダー・ドゼントス・クルゼーロス、ガソリーナをコンプラせにあならんで。」

　佐藤（1957）はこれを「コロニア語の解剖」と題したエッセイの中で"代表的なコロニア語の実例"として挙げている。その言語的特徴としては、「ママイ（mamãe：母）」「バイレ（baile：ダンスパーティ）」「ナモラーダ（namorada：女性の恋人）」などの名詞、「コメしないと（come：食べる）」「アランジャする（arranja：手に入れる）」などの動詞のほか、「フィカ・ケットして（fica quieto：静かにする）」「ムイト・コンテンテね（muito contente：とても喜んでいる）」などポルトガル語からの借用が多いこと、「コンプラ（compra：買う）せにあならんで」のように方言的要素が現れることが挙げられる。
　また、長男長女の発話では「パパイ（papai：父）、自動車のシャーヴェ（chave：鍵）、オンデ・テン（onde tem？：どこにあるの）、それからミ・ダー・ドゼントス・クルゼーロス（me dá duzentos cruzeiros：200クルゼーロ、ちょうだい）、ガソリーナ（gasolina：ガソリン）をコンプラ（compra：買う）せにあならんで」のような日本語とポルトガル語のコードスイッチングが見られる。
　移民たちの持ち込んだ方言混じりの日本語が移住先のポルトガル語と接触、混交して生まれたこのような言語は、かつて「ポルトガル語交じりの日本語」「日伯混成語」などと呼ばれていた。だが、1950年代後半から60年代前半、日系社会を「コロニア」と呼び、自らを「コロニア人」と名乗り始めた日系移民らはこれに「コロニア語」という新しい名称を与え、その言語的特徴や現状、将来の姿について、活発な議論を展開していった（森2004）。
　コロニアで生活をしていく中で必然的に生まれたコロニア語は、佐藤が"奇怪な言葉"と評しているように、あまりにも日本の日本語とかけ離れた姿であるがゆえに"乱れた、崩れた"日本語として悲観する声がある一

方で、「コロニアの日本語は日本のそれとちがってもいい」(アンドウ 1966: 46)、「単に言葉が"崩れて"混ってなどいるのではない。生きていくうえでのストラテジー(戦術)として、われわれは故意に混ぜ、苦労して両語をこねあげているのである」(前山 1972: 116) と、その存在意義を積極的に位置付けるものもあった。

3. ブラジル日系移民社会における日本語の特徴

　ブラジルの日系社会で独自に育まれた日本語には、どのような特徴があるのか。土曜会機関誌『時代』14 号 (1951: 1–9、21) に掲載の「座談会　コロニアの日本語」において繰り広げられた議論は、流行語を生み出す文化的中心の欠如と若年世代の日本語離れ、地方出身の移民らによる方言間接触と方言の標準化、映画やラジオによる発音の変化、ポルトガル語による日本語の変容など、言語的特徴についての示唆に富む。

　日系人による言語記述の中で最も卓越したものとして、半田 (1952) が挙げられる。「ブラジルにおける日本語の運命」[13] と題されたこの論文では、ブラジルにおける日本語は「労働移民の使用するコトバ」であり、「日本全国から集つた移民の方言がまじり合つてその中でなるべく一般的にわかりやすいコトバだけが通用することになつて存続している」が、「一つの統一体とはなつていないで各地方で最も数的に又文化的に優力な県のコトバが主体となつてそれに各県の方言がまじり合つている」こと、そして「われわれはブラジルの土をふんだ日からブラジル語を使用すべき運命をおわされていた」のであり「生活文化の差からはいつてくるブラジル語はこれに類似した日本語を駆逐して用いられるようになってくる」(同：7–8) といったように、ブラジルに長年暮らす日系移民としての半田の鋭い洞察に基づく日本語論が展開されている。

　ブラジル日系社会における日本語は、1970 年以降、日本の言語研究者らにより学問的見地から記述・分析が行われ、その特徴が精査されていく[14]。その中で多くの研究者により指摘されている特徴をまとめれば、(1) ポルトガル語からの借用、(2) 西日本方言を中心とした方言の混用、(3) 日系社会特有の語彙や語法の使用が挙げられる。これらの特徴は、ハワイ日系人の日本語と基本的に共通し、また、待遇表現が少ない点も両者に共通する特徴で

ある (鈴木 1982)。

　ポルトガル語からの借用については、比嘉 (1982)、鈴木 (1979)、久山 (2000) ほか、数多くの論考で言及されている。半田 (1952) は「ブラジル語の日本語化」として、例えば、feijão「ヘジョン」、arroz「アロイス」、grampo「ガランポ」のように [f]、[x]、[gr] を日本語音で代用したり、você「オッセー」[15]、açúcar「アスーカ」のように [v]、[-r] を脱落させるなどの音声的特徴[16] や、動詞は「パシアする (passeia：散歩する)」「ナモーラする (namora：恋する)」のように、直説法三人称単数現在形[17] に「する」を付したサ変動詞として、形容詞は「ボニートな (bonito：きれいな) 着物」「ペザードな (pesado：重い) 荷物」のように[18]、副詞は「ロンジェに (longe：遠くに) 居る」「ペルトで (perto：近くで) 働く」[19] のように用いられるなどの例を示す。

　ポルトガル語からの借用で顕著な特徴は、その借用の量の多さであり、日本語の語彙に存在しない語句や概念を補うだけでなく、呼称、親族名称、数量、時を表す語など、日本語に既存の語彙も借用語で代用される (比嘉 1982)。たとえ日本語に翻訳可能な語であっても、例えば「茶碗」と「チジェーラ (tigela)」は別物であり、「コジーニャ (cozinha)」を「お勝手」というと日本臭が強くなると半田 (1952、1980b) は言う。ただし、借用の度合いは個人によりかなり異なり、また同一話者であっても一様でなく、話し相手や場面によっても変わるという。

　日系移民の多くは西日本地域出身者であった。1958 年の全国調査によると、出身県別入国者数上位 10 位は、熊本、福岡、沖縄、北海道、広島、福島、山口、鹿児島、岡山、高知であり、九州地方と中国地方が多いことが分かる。この事実により、移民の日本語が西日本方言をベースに形成されていったことは十分理解できよう。加えて、初期の移住者の多くは農村出身者や地方小都市の出身者が多く、標準語を話す者が少なかったため、日常の使用言語は方言であった。各地方言が入り乱れるうち、次第に一般に通じない方言が捨てられていったが、日本とは違い、標準語といった「コトバのよりどころ」がなく (半田 1952: 10)、また、標準語と方言の違いが意識されることも少なかったために[20]、標準語化への方向も辿れず、各地方言が混用される状態となった[21]。

　常にポルトガル語の影響下に置かれ、日本語の規範を持つことの難しかっ

たブラジル日系社会における日本語は、結果的に日本の日本語と著しく乖離することとなったが、それゆえに、日本の日本語とは違う新しい語彙や語法を誕生させることとなった。例えば、二世によく聞かれるという「タクシーをつかむ (pegar um táxi より)」「映画が通っている (passar um filme より)」といった言い方や、呼びかけ語の「おじさん」「おばさん」、「下議（下院議員の略）」「連議（連邦議員の略）」などの略語や「続営（続けて営業する）」「下航（船から降りる）」などの造語、「私たちはすみやかなところに住んでいます」に見られる「すみやか」の意味変化などである。だが、このようないわば「日本語のブラジル方言」は、とりわけ日本語教育の立場から批判の対象とされ、皮肉にも一部の日本人研究者らにより"正しくない日本語""乱れた日本語"というレッテルを貼られてしまうのであった。

日本語からポルトガル語へ言語交替する過程を、半田（1952: 20）は「日本語のブラジル語化」として次のように語る。

> ブラジル語の中へ日本語を入れることが若い者や二世の間に行われているが、これはブラジル語のシンタクスが根幹になっているのであるから、ブラジル語になった最初である。「おぢさん、この本、ヨにくれない?」は日本語の構成であるが「おぢさん、ポーデ・ミ・ダール・エステ本?」はブラジル語である[22]。（中略）単語に日本語が取り入れられているというにすぎない。もし日本語がこうなったら、もう根本のものが失われたことになる。

4. ブラジル日系移民社会における言語の実態

日系社会の知識人らによる、あるいは日本の言語研究者らによって行われてきた日系社会における日本語の記述は、ブラジルにおける日系移民の言語実態を把握する上で重要な位置を占めるが、そこで描かれているのは、研究者らの手によって凝縮された言語事象の断片であり、日系社会で営まれる現実の言語の姿、つまり自然談話の記録は行われていない。日本語中心の言語生活を営む世代が減少している今、言語の記録・保存は緊急の課題であり、移り行く日系社会における言語の実相を捉えるためには、総合的な視点が不可欠である。

以下では、大阪大学 21 世紀 COE プログラム「ブラジル日系社会における言語の総合的研究および記録・保存事業」の一環として、2003 年にブラジル日系奥地農村・近郊農村 2 地点で行った談話収録調査から得られたデータの一部を示し、世代ごとに見られる特徴を述べてみたい。

4.1. 収録談話について

以下に掲載する談話は、次のような談話収録調査によって得られたものである。調査の概要を示す。

調査地：サンパウロ州ミランドポリス市アリアンサ移住地（奥地農村）
　　　　サンパウロ州スザノ市福博村（近郊農村）

調査対象者：調査地在住の日系人。事前に行った言語生活調査（2003 年 4 月～5 月に実施）の対象者の中から選定。

調査期間：2003 年 7 月 22 日～26 日（アリアンサ移住地）、2003 年 7 月 28 日～8 月 1 日（福博村）

調査方法：以下の 2 種類の談話を収録。談話収録に際し、特に話題指定をせず、自由なテーマで話してもらうようにした。
　1)　調査者 1 名とインフォーマント 1 名との対話（formal な談話）
　2)　インフォーマント 1 名とキーパーソン（地域内の同世代・同性の友人・知人）1 名との対話（casual な談話）

実施人数：48 人（各地点 24 人ずつ：一世 12 人、二世 8 人、三世 4 人）

収録した談話のうち、ここでは一世、二世、三世の各世代 1 名ずつについて、談話の文字化資料を一部掲載する[23]。なお、調査の詳細については、工藤編（2003、2004、2006）および本書収載の李論文を見られたい。

以下の談話文字化資料で使用した記号のうち、《　》はポルトガル語に対応する日本語訳を、*** は聞き取り不能を意味し、文脈を理解する上で必要な情報がある場合には【　】、あいづちは（　）、笑いや咳など非言語音は｛　｝、また、状況描写などは必要に応じて［　］で示した。話者のプライバシー保護のために明記できない単語は「　」でくくり、「人名」「地名」等とした。

4.2. 一世の談話とその特徴

以下はスザノ市福博村在住の一世女性同士の談話である。インフォーマント（BJ）は 1929 年生まれ、石川県出身の 74 歳で、4 歳で渡伯、対話相手で

あるキーパーソン（KP）は1928年生まれ、宮城県出身の75歳で、9歳で渡伯しており、両者とも戦前子供移民である。談話では、子供たちの結婚問題とインフォーマントの息子家族について話している。

KP： 娘さんたち、それじゃ、7人のうち1人？　6人もおられるわけ？
BJ： うん。6人おる。(KP：ヘー)1人は「地名」に、もう casa《結婚する》して行って(KP：うーん)、あとは Suzano《スザノ》にみんなおるね。(KP：うーん)まだ1人、まだ casa《結婚する》せんでおるんよ。{笑い}(KP：あー)Banco《銀行》、銀行通っとるけどね。(KP：ああ、ああ)もう ca, casa《結婚する》せんって言いよるよ。{2人の笑い}
KP： 今の子は困りますよね。{2人の笑い}
BJ： もう安心。**せんでいいよって。{2人の笑い}
KP： 時期が過ぎるとなかなか casa《結婚する》せん。(BJ：はい)やっぱ若い時、casa《結婚する》しとかんと…
BJ： はよ【早く】しとかにゃいかん。
KP： ねえ。(BJ：うん)いかんですねー。(BJ：うん。そう。もう年とったら…)うちでも、1人おるん。
BJ： はあ。ああ、そう？
KP： Casa《結婚する》せんのが。{2人の笑い}まあ、息子は心配してないけどね。(BJ：うん、そうね)娘ねー。(BJ：うーん){笑い}
BJ： もうやっぱり年とったら、もう、億劫になるんかなんかー、(KP：ええ)ねえ。(KP：そうです)やっぱり早く、もう年頃になったらはよ【早く】casa《結婚する》せにゃいかんねえ。
KP： ええ。(BJ：うん)だから casa《結婚する》する言うたら外人【ブラジル人】でも何でも(BJ：なんか{笑い})いいんだよね。{笑い} Não.《いいえ》それね…
BJ： 私も、あの、息子の嫁が、ほら、外、(KP：ええ)あのー、外人【ブラジル人】でしょ。(KP：ええ)外人っちょう…あのー、外国人だからね。(KP：ええ)うーん、でもやっぱり不自由ねー。{2人の笑い}
KP： ［笑いながら］しょうがないですよ。
BJ： ［笑いながら］私がブラジル語【ポルトガル語】、あんまり{KPの笑い}できないでしょ。(KP：うん)あー、不自由。
KP： ああ、そうですか？
BJ： 言いたいことも言えんねー。(KP：うーん)うーん。
KP： 「人名」さんもそんなこと言いよった。{笑い}
BJ： ああ、そう？ああ、そうだろう。(KP：**のねー)うん。うん。もう…
KP： まあ、まあ。「人名」さんの孫たちもみんな【配偶者が】外人ね。
BJ： みんーな外人【ブラジル人】。だから言ったん、私ね。(KP：うん)みんーな外人【ブラジル人】連れてるから、一番下の子に(KP：うん)言うたのね。「人名」ちゃん、「人名」、(KP：ええ)「人名」っちゅんだけど。(KP：はい)「「人名」ちゃん、「人名」ちゃんは1人ぐらい日本人の{2人の笑い}人と casa《結婚する》しなよ」ったら、「うん。

｛KPの笑い｝勝手に日本人の人と casa《結婚する》するよ」とかって言いよったけど。(KP：ああ、そう) 今、誰もおらんらしい、みんなね。(KP：ええ) やっぱり長続きせんで、みんな (KP：うん、うん。うん) 別れたりなんかして。みんなが【そう】みたい。(KP：ああ、ああ) うん。

KP： うちでも、あのー、うちは3人兄弟で、共同でやっとったっしょ？(BJ：うん)次男の「人名」さん。(BJ：うん)うちの人の弟。(BJ：うん)そのー、子らは【配偶者が】みんな外人。

BJ： ああ、そう？

KP： うん。(BJ：ふーん)みんな外人と casa《結婚する》しとる。(BJ：うん、うん)長女もイタリアのと casa《結婚する》したし。(BJ：ああ、そう)で、長男がボリビアの、ボリビアじゃない、(BJ：ああ、そう)パラグアイ人と(BJ：パラグアイ)結婚したですね。(BJ：ああ、うん)だっから外人ばっかりです。(BJ：ああ、そう)

【中略】

KP： 息子さんはあれでしょ？あの、prédio《アパート》に住んでらっしゃるのよね？

BJ： うーん、そう、そう。(KP：うん、うん) Prédio《アパート》に住んでる。今ねー、もう、churrascaria《シュラスコ（バーベキュー）専門店》があるから、もう、嫁さんも、ね、(KP：うん)もう、家では cozinha《料理する》しない、みんなあそこで食べるって。(KP：ああ、はあ)そうせんとね、(KP：うん)家でできないから。(KP：うーん)みんなで churrascaria《シュラスコ（バーベキュー）専門店》、(KP：やっぱ…) ajuda《手伝う》する。

KP： 嫁さんもそっち ajuda《手伝う》ね？

BJ： はい。みんーな、あすこで ajuda《手伝う》する。

KP： せんと。やっぱ、目、光らせとかんとだめよね。

BJ： ああ、ああ、ああ、ああ、そうよ。(KP：うん) もう大勢おるからね。

KP： ええー。(BJ：ええ) あれは、あの、「人名」さんの？

BJ： うん。あれ、建てたのは、ね、(KP：ええ)「人名」さんと「人名」さん。(KP：ええ)「人名」さんと2人、息子と2人で(KP：ええ。ええ)建てたわけね。で、あの、む、「人名」さんの息子がー、一番長男がおるわけ。(KP：ええ、ああ)だから、今、あのー、長男も一緒に(KP：ええ)うちの息子とおるから、(KP：ええ)まだいいのよね、(KP：うん) 助かるのよね。(KP：うん) うちの息子が、もう、自分の fábrica《工場》持ってるから。(KP：うん) で、人も使ってるから。(KP：うん) もう、あっち行ったりこっち行ったり、(KP：ああ、はあ、はあ) 忙しいってね。(KP：うーん) でもやっぱり、行かにゃいかんってね。(KP：うーん) どうしても。

KP： 大変ですよね。

BJ： 大変て言うのよ。忙しいって言いながらねー。(KP：うーん) だから、うち、ここに来る暇もない。

KP： ああ、はあ。

BJ： うん。前はよく来よったけどね。(KP：ええ) ** からみんな、あのー、日曜、sábado《土曜日》、domingo《日曜日》はねー、ここに、(KP：ええ) 来よったけど、今、もう

KP： Churrascaria《シュラスコ（バーベキュー）専門店》は sábado《土曜日》、domingo《日曜日》だもんね。書き入れ時。{笑い}
BJ： うん、そうよ。だから、もう、全然来ない。（KP：うーん）来ても、すすっと帰る。{KPの笑い} すぐ帰る。

　一世話者の場合、日本語は非常に流暢で、複文を使用して長く複雑な談話を展開したり、政治や経済に関する難しい話が日本語でできるなど、日本語による談話構成能力は十分にある。こうした一世話者の日本語談話に特徴的なのは、ポルトガル語からの借用と西日本方言の使用である。
　まず、ポルトガル語の借用には、「banco」「prédio」「fábrica」「sábado」などの名詞のほか、「cozinha しない」「ajuda する」などサ変動詞が見られる。日本語にない物の名称や概念などを表す語に限らず、日本語に該当する語彙があっても、ポルトガル語からの借用語が使用される。借用語の使用には個人差が見られ、例えば、BJ は「casa する」を一貫して使用しているが、KP は「casa する」のほか「結婚する」も使用している。
　次に方言的特徴について見る。石川県出身の BJ の発話には、動詞「オル（居る）」、打消の助動詞「ン」（casa せん、言えん、行かにゃいかん）、ウ音便形（言うた）、アスペクト形式「ヨル」（言いよった、来よった）など、西日本方言の特徴を多く見ることができる。国立国語研究所編（1999）『方言文法全国地図』第4集によれば、石川県は「ヨル／トル」の対立のない地域であることから、BJ の使用するヨル形式は、日系社会で言語形成期を過ごす過程で習得されたものと考えられる。
　西日本方言の使用は、宮城県出身の KP の発話にも同様に見られ、ほかにも、「casa する言うたら」のような中国・四国地方などに見られるいわゆる「ト抜け」も認められる。これらの特徴は、BJ と同様、渡伯後の言語形成の過程で、母方言とは違うブラジル日系社会の日本語が自然習得されたことを示すものだろう。
　このような方言的特徴は個人により使用頻度の多寡が見られ、かつ、比較的頻度の高い話者においても常に現れるとは限らない。例えば、BJ は打消の助動詞として「ン」以外に「ナイ」（できない、cozinha しない、来ない）も使用し、アスペクト形式として「ヨル／トル」以外に「テイル」（連れてる、持ってる、使ってる）も使用している。つまり、方言を使用すると言っ

ても、西日本地域に共通して用いられるある限られた方言的特徴(動詞「オル」、打消の「ン」、ウ音便、アスペクト形式「ヨル／トル」など)のみが現れ、かつ、それらはいわゆる標準語形式(動詞「イル」、打消の「ナイ」、非ウ音便、アスペクト形式「テイル」など)と併用されているのである。

　以上に挙げた2つの特徴、ポルトガル語からの借用と、西日本方言の使用は一世話者だけでなく、二世、三世の談話にも現れ、ブラジル日系人の日本語を特徴付ける言語的要因になっているのであるが、その様相は大きくは世代ごとに異なり、また同一世代においても話者個人によりさまざまである。

4.3. 二世の談話とその特徴

　以下はアリアンサ移住地在住の二世女性同士の談話である。インフォーマント(BJ)は1936年生まれの67歳、対話相手であるキーパーソン(KP)は1954年生まれの48歳である。2人は普段ポルトガル語で話すことが多い。談話では、外来語が多い現在の日本語への不満と日本語を大切にする必要性、そして、日本語離れが進む日系人の子供たちについて話している。

BJ：　でも、あの、この人【調査者】たち、あの、faculda…《単科大学》、あの　universidade《総合大学》の先生して、(KP：うん)ブラジルに、こういう日本語の(KP：勉… あ、pesquisa《調査》) pesquisa《調査》するのって大変ね。

KP：　大変ね。(BJ：うん) 大変みたいよ。だってね。

BJ：　大変だけど。

KP：　うん。{BJの咳払い} どうしてかと【言うと】、それが lingüística《言語学》だから。(BJ：うーん) もうしなくちゃいけない、(BJ：いけないね) ぐらいの時間に来てるわけ。だって日本語がおかしくなってるでしょ。今、日本の日本語が。

BJ：　日本の、に、日本の日本語は、ここよりかももっとおかしくなってるでしょ。{KPの笑い} 英語入れたり。(KP：そう、そう。そう、そう、そう、そう) ほんと、英語入って。私たちの日本語は英語なんて入っていませんよ。

KP：　うん。そう、そう、そう。(BJ：ほんの…) 少しぐらい português《ポルトガル語》が入るのはしょうがないよ。ブラジルにしかない言葉が (BJ：そう。うん) いっぱいあるからね。(BJ：あるからね。É.《そうです》) で、で、ブラジルだからね、ここは。(BJ：そう) だけど、日本は、日本の国なんだもんね。

BJ：　そうですよ。(KP：うん) もっと日本語を、ああいう、あの、しゃべって、日本語を、あの、valoriza《大事にする》しないと。

KP：　そう、そう。だからそれも、1つの…

BJ：　Valoriza《大事にする》しないといけない。

KP：　だからそれも1つの、objetivo.《【調査の】目的》

BJ： それで、あの、英語しゃべって、間違った英語をしゃべって、{KPの笑い} Não é?《そうじゃない？》(KP：そう、そう。それも…) 間違った英語をしゃべって、アメリカ {KPの笑い} 行ったって笑われる。
KP： そう。{笑い}
BJ： そうでしょ？
KP： そう、そう、そう、そう。
BJ： 私の、私の兄弟は、あの、alemão《ドイツ語》、alemã《ドイツの》、língua alemã《ドイツ語》、(KP：うん) e português《そして、ポルトガル語》、(KP：うん) espanhol《スペイン語》、(KP：うん) inglês《英語》、(KP：うん) 知ってるでしょ？(KP：うん) で、日本に行った時、「わー！日本で、あの、英語を間違ってしゃべって、どうしてそんなことすると【するのかと】」。それよりか日本語を（KP：を、もっときれいにね）もっと日本語をね、(KP：うん) valoriza,《大事にする》自分の国のね、(KP：うん、うん、うん、うん) língua《言語》を valoriza《大事にする》しないといけない。(KP：うん、うん、うん、うん、うん) Não é?《そうじゃない？》
KP： そうよ。
BJ： Americano valoriza inglês.《アメリカ人は英語を大事にする》
KP： É. Valoriza.《そうね。大事にする》
BJ： Não é?《そうじゃない？》
KP： ああ、そうよ。
BJ： ちゃーんと。E depois, se vai falar, fala direito.《それから、英語を話すならきちんと話さないと》(KP：そう、そう) Inglês direito.《正しい英語》(KP：そう、そう、そう) どこ行ってもしゃべれるように。
KP： しゃべれるように。あの、しゃべれるんなら、まだ分かるけどね。
BJ： Ih!《ふん！》(KP：うん) Agora fica inventando inglês que nem tem.《ありもしない英語を作るなんて》{KPの笑い} Tudo errado.《全部間違えている》
KP： そう、そう。ない言葉、作っちゃうんだもんね。
BJ： 作っちゃうんだもんね。
KP： うん。
BJ： Então,《それでは》ほかの国行ったって、(KP：そう) 通じないでしょ。
KP： あの、ほかの意味、意味になっちゃうぐらいおかしな日本語使ってる時があるよね。
BJ： 使っ【てる時が】…。そうでしょ？
KP： うん。
BJ： 英語入れたりして。(KP：うん) É.《そうです》Acho que lá tá diferente.《向こう【日本の日本語】が変わっていると私は思う》(KP：うん、うん) 向こう【日本の日本語】がー、あの、日本語が mudou.《変わった》(KP：Mudou.《変わった》) 変わってる。(KP：うん) で、私たちの日本語は、やっぱし、{KPの笑い} あの…
KP： 昔のまんまで。{笑い}
BJ： 昔のまんまで。お父さん、お母さんから習った日本語。
KP： うん、そう。うん、そう。

BJ： そうでしょ？
KP： うん、そう。{笑い}
BJ： {笑い}山【弓場農場】の人たちは皆きれいな日本語しゃべるから。(KP：どっちがきれいぐらい、だ、きれい****)たまに、こう、聞いてるとね、(KP：うん)あー、きれいな日本語しゃべって。(KP：{笑い}そうじゃないけどね)と思いますけどね。
KP： あー、だけど、ほら、テレビなんか見とっても、分からん言葉しゃべるもんなー、日本語。
BJ： É.《そうです》
KP： Não,《いいえ》日本の日本人が。
BJ： 日本の日本人(KP：うーん)がねー。
KP： もう、ま、慣れてるからね。もう、(BJ：うん)分かるけど。ほんでも、あれは、あのー、古い人たちは分からないだろうと思うよ。(BJ：うん)ね。お父さんとお母さんしか…
BJ： 「KPの名前」、eu《私》たちは、まだねー、(KP：うーん)こうやってー、あの、日本語、(KP：しゃべりよるけど)私もしゃべってるけどね。(KP：うん)今度は、今、このー、あー、あっちの、三世、(KP：Ah, é?《そうね》)四世になってくると日本語もしゃべれないよ。
KP： しゃべれないね。難しい。
BJ： うん、しゃべらないですよ。
KP： そう、そう、そう。
BJ： だから聞いて分かるけども。
KP： ああ、ああ、ああ、ああ。聞いて分かるけどね。
BJ： あの、Mais ou menos《だいたい》分かるわけね。
KP： ああ、ああ、ああ、分かる、ほんと。
BJ： É.《そうです》(KP：うん) Mas...《だけど…》
KP： だからもう、ほんとに、えー、(BJ：日本語、勉強…)外国語になっちゃうね。(BJ：そう)日本語を勉強するっていうあれじゃないもんね。

　二世話者の談話は、個人の日本語能力とポルトガル語能力により大きく、(ア)一世に近いタイプ、(イ)二世の典型タイプ、(ウ)三世に近いタイプが見られる。これらを話者の属性との関係によって見ると、(ア)には幼少期の使用言語が日本語中心でブラジルでの学歴が比較的低い者、(イ)には幼少期の使用言語が日本語中心でブラジルでの学歴が比較的高い者、(ウ)には幼少期の使用言語がポルトガル語中心でブラジルでの学歴が比較的高い者が該当する。ここに提示したのは(イ)の二世の典型タイプの談話である。
　二世の典型タイプの談話に見られる特徴として挙げられるのは、日本語とポルトガル語との文レベルでのコードスイッチングである。例えば、談話の

前半部分では単語レベルでポルトガル語が使用されているが、だんだんと話が盛り上がってくると、文レベルでポルトガル語が使用されるようになる。このような特徴は、一世や三世の談話、また、二世であっても（ア）や（ウ）のタイプの談話には見られないのである。

　このような談話は、日本語もポルトガルも堪能な話者によって展開されるのだが、実際には、両方の言語能力がほぼ同等な場合もあれば、どちらかが若干優勢な場合もある。例えば BJ と KP を比較すると、BJ の日本語は KP ほど流暢でなく、文もなんとかつながってはいるものの、一文一文が短く、途切れている箇所も多い。つまり BJ の場合は、日本語での語彙不足あるいは談話構成能力の不足をポルトガル語によって補っているように思われる。それに対し、KP は日本語もポルトガル語も非常に流暢であり、話題の展開や相手の言語に合わせてコードスイッチングを行っているようである。

　今回の二世の談話収録対象者は日本語能力のある話者が選ばれたわけだが、年齢が若く、幼少時にポルトガル語中心の生活をしていた二世の中には、ほとんど日本語が話せない、あるいは日本へ出稼ぎに行って日本語を習得したという人もいた。一口に二世といってもその談話にはいくつかのバリエーションが見られ、一世から三世へと段階的に移り行く日系社会における言語の過渡的段階を象徴的に示していると言えるだろう。

4.4. 三世の談話とその特徴

　以下はアリアンサ移住地在住の三世男性インフォーマント（BJ）と、ブラジル人男性調査者（JS）との談話である。三世同士の日常会話は通常ポルトガル語で行われるため、ここでは調査者との日本語による談話を掲載した。インフォーマントは1975年生まれの27歳、調査者は1976年生まれの27歳である。談話ではインフォーマントの仕事である牛の飼育などについて話している。

JS：　え、毎日、あの、あれ、牛の仕事やってるんですよね？
BJ：　はい。牛。
JS：　ここ、結構、広いんですか？
BJ：　まあまあ広いよ。
JS：　あっ、（BJ：ああ）そうですか。牛はもう何頭ぐらい…
BJ：　あんまりでもない。

JS: そうですか。(BJ：うん) なん、何頭ぐらいですか？だいたい。
BJ: んー、300か、400ぐらいね。
JS: あ、結構 {BJの笑い} いるんじゃないですか。{2人の笑い} すごいですね。うん。で、その、こう、ずっとうちを育てて、あ、牛を育てて、(BJ：うん、うん。そう) それからどうするんですか？
BJ: それ、あの、en…, あのー、大きくなってね、(JS：ええ、ええ) それ、あのー、engorda《太らせる》して、(JS：ああ、ああ、ああ) それで売るね。
JS: あ、売るんですか？(BJ：うん) ほう、ほう。で、comprador《仲買人》はもうたくさん、いるんですか？
BJ: おるよ。あの frigorífico《冷蔵・冷凍庫(室)》、それ、みんな、う、(JS：あ) 潰すね。
JS: こ、ここら辺の人の frigorífico《冷蔵・冷凍庫(室)》(BJ：そう、そう) ですか？
BJ: 「地名」でも、あのー、「地名」でも、(JS：ええ、ええ、ええ) あちこちある。
JS: ん、ん、ん、ん。で、その牛を、こう、engorda《太らせる》するためにね、(BJ：はい) なんか特別なえさとか、(BJ：あー) やるんですか？
BJ: うん。あるよ。ある。
JS: ど、どんなえさですか？
BJ: あの、cana《さとうきび》やってね。
JS: あ、cana《さとうきび》？(BJ：あ) あのー、あれ、さとうきび？
BJ: そ、そう。(JS：あ、ca, ca, あ、あー、あー) あれー、あの、機械で切ってね。(JS：ええ、ええ) あのー、cocho《飼葉桶などに利用される丸太をくりぬいた容器》に入れて、(JS：ええ、ええ、ええ) それやら ração《飼料》やら、みんな入れてね。
JS: おー。じゃ、ちょっと甘くなるんですよね？そしたら。
BJ: Não.《いいえ》あのー、ração《飼料》で、あのー、uréia《尿素》入れたら、あまり甘くならない。(JS：あ、そっか) あ、少ししょっぱくなるね。
JS: で、それ全部こちらでやるんですか？
BJ: はい、そう。
JS: じゃ、そしたら、その、cana《さとうきび》もこちらで…
BJ: 植えとるね。
JS: あ、そうですか。(BJ：うん、みんな{笑い}) すごい、すごい、すごい、すごい。(BJ：みんな植えとるね) じゃ、もう全部自立してるね。Independência《自立》ね。もう。(BJ：そう。うん。そう、そう) うん、ほかの人のあれーね、(BJ：うん) いらないわけですよね？
BJ: そう。{笑い}
JS: もう、すっごーい。ふん、ふん、ふん。

【中略】

JS: そっか。じゃ、うちは、もう、牛と cana《さとうきび》だけですか？
BJ: Não.《いいえ》Milho《とうもろこし》も。
JS: Milho《とうもろこし》も (BJ：うん。植え…【ている】) やってる？
BJ: うん。少し。

JS： あ、そっか。じゃ、そしたら、その、あーの、「BJの名前」さんのうちで、あれ、えさー、ねー、（BJ：うん、うん）ração《飼料》作ってるでしょ？
BJ： そう、そう。
JS： その milho《とうもろこし》、使ってるんですか？
BJ： そう。
JS： あ、そっか、や、（BJ：そ、{笑い}）やっぱりみんなお互いのあれねー、利用して。
BJ： {咳払い}まあまあ同じぐらいね。
JS： ふん、ふん、ふん。そしたらもう、「BJの名前」さんも、卵、買ったりする？
BJ： Não.《いいえ》卵、うちに少し鶏あるから。
JS： あ、それも、（BJ：うん）鶏やってる。もう、な、もう何匹ぐらい、いるんですか？少ない？
BJ： 少ない。あの、acho que《たぶん〜と思う》cinco《5》ぐらいおるね。
JS： あ、cinco《5》ぐらい。
BJ： はい。うちだけ食べるの。{笑い}
JS： あ。でも、それでもやっぱり、毎日、も、卵、生ま、生むわけ？
BJ： うん。そう、そう。
JS： あ、そっか。ほー。も、毎日、例えば1匹のね、（BJ：うん）鶏がもう、毎日、な、何個…？
BJ： Não.《いいえ》毎日ぐらい、生まんね。
JS： 生まないね。
BJ： 生まない。
JS： やっぱり。あー、そっか。
BJ： はい。
JS： だいたい、何、2日間、（BJ：そう、そう）ぐらいに…
BJ： そう。
JS： で、その時、な、何個ぐらい、生むんですか？
BJ： 1つだけ生むね。
JS： あっ、そっか。
BJ： うん。{笑い}
JS： はあ、はあ、はあ、はあ、はあ、はあ。じゃ、5匹ぐらいいれば…
BJ： 2つか3つぐらい、生むね。

　三世話者には日本語があまり得意でないという人が多い。今回の調査においては、比較的日本語能力のある三世話者が選ばれたが、その日本語運用の実態を自然談話によって見ると、全体的に単語量が少なく、一文一文が短いこと、モダリティ表現も乏しく、終助詞を使用するにしても多くは「ね」に限られていることなど、日本語を使用しているとは言え、その発話にはたどたどしさが感じられ、日本語による談話構成能力はかなり低い。なお、音声

的な特徴として、文末・文節末で上昇イントネーションが頻繁に現れることが挙げられる。これは三世話者に限らず二世話者の一部にも認められるが、とりわけ終助詞「ね」や「よね」に付随することが多い。

このような三世話者の日本語運用には、一世話者とは対照的に、幼少期からポルトガル語中心の生活を行い、かつ、現在の日常生活においても圧倒的にポルトガル語の使用が多く、日本語はもはやある特定の場面においてしか使用されないという言語生活がその背景にあり、それが言語運用能力を左右する大きな要因となっているだろう。

5. 今後の研究の発展に向けて

日本語中心からポルトガル語中心の言語生活へと移行しつつあるブラジル日系社会の現状[24]において、日系人の日本語は、世代により、あるいは個人の言語形成の過程や言語能力により、さまざまな姿となって現れる。言語交替の過渡的段階である今、自然談話の記録はブラジル日系人の言語の実態を記すデータとなるだけでなく、移民社会における言語変容のあり方を知る上でも貴重な資料を提供することになるだろう。

英語圏のハワイ、ポルトガル語圏のブラジル、スペイン語圏のアルゼンチン、ボリビア、ペルーの日系人言語研究に携わった比嘉氏が指摘するように、世界各地の日系移民社会における日本語にはかなりの共通性が認められる一方で、地域ごとの違いもある。ハワイの日本語における共通語は中国方言を基盤とするのに対し、ブラジルにおいては共通語の土台となる有力な地域方言がなかった。それは、ハワイ日系移民の約5割が中国方言地域の出身者であり、かつ、先着者であったこと、そして中国方言が全国共通語と類似性の高い方言であったのに対し、ブラジル日系移民はどの方言出身者も移民全人口の1割に満たなかったためだという。また、両地域において沖縄県出身者が先着者としては最多数であったにもかかわらず、全国共通語との類似性が極めて低かったために、沖縄方言は日系社会の共通語にはならなかった（比嘉1983a, b）。

2005年7月、大阪大学21世紀COEプログラムの一環として、ブラジル沖縄系コミュニティのサンパウロ市ビラカロン地区にて、言語生活調査および談話収録調査を行った。ここでは、日本語・沖縄方言・ポルトガル語とい

う3言語接触（ボリビアなど南米スペイン語圏からの再移住者の場合には、スペイン語も加わる）が観察され、他県出身者とは異なった言語生活・言語的特徴を見せる。その成果として、談話文字化資料および談話音声資料の一部を工藤編（2007a）で公開したが、これにさらなる資料追加と文字化整備を行い、本書第2部第2章に収録した。合わせてご覧いただきたい。これまでのブラジル日系人言語研究の中で沖縄県移民に言及したものはほとんど存在しないという点で、また今後、視野に入れるべきフィールドとして重要かつ貴重な資料となるだろう。

　ブラジル移住開始からすでに100年の時を経た今、移民とともに海を渡ったかつての日本語の姿を直接見ることはできないが、日本語そのものが日系社会の中から消えてしまう前に記録・保存すると同時に、まだ明らかにされていない諸問題の解明に努め、日系移民社会における言語の全貌に迫っていきたい。

〔付記〕本章は大阪大学21世紀COEプログラム「インターフェイスの人文学」言語の接触と混交「ブラジル日系社会における言語の総合的研究および記録・保存事業」による研究成果の一部である。文献資料収集にあたっては、平成17〜19年度文部科学省科学研究費補助金・若手研究（B）〔課題番号17720125〕による助成を受けた。

　なお、本章は『国文学　解釈と鑑賞』平成18年7月号掲載の拙稿（2006）「ブラジル日系社会における言語の実態―ブラジル日系人の日本語を中心に」(pp.99–119) に加筆・修正を行ったものである。

注
1　『コロニア万葉集』は、移民が作り続けてきた短歌の全貌を俯瞰することのできる作品集として、ブラジル移民70周年を機に編纂された短歌集である。ここには、戦前・戦後を通じブラジルの邦字新聞・雑誌に発表された作品と、応募作品の中から選ばれた6634首が収められている。移民の生活と心情が表現され、その姿を歴史的に辿れるよう配慮された収録作品には、冒頭の歌のように、鐘の音で一日が始まり終わるファゼンダでの生活や、随所に咲く色鮮やかなイペー（ipê）の花（「黄イペー（ipê-amarelo）」はブラジルの国花）を織り込んで詠んだ歌が数多く見られる。移民らによる詩歌創作活動は移住開始後早い時期から行われており、1938年に創刊された専門短

歌誌『椰子樹』は、コロニア短歌史上、重大なエポックを画した。なお、コロニア短歌については、これを評釈した清谷(1998)も参照されたい。

2 「コロニア」とは、当初、農業を行う外国移民の集団地を指したが、後に広く移民社会に対する呼称となった(アンドウ1983)。また、移民の生活やその暮らしぶりを詳述している半田(1970)では、「コロニア」を以下の3つの意味で使用している：①コーヒー農場の家族労働者(コロノ)の住む区域、②自作農集団地、つまり「植民地」の訳語、③日系人社会「コロニア・ジャポネーザ(colônia japonesa)」の略。

3 「配耕」とは労働契約を交わし耕地に配属されることで、移民たちの間で使われた語である。同様に「耕主(農場主)」「入耕(耕地に入ること)」「脱耕(耕地を逃亡すること)」「退耕／出耕(耕地を退去すること)」「転耕(耕地を移りかわること)」も使われた。これらはハワイ移民時代からの言い方だという(半田1970)。

4 ブラジル日系人の間では、ブラジルの公用語であるポルトガル語を「ブラジル語」と呼ぶことが多い。

5 "出稼ぎ"から"永住"へという意識転換は生活設計の上でも大きな変革をもたらし、パラナ州西部やサンパウロ市および近郊都市部など新天地を求めて人口の大量移動が起こった(移民八十年史編纂委員会編1991)。

6 日本語の衰退を嘆く移民たちの思いは、コロニア短歌にも詠われている。以下『コロニア万葉集』より。

　　寝姿を整えやれば早口のブラジル語にて寝言いう子よ　　　　(小原睦子、1933年頃)
　　ブラジル語もて思考する子と日本語にて思いを述ぶる吾とのうつつ
　　　　　　　　　　　　　　　　　　　　　　　　　　　　　(弘中千賀子、1977年)

7 移民50周年記念事業として行われた調査で、通称「コロニア実態調査」と呼ばれている。ブラジル日系人実態調査委員会・鈴木悌一編(1964)を参照。

8 移民80周年記念事業として行われた調査。サンパウロ人文科学研究所(1989)を参照。

9 大都市、近郊農村、地方都市、奥地農村という立地条件の異なる4つの地域から選ばれた日系コミュニティで行われた調査。サンパウロ人文科学研究所(2002)を参照。

10 大阪大学21世紀COEプログラム「インターフェイスの人文学」言語の接触と混交「ブラジル日系社会における言語の総合的研究および記録・保存事業」による調査。調査の詳細については工藤編(2003、2004)を参照されたい。

11 戦前・戦後のブラジル日系社会における日本語観・日本語教育観を、日本語をめぐる言説と時代背景に基づいて通観した森(2004)によると、戦前期には言語に関する言及がほとんど存在しない中、半田知雄が1928年、聖州義塾機関紙『塾友』に書いた「日伯混合語の使用」は極めて早い時期に発表された論考であり、移民による自らの言葉に対する最初の言及であろうという。

12 例えば、どの人称にも同じ動詞の活用形を用いる、「アマニャン・ジャッポン・グランデ・ジヤサント・トラバイヤ・ナーダ(Amanhã, Japão, grande, dia santo, trabalha, nada.：明日、日本の、大きな、祭日、仕事は、しない)」のように、ポルトガル語の単語を日本語の語順で並べる、voltar(戻る)とir-se embora(立ち去る)の区別ができない、否定疑問文で「ないか?」と尋ねて「ノン(Não)」と答えられると、「ある」の

かと勘違いしてしまうなど。
13 この論文は、後に半田が語っているように、同化過程の問題として日本語をとりあげた初めての試みであり、「同化というものが、まるで自然過程のように人力ではどうしようもないものだということがわかりだしたとき、それでは、やがてブラジル文化に合流して行くわれわれの文化であるコトバは、どんな変化をたどりながら、あるいは消滅し、あるいは存続するのか、ということを反省したとき、自分たちの現状を認識しようとしたところから書きだしたものであった」(半田1980c: 73)。
14 山東(2003)、中東・MELO(2003)を参照。
15 同じような発音はブラジルのカイピーラ(caipira：サンパウロ州やその周辺の諸州に住んでいる野暮くさい田舎者を軽蔑している呼び名。多くはインディオとポルトガル人との混血である。アンドウ1983より)も使っていたという(半田1972)。つまり、移民の母語である日本語の転移とも考えられる一方で、移民たちが接触していたブラジル人の発音によるものとも考えられる。
16 借用語の発音は、実際には個人により、かなりゆれがあるようだ(久山2000)。また、このような発音のゆれは、文字表記のゆれとしても現れる(鈴木1979)。なお、借用語のアクセントについて言及しているものは見当たらない。
17 動詞を借用する際、直説法三人称単数現在形が用いられる理由として馬瀬(1986)は、ブラジルのポルトガル語では、この語形が同じく二人称単数現在形としても用いられ、おそらく動詞の中で最も使用頻度が高いことによるものであろうと述べている。なお、半田(1972)は、動詞の原形からrを取って「する」をつけたものであるとするが、この規則だと不規則動詞からの借用語には適用できない。だが、不規則動詞は、活用の不規則さゆえに借用そのものが起こりにくい(久山2000)。
18 ほかに「なかなかシッケだ(chique：しゃれた)」のように述部に現れたり(半田1972)、「ボニートの人」のように「〜の」を伴うこともある(馬瀬1986)。
19 馬瀬(1986)には助詞の「に」や「で」を伴わない「バスタンチ(bastante：たくさん)ください」「マイス(mais：もっと)ください」「デッポイス(depois：あとで)いくから」の例も載る。
20 これには日本語学校では読み書き教育が中心であったこと、また一世たちの多くが初等教育程度しか教育を受けられなかった(あるいは通学経験がなかった)ことなども関係していよう。
21 ブラジル日系社会における日本語と同じような特徴は、ブラジルにおけるドイツ系移民社会のドイツ語にも同様に認められるという。サンパウロ市文理科大学教授であった文化人類学者 Emilio Willems が1946年にまとめた著書 *A Aculturação dos Alemães no Brasil*(『ブラジルにおけるドイツ移民の同化過程』)に基づき、ドイツ移民と日本移民を比較した半田(1953)によれば、ドイツ系移民集団地においても、ドイツの標準語でもなければ地方の方言でもない、ポルトガル語からの借用語を伴った特殊な「ドイツ語のブラジル方言」が生まれ、そこでは、例えば、ポルトガル語 doce(甘い)を "dos" あるいは "dose"、água(水)を "agva" のようにドイツ語訛りで発音したり、avisar(通知する)から "avisiren" あるいは "avisirn"、conversar(会話する)から "conversiren"

のようなポルトガル語の動詞からの借用語が見られるという。実は、半田（1952）はE.Willemsのこの研究に触発されて書かれたものである。なお、こうしたブラジルのドイツ系コミュニティにおけるドイツ語に見られるポルトガル語の影響は、近年においてもSchaumloeffel（2007）などによって論じられている。

22 「この本、ヨにくれない？」の「ヨ」はポルトガル語の一人称単数主格代名詞euからの借用語。コロニア語としてしばしば登場する。「ポーデ・ミ・ダール・エステ本？」は"Pode me dar este hon?"なお、中井（2005）は、近年デカセギなどにより日本に在住する日系ブラジル人の話す「ポルトガル語に日本語の語彙を取り込んだ」会話例（例Ela deixa no 留守電.）を挙げて「コロニア語」だとしているが、このような「コロニア語」に対する誤解（本書森論文参照）は、ブラジル日系社会における言語接触と言語変容の実態、そして背後にある社会的歴史的事情が十分理解されていないことに起因しているだろう。

23 二世と三世の談話は、本書第2部第1章に掲載した談話文字化資料（二世：談話【3】、三世：談話【5】）の一部を抜粋したものであり、その音声資料も添付のDVD-ROMで聞くことができる。なお、一世の談話については音声の一部に不明瞭な部分があったため、ここでは音声資料の公開は行わない。

24 こうしたブラジル日系社会における言語交替の現状は、ブラジルにおける日本語教育のあり方にも大きな変化をもたらしている。これまでは日本語学習者のほとんどが日系子弟であったが、近年、公教育機関での日本語学習者が増加し、非日系学習者や成人学習者が増えている。非日系・成人学習者の増加は、主に日系子弟らが通う日本語学校でも見られる傾向であるが、それだけでなく、日本語学校では日系子弟のみならず現地の日本語教師も世代交代しており、学習者にとっても教師にとっても、日本語がすでに外国語になっているという現状がある。そして長年、日本語学校で使用されてきた国語教科書は徐々に姿を消し、外国人向け・現地学習者向け教科書へと切り替わりつつある。これらはいずれも1990年代後半以降、顕著な傾向である（中東2007b）。また、いまだに続く「デカセギ」現象を背景に、ブラジル日本語センターでは、「デカセギ向け日本語速成塾（SOKUSEIJUKU: curso rápido）」という日本へのデカセギ就労者のための日本語短期講座が開講されるなど、今、ブラジルでは新たな日本語教育の方向性を模索しつつある。

参考文献

青柳郁太郎（1941–2）『ブラジルに於ける日本人発展史（上・下）』ブラジルに於ける日本人発展史刊行委員会.

アンドウ・ゼンパチ（1966）「コロニアにおける日本語の運命」『コロニア文学』2：p.46. サンパウロ：コロニア文学会.

アンドウ・ゼンパチ（1967）「日本移民の社会史的研究」『研究レポート』2：pp.3–109. サンパウロ：サンパウロ人文科学研究所.

アンドウ・ゼンパチ（1983）『ブラジル史』岩波書店.

移民八十年史編纂委員会編（1991）『ブラジル日本移民八十年史』サンパウロ：移民80年祭典委員会・ブラジル日本文化協会.
太田典礼（1959）「ブラジル邦人の言語生活」『言語生活』97：pp.64–70. 筑摩書房.
キクムラ＝ヤノ・アケミ編（2002）『アメリカ大陸日系人百科事典』明石書店.
清谷益次（1998）「証言としての移民短歌―ブラジル日系人の百二十一首とその周辺」梶山美那江編『積乱雲　梶山季之―その軌跡と周辺』pp.696–767. 季節社.
工藤真由美編（2003）「第1部　ブラジル日系社会と日本語」『大阪大学21世紀COEプログラム「インターフェイスの人文学」2002・2003年度報告書第5巻：言語の接触と混交―日系ブラジル人の言語の諸相』pp.9–106. 大阪大学21世紀COEプログラム「インターフェイスの人文学」.
工藤真由美編（2004）「ブラジル日系社会言語調査報告」『大阪大学大学院文学研究科紀要』44–2：pp.1–460. 大阪大学大学院文学研究科.
工藤真由美編（2006）『言語の接触と混交：ブラジル日系社会言語調査報告』大阪大学21世紀COEプログラム「インターフェイスの人文学」.
工藤真由美編（2007a）『言語の接触と混交：ブラジル日系人（沖縄系）言語調査報告』大阪大学21世紀COEプログラム「インターフェイスの人文学」.
工藤真由美編（2007b）「第II部　言語接触論からみた日本語：そのさまざまな姿」『大阪大学21世紀COEプログラム「インターフェイスの人文学」研究報告書2004–2006：第6巻：言語の接触と混交』pp.173–333. 大阪大学21世紀COEプログラム「インターフェイスの人文学」.
久山恵（2000）「ブラジル日系一世の日本語におけるポルトガル語借用―その形態と運用」『社会言語科学』3（1）：pp.4–16. 社会言語科学会.
香山六郎（1949）『移民四十年史』サンパウロ.
コロニア万葉集刊行委員会編（1981）『コロニア万葉集』サンパウロ：コロニア万葉集刊行委員会.
斉藤広志（1949）「聖州邦人の同化と雑婚―ウリレムス氏の研究を読んで」『時代』8：pp.4–9. サンパウロ：土曜会.
佐藤常蔵（1957）『ブラジルの風味』日本出版貿易株式会社.
山東功（2003）「ブラジル日系人の日本語への視点」『女子大文学　国文篇』54：pp.36–54. 大阪女子大学日本語日本文学研究室.
山東功（2005a）「1950年代のブラジル日系社会と日本語」『阪大日本語研究』17：pp.139–157. 大阪大学大学院文学研究科.
山東功（2005b）「ブラジル日系社会における混成日本語「コロニア語」の意味」『女子大文学　国文篇』56：pp.71–81. 大阪女子大学日本語日本文学研究室.
山東功（2007）「ブラジル日系移民社会と日本語観」『大阪大学21世紀COEプログラム「インターフェイスの人文学」研究報告書2004–2006：第6巻：言語の接触と混交』pp.273–314. 大阪大学21世紀COEプログラム「インターフェイスの人文学」.
サンパウロ人文科学研究所（1989）『ブラジルに於ける日系人口調査報告書―1987・1988』サンパウロ：サンパウロ人文科学研究所.

サンパウロ人文科学研究所（1996）『ブラジル日本移民史年表』無明舎出版．
サンパウロ人文科学研究所（1997）『ブラジル日系社会における日本語教育―現状と課題』サンパウロ：サンパウロ人文科学研究所．
サンパウロ人文科学研究所（2002）『日系社会実態調査報告書』サンパウロ：サンパウロ人文科学研究所．
鈴木英夫（1979）「ブラジル日系社会における外来語」『名古屋大学教養部紀要A（人文科学・社会科学）』23：pp.115–134．名古屋大学教養部．
鈴木英夫（1982）「ブラジルにおける日本語の変容」『名古屋大学教養部紀要A（人文科学・社会科学）』26：pp.91–116．名古屋大学教養部．
中井精一（2005）『社会言語学のしくみ』研究社．
中東靖恵（2005）「ブラジル日系・奥地農村地域における言語シフト―アリアンサ移住地における言語使用の世代的推移」『岡山大学文学部紀要』44：pp.83–95．岡山大学文学部．
中東靖恵（2006a）「ブラジル日系・近郊農村地域における言語シフト―スザノ市福博村における言語使用の世代的推移」『文化共生学研究』4：pp.55–68．岡山大学大学院文化科学研究科．
中東靖恵（2006b）「ブラジル日系社会における言語状況」『ブラジル特報』1574：pp.9–10．日本ブラジル中央協会．
中東靖恵（2007a）「ブラジル日系移民社会における言語生活―ブラジル日系人の言語能力意識と意識にかかわる諸要因」『大阪大学21世紀COEプログラム「インターフェイスの人文学」研究報告書2004–2006：第6巻：言語の接触と混交』pp.315–333．大阪大学21世紀COEプログラム「インターフェイスの人文学」．
中東靖恵（2007b）「ブラジルにおける日本語教育の新たな潮流―ブラジル社会に開かれた日本語教育へ」『岡山大学文学部紀要』47：pp.85–98．岡山大学文学部．
中東靖恵・MELO, Leonardo A. de P.（2003）「ブラジル日系社会における言語の総合的研究へ向けて（1）」『岡山大学文学部紀要』39：pp.67–82．岡山大学文学部．
長尾　勇（1975）「ブラジルの言語生活」『言語生活』284：pp.84–90．筑摩書房．
長尾　勇（1977）「ブラジル日系人の日本語―母国語の忘却と日本語の教育」『言語生活』308：pp.52–60．筑摩書房．
永田高志（1990）「ブラジル日系社会の日本語言語生活―パラナ州アサイを例に」『近畿大学文芸学部論集　文学・芸術・文化』2(2)：pp.横41–67．近畿大学文芸学部．
永田高志（1991）「ブラジル日系人の日本語の特徴―戦前移民地アサイを例に」『近畿大学文芸学部論集　文学・芸術・文化』2(3)：pp.横33–58．近畿大学文芸学部．
日本移民50年祭委員会編（1958）『かさと丸』サンパウロ：日本移民50年祭委員会．
日本ブラジル交流史編集委員会（1995）『日本ブラジル交流史』社団法人日本ブラジル中央協会．
野元菊雄（1969）「ブラジルの日本語」『言語生活』219：pp.67–75．筑摩書房．
野元菊雄（1974）「ブラジルの日本語教育」『日本語教育』24：pp.15–20．日本語教育学会．
パウリスタ新聞社（1956）『コロニア戦後十年史』サンパウロ：パウリスタ新聞社．

パウリスタ新聞社（1958）『コロニア五十年の歩み』サンパウロ：パウリスタ新聞社．
パ延長線教育史刊行会編（1941）『パ延長線教育史』サンパウロ：パ延長線教育史刊行会．
伯国日語学校連合会編（1966）『幾山河』サンパウロ：伯国日語学校連合会．
半田知雄（1951）「在伯同胞社会の思想史の一断面」『時代』14：pp.10–19．サンパウロ：土曜会．
半田知雄（1952）「ブラジルにおける日本語の運命」『時代』15：pp.7–21．サンパウロ：土曜会．
半田知雄（1953）「同化過程から見た移民の歴史」『ブラジル社会学の展望』pp.51–84．サンパウロ：サンパウロ人文科学研究会．
半田知雄（1954）「ブラジルにおける日本移民について」『ブラジルの移民問題』pp.64–91．サンパウロ：サンパウロ人文科学研究会．
半田知雄（1970）『移民の生活の歴史―ブラジル日系人の歩んだ道―』サンパウロ：サンパウロ人文科学研究所．
半田知雄（1972）「日本語会話に、とり入れられたポルトガル語」『コロニア文学』17：pp.80–82．サンパウロ：コロニア文学会．
半田知雄（1980a）「ブラジル日系社会における日本語の問題」（一）『言語生活』346：pp.75–81．筑摩書房．
半田知雄（1980b）「ブラジル日系社会における日本語の問題」（二）『言語生活』347：pp.58–65．筑摩書房．
半田知雄（1980c）「ブラジル日系社会における日本語の問題」（完）『言語生活』348：pp.67–73．筑摩書房．
半田知雄ほか（1970）「座談会：伝承に耐え得る日本語"コロニア日本語"の現状と将来」『コロニア文学』12：pp.20–26．サンパウロ：コロニア文学会．
比嘉正範（1974）「ハワイの日本語」『現代のエスプリ』85：pp.178–197．至文堂．
比嘉正範（1976）「日本語と日本人社会」『岩波講座日本語1　日本語と国語学』p.99–138．岩波書店．
比嘉正範（1982）「ブラジルにおける日本人移住者の言語適応」『ラテンアメリカ研究』4：pp.153–179．筑波大学ラテンアメリカ特別プロジェクト研究組織．
比嘉正範（1983a）「「社会方言学」の樹立を目指して」『現代方言学の課題』1：pp.51–69．明治書院．
比嘉正範（1983b）「海外の琉球語―沖縄からの海外移住者の言語生活」『言語』12–4：pp.92–97．大修館書店．
ブラジル日系人実態調査委員会・鈴木悌一編（1964）『ブラジルの日本移民　記述篇』東京大学出版会．
ブラジル日本移民70年史編纂委員会編（1980）『ブラジル日本移民70年史』サンパウロ：ブラジル日本文化協会．
ブラジル日本商工会議所編（2005）『現代ブラジル事典』新評論．
本堂　寛（1981）「ブラジルの日本語―その調査と実態の一端」『日本語教育』44：pp.19–32．日本語教育学会．
本堂　寛（1983）「ブラジル日系人の言語―異言語の中の日本語使用について」『現代方言

学の課題』1：pp.221-244．明治書院．
前山　隆（1972）「トマテとコンピュータ」『コロニア文学』18：pp.112-131．サンパウロ：コロニア文学会．
馬瀬良雄（1986）「ブラジル便り―ブラジル日系人の日本語」『言語生活』418：pp.36-45．筑摩書房．
森　幸一（2000）「還流型移住としての《デカセギ》―ブラジルからの日系人デカセギの15年」森　正廣編『国際労働力移動のグローバル化―外国人定住と政策課題』pp.347-376．法政大学出版局．
森　幸一（2004）「ブラジル日系人の「日本語」を巡る状況と言説―1908年から1980年代末まで―」『大阪大学大学院文学研究科紀要』44-2：pp.123-161．大阪大学大学院文学研究科．
森　幸一（2006）「ブラジルの日本人と日本語（教育）」『国文学　解釈と鑑賞』71-7：pp.6-47．至文堂．
森　幸一（2007）「「言語」をめぐる移民史：ブラジル日系人の言語状況に関する民族誌学的考察」『大阪大学21世紀COEプログラム「インターフェイスの人文学」研究報告書2004-2006：第6巻：言語の接触と混交』pp.187-272．大阪大学21世紀COEプログラム「インターフェイスの人文学」．
八重野松男（1929）『今日のブラジル』ジャパン・タイムス社．
山田睦男編（1986）『概説ブラジル史』有斐閣．
輪湖俊午郎（1939）『バウル管内の邦人』サンパウロ：日伯新聞社．
Adachi, Nobuko. (2001) Japanese Brazilians: the Japanese Language Communities in Brazil. *Studies in the Linguistic Sciences* 31 (1), pp.161-178. Urbana: University of Illinois.
Kanazawa, Hiroki and Loveday, Leo. (1988) The Japanese Immigrant Community in Brazil: Language Contact and Shift. *Journal of Multilingual and Multicultural Development* 9(5), pp.423-435. Clevedon: Multilingual Matters.
Nogueira, Arlinda R. (2000) Japanese Immigration in Brazil. *Diogenes: International Council for Philosophy and Humanistic Studies* 191(48-3), pp.45-55. Oxford: Blackwell Publishers Ltd.
Schaumloeffel, Marco Aurelio (2007) *Interferência do Português em um Dialeto Alemão Falado no Sul do Brasil*. Bridgetown: Lulu. com.
Weinreich, Uriel (1963) *Language in Contact: Findings and Problems*. The Hague: Mouton & Co.
Willems, Emilio. (1942) Some Aspects of Cultural Conflict and Acculturation in Southern Rural Brazil. *Rural Sociology* 7 (4), pp.375-384. Columbia: Rural Sociological Society.
Willems, Emilio. (1948) Aspectos da Aculturação dos Japoneses no Estado de São Paulo. *Antropologia* 3 (82), pp.1-115. São Paulo: Universidade de São Paulo.
Willems, Emilio. (1949) The Japanese in Brazil. *Far Eastern Survey* 18: pp.6-8. New York: American Institute of Pacific Relations.
Winford, Donald. (2003) *An Introduction to Contact Linguistics*. Oxford: Blackwell Publishing Ltd.

（中東靖恵）

> 寄稿

ビラカロンの小禄田原人（うるくたばるんちゅ）

上原武夫

　今朝、出勤そうそう電話があり、取ってみたら、森幸一先生である。日頃なかなか会えない多忙な先生なので、また、何事だろうかと思った。用件は、「ビラカロン在住のウルクンチュの事について書いてくれ」、とのお願いである。それは、私には無理ですよ、とお断り申し上げたが、是非との事で引き受けることに致しました。

　サンパウロ市ビラカロン地区在住の小禄田原人は、戦後移住者とボリビアからの転住者、奥地農村の旧移民らの大移動でみるみるうちに集団地を形づくった。戦後移住者のほとんどは、職業難の小さな沖縄を離れ、大陸に夢をかけた働き盛りの30、40代の家族連れの若者達であった。あれから半世紀も過ぎ、当時の若者達も今では、その大半が80歳前後の高齢に達し、健在な方々がだんだん少なくなっている。一方で世代交代を受け継いだ当時の少年移民らも殆どが50、60代の熟年になっている。

　少年移民らは、両親の下で苦労をともにしながら、沖縄の言語・習慣で育てられた。当時は、金銭・言語の関係で外出も容易でない。家庭内の縫製業で深夜まで働き、家計を助けていた。営業資金を持たない新移民らは、助け合い式、頼母子講などで資金を積み立てて、此れまでの家庭用ミシンを工業用に切換えて、20、30人の使用人も採用、借家住まいから新住宅に移り、貸家まで持つようになった。勉学の機会もあっという間に過ぎた彼らは、事業拡張に能を注いだ。縫製業で得た資金を商業に変え、現在では多彩な職業に営業分野を拡げ、経営を拡大している人々が多い。親達の歩んできたシマンチュ（同字人）の助け合い精神と結束など、文化継承は現在に至っても着実に受け継がれている。その中の一つ、昔から郷里小禄に伝わるミルクガナシー（豊年のシンボル大人形）を祭事ごとに登場させ、その後に続く御供衆、昔の衣装に着替えた子孫らの行列はなんとも素晴らしい光景である。そのミルクガナシーは、これを製作された照屋弘・照屋喜助両大先輩亡き後も県人会の博物館に保管され、えびす笑顔で出番を待っている。その他にも、有名

なウルククトゥバ(言葉)が昔のままのアクセントで語られているのも特徴だ。郷里小禄では、すでに消え去った微妙なアクセントの変化が、一時沖縄でも有名だった、「ウルクン　ニッポンガヤースー」(小禄も日本ですか?)である。大分からかわれた言葉だが、なんとか保存したい言葉でもある。

　それは、それとして何故ビラカロンに小禄・田原人が集中したのか。最近の調査によれば、ビラカロン地区への沖縄県人の草分けは、1946、47年頃、戦前移民のウルクンチュ3家族がカロンに住んでいたせいで、親戚・知り合いがその家族らを頼ってきたのがウルクンチュ集団地のきっかけという。

　現在、3000家族以上の会員をもつビラカロン小禄田原人字人会の会長は、高齢者順に先輩連の選考で決まり、80歳前後のお爺さん達が交代制で勤めていた。何事もお年寄りを先頭にと、敬老のつもりであった。まして、鶴の一声には行事ごとに後輩らが動員参加する制度に変更、血縁の繋がりを村興しに繋ごうと、その団結心は益々強固になっている。また、行事ごとに若い年代を誘い込み、最後まで行動を共にしているのを見るにつけ、後続衆は大丈夫と心強さを感じる。また、毎年行われる青年友和会主催の新年祝賀会並びに、敬老会には500人以上が参加、75歳以上の敬老者にお祝い金と、記念品が贈られ、父兄会と青年友和会の両会長の年頭挨拶で幕が開く。ステージでは、子供らの琉舞、太鼓、青年連中の三味線演奏、アニメショウやら豪華なご馳走に舌鼓を打ちながら、ウルククトゥバが遠慮なく語られ、なんとも賑やかである。

　こうして、シマンチュ(同字人)の集いを通して、世代の引継ぎは3代目に徐々に移っている。一時期青年会の活動が衰え、集会も15、6歳から20歳前後の若造だけになり、集会も途切れがち、お黙り気質のウルクンチュは、「出たがらない、目立ちたがらない」、それも祖先譲りである。結婚したら青年会に顔を出さない、家庭のことに集中する。一方壮年らは、青年会という名称に縛られ、参加しにくい。それではいかんと、壮年連中が立ち上がり、年齢に関係ない友人連中の和を図る意味で「小禄田原友和会」に名称を改めることになった。それには、商業連の中年層らも参加、会報小禄ニュースなどに加え、行事もピクニック、資金カンパ、ビンゴ、フェスタジュニーナ(7月田舎祭り)、忘年会、新年祝賀会、敬老会などを取り入れ、全小禄人を動員しての年中行事となっている。また、沖縄県人会本部、近郊地域各支部の各行事などにも積極的に参加協力、評価されている。そればかりか、5

年越しに行われる小禄田原人移民祭典には、郷里沖縄、ハワイ、ボリビアなどからも慶祝団を招き、シマンチュの国際交流を図っている。こうして、祖先代々から受け継いだウルクンチュの精神文化は、はるか南米・ブラジルの大地に根付いており、私は、その末永い継承を期待して止まないのである。

第 2 部

言語接触の実際

第1章　ブラジル日系移民社会の談話

1. はじめに

　本章で公開するブラジル日系移民社会の談話音声・文字化データの一部は、以下に示す言語生活調査を踏まえて実施された談話収録調査による。

1.1. 言語生活調査の概要
調査地：サンパウロ州ミランドポリス市アリアンサ移住地
　　　　サンパウロ州スザノ市福博村
調査対象者：調査地在住の日系人
調査期間：2003年4月～5月
調査方法：調査票を用いた面接調査。なお、調査の際には録音を行い、談話
　収録調査対象者選定の指標とした。
調査項目：個人的・社会的属性、ドメイン別言語使用、言語能力意識、日本
　語教育意識、訪日経験と言語意識などに関する68項目。
実施人数：アリアンサ移住地111人、福博村108人（合計219人）。世代（日
　本政府式世代算定）別人数は次の通りである。アリアンサ移住地：一世41
　人（男24人、女17人）、二世42人（男21人、女21人）、三世28人（男16人、
　女12人）、福博村：一世39人（男21人、女18人）、二世41人（男19人、
　女22人）、三世28人（男14人、女14人）。

　なお、言語生活調査の詳細および結果については、以下の報告書を参照されたい。

　　　工藤真由美編（2003）「第1部　ブラジル日系社会と日本語」『大阪大学
　　　　21世紀COEプログラム「インターフェイスの人文学」2002・2003
　　　　年度報告書第5巻：言語の接触と混交―日系ブラジル人の言語の諸相』

工藤真由美編 (2004)「ブラジル日系社会言語調査報告」『大阪大学大学院文学研究科紀要』44-2

1.2. 談話収録調査の概要
調査地：サンパウロ州ミランドポリス市アリアンサ移住地
　　　　サンパウロ州スザノ市福博村
調査対象者：調査地在住の日系人。言語生活調査の対象者の中から選定。
調査期間：2003 年 7 月 22 日〜26 日（アリアンサ移住地）
　　　　　2003 年 7 月 28 日〜8 月 1 日（福博村）
調査方法：以下の 2 種類の談話を収録。談話収録に際し、特に話題指定をせず、自由なテーマで話してもらうようにした。
　1) 調査者 1 名とインフォーマント 1 名との対話（formal な談話）
　2) インフォーマント 1 名とキーパーソン（地域内の同世代・同性の友人・知人）1 名との対話（casual な談話）
実施人数：48 人（各地点 24 人ずつ：一世 12 人、二世 8 人、三世 4 人）
調査体制：全体総括：工藤真由美　ブラジル側総括：森　幸一　調査者：李吉鎔、中東靖恵、レオナルド・メロ　調査協力者：深沢雅子、長田優子

1.3. データ公開までの経緯
今回の談話収録データの一部公開に至る経緯は次の通りである。
1) 2003 年 8 月〜2003 年 12 月にかけて、談話録音データの第 1 次文字化作業を依頼し、このうち、3 つの談話文字化資料の一部を上掲工藤編 (2003) で、さらにこの 3 つを含めた 9 つの談話文字化資料の一部を上掲工藤編 (2004) で公開した。なお、文字化協力者については謝辞を参照されたい。
2) 2005 年 9 月から 12 月にかけ、第 2 次文字化作業を依頼し、文字化の整備を行った。文字化にあたっては深沢雅子氏の協力を得た。
3) 上記で整備した談話の中から 6 つの談話に限定し、談話音声資料の一部を以下の報告書に添付の DVD-ROM で公開した。
　　工藤真由美編 (2006)『言語の接触と混交：ブラジル日系社会言語調査報告』
4) 上記報告書の談話音声資料に一部資料を加え、文字化資料の整備を行っ

た。文字化にあたっては深沢雅子氏の協力を得た。

（工藤真由美）

2. 談話収録地点の概要

2.1. サンパウロ州ミランドポリス市アリアンサ移住地（Colônia Aliança）

　アリアンサ移住地は 1924 年、サンパウロ市から 600 キロ離れた州最西端の奥地ミランドポリス市（Mirandópolis）に建設された永住型日系移住地である。

　1920 年代、日本政府は経済不況、農村部の経済的疲弊を打開するために、いわゆる国策移民を開始、ブラジルにおいて政府主導型の植民地を建設した。その一方で、海外に移住する上はまず土地を購入し、地主として定住することが肝要であるという前提のもとに、熊本県・広島県・和歌山県などいくつかの県において設立された海外協会は、サンパウロ州内陸部に土地を購入し、その土地を国内において売り出し、新しい形態の移住地創設をはかった。

　このさきがけとして 1921 年に発足した信濃海外協会は、従来の出稼ぎ移民型でも国策移民型でもない、移住者の自主運営による永住型移住地建設運動に乗り出した。1924 年サンパウロ州奥地のノロエステ（Noroeste）線沿線地域に 2,200 アルケール（Alqueire：サンパウロ州の場合、1 アルケールは 24,200 平方メートルに相当する）の土地を購入、第一アリアンサ移住地を建設、移住地の土地分譲を 1925 年から開始し、翌年には 200 区画を完売した。アリアンサ移住地建設にはプロテスタント系の日本力行会が深くかかわっており、この移住地では「コーヒーよりも人をつくれ」という理念が掲げられていた。

　1926 年には信濃海外協会は鳥取海外協会と協力して第二アリアンサを、翌 27 年には富山海外協会と共同で第三アリアンサを開設した。さらに熊本海外協会もアリアンサ隣接地区にビラ・ノーバ（Vila Nova）を開設、そこに力行会南米農業練習場も設置され、多くの海外志向の青年たちがここに送り込まれるようになった。1930 年当時、これらの全アリアンサ移住地の開拓面積は 174,506 アルケール、入植家族数は 456 世帯（人口 2,155 人）、コーヒー樹数 240,445 本となっている。アリアンサ移住地での、初期の主要農産物はコーヒー、米、雑穀で、1938 年発足のアリアンサ産業組合の主導によって、30

年代後半から40年代にかけては棉作や養蚕が盛んに行われるようになった。

　アリアンサ移住地は1938年頃が経済的最盛期で、この時期、移住地全体の日系家族数は2,000世帯を超えていたという。しかし第二次世界大戦後は養蚕業の衰退、綿花価格の下落など厳しい経済状況に陥り、戦後の一時期養鶏業の導入で活況を得たものの、それも長くは続かなかった。現在では、移住地日系世帯数の約8割を占める日系農家でグアバ、マンゴー、レモン、パイナップルなどの果樹、トマト・玉ねぎ・かぼちゃ・西瓜などの野菜類、トウモロコシ・大豆などの穀類などを主要作物とする農業経営が展開されている。

　第一アリアンサ、第二アリアンサ、第三アリアンサともに、移住地創設草創期から自治機関である第一ありあんさ会、第二ありあんさ自治会、第三ありあんさ会（後に各文化協会へ発展）、また各自治会の下部組織として青年会、婦人会、母の会などが組織され、1969年には全アリアンサ文化協会連合会も発足、各移住地には会館、運動場・体育館も整備され、教育施設としては日本語学校・ブラジル学校（グルッポ：Grupo）、宗教施設としては、ありあんさキリスト教会・仏教寺院なども創設され、これらの組織を中心に新年会、入植祭、運動会、慰霊祭、お盆（盆踊り）、ナタル（Natal：クリスマス）の集い、母の日、花祭り、うどん会、野球大会、陸上大会など様々な行事が行われている。

　アリアンサ移住地内には、第一アリアンサ日本語学校、第二アリアンサ鳥取村日本語学校、第三アリアンサ富山村日本語学校、弓場農場日本語学校の計四校の日本語学校がある。各日本語学校の生徒数はそれぞれ30名前後、生徒の年齢層は基本的に10歳代までの日系子弟が大半を占めているが、第二アリアンサ鳥取村日本語学校のように成人向け夜間日本語コースを開設しているところもあり、若干の成人学習者も存在する。

　移住地建設草創期より開設されている日本語学校の特徴の一つは70年代後半から、移住地創設にかかわった「母県」や日本からの様々な助成を受けているという点であろう。第一アリアンサ日本語学校は1989年から長野県の資金助成を受けてきたし、90年代末からは日本ブラジル交流協会、JICA日系社会青年ボランティア制度を利用して、日本から日本語教師を呼寄せてきた。一方、第二アリアンサ鳥取村日本語学校では93年から鳥取県からの教師派遣制度が始まり、現地教師の生活費・教材費などの資金助成、日本語書籍の寄付なども受けている。また、第三アリアンサ富山村日本語学校も

78年から富山県からの教師派遣制度が始まったほか、資金助成、日本語書籍の寄付なども受けている。なお、弓場農場内にある日本語学校では農場員2名が日本語教師を務め、学校経営に関しては農場が自律的な経営を行っている。

また、これらアリアンサ移住地を包括する日本語教育地区＝ノロエステ日本語普及会第三地区に属する日本語学校が主体となり、お話発表会、体育祭・運動会、林間学校、硬筆力試しなどの行事を行い、日本語能力試験やスピーチコンテストなどにも生徒を積極的に参加させている。

一般的に言えば、一世・二世層リーダーや父兄たちの日本語教育への関心はいまだに高く、ここでの教育方針は第二言語学習のための日本語教育というよりも、日系子弟を対象とした「日本文化の継承」という点にその主眼が置かれている。しかしながら、近年においては三世・四世の青少年層の日本語離れ、日系家庭からの日本語消失、英語やコンピュータ学習への関心の高まりなど、ブラジル日系社会における日本語教育を巡る一般的な問題が出現し始めてきている。

ところで、アリアンサ移住地の「日本語」を巡る一つの特徴は、ここが「ブラジル日系文芸の発祥地」として知られているように、移住者自身による活発な文芸活動――特に短詩型文芸――が行われてきた点であろう。俳句では佐藤念腹・木村圭石、短歌では岩波菊治などの歌人を輩出し、ブラジル日系社会の文学運動を主導してきた。

2.2. サンパウロ州スザノ市福博村（Vila Ipelândia）

スザノ市（Suzano）はサンパウロ市の東方34kmにあるグランデ・サンパウロ（Grande São Paulo：大サンパウロ都市圏）圏に含まれる近郊ムニシピオである。日本人が最初にスザノ市に入植したのは1921年のことであるが、30年代以降、奥地から日本人移民がコロノ（農村賃金労働者）という地位を脱し、都市近郊型の自営的集約農業を行うために活発な移動を遂げ、戦後、スザノ市は日本人移民がもっとも集中する近郊農村の一つとなった。戦後、スザノ市の日系農業生産者の多くは小商品生産者となり、主要な生産物は葉野菜、トマト、ジャガイモ、鶏卵などであった。

本調査の対象となったビラ・イペランジア（Vila Ipelândia）地区の日系集団地は「福博村」と呼ばれている。この地区への日本人入植は、1931年に

2家族が地主であるイタリア系移民の子孫から400アルケールの土地を借地し、トマトを中心とした蔬菜類を生産し始めたことに始まる。その後、小土地所有を基礎に家族労働力を投下して、ジャガイモ、葉野菜、果樹などの栽培を行った。入植4年後の1935年には日本人家族14家族によって「福博日本人会」が創立され、以降日本の村落社会の組織原理に基づいたエスニック共同体＝「村」が形成されていった。この初期日本人会メンバーは共同で土地開拓、道路建設など共同体としての基礎を築き、また子弟のためのポルトガル語と日本語教育を行う学校も建設した。

　ブラジルナショナリズムの高揚、第二次世界大戦などを契機に、日本人会は一旦解散され活動を停止したものの、戦後再び日本人会や日本語学校の活動が再開されるとともに、青年会メンバーを中心に新しい「村」つくり運動が始まり、1960年には新会館とブラジルの正規教育と日本語教育の場としての学校が建設された。2001年現在、この「村」は約140の日系世帯から構成され、生業に関しては農業と非農業世帯が6：4、日系農家では主に蔬菜、果樹、養鶏、園芸用の樹木、薬草など多様な農産物が生産されている。非農業世帯ではちくわ・かまぼこなどの製造業、地区の中央部やスザノ市街地での商店・雑貨商・薬局・レストラン経営などが行われ、その経済的階層はかなり多様化の様相を示している。

　福博村内部は10区からなる近隣組織に区分され、主に村会からの連絡単位となっているほか、冠婚葬祭の単位として機能している。村会の主要行事としては新年拝賀式、慰霊祭（3月）、運動会（5月）、敬老会、10年ごとの入植記念祭などがあり、このほか青年会や婦人会でも独自の活動を実施している。また、このほか村会の重要な活動としては、1948年から10年毎に実施されている村勢実態調査がある。この村勢実態調査結果に基づいて、福博村の世帯数・人口数を示すと、表1のようになる。

　前述のように、当地の農業生産は集約型近郊農業による蔬菜・果樹栽培から開始され、60年代半ばには養鶏に移行、当時は68世帯が養鶏業に従事するブラジル有数の「養鶏村」へと成長、70年代には日系蔬菜栽培農家がこの地に借地入植し、福博村はその最盛期を迎えた。しかし、80年代から人口流出が始まり、世帯数・人口数とも減少傾向を示している。その要因としては①若年層の都市への流出、②近郊農村の産業構造の転換、③88年から始まった日本へのデカセギ現象、④日系世帯の少子化・高齢化などが挙げら

表1 福博村実態調査：世帯数・人口数の推移

年次	世帯数	人口数
1948	153	1,008
1960	167	964
1970	214	1,512
1981	144	886
1991	147	686

れ、最盛期には160名ほど存在した日本語学校の児童・生徒数も1999年には30名ほどまでに減少している。

　過疎化の問題に加えて、福博村では「治安」問題を抱えている。70年代にサンパウロ州水道公社がダム建設のために福博村周辺の地域を接収したが、この地域には貧困層が流入、不法居住し、「ファヴェーラ（Favela：貧民窟）」となり、村内で強盗事件などが頻発するようになったのである。村ではサイレンの設置、犬の飼育、自警団の組織化、定期的な防災訓練などの対策を取っている。

　また、共同体としての凝集性の低下も大きな懸念材料となっており、村のリーダーたちは様々な「村おこし」を試みている。この「村おこし」の基本的なアイディアとしては、転出した元村人やその子弟（週末には村にある住宅に戻るという生活形態をとるものが多い。つまり、田舎の別荘へ週末もどるという生活形態）と現住民とが一体となって「ふるさと」としての村という新しい連帯のあり方を模索していくというものである。また、福博村はブラジル・ゲートボール発祥の地として知られていること、さらには村内にイペランジア老人ホームが開園したこと（83年）、こうしたシンボルや施設の存在によって、福博村は日系高齢者の「ふるさと」としての村のあり方を対外的に表明もしている。

主な参考文献
アリアンサ移住史編纂委員会編（1952）『創設二十五年史』アリアンサ移住史編纂委員会：サンパウロ．
アリアンサ移住史編纂委員会編（1970）『創設四十五年史』アリアンサ移住史編纂委員会：サンパウロ．
大野盛雄・宮崎信江（1957）「大都市周辺農家の成立―サンパウロ市近郊スザノの事例―」

252　第 2 部　言語接触の実際

泉靖一編著『移民―ブラジル移民の実態調査』古今書院.
第三アリアンサ編集委員会編（1979）『第三アリアンサ創設五十年史』第三アリアンサ区長会：サンパウロ.
第二アリアンサ編集委員会編（1974）『第二アリアンサ入植四十五年史』第二アリアンサ編集委員会：サンパウロ.

（森　幸一）

3. ブラジル日系移民社会の談話資料

　2003 年 7 〜 8 月にサンパウロ州ミランドポリス市アリアンサ移住地・同州スザノ市福博村で行った談話収録調査で得られたデータのうち、6 つの談話の一部を音声データとして本書添付の DVD-ROM「ブラジル日系・沖縄系移民社会の談話音声資料 2008（1）」で公開し、その文字化資料を以下に掲載する。

3.1. 談話音声資料の話者

　DVD-ROM に収録した談話音声資料の話者の属性は以下の通りである。いずれも、インフォーマント 1 名とキーパーソン（地域内の同世代・同性の友人・知人）1 名との対話（casual な談話）の一部である。
　なお、表中の話者記号は、話者の属性を記号化したものである。詳細については、工藤編（2003、2004）および本書収載の李論文を参照されたい。
　一世と二世のインフォーマントについては、同地点在住の同世代・同性の話者がキーパーソンとして対話の相手となった。だが、三世については、比較的日本語能力のあるインフォーマントが選ばれているとは言うものの、三世話者同士の日常会話は基本的にポルトガル語で行われるため、キーパーソンとの会話はすべてポルトガル語となってしまう。そこで、三世の場合にはキーパーソンとの対話ではなく、調査者と日本語で対話した談話を収録することとした。

3.2. 談話音声資料の作成にあたって

　談話収録には DAT（Sony TCD-D8 ／ D100）とステレオマイク（Sony ECM-MS907）を使用し、DAT テープ（Sony DT-120）に録音した。録音し

第 1 章　ブラジル日系移民社会の談話　253

談話	話者	世代	生年	年齢	性別	国籍	出身地	渡航年（年齢）
【1】	BA1M67-02	1	1935	67	男	帰化	香川県	1935（ 1 歳）
	A1M-OK	1	1924	79	男	日本	埼玉県	1927（ 3 歳）
【2】	BS1M79-40	1	1924	79	男	日本	長野県	1933（ 9 歳）
	S1M-IK	1	1942	60	男	日本	茨城県	1960（18 歳）
【3】	BA2F67-25	2	1936	67	女	ブラジル	ミランドポリス	-
	A2F-IM	2	1954	48	女	ブラジル	アリアンサ	-
【4】	BS2M41-49	2	1961	41	男	ブラジル	スザノ	-
	S2M-IJ	2	1942	61	男	ブラジル	スザノ	-
【5】	BA3M27-28	3	1975	27	男	ブラジル	ミランドポリス	-
	LM	-	1976	27	男	ブラジル	リオデジャネイロ	-
【6】	BS3M22-35	3	1980	22	男	ブラジル	スザノ	-
	LM	-	1976	27	男	ブラジル	リオデジャネイロ	-

た音声は、Cool Edit2000（Syntrillium 社）でパソコンに取り込み（サンプリング周波数 22.050kHz、量子化ビット 16bit、ステレオ）、wave ファイル形式で保存した。DVD-ROM 収録箇所については、以下の点を考慮して選定を行った。

　1）聴取に支障がない程度の音質を保っていること。
　2）談話内容にある程度のまとまりがあること。

　また、音声ファイル再生の際の負担を考え、1 つの音声ファイルがあまり大きくなりすぎないよう配慮した。なお、談話の中でプライバシーを侵害する恐れのある箇所については、内容が分からないよう、Cool Edit2000 で信号音を作成し、音声を加工した。

3.3. DVD-ROM の構成内容

　本書に添付の DVD-ROM は、DVD-ROM 利用に際しての注意点について記した readme.txt と、談話音声ファイルが入っている 2 つのフォルダから成る。DVD-ROM を使用する前に、readme.txt の「はじめにお読みください」を一読されたい。談話音声資料は［brasildanwa2008］の中に wave ファイル形式で収められている。

3.4. 談話音声文字化資料作成にあたって

　以下では、談話音声資料を文字化するにあたって作成した「文字化の基準」を示す。
1.　原則として、日本語による発話は「漢字仮名交じり」で表記し、ポルト

ガル語による発話は「アルファベット」表記とする。漢字・仮名・記号は「全角」、英数字は「半角」とする。

  ア．数字は原則、アラビア数字を使用するが、熟語や慣用表現などは漢数字を使用する。

  イ．長音表記の際、フィラー、特に意味のないあいづち、感嘆を表す語、文節末・文末の母音伸ばし等には長音符「ー」を使用する。

2. 会話参加者の記号は以下のようにし、話者ごとに統一する。

  BJ：ブラジル日系人インフォーマント

  KP：キーパーソン

  JS：調査者

3. 会話参加者のターンごとに、すべて改行する。ただし、あいづちは括弧内に入れ、発話者の発話に埋め込む。

4. 文字化記号は、すべて「全角」とし、以下の記号を用いる。

《 》	ポルトガル語に対応する日本語訳は《　》に入れて示す。
。	発話文末には「。」をつける。
？	疑問文の文末には「？」をつける。疑問の終助詞がない場合や上昇調イントネーションを伴わない発話でも疑問の機能を持っていればつける。
…	語尾が言い淀んでいる場合や、文が中途で終了している場合は「…」をつける。
＊	音声が聞き取り不能であった部分や意味が不明な部分は「＊」で示す。
（ ）	あいづちは、発話者の発話中に（　）でくくって入れる。その際、あいづちを入れた話者記号を入れる。
「 」	本や映画の題名等、視覚上、区別した方が分かりやすいと思われるものは「　」でくくる。また、固有名詞等、話者のプライバシー保護のために明記できない単語は「　」でくくり、「人名」「地名」等のようにする。
【 】	文脈を理解する上で必要な情報がある場合には【　】でくくって示す。
｛ ｝	笑いや咳など非言語音は、｛　｝でくくり、｛笑い｝｛咳｝等のようにする。
［ ］	沈黙や状況描写など、特記すべき事項がある場合には［　］でくくっ

て示す。

3.5. 談話音声文字化資料
談話【1】
音声ファイル名：brasildanwa2008_1.wav

収録地点：ミランドポリス市アリアンサ移住地

収録日：2003年7月25日

話者：

① インフォーマント（話者番号BA1M67-02）：第一アリアンサ在住。一世。1935年生まれ（収録当時67歳）。男性。香川県出身。帰化。1935年、1歳で渡伯。農業・牧畜業に従事。

② キーパーソン（A1M-OK）：第二アリアンサ在住。一世。1924年生まれ（収録当時79歳）。男性。埼玉県出身。日本国籍。1927年、3歳で渡伯。現在は無職、元バール経営。

談話時間：11分42秒。

談話の概要：談話はインフォーマントや知り合いの農業・牧畜経営の話から始まる。インフレがひどく、経済が不安定な中、ブラジルで農業・牧畜経営や商売をやっていく厳しさ、そして息子の代に受け継いでいく難しさなどについて語っている。

KP： 牛をだいぶ、や、やっておられるのね。
BJ： うん。あのー、confinamento《囲い飼育。牛を一箇所に集めて囲って飼育すること》で、これー。
KP： ああ。そう、そう、そう。
BJ： あんまり、儲からんけどね。(KP:はあ、はあ、はあ) やっぱり、あの、今みたいに、seca《乾燥期》んなったら、もう【牛が】痩せてね。
KP： ああ、そうね。
BJ： 殺、殺せないもんね。(KP：うん、うん) でー、まあ、えさー、ちょっと高いけど、えさやってやれば。(KP：ああ、ああ、ああ) 9月頃に出せるからね。
KP： ここは水は豊富ですか？
BJ： ああ、水は豊富。
KP： ふーん。
BJ： うん。川が、よ、横と縦に。
KP： それは結構ですね。(BJ：** ね。うん) ほいでー、{咳払い} あのー、「人名」。(BJ：うん、うん) あそこは行かれたことあります？

BJ： あるよ。（KP：ああ、そうですか）何回も行った。
KP： 上手にやってますね。
BJ： やってるね。
KP： うん。
BJ： んだから、milho《とうもろこし》、milho《とうもろこし》植えて、あのー、牛の、ração《えさ》作って、やっとって。（KP：ええ、ええ）今、辞めたみたいね。
KP： はあ、はあ。（BJ：うん）Milho《とうもろこし》はやっぱりー、（BJ：うん）あんまり、{咳払い}やっぱし、だいぶ手間がかかるらしいね。
BJ： うーん。まあ、何やってもみんな手間は、{笑い}（KP：ええ）手間はかかるけど。
KP： で、（BJ：あー）あれ、piquete《標杭》は、だいたいに歩けるぐらいに、こう、（BJ：ああ、***）あれしてますね。
BJ： はーん。
KP： ほいで、水は、豊富。まあ、だいぶ下側から引いているんですが。
BJ： うん、うん、うん、うん。
KP： あれをかけて、（BJ：うん）まあ、大体、あ、ほいで、そのー、あれを、こう、う、かいて、な、なんかその、あれしてるんですが、（BJ：うん）あの返しをわしも見してもらいましたよ。
BJ： あー。（KP：**）最近よう行ってないんだけど、やっぱりconfinamento《囲い飼育。牛を一箇所に集めて囲って飼育すること》やってる？
KP： ええ、ええ。えさ、や、やってますよ。
BJ： やってる？（KP：ええ。ええ）うん。最近行ってないんだけど、（KP：うん）なんか今あの…
KP： 一時やめたとかっていう話を聞いて、（BJ：うん、うん）わし聞いてみた。「Não,《いいえ》やめてないよ」って。
BJ： やめてないって。
KP： ええ。
BJ： 今なんか、息子、milho《とうもろこし》作ってるような話。（KP：ええ、あの…）うちの婿と一緒に作ってるっていうような話、聞いたけど。
KP： ああ、そう、そう、そう、そう。（BJ：うん、うん、うん）どうも{笑い}なんか、どこも、あ、そういうもんかも知れんけど、親父がやってることは息子はあんまりやりたくないらしい。
BJ： {笑い}自分の方がなんかいいもんやっ、**、（KP：{笑い}そう、そう）見つけ出して…うん、それもいいだろうけど。（KP：**）うーん。
KP： Milho《とうもろこし》もねー、（BJ：うーん）結構だけど、そりゃーまあ、ずーっと取れたらしい。（BJ：はあ、はあ、はあ）順調に。（BJ：はあ、はあ、はあ）ところが、値段がた落ちで。
BJ： 下がってる。がた落ちだもんね。
KP： ええ。そういうもんですよね。
BJ： うーん、そうよねえ。ほんで…

第1章　ブラジル日系移民社会の談話　257

KP： やっぱり…
BJ： うちらの孫も、cunhada《義姉妹》の＊＊されて、あそこ、10alqueire《アルケール：農地の面積単位》、(KP：あ)おばあさんとこ、(KP：あ)来年やることにしたんだけど。
KP： あ、そうですか。そうですか。
BJ： はーい。(KP：ああ)で、なんか、(KP：ええ。まあ、まあ)昨日、昨日、semeadeira《種まき機》の、あの、(KP：はあ、はあ)、plantio direto《直まき式》の【種まき機を】買いやがって、まあ。(KP：あー)1万7,000のcarro《車》、carro novo《新車》1台買える。
KP： そうですか、そうですか。ほう、ほう。
BJ： まあ、もう「これー、semeadeira《種まき機》代取るの、一苦労するぞ」って言ったんだけど、まあ、(KP：ま){舌打ち}やりたいっちゅんだからやらさなきゃね。(KP：はあ、はあ)自分が働けるわけでもないのに{BJの笑い}反対しても嫌われるだけだから(KP：いやー)しょうがないと(KP：あー)思っとるんだけど。
KP： なかなか変動があり過ぎてねー。
BJ： えー、ひどいねー。(KP：ええ)ブラジルの経済はもう。
KP： ある程度、固定された値段が、(BJ：そう)うー、あれですわ。うー、この政府から、はっきりと…
BJ： そう。保障が(KP：保障)あればいいんだけど。
KP： 保障があればね、いいけど。ここの政府が、(BJ：うん)それこそ信用できないんだから。
BJ： できない。でったらめよね。
KP： ええ。その時その時によって、(BJ：ええ)ご都合で変えてくから。
BJ： なー、(KP：やっぱり…)あれ、あればあるで、底なしに下がるし。(KP：ええ)なければどんどん上がっていくし。(KP：ああ)まあ、ほんとに(KP：あ、ブラジルの政治家は…)不安定だよね。
KP： ブラジかの政【「ブラジルの政治家」と言おうとして】、ん、ブラジルの政治家が、牛は、(BJ：うーん)もう、ほとんど牛飼いだから。(BJ：そう、そう)牛は、確かにいいですよ、(BJ：うーん)落ち着いてね。
BJ： ええ。ただ(KP：そう…)面積単位に収入が少ないから。
KP： 問題はそれです。
BJ： やっぱりあの、fazenda《大農場》うんと持ってる者は、もう、ファ、牛に、か、あのー、(KP：ええ)牛よりほかにいいもんないって、あの、「人名」さんは、だからもう、abacaxi《パイナップル》みんなやめちゃう。(KP：はい、はあ、はあ、はあ)みんなやめて全部牛にする。
KP： ああ、なるほどね。やめ、やめちゃうしねー。うん。
BJ： あー、あの、あの人ぐらい畑がありゃー、もう、畑なんかやらん方がいいよ。(KP：ええ、ええ)うん。
KP： やっぱり、この、(BJ：うん)牛の方がね、確実性があるでしょ。
BJ： 確実。(KP：ま)死んだり(KP：ね)盗まれたりせんけりゃね。(KP：ええ、ええ、

ええ、ええ）確実に儲かるよね。
KP： まあ、それが（BJ：うーん）今は、今はあれですわね。うかうかすると今度返しが、{BJの笑い}か、返しを気をつけなきゃいかんね。
BJ： そうよ。
KP： これ、気を付けるっつったってねー、{BJの笑い}どうにも、あれ、（BJ：いやー）何もならんわ。（BJ：あー）あー、ずるいもんにかかってちゃかなわない。
BJ： ほんとよー。（KP：ええ）うーん。
KP： まあ、恥も外聞もそんなことを気にしないし。（BJ：まあ）人間は、あー、もう…
BJ： あんたら商売やってる…けど、別にそのー、品物買って払わんなんていうような人、おらん？
KP： お、たくさんおります。
BJ： やっぱりおる？ あー。
KP： それを、わ、わしの代はね、（KP：はい）やっぱりひっかかった。ほいでも（BJ：うん、うん）わしの代は、その、相手の能、能力を見て、（BJ：うん、うん、うん、うん）ほいで、こう【金を】貸してきたけれども、（BJ：はい）うちの息子に、息子になったら、もう、いくらゆすってもない。
BJ： あー、（KP：あんまり）だいたいあの、「札付き」っちゅうか、これはあんまりよくないっちゅうの分かる、分かるでしょ？
KP： ええー、わ…。まあ、大体ね、（BJ：うん）そんなこと言っちゃーあれだけど、あの、長い**、人と、人だけの（BJ：はい、はい、はい）人の交際をやってるとね、これは正直もんだ、（BJ：うん）これはあれだと、（BJ：うん。見当が）ま、100％じゃないけど。
BJ： 見当つく。
KP： ある程度、見当つきます。
BJ： はい、はい、はい。うーん。
KP： ほいでー、相手が払えるー（BJ：うん）、能力のある金額を、（BJ：はい）まあ、貸す。（BJ：なるほど、なるほど）その程度の物を、品物をね。（BJ：はい、はい、はい、はい）それを1人の人間が4人も5人分の、あれだ、うー、生活できる分のを買っていくのは、あれは（BJ：あー）大概払わんです。（BJ：うん、うーん）私は、はら、あの、けちけちとね、（BJ：はい）もう、あれですわ、倹約しながら買う、あれ【客】、あれには売って差し支えないです。（BJ：はい、はい、はい）大概払います。（BJ：払う）ところが大雑把に（BJ：うん、うん）ビールは腹いっぱい飲む、（BJ：あー、はあ、はあ、はあ）ほいで、おいしいもんがあれば（BJ：あー）缶詰でも何でもがらがら買っていく。（BJ：はい、はい）これはもう…
BJ： 危ない。
KP： ええ。1回くらいで、後はやめ、やめた方がいいです。（BJ：うん、うん）そしたら引っかかる率が少ない。
BJ： はい、はい、はい、はい。うーん。やっぱり商売はそのー、一旦引っかかったらcapital《資本・資金》と両方引っかかるから、ひどい。

第 1 章　ブラジル日系移民社会の談話　259

KP： ええ。ほいで、わしがねー、わしに引っかけたあれ【客】に、息子売ってるもんね。「あれはだめだ」っつったんですよ。(BJ：あー、はあ)「あれはすでにわしに払わなかったんだから、(BJ：はあ、はあ、はあ)おまえだけに払うはずはない」って。
BJ： なるほど、なるほど。
KP： おー、まーず、そう、まーず、何ちゅうかねー、(BJ：うん)言うこと聞かないねー。{BJの笑い}「【人名】さんも、あれだ、(BJ：うん)こぼしとったけど、「【息子が】俺の、俺の言うこと、全然聞かん」っつって。{BJの笑い}「そんなことして (BJ：うん)苦労せんでもいい」って。(BJ：うん)それでも、そんなこと、苦労せんでもいいって言うけど、苦労したればこそ現在のあれが (BJ：そうよね)築かれて、今があるんだって、(BJ：そう、そう)息子に渡せるんだって。(BJ：うん、うん)だから、「こう、こうにしろ」って言ったら、なんか「今は、そんなことする必要ないんだ」って。(BJ：うん)「こう、こう、こうやりゃーいいんだ」って。{BJの笑い}さあ、こ、言う、言うこと聞かんで困ったもんだよって。{笑い}
BJ： やっぱり、これ、時代のそういう考え方が違うんだよね。違うんだよね、これ。
KP： ええ。まあまあ。
BJ： うーん。でもー、あんまり頑固であれするのもどうかと思うよ。あのー、うち、その、こ、この trator《トラクター》よね。
KP： ええ。
BJ： まだ 2 回しか払ってないんよねー。
KP： ええ、ええ。
BJ： これ、4 万 8,000 だったんよね。(KP：あ){息を吸う}こんなもん、いらんがなーという、もう 2 台持ってるんだけど、3 台目も、そんないらんがなーと思ったけど、子供が、こりゃーなんも、cana《さとうきび》切るのにー、(KP：はあ、はあ、はあ、はあ) 1 時間に 300 メートルしか行かんから、(KP：なるほど、なるほど)具合がいいんだっちゅう。(KP：ええ)で、遮二無二、まあ、遮二無二って、俺もあんまり (KP：ええ)反対もせんかったけど。買ったんよね。(KP：ええ)たら、2 回だから、今、1 万…、2 回合わして 1 万 2,000 ぐらいしか払ってないんよね。(KP：はあ、はあ)今、novo《新しいの》、8 万越してる。
KP： うん、そうでしょう。
BJ： あの時に買ってなかったら、(KP：うん)もう今だったらもう…
KP： 買えない。
BJ： 買えない。
KP： うん、そうですか。
BJ： だからそういう、(KP：ええ)反対されて (KP：ま)いい時もあるけど。{笑い}
KP： 思い切りはいいよ。
BJ： だからやっぱり払える、お、思い切りでないとね。(KP：ええ、ええ)あんまりー。
KP： しかし、(BJ：うん)あれですよ。何でもね、思い切りがいい。(BJ：ああ、ああ)ありゃーまあ、あー、あー、わしらーなんか、ぜ、全然伸びなかったのは、(BJ：うーん)あのインフレ時代にね、度胸がなかった。(BJ：うーん)あのインフレ時代にね、

度胸のある人はもう、買っておき、品物さえ買えば、もう（BJ：はい）儲かった。
BJ： そう、そう、そう。だから。
KP： それがはっきりする。
BJ： 分かればね。
KP： はっきりとするけど。いや…
BJ： 分かれば誰でも買うんだけど、（KP：そう）それ分からんから。{笑い}
KP： それはね、やはりインフレがこう、そ、あ、あ、このインフレってやつは、（BJ：うん）初めてブラジルで、あれ、あれしたんじゃなくて、（BJ：うん）うー、ブラジルで、うー、インフレが来たんで、70%**、ひどい時には100%近くにきた。（BJ：そうよ。ええー）さあ、それが続くか、がた落ちするかっていう（BJ：そう、そう）それを心配する。
BJ： そいつを心配する。誰でも。ええ。
KP： うん。だから度胸ね。度胸一つで、大金持ちになった者が（BJ：なるほど）たくさんおりますよ。（BJ：おるよ）ええ。ところが、「度胸」っていう一言の言葉で言えるけど、（BJ：うん）もう一つの言葉じゃ「向こう見ず」ですよ。
BJ： そうよ。「無鉄砲」っちゅう。{笑い}。
KP： ええ。そうするとひっくり返る時もね、（BJ：ある、ある）とんでもないひっくり返り方（BJ：ええ、はい、はい、はい、はい）しますよ。
BJ： だから、うちの今の、その、言う、今言う、その trator《トラクター》だって、こんな、こん、分かっとりゃ、2台買えるわね。
KP： ええ、ええ、ほんとに。
BJ： 2台買ったら、1台もうただになっとる。{笑い}
KP： ほんとですよ。まったく。そ…
BJ： だけど、そんな誰も分からんから。ほんとにねー。
KP： そーこまではねー。（BJ：うーん）分からんもんねー。
BJ： そうよー。まったく（KP：うん）不安定だよね。
KP： ほんと。
BJ： うーん。
KP： ま、そ、こ、こちらへ入ってくる時に、その、左側の cana《さとうきび》は、あんたのですか？
BJ： はい、うちの。
KP： あー。
BJ： うん。今、ほいで、それ、た、牛、立っとるでしょ。
KP： なるほど、なるほど。あそこで食べてました。もう、たくさん。（BJ：ああ、ああ、ああ {笑い}）もう、****のあれが。{BJの笑い}も、食べ終わって、もう水飲み行くんでしょ、あれらは。
BJ： ええ。そう、そう。{笑い}（KP：うーん）{笑い}
KP： うーん。牛も利口なもんだよねー。
BJ： ええ。{笑い}なかなか。
KP： 「人名」さんは、牛の bravo《気の荒い》ってのは、まずおらんって。ただ（BJ：う

ん）自分が牛に近寄って、(BJ：うん、うん）ね、牛をかわいがってやることだと。
BJ： そうそう。(KP：うーん）うーん。
KP： そしたら牛はそんなに、あの、(BJ：うーん）荒い牛はできないでしょ。{BJの笑い}ええ、そう言ってましたよね。
BJ： うーん。
KP： ほいで「人名」さんが行って、あ、あれですよ。呼ぶと、わーっと集まってきますよ。
BJ： ああ、はあ、はあ。(KP：ええ）うーん。
KP： 魚でもそうですね。
BJ： そうだろうね。
KP： ええ。(BJ：うん）「人名」さんがね、お、あのー、俺の、あの、fazenda《大農場》行って、(BJ：うん）うーん、じゃ、1日、2日、向こうで、あの、え、何もしないで、aposentado《年金生活》なんだから、何でもいい、ある、ある、暇があるんだから行こうっつって。(BJ：うん、うん）で、それで mulher《妻》も São Paulo《サンパウロ》に行ってるし、俺1人なんだって、(BJ：うん）「じゃあ、お供しろ」っつって行った。(BJ：うん、うん、うん）ほしたら、あのー、うー、pacu《パクー：淡水魚の一種》を飼ってましたよね。
BJ： ああ、ああ。**、飼ってるってな、あそこ。(KP：ええ）うん、うん。
KP： それでですね。あのー、えさを作って(BJ：うん）行くんですよ。わしが、こう、先立ったらだめなの。魚が来ない。
BJ： ほー。
KP： 逃げちゃう。
BJ： へー。
KP： 足の、足音で知っとるです。
BJ： へー。
KP： ほいで「人名」さんが行くとね、ちょっとして見てると、も、と、こうやって、もう、来るです、えさ投げる場所へ。
BJ： へー。
KP： で、わしが近寄っていくと、さっとどっかへ行っちゃう。(BJ：ふーん）もう、潜っちゃう。
BJ： へー。そんなもんかね。
KP： まあねー、利口なもんですよー。
BJ： 水ん中でもねー、分かるんだねー。
KP： ええ。魚でもああいう、あれですよ。(BJ：うん、ふーん）あれ、すごいあれを、み、も、あのー、何ですかねー、う、う、あ、頭、持ってますよ。
BJ： 動物でも物言わんけど、やっぱり。(KP：ええ）うん。だから、うちの子供、あの、この、cana《さとうきび》切って【牛に】食べさせるのは、長男坊がいっつもやってるんだけど、(KP：ええ）たまに、あの、長男がどっか都合悪くて、次男のが行ったら、牛、まあ、えさは食べるから来るのは来るけど、(KP：ええ）長男がやるみたいに来ないよ。

KP： なるほど、なるほど。
BJ： 分かるんだねー、あれ。(KP：**、分かるんですね) Trator《トラクター》なんか、おんなじだと思ってやるんだけど、(KP：ええ) やっぱり分かる。
KP： 動物ってのは、あの、ちゃんとした、(BJ：ええ、ええ、ええ) あれでしょ、あれを、自分たちのを、{2人の笑い} 頭脳を持ってますよ。
BJ： うん。物は言わんけどやっぱり (KP：ええ) 分かるんだねー。うーん。
KP： 人間が一番あれじゃないですかね。利口そうで、{BJの笑い} そうでないんじゃないかね。{2人の笑い}
BJ： 今の、今の、先生【調査者】も言っとったけど、地震なんかでも、そのー、人間には分からんけど、なんか、い、ウナギとかそういうもんは、(KP：へー) 先に分かるとかなんとか言うとったけど。
KP： 何ですか、あのー、(BJ：うーん) うー、何、あの、魚で、あのー、う、う、お使いでも何でもする魚。あれが爆弾を見つけるっていうんだからね。(BJ：えー) それなりの {BJの笑い} 爆弾をね。ええ。(BJ：えー) まず (BJ：うーん) すごい、あ、あれですよ。{BJの笑い} 利口なものがおりますよね。(BJ：うーん)

談話【2】

音声ファイル名：brasildanwa2008_2.wav

収録地点：スザノ市福博村

収録日：2003年7月29日

話者：

① インフォーマント(話者番号 BS1M79-40)：スザノ市福博村在住。一世。1924年生まれ(収録当時79歳)。男性。長野県出身。日本国籍。1933年、9歳で渡伯。現在は無職、元養鶏業に従事。

② キーパーソン(S1M-IK)：スザノ市福博村在住。一世。1942年生まれ(収録当時60歳)。男性。茨城県出身。日本国籍。1960年、18歳で渡伯。養鶏業に従事。

談話時間：14分39秒。

談話の概要：談話は戦前と戦後の日本人の違いについての話から始まる。昔のサンパウロ州奥地日系植民地での様子を語りながら、現在住んでいる近郊農村で農業を行う難しさや人付き合いの違いについて、また、困った時に親切なブラジル人に助けてもらった思い出などを語っている。

KP： でも、おー、この、何て言うのかなー、育った環境ががらりと戦争負けてから変わったじゃないですか？ 日本。

BJ： うーん。だけどあのー、ブラジル、(KP：今か) 戦、戦後の人も戦前の人も、おんなし…。なんだねー、日本じゃ、あのー、戦後の人はがらっと変わっちゃってねー。(KP：うん) あのー、「人情、神のごとし」(KP：うん) っていう {2 人の笑い} そういう (KP：はあ) 例えがあるでしょう。(KP：はい、はい) うん、だけど、この、(KP：うーん) ブラジルに来た人たちはねー、(KP：うん) 戦前も戦後も変わらない。(KP：そんなに違わない…) おんなし日本人の常識っていうか、(KP：はあ、はあ、はあ) 持っておるもんねー。だから付き合っていけるでしょう。(KP：はい、はい。でも) あんたとわしって言ったらねー。(KP：でも、はい、はい) 日本人としての (KP：うん) 感覚は違わないでしょう？

KP： だいたい、もう、おんなじですよね。(BJ：うん、うん、うん。だから) うん。基本的にはおんなじ。(BJ：おんなしね) ただ習慣がやっぱり…。うーん、そういうことを「人名」さんと話したのよ。(BJ：うーん) 自分らが来てから、この谷はとっても、あのー、ロックの谷がよ、(BJ：うーん) とっても、あのー、そういう、うー、義理とか人情ね、(BJ：うーん) そういうものがとっても色濃く残ってる。(BJ：うーん) ところがやっぱり「地名」となると、それが、あのー、昔は、ほら、自分たち、え、batata《じゃがいも》の種を植える時なんか、みんな (BJ：うーん) ajuda《助ける》に、こう、行ったよね。(BJ：ああー) うーん。肥料をこう (BJ：ああー) 抱えて、こう、ね。(BJ：そういうことがないね) これくらい振るんだよってね。(BJ：うん、うん) で、そういう、教わって、そういう、うーん、batata《じゃがいも》まきやったり、(BJ：うーん) 鶏舎建てるって言ったら、みんなが (BJ：うん。うん、うん) 集まって鶏舎建て…

BJ： あー、そういうことがあった。(KP：うん) でー…

KP： だけど、それがだんだん俺らが来てから、自分から (BJ：うーん) そういうのを少しずつ、こう、遠慮してった。(BJ：うーん) そういうことがあるんです。

BJ： あー。奥地でねー、(KP：うん) あのー、昔、まだ、我々が青年時代ねー、(KP：はい) そういう時にあのー、米の収穫ね。(KP：あー、はい) 昔は、あのー、かまで刈って (KP：はい) 収穫するでしょう。(KP：はい) そういう時には、あのー、{咳払い} 隣近所ね、(KP：うん) あのー、ajuda《助ける》に行くわけよ。(KP：はい、はい)「あー、今度はあそこの収穫だぞ」って言ってね。(KP：うん、うん、うん) 切ってね、(KP：はい、はい) やってよ。そして自分のところにはね、(KP：うん) 来てもらうの。(KP：はい) 米の収穫とかね。(KP：はい、はい、はい) そうしたりねー、あのー、棉、棉つくりをしとったからね。(KP：うん、うん) 棉なんか、開くでしょう。(KP：うん) もちろんそういう時には、あの {咳} camarada《農村の日雇い》をね、(KP：うん) たくさん自分のとこではそんなに camarada《農村の日雇い》おらんからねー。あのー、norte《北》【ブラジル北部】から来る camarada《農村の日雇い》をね、(KP：はあ、はあ、はあ、うん) 町の estação《駅》まで、ま、行って待っとるの。(KP：うん) Norte《北》から来るはねー。(KP：はい) それをねー、caminhão《トラック》に乗して、(KP：うん)「俺んとこへ来てくれ」って、{笑い} (KP：なるほど) 連れて帰るんだよ。(KP：ああ、はあ) そして、そこで、あのー、棉摘みだねー、(KP：

うん）させるのね。（KP：うん）で、あのー、昔は、そんなここらの労働法なんてことは（KP：はあ、はあ、はあ）全然なくてね。（KP：はあ、はあ）来たのをねー、(KP：うん）つかまえて、（KP：うん）あの、みんな、あのー、地主は待っとる、立って待っとるよー、estação《駅》でね。（KP：あー、なるほどね）どうしても俺んとこ来て（KP：うん）積んでもらわんと、（KP：うん）一雨降ったら品質が（KP：だめになる）だめになるからね。（KP：はい）ほいてー、「俺んとこへ来てくれ」っつってねー。（KP：ほう）Caminhão《トラック》に乗せて、連れて帰って（KP：はい）収穫させるんだよ。（KP：うん）そしてあのー、終わったらもう"Pode embora."《帰っていいよ》{2人の笑い} *** で。（KP：うん、うん、うん）そういう昔…

KP： 日雇いだね。
BJ： 日雇いだ。（KP：うん。うーん）そういうので、あの、仕事はね。（KP：うーん）今は知らんけど、今は trator《トラクター》でやっとるけどね。
KP： うん。今は、あ、trator《トラクター》でやったり{BJの咳払い}するから、何だ、請負みたいな、請負主みたいなんが、ね、（BJ：うん、うん、うん、うん。そうだね）手配主みたいなね。（BJ：うん、うん）そういう人が間に立ってみんなそういうものを集めて、こう、やるとか、（BJ：** だね）人材斡旋会社みたいな、そういうのがあるみたいです。
BJ： うーん。そいでね、このー、この辺の百姓が難しいと思うねー。この、（KP：うん）経験、**、あの、知識がなかったらできん。（KP：そうですねー。うん）野菜なんか、ほんで、{笑い}肥料の知識。（KP：そうですねー。うん）**、そのことが全然奥地にはなかったの。{咳払い}（KP：はあ、はあ、はあ、はあ）原始林を（KP：うん）開いたら、（KP：うん）もう肥沃な土地でね。（KP：あー、はい）もう、焼き払って（KP：うん）limpa《清掃する》したらね。（KP：うん）う、あの、arroz《米》まけば取れる、（KP：うん、うん）algodão《棉》まけば、（KP：うん、うん）もう、milho《とうもろこし》まけばね、（KP：はい）肥料の知識なんかなくていいの。（KP：はあ、はあ）ただ働いとればねー、（KP：うん）収穫できたの。（KP：なるほど）今、し、来た連中にも話したけどねー、{笑い}そういうことをねー。（KP：ほう、ほう、ほう。うーん）うん。そういうのん気で、（KP：{息を吸う}うん）その代わり10年ぐらいしか持たんわね。
KP： あ、地力がね。
BJ： 地力が。
KP： うん。それは、自分も日本で読んできたんですよ。（BJ：うん、うん）うん。だから、あのー、初め、ジャングル、こう、開いたら、（BJ：そう、そう）とーってもブラジルの土はー、あのー、terra roxa《肥沃な暗赤色の土》っていってー、（BJ：うん）あー、（BJ：それは…）肥料っ気の多い土地なんだって。
BJ： それは本当だねー。{笑い}（KP：うん、うん）うん。
KP： だから無肥料で作るって、日本じゃ考えられないじゃないですか。（BJ：うーん）堆肥作ったりなんか、百姓、自分は、（BJ：うーん）あー、田舎町だったから、周りみんな百姓の人が多かったもんね。（BJ：うーん）で、子供の時はー、やっぱり、あー

第 1 章　ブラジル日系移民社会の談話　265

　　　…。百姓が食べ物持ってたから戦後で強かったんですよ。
BJ：　あー、ひゃっ、あの、ひゃっ、戦後の人はねー、(KP：うん) お金を持ってきとるでしょう。(KP：はい) それから、あのー、São Paulo《サンパウロ》の近郊、どこへでも入植できたでしょう。(KP：あー、はい) それができなかったの。(KP：うーん) あのー、国の政策でねー、(KP：うん) 3,300 キロ (KP：うん、うん、うん) から fora《外》にねー。(KP：うん、うん) うん。
KP：　海岸地帯はだめと？
BJ：　うん。移民はねー、(KP：うん、うん、うん) みんな manda《送る》されたわけだ。(KP：あー、はい、はい) São Paulo《サンパウロ》近郊はねー。(KP：うん) そして、金はない、裸一貫で。(KP：あー、はい、はい) 大概、丸裸で来とる人が多いんだよね。
KP：　うん、そうよねー。(BJ：うん) うん。次男三男対策だからね。
BJ：　うーん。そいでねー、【ブラジルに】来たのは、あのー、百姓したことのない人がね、(KP：はい) 会社員なんかが、(KP：うん) みんな来てるのね。(KP：はい) Enxada《くわ》なんか持ったこ、ことのない人が。
KP：　あっ、戦前もそうですか？
BJ：　戦前がそう。(KP：ああ) うちらは、おかげさんで (KP：うん) 農家だったからね。(KP：あー、なるほど) うーん、あのー、そういう、あ、まあ、colono《農業契約労働者》に【として】入ったことはないか、ないけどね。(KP：うん) 昔、colono《農業契約労働者》ってよ。(KP：あー、はい。あー、はい) 聞いたことあるでしょ？
KP：　契約 (BJ：うん、うん) でね。Fazenda《農場》に。
BJ：　Colono《農業契約労働者》契約。(KP：はい) Fazenda《農場》にねー。(KP：うん) あの、奴隷が廃止されて、(KP：はい) その次にね、(KP：うん、イタリアが来て) 奴隷代わりに (KP：うん、うん、うん) 雇われたわけよね。(KP：そう、そう、そう。うん) そいでー、いろいろな悲劇。
KP：　その経験はしなかったんですか？
BJ：　うん。あのー、(KP：うん) わしのー、mamãe《母》のー、おじさんて人がね、(KP：うん) 北米で働いて、(KP：うん) 一旗揚げて、日本へ帰って、すぐブラジルにね、(KP：うん) 来て、あの土地を買ってね、(KP：うん) それでコーヒー園を経営して。
KP：　あー、その呼び寄せ。
BJ：　その呼び寄せだったからね。(KP：なるほど) Colono《農業契約労働者》の頃は知らないわけだ。
KP：　あ、そうですか。ふーん。
BJ：　うん。それで比較的ね、(KP：うん) そういう苦労は知らん代わりに、ブラジル語【ポルトガル語】も知らんと。(KP：うーん。うん、うん) Colono《農業契約労働者》に【として】入った人は、ブラジル語【ポルトガル語】は知らんよね。(KP：うん。うーん) もう、生活できなかったから。(KP：そうですよねー) 3 年ぐらいするとね、(KP：うん) 結構、外人【ブラジル人】と会話できた。(KP：うん) わしらはもう、いまだにそうだけどね。(KP：うん) あのー、外人【ブラジル人】との接触が。植民地に入ったから (KP：はい。はあ、はあ)「地名」のね。

KP： うん。福博もやっぱりそうだったですよね。(BJ：そうよね)自分たちー、日本語で、(BJ：あー)みんな「人名」さんがお店やったしね。(BJ：うーん)日本語でみんなー、買い物もできたしね。

BJ： そう、そう。だから日本語があれば間に合ったからね。(KP：うん)

KP： Vendedor《店員》はみんな日本人だし。(BJ：うーん)ったら、ブラジル語【ポルトガル語】もいらなかったね。

BJ： うーん、ブラジル語【ポルトガル語】、いらなかったねー。

KP： 借金するのにブラジル語【ポルトガル語】がいったし、(BJ：うーん)卵売るのにブラジル語【ポルトガル語】がいったよね。(BJ：うん)あと…｛息を吸う｝

BJ： そいでねー、奥地では、貧乏、金がなくてもねー、(KP：うん)あのー、米がなかったら、隣行ったら、(KP：うん)「ちょっと貸してくれ」って言ったら｛笑い｝(KP：はあ、はあ、はあ)茶碗持ってったら貸してくれる。(KP：なるほど)味噌がない、(KP：うん)何がないって時はね、(KP：はい)貸してくれる。「よし、よし」って貸してくれる。(KP：なるほど)そいでねー、わしが今度は、「地名」からこっち来る時ね、(KP：うん)誰かが言ってくれたよね。「BJの名前」さん、あの、郊外の人はね、(KP：うん)近郊の人は(KP：うん)世知辛いらしいよ。｛笑い｝(KP：あー、あ、あ)茶碗一杯の(KP：うん)米、貸してくれって、て言ってもね、(KP：あー、はあ)あの、難しいらしい。そいからあのー、visita《訪れる》して、中入れて。奥地はね、(KP：うん)もう、人が来たらすぐ中入れて、(KP：はい)お茶を出してね、｛笑い｝(KP：うん、うん。はい)雑談して。(KP：うん)【近郊では】そういう雰囲気がないよって。あ、あの、(KP：うん)visita《訪れる》してもねー、(KP：うん)家へ中入れてくれるって人はね、(KP：うん)よっぽど親しい人でなかったらね、(KP：うん)普通の人は入れてくれないよって。(KP：なるほど)そんな話を、(KP：うん、うん)んまあ、ね、聞いてきたわけよね。(KP：なるほど)そんなもんかなあと思って。(KP：うん、うん)だけど、まあ、そういうとこもあるけどね。(KP：うん)みんなー、日本人は、日本人は、あの、知り合いになったらね、(KP：うん)とってもね、(KP：そう)力になるんだよ。(KP：そうね)うん。(KP：うん、うん)知らん人にはね、(KP：うん、うん)あの…

KP： そっけないよね。

BJ： そっけない。(KP：うん、うん、そうだよね。うん)その点、あの、ブラジル人はね、(KP：うん)今は、違うよ。(KP：うん)ブラジル人はとってもいいとこがあると思うね。(KP：うん、うん)例えば、自動車を我々が運転して(KP：うん)パンクするでしょ。(KP：はい)困るでしょ。(KP：うん)やって来て、「よし、俺がやってやろう」ってね。(KP：はい、はあ)そういう…

KP： こう、人のいいとこがあるよね。

BJ： おう、おう。(KP：うん、うん)でねー、わしが、あのー、「人名」さんとこでね、(KP：うん)granja《養鶏場》やってる時、(KP：うん、うん)えさがなくなったから、あのー、自分の、caminhonete《軽トラック》で(KP：うん)えさ買いに行って、(KP：うん)20俵ぐらい積んで、で、vila《村》まで来たら、(KP：うん)パンクしちゃったんだよ。｛笑

第 1 章　ブラジル日系移民社会の談話　267

　　　 い）（KP：うん、うん、うん、うん）雨はしょぼしょぼ降るしね。（KP：なーるほど）
　　　 困った。ったらね、（KP：うん）1 人の外人【ブラジル人】が来てねー、（KP：うん）「よし、
　　　 俺がやってやろうよ」っつってね。{笑い}（KP：うん）雨が降っとるのにね、（KP：
　　　 うん）camisa《Y シャツ》を脱いでね、（KP：うん、うん、うん）あのー、vila《村》
　　　 に預けてね、（KP：うん）【車の下に】潜って、（KP：あー）や、（KP：うん、うん）やっ
　　　 てくれたの。（KP：はい、はい）で、助かったよ。（KP：はい）そいでね、「Obrigado.
　　　 《ありがとう》いくらあげたらいい?」って【言ったら】、（KP：うん）「Não.《いいえ》
　　　 一杯飲ましてくれる?」っつう…。{笑い}（KP：ああ、はい）だから、（KP：うん）
　　　 あそこのね、（KP：うん）あのー、bar《軽食屋》に行って、（KP：うん）飲まして。（KP：
　　　 うん）それで結構、（KP：うん。うん、うん）欲しいとは言わなんで、（KP：はい）やっ
　　　 てくれたのね。（KP：そう）そういうとこをねー、（KP：うん。うん、うん）外人【ブ
　　　 ラジル人】ってねー。（KP：そうだよねー）あのー、知らん人よ。（KP：うん、うん）
　　　 見ず知らずの（KP：うん、うん）外人【ブラジル人】がねー、やってくれるのね。（KP：
　　　 はい）{咳払い}で、いつか、あのー、ダンスに行って、（KP：うん）行く時にね、（KP：
　　　 うん）わしと「人名」さんのばあさんとね、（KP：はい、はい）いつも São Paulo《サ
　　　 ンパウロ》へ（KP：うん、うん、うん）汽車でダンスに（KP：はあ、はあ。はい、
　　　 はい）行った時ね。（KP：うん、うん）あの頃、あの、greve《ストライキ》か何か
　　　 知らんけど、あの、汽車が途中で止まっちゃって。（KP：うん）あの、若い連中は
　　　 estação《駅》から fora《外》だからね。とし、あのー、estação《駅》に止まらんで、
　　　 （KP：うん）止まっちゃってね、（KP：あれ）いごかん【動かない】のよ。（KP：あー、
　　　 はあ。あんなー、うん、うん）そういうこともあったのよ。
KP： 駅の中間で。
BJ： 中間で。（KP：あれー、うん）で、みんなぞろぞろ降り出してね。（KP：うん）と
　　　 ころが、わしとばあさ、「人名」さんのばあさん、降りるとなると…
KP： 高いねー、あれは。
BJ： 1 メートル半もある。{笑い}
KP： うん。プラットホームがないとね。
BJ： そうよ。{笑い}（KP：うん、うん）プラットホーム行くと、こうなるけどね。（KP：
　　　 うん、うん）これがないと、この、高いでしょ?（KP：はい、はい、はい）若い
　　　 もんはぴょんぴょんぴょんぴょん飛びよるがね。（KP：うん）困っとると、1 人の、
　　　 うー、ブラジルのね、（KP：うん）「俺に任しとけ」っていう**。{笑い}（KP：う
　　　 ん）うん。（KP：うん）外に飛び降り、降りた連中に、ねー、（KP：うん）「おーい、
　　　 ちょっと ajuda《手伝う》してやってくれ」って。（KP：ああ）「このじいさんとば
　　　 あさんをね、（KP：うん）降ろして（KP：降ろして）やってくれんか」ってね。（KP：
　　　 うん、うん、うん）だから（KP：ふーん）わしらはね、あの、汽車にぶら下がっ
　　　 て、（KP：ああ）下から抱きかかえて、（KP：ああ）降ろしてもらった。（KP：はあ、
　　　 はあ）そういうとこがねー、（KP：うん）いいなーと。{笑い}（KP：そうですね）
　　　 そういうことがあるのね、（KP：うん、うん、うん、うん。うん）うん。だからね、
　　　 brasil…leiro《ブラジル人》もねー、（KP：うん）なかなか…

KP： あー、悪いところばっかりないのよね。
BJ： 悪いとこばっかじゃねー、(KP：はあ、はあ、はあ) ないよね。(KP：うん) ほんとに人種…。(KP：うん) 頼めばね、(B：うん) やってくれるんだよね。
KP： そうだよね。
BJ： いいとこあるなー (KP：はあ。うん、うん、うん) と思ってね。(KP：あー、ちょ…) そういう経験があるんだよ。
KP： ああ。やっぱり自分らもそうですよね。(BJ：うん) 頭ごなしにこうやると (BJ：うーん。だめだ) 連中もプライドがあるからね。(BJ：うーん)「なんだ」って。
BJ： 反かいを、(KP：うん) 反感をねー…
KP： 持ったらやっぱりだめだ。うん、うん。
BJ： 持ったらいかん。Amigo《友達》になったらねー、(KP：そうですね。あー) やってくれるよねー。(KP：うん) いいとこあるわ。うーん。
KP： だから、そういういいもの、俺らも移民してきて、とにかく自分ここで、生活、新しく、この、家族を作って、(BJ：うーん) うーん、我々の国だって、こう、思うからね。(BJ：うん) だから俺の子孫はここでずっとこう、生活してくんだよと。(BJ：そう、そう) だから周りのブラジル人のレベルが上がってくれないと、こう、俺らが困ると。
BJ： うーん、そういうことねー。
KP： で、そ…、うん。大体そういう発想で、幸いに俺は自分たち日本でそういう教育、みたいなものを、こう、少し… (BJ：うん、あんたらは…) 植えつけられたからね。
BJ： 戦、うん、戦前…
KP： うん、戦、戦後、(BJ：戦後) 終… (BJ：その頃) 戦中、うー、ね。
BJ： うーん。その頃はまだよかったわな。(KP：はい、はい、はい) うん。親がしっかりしとるからねー。(KP：はい) 親の教育、(KP：うん。はい、はい) ものを言うからね。うーん。
KP： で、やっぱり学校の先生の影響ってのは、「BJの名前」さん、自分はとっても多かったね。

談話【3】

音声ファイル名：brasildanwa2008_3.wav

収録地点：ミランドポリス市アリアンサ移住地

収録日：2003年7月25日

話者：

　①インフォーマント（話者番号 BA2F67-25）：第一アリアンサ在住。二世。1936年生まれ（収録当時67歳）。女性。ミランドポリス市出身。ブラジル国籍。教師。

　②キーパーソン（A2F-IM）：第一アリアンサ（弓場農場）在住。二世。1954

年生まれ（収録当時48歳）。女性。第一アリアンサ（弓場農場）出身。ブラジル国籍。主婦。

談話時間：12分46秒。

談話の概要：談話はキーパーソンの父親の話から始まる。談話収録調査時に弓場農場を訪問していた日本の子供たちの話から、ブラジルの基礎教育課程の話へ移る。談話の後半では、外来語が多い現在の日本語への不満と日本語を大切にする必要性、また、日本語離れが進むブラジル日系人の子供たちに日本語を教えることの大切さなどについて語っている。

BJ： で、(KP：**) あのー、「KPの名前」のお父さんは？ いっつも歩いてるね。
KP： 歩いてる。歩いてる。(BJ：あー、うん) うーん。ちょっとなんか知らんけどね、食べるんだけどね、あんまり太らないのよねー。
BJ： うーん。でもあんまり、もう、にこにこして、元気で、しゃべらないね。
KP： あー、そう。それが。(BJ：それが心配) そう。それがなくなったね。
BJ： うん。なくなるねって言った。(KP：うーん) 現に、あのー、やっぱし病気してると。
KP： そう、そう。(BJ：そう。それで、し…) で、あまり気分が良くないからね。
BJ： ないから。(KP：うーん) あまり、あの、(KP：そう、そう) にこーっとして、昔みたいに、ただ…
KP： うーん、そんなんじゃない。(BJ：É.《そうです》あのー) んー、こうやって手を上げるだけでしょ？
BJ： {笑い} 手、上げるんだけど…
KP： でも手を上げてやってください。(BJ：É.《そうです》だからね) 喜ぶから。うーん。
BJ： それ、こやーってしたげるのよ。(KP：うん、うん) うーん。
KP： そしたらね、ん、少しはいいから。でもね、頑張って、はあ、歩いてるんよ、今、あれ。
BJ： そう。(KP：すごく頑張って) よく頑張って。あの、seringueira《ゴムの木の林》の中、ずーっと入っていくですね。あそこ涼しいから。
KP： そう、そう、そう、そう、そう。うーん。
BJ： そう。よーく、あの、私、あの、会うとね、こうするとね。
KP： うん。(BJ：É.《そうです》) そう、そう。ゆっくりね。「KPの名前」、あのー、道渡る時だけ気を付けてって。「あ、そう」と。
BJ： そう。危ないですよ。
KP： 危ないねー。
BJ： 危ないよ、あそこは。あの、平らだから、もう (KP：そう。で) 車がさーっと道を…
KP： で、みんな、あの、contra a mão《一方通行》で来るでしょ？
BJ： そう。
KP： あれがすごく恐いね。

BJ： そうよ。よく見ないと危ないね。
KP： うーん。(BJ：É.《そうです》) Pois é.《そうなのよね》とにかく…
BJ： 「KPの名前」も、今、忙しいですね。
KP： そうね。
BJ： 夕べもバレエ【弓場農場でのバレエ公演】、やりました？
KP： やった、やった。
BJ： うーん、高岡【市】の（KP：うーん、そう、そう）子供が来てるんで？
KP： うん。(BJ：ふーん) で…
BJ： あの、若い人が来たって？
KP： そうよ。あの、「ジュニア」っつってね。
BJ： ふーん。12（KP：**）ぐらいの？
KP： Não. Não, não.《いいえ。いいえ、いいえ》 Não.《いいえ》 Quatorze.《14歳》
BJ： あ、quatorze.《14歳》。(KP：うん。じゅう…) 何人ぐらい来ました？
KP： 7人かな？ 7人。
BJ： Ah, é?《ああ、そうですか》
KP： うん。5人が、あのー、生徒ね。(BJ：あー) ほんでー、中学2年生つったら、あれやね、sé…、14歳ったら、sétima《【ブラジルで言う】7年生》ぐらいでしょ？
BJ： あー。
KP： Primeiro grau《小学校》の sétima série.《7年生》だから日本は、ほら、「小学生」「中学生」って言って、(BJ：あー) 前みたいに。(BJ：Sim.《はい》) 今ここだったら、ginásio《中等学校》って言わんもんね。(BJ：うん) Primeira série《第一課程》と Segunda.《第二課程》
BJ： Ensino fundamental《基礎教育》っちゅう。
KP： そう、そう、そう。Fundamental.《基礎【教育】》
BJ： ** から oitava《8年生》***
KP： ああ、そうか。Oitava《8年生》までを、fundamental《基礎【教育】》なんでしょ？
BJ： Fundamental.《基礎【教育】》Primei…
KP： だけど、どして4年生までが municipal《市立》なん？
BJ： É, porque,《なぜかって》あのー、porque,《なぜなら》あのー、foi mais fácil, né? municipalizar.《もっと簡単でしょ？ 市立化した方が》
KP： そうでしょ？ で…
BJ： É.《そうです》 Primeira《1年生》から oitava《8年生》、あ、quinta《5年生》から oitava《8年生》っつったら、あのー、mais complicado.《もっと複雑》
KP： そうでしょ？
BJ： É.《そうです》
KP： だけど、すごくあの、fundamental《基礎【教育】》が municipal《市立》になって良くなったみたいね。
BJ： そう？（KP：うん）そう思います？
KP： うん。Eu《私》思うよ。っていうかね、(BJ：É.《そうです》)「人名」からでしょ？「人名」

がmunicipal《市立学校》だったね。(BJ：É.《そうです》)で、「人名」がquinta série《5年生》入った時も、「お母さん、すごい。これみんな、「人名」知ってるやつよ」っつって。で、(BJ：うん)分かりやすいの。早く入るのよ、教えてくれるん。(BJ：うん)新しいこと教えてくれるってもね。(BJ：うん)あの、ま、朝から言ってたんよ。「KPの名前」が(BJ：うん、うん)acompanha《同伴する・一緒にいる》してないから(BJ：うん)知らないけどね。(BJ：ふーん)で、ほか…「人名」でも、あれでも、ほかの子たちもそんなんじゃなかったって言ってた。(BJ：ふーん)だからね、やっぱりね、あのmunicipal《市立》になって、こう、atenção《注意・気配り》が違うでしょ？
BJ： ああ。やっぱしー、いつも見てるもんね。
KP： そうでしょ？ (BJ：É.《そうです》)だからconcentração《集中力》も違うしねー。(BJ：É.《そうです》)で、あの先生も馬鹿なことできないもんね。(BJ：うん)ちゃんとしたことしか教えないでしょ。
BJ： いつも見てるからね。(KP：うーん)こうしないといけない、ああしないといけないって(KP：んー、ふん、ふん)集まって、この子供はどういう教育をやって(KP：そう、そう、そう、そう)勉強に向いていきよるか、(KP：うーん)勉強してるかっつことね。(KP：うーん)いっつも聞いてるから。(KP：あー)勉強でける子供には聞かなくていいんよ、もう。(KP：うーん)1人でできるからね。{2人の笑い}勉強が(KP：うーん)ちょっと難しい子供には、(KP：うん、うん、うん)ね、この子供はどういう風に(KP：うん、うん)向いていきよるか、勉強してるか、(KP：うん、うん)分かってるか(KP：うん、うん)っちゅうことを、いっつも先生に聞いて、「あー、こうしたらええ、ああしたらいい」っちってね、(KP：そうでしょ)話し合っているからね。
KP： でしょ。「KPの名前」、すごくそれ感じるよ。やっぱりいいんじゃないかなーと思ってね。(BJ：É.《そうです》)だって、あの、あのー、apostila《教科書》見ても、すごい、あの、教科書、(BJ：うん、うん、あ、難しい)難しいね、あれ。
BJ： 難しいでしょ。
KP： うーん。「KPの名前」たち【にとって】だって、時々難しいよ。
BJ： 難しいでしょ。
KP： うーん。(BJ：うーん)ただ、ほら、palavra《言葉・単語》でもさー、あのー、glossário《用語辞典》持ってきて、見るんじゃなくて、(BJ：うん)どうして、ねー、ここで、あのー、何だった？ その、アヒルが何をしたとかねー、(BJ：うん。うん、うん)アヒルを飼ってるmenina《女の子》は、そこでどうしてアヒルをバッてしたかとか何とかって(BJ：うん)書いてあるのねー。(BJ：あー、あ、あ)たまに、まあ難しいなと思ってねー。(BJ：えー)「教えて、教えて」って来るけど、どないして書けばいいんだろ？
BJ： でも、あの、山【弓場農場】の子供さんはね、みんなね、(KP：うん)あの、頑張るからいいん。(KP：あー)頑張れて、(KP：うーん)自分はこれだけ勉強しないといけないっちゅうことの、あれ、知ってるからねー。
KP： ああ、まあ。それはねー。

BJ： É.《そうです》(KP：うん) だから、頑張ってくれるからいいのよ。
KP： あー。
BJ： その、あの、頑張らない子供でねー、勉強はどうでもいいと (KP：あ、ほんと？) 思ってる子どもにはー、難しい。
KP： あー、そういう子が学校に来るわけね。
BJ： É.《そうです》(KP：うーん) 難しいよー。
KP： あー、ほんとー。
BJ： あー、お父さんやお母さん呼んで、まあ、あー、勉強の時間を作って、あの…
KP： うん、うん。(BJ：ねー) 勉強させてって…
BJ： させてって (KP：言うわけね) 言うわけだけども、(KP：だめ？) そういうわけにいかないね。
KP： Ah, é?《そうですか？》
BJ： だから、難しい。(KP：ふーん) 難しいよー。
KP： そうねー。
BJ： うん。まあ、100％の人が (KP：ああ、まあ {笑い}) 100、ま、％ではいかないけど {笑い}
KP： うん。それはいかないけどねー。
BJ： それはいかない。(KP：うーん) みんな頭違うけど。まあ、ほんでもー、あの、上手に、(KP：うーん) あのー、読めて、(KP：うん) 書けて、(KP：そう、そう) きれいに書けて、几帳面に、(KP：うーん) ね。(KP：うーん) そんなことをあれするけど。
KP： それとか計算とか、ぱっと (BJ：É.《そうです》) できるようになればね。
BJ： できるもんね。
KP： うーん。で、やっぱりそれは、fundamental《基礎【教育】》だよね、ほんとに。
BJ： そうよ。それは fundamental《基礎【教育】》よ、もう。(KP：うーん) あー、それ出たら、ま、結構 (KP：必…) 世の中、(KP：うーん) 必要なことが、ね。
KP： そう。必要不可欠っていうんだよね、(BJ：É.《そうです》) ほんとに必要なん。絶対的に必要なものっていうことよね。
BJ： そうですよ。
KP： É.《そうです》。
BJ： でも、山【弓場農場】の人は、みんな、あの、どこ行っても、あの、頑張るっちゅう、あれを、し…きちっと頑張るっちゅう、あれを持ってるから、どこ行っても、やっぱし、{KPの息を吐く音} 出ていっても、みんな結構、(KP：まあまあね) まあまあ (KP：うん、うん、うん、うん。そうよね。うん) やっていける。あれ。***、あの、小さい時が、大、大事よね。
KP： そうね。何かあった時には、絶対頑張らんきゃいけんと思ってるからね。
BJ： そうよ。あの、小さい時から、(KP：うーん) 仕事をぴちっと、もう、(KP：うん、うん、うん) あれしていってるから、そこら辺のみたいの、あの、ブラジル、人、あの、ほったからし、ほっといてるでしょ。(KP：うん、うん) だから、não tem esse 几帳面。《こういう几帳面さがない》(KP：ああ、ああ。はあ、はあ、はあ。うーん) きちっ

としているっちゅうのね。É.《そうです》{KPの笑い}んー、難しいよ。(KP：うーん)
【中略】

BJ： でも、あの、この人【調査者】たち、あの、faculda…《単科大学》、あの universidade《総合大学》の先生して、(KP：うん)ブラジルに、こういう日本語の(KP：勉… あ、pesquisa《調査》) pesquisa《調査》するのって大変ね。

KP： 大変ね。(BJ：うん)大変みたいよ。だってね。

BJ： 大変だけど。

KP： うん。{BJの咳払い}どうしてかと【言うと】、それが lingüística《言語学》だから。(BJ：うーん)もうしなくちゃいけない、(BJ：いけないね)ぐらいの時間に来てるわけ。だって日本語がおかしくなってるでしょ。今、日本の日本語が。

BJ： 日本の、に、日本の日本語は、ここよりかもっとおかしくなってるでしょ。{KPの笑い}英語入れたり。(KP：そう、そう。そう、そう、そう、そう)ほんと、英語入って。私たちの日本語は英語なんて入っていませんよ。

KP： うん。そう、そう、そう。(BJ：ほんの…)少しぐらい português《ポルトガル語》が入るのはしょうがないよ。ブラジルにしかない言葉が(BJ：そう。うん)いっぱいあるからね。(BJ：あるからね。É.《そうです》)で、で、ブラジルだからね、ここは。(BJ：そう)だけど、日本は、日本の国なんだもんね。

BJ： そうですよ。(KP：うん)もっと日本語を、ああいう、あの、しゃべって、日本語を、あの、valoriza《大事にする》しないと。

KP： そう、そう。だからそれも、1つの…

BJ： Valoriza《大事にする》しないといけない。

KP： だからそれも 1つの、objetivo.《【調査の】目的》

BJ： それで、あの、英語しゃべって、間違った英語をしゃべって、{KPの笑い}Não é?《そうじゃない?》(KP：そう、そう。それも…)間違った英語をしゃべって、アメリカ{KPの笑い}行ったって笑われる。

KP： そう。{笑い}

BJ： そうでしょ?

KP： そう、そう、そう、そう。

BJ： 私の、私の兄弟は、あの、alemão《ドイツ語》、alemã《ドイツの》、língua alemã《ドイツ語》、(KP：うん) e português《そして、ポルトガル語》、(KP：うん) espanhol《スペイン語》、(KP：うん) inglês《英語》、(KP：うん)知ってるでしょ? (KP：うん)で、日本に行った時、「わー!日本で、あの、英語を間違ってしゃべって、どうしてそんなことすると【するのかと】」。それよりか日本語を(KP：を、もっときれいにね)もっと日本語をね、(KP：うん) valoriza,《大事にする》自分の国のね、(KP：うん、うん、うん、うん) língua《言語》を valoriza《大事にする》しないといけない。(KP：うん、うん、うん、うん、うん) Não é?《そうじゃない?》

KP： そうよ。

BJ： Americano valoriza inglês.《アメリカ人は英語を大事にする》

KP： É. Valoriza.《そうね。大事にする》

BJ： Não é?《そうじゃない？》
KP： ああ、そうよ。
BJ： ちゃーんと。E depois, se vai falar, fala direito.《それから、英語を話すならきちんと話さないと》（KP：そう、そう）Inglês direito.《正しい英語》（KP：そう、そう、そう）どこ行ってもしゃべれるように。
KP： しゃべれるように。あの、しゃべれるんなら、まだ分かるけどね。
BJ： Ih!《ふん！》（KP：うん）Agora fica inventando inglês que nem tem.《ありもしない英語を作るなんて》{KPの笑い} Tudo errado.《全部間違えている》
KP： そう、そう。ない言葉、作っちゃうんだもんね。
BJ： 作っちゃうんだもんね。
KP： うん。
BJ： Então,《それでは》ほかの国行ったって、（KP：そう）通じないでしょ。
KP： あの、ほかの意味、意味になっちゃうぐらいおかしな日本語使ってる時があるよね。
BJ： 使っ【てる時が】…。そうでしょ？
KP： うん。
BJ： 英語入れたりして。（KP：うん）É.《そうです》Acho que lá tá diferente.《向こう【日本の日本語】が変わっていると私は思う》（KP：うん、うん）向こう【日本の日本語】が―、あの、日本語が mudou.《変わった》（KP：Mudou.《変わった》）変わってる。（KP：うん）で、私たちの日本語は、やっぱし、{KPの笑い}あの…
KP： 昔のまんまで。{笑い}
BJ： 昔のまんまで。お父さん、お母さんから習った日本語。
KP： うん、そう。うん、そう。
BJ： そうでしょ？
KP： うん、そう。{笑い}
BJ： {笑い}山【弓場農場】の人たちは皆きれいな日本語しゃべるから。（KP：どっちがきれいぐらい、だ、きれい ****）たまに、こう、聞いてるとね、（KP：うん）あー、きれいな日本語しゃべって。（KP：{笑い} そうじゃないけどね）と思いますけどね。
KP： あー、だけど、ほら、テレビなんか見とっても、分からん言葉しゃべるもんなー、日本語。
BJ： É.《そうです》
KP： Não,《いいえ》日本の日本人が。
BJ： 日本の日本人（KP：うーん）がねー。
KP： もう、ま、慣れてるからね。もう、（BJ：うん）分かるけど。ほんでも、あれは、あのー、古い人たちは分からないだろうと思うよ。（BJ：うん）ね。お父さんとお母さんしか…
BJ： 「KPの名前」、eu《私》たちは、まだねー、（KP：うーん）こうやってー、あの、日本語、（KP：しゃべりよるけど）私もしゃべってるけどね。（KP：うん）今度は、今、このー、あー、あっちの、三世、（KP：Ah, é?《そうね》）四世になってくると日本語もしゃべれないよ。

KP： しゃべれないね。難しい。
BJ： うん、しゃべらないですよ。
KP： そう、そう、そう。
BJ： だから聞いて分かるけども。
KP： ああ、ああ、ああ、ああ。聞いて分かるけどね。
BJ： あの、Mais ou menos《だいたい》分かるわけね。
KP： ああ、ああ、ああ、分かる、ほんと。
BJ： É.《そうです》(KP：うん) Mas...《だけど…》
KP： だからもう、ほんとに、えー、(BJ：日本語、勉強…)外国語になっちゃうね。(BJ：そう) 日本語を勉強するっていうあれじゃないもんね。
BJ： ない。お父さん、お母さんが勉強に行きなさいってとこは勉強してるの。
KP： {笑い}だから、覚えないのよね。
BJ： 覚えない。(KP：うん) ほいで、あ、あすこから、もう、戸から出たら、もう、べらべらべらべらブラジル語【ポルトガル語】しゃべっとる。
KP： 中でだって、しゃべってるんじゃない？
BJ： しゃべってるんでしょ。(KP：うーん) Então.《それだから》
KP： うーん。でも、それでも、(BJ：まっ…)あの、やめるわけにはいかないもの。
BJ： É.《そうです》それでも勉強した方が(KP：うん)いいですよ。
KP： うん。で、続けるからー、何て言うの、ほら、文化っていうのは、(BJ：É.《そうです》)言葉があるから、文化があるわけだからね。
BJ： そう。だから(KP：Cultura《文化》はね)それでもいいですよ。(KP：うん、そう。うん)それでもいいですよ。分かるから。
KP： うん。そう、そう。分かるように、(BJ：全然分からない…)ちょっとでもなるから。
BJ： É.《そうです》分からないよりか、分かるから。
KP： うん。そして、それと一緒に、あの、何て言うの、日本語と一緒に、何て言うの、えー、文化を覚えるでしょ。(BJ：そう)それが一番(BJ：一番ね)いいことだと。(BJ：É.《そうです》)そういうって思ってるんじゃないの？「人名」さん、でも。だから、絶対に(BJ：うん)日本語の授業はなくしたらいけんって(BJ：É.《そうです》)すごく強く言ってるもんね、「人名」さんね。(BJ：そう)だからそれは、ほんとに、あの、何て言うの、cultura《文化》を、やっぱり、守ってる。
BJ： O que é que é "Bunka"?《「ブンカ」って何？》
KP： "Bunka" é cultura.《「ブンカ」は cultura》(BJ：うーん) だから、日本の文化がね。(BJ：É.《そうです》) んー、Cultura《文化》っていうのは、é personalidade também.《その人の個性でもある》
BJ： É.《そうです》
KP： Né?《そうでしょ？》
BJ： É muito importante porque (KP：そうだろう…) tá na nossa raça.《とても大切よね、だって私たちの民族・ルーツにあるものだから》
KP： そう、そう、そう、そう。(BJ：É.《そうです》)ただそれは、あの、言葉を習うと、

どうしても付いてくるから。(BJ：付いてくるから…)ね。そのまんま付いてくるから、(BJ：そう)そいで。あの…

BJ： でも、ここに住んでたら、自然に薄くなってくるんと違うの？ もうちょっとしたら。
KP： もっちろん、もちろん。薄くなって、薄くなって、形が変わっていくけれどもね。(BJ：É.《そうです》)少しは形が変わっていくけども、何て言うの、(BJ：どっしても、そう)本質は残っていく。
BJ： 昔みたいに、一世の人みたいに、あんな人が、一所懸命頑張ってね、****。(KP：そう、そう、そう、そう)今はまだ「人名」さんおる。そうでしょ？(KP：うん)一世の人がおって、(KP：うん、うん、うん)こう、こう、やってるけども、(KP：うん、うん、うん、うん)Quando vai ficar no sansei,《三世になったら》(KP：Nossa! Não…《いやー、だめに…》) não vai ter mais essa força, fala "Não", né?《日本の文化が薄れていくことに対して》「だめ」と言うような気力がもうなくなるでしょ？
KP： {笑い}そう、そう、そう、そう、そう。
BJ： Por isso, vai ficando cada vez mais…《だから次第に【日本文化は】…》(KP：そう、そう。でも、ほら…)fraquinho.《弱くなる》
KP： でも、やっぱり、dona《夫人》「BJの名前」が今、「地名」で、【「地名」】の学校で頑張っているみたいに、おるうちは、できるうちは、(BJ：É.《そうです》)頑張っとかんきゃいけんね。
BJ： いけないわけよね。
KP： ね。だからもし、ん、「KPの名前」たちも、ほら、「人名」さんがそうやって言ってることが―、今の、お年寄りたちが言ってることが―、合ってるって思って。(BJ：勉強したり)だから、やっぱり、子供たちにもそういうことは受け継がせていくって(BJ：うん)いうのが大事よね。
BJ： 大事よね。
KP： うーん。だから、それは、ま、あのー、続けなきゃいけないんだけど、ま、それをやっぱり良くしていくために続けんきゃいけんけどね。
BJ： そう。
KP： そうなんだよね。
BJ： どうしても、あのー、ブラジルだからね。
KP： そう、そう、そう。難しい。
BJ： 自然にー、薄くなってくる***。
KP： なってくるね。でも、そこで、あの、とにかく小さい時だけでいいのよ。小さい時にー、あの、それが、ちょっとでも、日本語が習ったのがあるっていうのとー、ないって【いうのとでは違う】。あれば、大きくなってー、ねー、日本語覚えたいなっていう、日本語に興味を持ち出した時にー、昔の思い出してくるから。またそれから習い始めてもね、すぐ入ってくるね。まるっきり【初めから】始めるより。
BJ： Eu também penso assim.《私もそう思う》あの、ginásio《中学校》に(KP：うん)** estudar.《** 勉強する》Quem quiser estudar inglês,《英語を勉強したいと思う人は》(KP：うん)vai estudar inglês.《英語を勉強すればいい》(KP：うん、うん、うん)

Quem quiser estudar japonês,《日本語を勉強したいと思う人は》(KP：うん) precisa até material de japonês.《日本語の科目まで必要です》(KP：ほんとね) Não estudar japonês,《日本語を勉強しないで》(KP：うん、そうだね) se me interessa o francês,《もしフランス語に興味があれば》(KP：うん) ah, eu, me interessa,《私は興味あるわよ》(KP：で、あの…) o francês.《フランス語を》

KP： Escolha《選択》ね。
BJ： Escolha.《選択》
KP： うん。(BJ：**) Pelo menos alguns, né.《少しはね》
BJ： É. É.《そうです。そうです》
KP： Pelo menos.《少なくとも》そう、そう。
BJ： Não é verdade?《そうじゃない?》(KP：そう、そう) Eu acho isso muito importante.《それは大事なことだと思う》(KP：うーん) Não precisava ser só inglês.《英語だけじゃなくてもいいのに》
KP： そう、そう、そう。
BJ： Não é?《そうでしょう?》Então.《だから》
KP： うん、うん。ほんとはあった方がいいよね、そうやって。
BJ： É. É.《そうです。そうです》É. Pelo menos três língua, né?《そう。少なくとも三カ国語くらいはね》(KP：そう、そう) A gente que… 【escolha】《自分で…【選べばいい】》
KP： É.《そうです》何も、英語がね、universal《普遍的》だからって (BJ：そう。É.《そうです》) uni, universal《普遍的》にしなくたっても (BJ：しなくても) いいのよ。
BJ： 私は日本語を勉強したいってね。
KP： うん、そう。英語なんか、もう、detesto não quero.《いやだ、したくない》だけど、なんか習いたいっつっても、英語しかなかったら、も、それで、もう (BJ：É.《そうです》) やだ、やだと思って勉強しなきゃ (BJ：そう、そう。É.《そうです》) いけなくなっちゃうもんね。Espanhol《スペイン語》の方が自分、習いたいっていうんだったら espanhol《スペイン語》の (BJ：É.《そうです》) aula《授業》を取るようにしたらいいね。
BJ： É.《そうです》好きな方に行ったらいいわけ。
KP： そう。(BJ：ね) それもおもしろいね。(BJ：うん) いいかもしれんね。
BJ： そう思うね。(KP：うーん)

談話【4】

音声ファイル名：brasildanwa2008_4.wav

収録地点：スザノ市福博村

収録日：2003年7月30日

話者：

①インフォーマント(話者番号 BS2M41-49)：スザノ市福博村在住。二世。1961年生まれ(収録当時41歳)。男性。スザノ市(敷島植民地)出身。

ブラジル国籍。野菜販売に従事。
②キーパーソン(S2M-IJ)：スザノ市福博村在住。二世。1942年生まれ(収録当時61歳)。男性。スザノ市(福博村)出身。ブラジル国籍。植木販売に従事。

談話時間：13分42秒。

談話の概要：談話は野菜売りをしているインフォーマントと、花・植木売りをしているキーパーソンの商売についての話から始まる。その後、日本語離れする子供たちのこと、村の活性化のために太鼓を子供たちに教えたいというキーパーソンの思い、村の日本語学校が抱える問題、そして最近、村の周辺に広がるファヴェーラ(貧民窟)の増加に困り果てている現状を語っている。

BJ： どうですか、花の方は？
KP： じゃから、もう、ね。僕らもー、この前、だから、いとこが、んー、CEASA《サンパウロ州中央卸売市場》へbox《野菜や果物を売るスタンド：英語boxより》売って、そしてー、10月頃には日本に行くっていう、あれでおるのね、もう。息子と娘さんとね。
BJ： Primo?《いとこ?》
KP： うん。
BJ： どこのprimo?《いとこ?》
KP： あのー、「人名」。あのー「地名」。
BJ： 「地名」。あ、「人名」さん。うん。
KP： うん。「人名」さん。(BJ：うん) うん、だからprimo《いとこ》行く…いうん、なるんというのかな。O que…《何て》あれを、box《野菜や果物を売るスタンド：英語boxより》売って、あれしたら、なんかいい話があったっつって。今日、ん、ちょっとここへ来る前に、あのー、あー、freguês《顧客》が来たから連れていったのね。(BJ：はい) うん。したら、なんかー、大きなー、「カイズカ」【カイズカイブキ：植物名】なんか10本だとかってね。うん、いい話が来たねっちってから{笑い}喜んでた。
BJ： あー、なるほど。
KP： うん。だけどね、今、CEASA《サンパウロ州中央卸売市場》で売るっていうのは、ほとんど注文がなかったら、ほとんど売れない。
BJ： はい、はい、はい。(KP：もう…) ほいで、もう、それだけで何て言うの、(KP：うん) えー、ちょっと言うたら、(KP：うん) もう、花類なんかなったら贅沢品になるでしょ、(KP：うん)「KPの名前」さん。
KP： そう、そう、そう、うん。
BJ： だから、そこまで金が届かんわけね、みんな。
KP： うん、そうだろうねー。

BJ： うーん。(KP：うん) 僕たちがこんなやって、1日1日に、(KP：うん) この食べ物ね、(KP：うん、うん) 生活品を売っと、売ってるのに、(KP：うん、うん) それだけ、もう売れないから。(KP：うん。あー) 難しいね。

KP： うん、そうよね。

BJ： で、CEASA《サンパウロ州中央卸売市場》なんか多いでしょ？

KP： ええ、そうなんです。

BJ： Calote《踏み倒し》ね。

KP： É.《そうです》それとね、困るのは、Cheque roubado,《盗まれた小切手》(BJ：É.《そうです》) ね、e, e, conta encerrada.《そして、そして、閉じられた口座》そういうなのね。{BJの笑い} Então.《だから》

BJ： そりゃもう、Não tem jeito.《仕方がない》(KP：うん、そう。うん) どこでも。(KP：うん) まだ僕たちの場合はね、(KP：うん) 99% é bom《99%は大丈夫》(KP：うん、**) porque não trabalha com cheque, né?《小切手で商売してないからね》(KP：Cheque, né?《小切手ね》Então.《だから》) E tudo dinheiro avista, né?《そして現金一括払いね》(KP：うん) Só que…《ただ…》どう言ったらいいかね。(KP：うん) わずかな金よね。(KP：ああ、ああ) 50 centavo, un real《50センターボ、1レアル》だからね。そんなに。(KP：うん、うん、うん、うん、うん) あのー、(KP：うん) árvore《木》なんか (KP：うん) 売るのによ、(KP：うん、うん) それこそ、cem real《100レアル》とか (KP：うん) dozentos real《200レアル》とかね、(KP：うん、うん) そんなに大きな金じゃないから。［ドアを開ける音］

KP： ああ、そう。だから…［少し間］で、大きなの持ってたのに限って、その、あー、cheque ***《小切手***》でしょ。(BJ：はい、はい) だから売れないから、仕方がないって言ってから、取るでしょ。Pega《取る》するね。そこが問題ね。{BJの笑い} Então.《だから》

BJ： やっぱり「KPの名前」さんたちもそういうことあります？

KP： Não.《いいえ》それが bastante《たくさん》なのよ。

BJ： Ah é?《ああ、そうですか？》

KP： うん。(BJ：えー) だから、あれもまるまる損だもんね。Plant…, あのー、植木はー、持ってっとるからね、あれだし。まだ dineiro《現金》も não vale né?《価値がないね》(BJ：ああ、はい) だめだからね。だから2回損してるわけよね。(BJ：Un, hun《うん、うん》) ［ドアを開け閉めする音］うん。うーん。

【中略】

BJ： やっぱり「KPの名前」さんのとこも、このー、あのー、子どもたちと「KPの名前」さん話す時、やっぱり日本語使いますか？

KP： ええ。お、もう、できるだけ日本語で言う。(BJ：はい) 言うのね。うん。

BJ： 「人名」さん、あの「KPの名前」さんも？ (KP：ええ、そう) patroa《奥さん》も？

KP： ええ、そう。はい、そう。

BJ： はー。

KP： そうじゃないと、日本語っていうのがだんだん遠くなっちゃうから。(BJ：はい、はい)

　　　　できるだけ、もう、português《ポルトガル語》で返ってきても日本語で、こう、ちゃんと（BJ：はい）答えるようにして。ええ。
BJ：　で、返事は（KP：ええ）やっぱり日本語で返事しますか？
KP：　日本…あーのー、だいぶん、あの、戻ってくるよね。（BJ：はい、はい）全部じゃないけど。
BJ：　あー。（KP：うん）もう、うちはだめね。（KP：うん）もう今の子供たちは（KP：うん、うん）もうブラジル語【ポルトガル語】ばっかりですよ。
KP：　まあね。うん。だから、もう、でっきるだけ日本語を（BJ：はい）使うようにしてやらなきゃね。
BJ：　Sobrinho《甥っ子》んとこは？
KP：　Sobrinho《甥っ子》のとこ、だからあそこがおもしろいんだよね、うん。「人名」のとこね。
BJ：　はい。
KP：　Sobri...《甥っ子》あのー、filha《娘》たちが日本語学校に入る前は、全部日本語だった。｛BJの笑い｝ね。日本語学校入る前よ。
BJ：　はい。
KP：　うん。だけー、だからうちで「人名」なんか来たら、「なんだ、お前ら、português《ポルトガル語》使って」って言ってね。｛BJの笑い｝「うちら、みん…全部日本語だぞ」って（BJ：はい）言ってた。日本語学校に入ったとたんに、全部português《ポルトガル語》なっちゃったの。｛BJの笑い｝じゃから、おかしいでしょ。だけど、それが本当なの。ね。（BJ：はい、はい）日本語学校に入ってportuguês《ポルトガル語》使うようになったの。｛BJの笑い｝家でおる時は、あのー、ね、じいちゃん、ばあちゃんおるから全部日本…
BJ：　そう。でも、皆どこ行ってもそうでしょ、「人名」さん。（KP：そうだね）もう、日本語学校（KP：うん、うん）であろうが、（KP：うん、うん）ブラジル学校であろうが、（KP：うん）店でshopping《ショッピングセンター》で（KP：うん）友達らと会っても、（KP：うん、うん）もう（KP：全部português《ポルトガル語》）全部português《ポルトガル語》（KP：だね、うん）ばっかりですよ。
KP：　そうだろうね。だから、もう、これだけは仕方ないね。＊＊＊（BJ：仕方ないですよ）だから、家でなるべく日本語が、あの、日本語を使うっていう（BJ：うん）言うしかないのね。そうじゃないと忘れちゃうからね。
BJ：　そう、そう。
KP：　うん。だから今日、そのー、pesquisa《調査》の先生たち【調査者】が来てから、まあ、うーん、うちの3人、子どもとね、お母さんと5人、あれして。日本語で、こう、応対したからね。（BJ：はい）したら「わー、いいですね。やっぱり全部日本語ができて」って（BJ：ええ、そう）いうことね、（BJ：はい）言われてね。うん。やっぱり俺の、んー、やってたことは、い…、間違ってなかったなー（BJ：ふん、ふん）と思ってね。うん。だから、僕らいつも言うんだよね。「お前、この顔をしてる間は、（BJ：そう、ほんと）日本語、使わなかったらだめだぞ」って言ったんだよね。（BJ：

第1章　ブラジル日系移民社会の談話

うん) 何か来…、あれして、「あー、これ何て言うんだ？」って言って、日本語、ただ、あのー、あれして、"Eu não sei."《分からない》じゃいかん」って言ったんだ。(BJ：ほんと) うん。そいでー、だから「なるべく使え」ってね。(BJ：Un, hun.《うん、うん》) で、{咳} 分からなかったら、その時、難しい漢字だったら、分からなかったら、ちょっと、あの、書いて、そして、あのー、辞書引いてね、(BJ：そう、そう) で、こうこうだっていう説明をすればいいんだからね。(BJ：はい) ええ。だから、できるだけ。だから、これからもー、そのー、【商売が】うまくいかん時は「デカセギ」というあれになるってね。そこ行っても日本語がしゃべれるっていうだけで違うんだってね。うん、だからー、そういう、あのー、それだけでもー、日本語やっとけば、(BJ：はい) あのー、それだけのね、vantagem《利点》とかね、あるからって。ねー、いつもそういう話して、うちで。そしてね。うん。〔少し間〕だからー、んー、今、福博の青年がまた、こう、ん、復活してきたからね。それで、それで、まあ、また、一応、このー、みんなにー、あれしているわけよね。力を、あれして。今度は太鼓を中心にして、ほんでー、もう、そのー、日本文化っていうかね、福博の青年っていうものを、こう、盛り立てていこうっていうのが、まあ、僕らのー、あれなんだね。(BJ：はい、はい) うん。だから…

BJ： **、今、今の青年たち、どう思ってますか？
KP： んー、だからね、やってる子はいいわけなの。(BJ：はい) だから、やらない子をどうするかが問題なの。(BJ：うん、うん、うん) うん。だからー、この後、ねー、一応最初にやった連中と、今度は2番目にやるの…、子供たちね。それをー、ねー、うん、どういう風に育てたらいいかっていうのをねー、今、考えてんだけど。(BJ：はい、はい) できるだけ日本語学校ででも、その、太鼓をやらせるとかね。え、日本では、もう、そのー、今、学…、あのー、小学校の、とか中学校のね、学科に太鼓が入ってる。(BJ：はい、はい) うん。だからね、そういう意味でー、まあ、日本語学校でもやってもらおうかっていうてね。2人はやってるからね、あの、Suzano《スザノ》でね。(BJ：はい、はい) あのー、えー、「人名」さんのー、あのー、ね、(BJ：ああ) えー、「人名」さんのー…
BJ： 「人名」ちゃんとー、「人名」さんのあれとー、(KP：ええ) ここのあの、「人名」さんじゃない、(KP：ええ)「人名」さんね。
KP： 「人名」さんね。(BJ：はい) うん。でー、やってるしね。お母さんもやってるからね。(BJ：はい) だからー、そういう風にもっていったらいいかなーと思うんだけどね。(BJ：はい、はい) うん。だからすぐに、もう始めたいんだけど、今度は時間がないわけよね。みんな、***、ええ、うん、そう、うん、うん。
BJ： 時間もだけど、やっぱりねー、今のあれは送り迎えが無理だからね、「KPの名前」さん。(KP：そうよねー) そこが問題なのね。(KP：うん、そうよね。うん) やるのはねー、(KP：うん) 僕たちの子ども、2人、1年下の子ども (KP：うん) 2人もね、(KP：うん) あー、「KPの名前」さんが「人名」さんが (KP：うん) この前言ってたっていうかね。(KP：うん) まあ、うるさいほど言ってくれるんですよ。(KP：{笑い} そう。うん、うん) ね。だから、(KP：うん)「Papai,《お父さん》やらせて、

やらせて」(KP:うん。うん。ええ)て言うけど。(KP:うん)ほんとはやらせたい、ほんと、(KP:うん)こっちもやらしたいのは(KP:うん、うん)やらしたいんですよね。(KP:うん、うん)でも、送り迎えが、(KP:ああ、はあ)あれだからね。(KP:ああ、はあ。ほんとね)難しいから。

KP： そういう問題もあるしね。(BJ:そう、そう)だから日本語学校でやれば、結局、(BJ:そう。その時間…そう)送り迎えをちょっとね、ちょっと遅らせればいいからね。(BJ:はい、はい)できるかと思ってね。あの、何かをやらしてね、中心に福…、青年というものをもっていかなかったらねー、(BJ:そう。そいで)またー、(BJ:うん)えー、だめになっちゃうってね。また、福博の青年、(BJ:うん)青年会っちゅうのがね。

BJ： で、今の子供ら、{KPの咳}暇がありすぎてね。(KP:うん、そう)だから、もうちょっと何か、(KP:うん)時間稼ぎに何かさせないと、(KP:うん、そう)もう…

KP： もう、すぐ、もうビデオとかね。*****(BJ:そう。ビデオ、テレビね。そう。そんなもんばっかり、な…)そして、あのー、ゲームね、ゲームや…ばっかやっているでしょ。だからー、何か、**やら、(BJ:そう)うん、するものがないとね。うーん。[少し間]で、今、日本語学校どうですか？ 良くなった？

BJ： まあ、どうかねー。(KP:うん)考えっちゃ、ま、それぞれの考えだけど。(KP:うん)この前、区会で(KP:うん)「人名」さんに僕、聞かれたですね。(KP:うん、うん)で、「人名」さんに言うたように、(KP:うん)「KPの名前」さんにも説明しますけど、(KP:うん)あのー、小さい子どもたちにはよ、(KP:うん)いいんですよ。(KP:ああ、はあ)ね。(KP:はい)あー、何と言うの、ちょっと言うたら、ここの小学校よね、(KP:ああ、Sim. Sim.《はい、はい》うん)まだ何も(KP:うん)日本語も何も知らないで、(KP:うん)えー、ひらがなとかカタカナとか、こう(KP:うん)覚えるのはね。(KP:ああ、はい)それは覚えてきとるのね。(KP:Sim. Sim.《はい、はい》うん)だから、今、あの、何て言うの、「人名」さんの、あの、孫やら、(KP:うん)その、「人名」さんの孫やら、(KP:うん)まだ、その時代でしょ。(KP:うん。ああ、はあ)だからとってもいいっていうわけですよね。(KP:ああ、はい)でも今度、もう、僕たちの子どもから先になったらよ、(KP:うん)もう、日本語学校、何しに行ってるか分からない。(KP:ああ、はい)ね。(KP:うん)もう、何て言うの、あー、漢字なんかね。(KP:うん)だんだん、だんだん先に進まなくて、(KP:うん)そこで Parece que tá parado.《止まっているみたいだ》(KP:うん。ああ)ね。(KP:あー、***)だから、この前、父兄会あったでしょ。(KP:うん、うん)Não sei se「KPの名前」さん participou.《「KPの名前」さんは参加したかどうか知らないけど》(KP:Não.《いいえ》【参加していない】)あの時もやっぱり、あのー、小さい子どもたちがおると、このお母さんたちはー、(KP:うん)先…、もちろん(KP:うん)先生を(KP:うん)賛成して、(KP:うん)ね、(KP:Ah, sim.《ああ、はい》)おって欲しい。(KP:うん)でもー、mas,《だけど》(KP:うん)大きい子供たちがおるとこは、もう、(KP:うん)ね。(KP:うん)だから、もう「人名」さんのとこもやめた、(KP:うん)ね。(KP:うん)えー、「人名」さんのとこもやめた(KP:うん)でしょ。(KP:ああ。ああ、うん)だから、もう、日本語学校へやるよりかよ、

第 1 章　ブラジル日系移民社会の談話　283

　　　　ほかにね、(KP：うん) 英語とか (KP：うん) そういうあれをー、(KP：うん) 習わし、習わ、な、な、な、な、勉強さしたほうがいいって (KP：うん) いうようになって、(KP：うん) やめさせたわけですね。
KP： ああ、はい。ああ、はあ、そういうことになってるのね。(BJ：そう) うん。

【中略】

BJ： ま、何言うても僕たちの時代までが一番良かったね、(KP：そう)「KPの名前」さん。
KP： ああ、そう。
BJ： それからこっち。
KP： あの頃ね。
BJ： そう。
KP： そう。うん。あの頃はねー、お互いにー、話すのも (BJ：そう、そう) 日本語でしたからね。(BJ：そう) うん。それが…
BJ： それで外人【ブラジル人】も、そうよにいなかったでしょ。
KP： そう、そうなのよ。
BJ： なんぼブラジル学校行っても、(KP：ええ、そう。ええ、そう) 日本人ばっかりだったでしょ。(KP：ええ、ええ) ね。
KP： そうよ、僕らが…
BJ： 1つクラスに 30 人いたら、(KP：うん) もう acho que《たぶん〜と思う》2 人か 3 人ぐらいが外人【ブラジル人】だってねー。(KP：あとは全部、日系だもんね) あと、も、全部日本人。うーん、ほんと、ほんと。(KP：うん、うん) もう、あの、その時代、も、全然戻ってこないね。(KP：戻らない。戻らない。うん、そう。ええ) もう、だめね。
KP： だから、まあ、特に…
BJ： それから favela《貧民窟》の連中が (KP：うん) 入ってきて、(KP：うん、そうだね) も、それこそ、(KP：ええ) もう、今は、もう favela《貧民窟》の連中ばっかりでしょ、学校は。
KP： そうよ。だからねー、あの…
BJ： ま、この前、僕、(KP：うん)「人名」さんとこに野菜、ここらに野菜見つからなかったから、ちょっと「人名」さんまで行って、(KP：うん) あのー、あっち、「人名」さんに行かないといけなかったから、(KP：うん、うん。うん) あの、向こうから回ってみたんですよ。(KP：うん。ああ、ああ) びっくりしましたよ、僕。{KPの笑い} Tá louco!《とんでもない！》(KP：うん) まあ、あのー、(KP：うん) ponte《橋》の (KP：ああ、そう) へりの、あの、(KP：うん、そう) favela《貧民窟》が (KP：**) できたことね。
KP： Ah é?《ああ、そうですか？》あの、うちの下側は、まだ僕が入れてないから、あれなんだけど、も、あの下の川んとこに (BJ：はい、はい) 入ってくるのよね。だから、まあ、**** ならあれだけど、俺の家の前だけはやってくれるなっつったの。そしたら横から今度は入ってきた。{2 人の笑い}
BJ： Tá louco!《とんでもない！》(KP：あーあ) びっくりしたですよ。
KP： ほんで、あの、ん、うちのー、んー、ま、あのー、さっき、あのー、「人名」さん

にも言うたんだけど、向こう側、は…、川の向こう側ね、(BJ：はい) ユーカリ、生えてるでしょ。
BJ： はい、はい。
KP： あすこに、70家族以上おるの。
BJ： Nossa senhora!《まあ、なんてことだ！》
KP： あの、「人名」さんのとこ。
BJ： はい、はい、はい、はい。
KP： うん。それだけ入ってんの。それで、あー、そしたら、「人名」さんが、「Não.《いいえ》」、えー、「「KPの名前」さん、そうじゃないのよ」って言う。「70家族じゃない、100、100家族ぐらいなるよ」って。こう、長屋作って、仕切って、あ、ここは自分の家で、ここは息子の家で、そこは、あの outra《別の》、あの、あの、親戚が来てんだとか言ってね。それ、3つぐらいに分けてるんだって、みんなね。
BJ： はい、はい、はい、はい。
KP： だから100家族以上よ。**から。言ったのね。だから、今日、んー、この携帯、持って出よったら、うちに電話が入らんのんだよね、普通の。{笑い} もう切られてるから。
BJ： Ah é?《ああ、そうですか?》
KP： É.《そうです》だから、もう、2週間にいっぺんぐらいは、もう、必ずやられる。そしたら、もう全然電話不通。{笑い} 入らない。
BJ： Tá louco!《とんでもない！》(KP：うん) 今でもやっぱり、あっち、それ、やってるんですか？
KP： そう、やってる。うん。
BJ： Ai, ai, ai, ai, ai, ai, ai!《あら、あら、あら、あら、あら、あら、あら！》
KP： だから「人名」さん、アスファルトになるから、まあ、良くなるっていう、あの、まあ、警察の連中がね、こう、回れるからって言うんだけどね。ま、どの程度まで行くか。
BJ： あー、難しいねー。{KPの笑い} これだけ favela《貧民窟》が aumenta《増加する》(KP：ああ) したんだったら。(KP：ええ。ええ、ええ) 警察の量、おんなしでしょ。
KP： そうよ。{笑い}
BJ： Ah, aumenta《ああ、増加する》するばっかりだもんね。(KP：そうね) 悪いやつらがさ。(KP：***。うん) Ah!《ああ！》
KP： 増えるの。大いに。
BJ： そう、そう。
KP： うん。[少し間] だからー、うちらの方で、悪いことしたら、あの、川、渡ってから、向こう側に入ってる。向こう側は (BJ：もう Mogi《Mogi das Cruzes：モジ・ダス・クルーゼス》【地名】だもんね) 警察も入らんもんね。{笑い}
BJ： そう、Mogi《Mogi das Cruzes：モジ・ダス・クルーゼス》【地名】だもんね、もうあそこは。(KP：ええ) だから、も、僕たちの関係じゃない。(KP：うん。だよね) も、それで acabou.《終わった》
KP： そう。É.《そうです》

談話【5】

音声ファイル名：brasildanwa2008_5.wav
収録地点：ミランドポリス市アリアンサ移住地
収録日：2003年7月23日
話者：

①インフォーマント（話者番号BA3M27-28）：第二アリアンサ在住。三世。1975年生まれ（収録当時27歳）。男性。ミランドポリス市出身。ブラジル国籍。牧畜業に従事。

②調査者（LM）：日本（大阪府）在住。1976年生まれ（収録当時27歳）。男性。リオデジャネイロ市出身。ブラジル国籍。大阪大学大学院生・研究協力者（当時）。

談話時間：12分31秒。

談話の概要：談話は全体を通して、インフォーマントの所有する牧場や牛の飼育方法についての話をしている。その話の間に、インフォーマントの祖父母や家族について、子供の頃の日本語の勉強について話をしている。

JS： え、毎日、あの、あれ、牛の仕事やってるんですよね？
BJ： はい。牛。
JS： ここ、結構、広いんですか？
BJ： まあまあ広いよ。
JS： あっ、（BJ：ああ）そうですか。牛はもう何頭ぐらい…
BJ： あんまりでもない。
JS： そうですか。（BJ：うん）なん、何頭ぐらいですか？　だいたい。
BJ： んー、300か、400ぐらいね。
JS： あ、結構｛BJの笑い｝いるんじゃないですか。｛2人の笑い｝すごいですね。うん。で、その、こう、ずっとうちを育てて、あ、牛を育てて、（BJ：うん、うん。そう）それからどうするんですか？
BJ： それ、あの、en…, あのー、大きくなってね、（JS：ええ、ええ）それ、あのー、engorda《太らせる》して、（JS：ああ、ああ、ああ）それで売るね。
JS： あ、売るんですか？　（BJ：うん）ほう、ほう。で、comprador《仲買人》はもうたくさん、いるんですか？
BJ： おるよ。あの frigorífico《冷蔵・冷凍庫（室）》、それ、みんな、う、（JS：あ）潰すね。
JS： こ、ここら辺の人の frigorífico《冷蔵・冷凍庫（室）》（BJ：そう、そう）ですか？
BJ： 「地名」でも、あのー、「地名」でも、（JS：ええ、ええ、ええ）あちこちある。
JS： ん、ん、ん、ん。で、その牛を、こう、engorda《太らせる》するためにね、（BJ：はい）なんか特別なえさとか、（BJ：あー）やるんですか？

BJ： うん。あるよ。ある。
JS： ど、どんなえさですか？
BJ： あの、cana《さとうきび》やってね。
JS： あ、cana《さとうきび》？ (BJ：あ) あのー、あれ、さとうきび？
BJ： そ、そう。(JS：あ、ca, ca、あ、あー、あー) あれー、あの、機械で切ってね。(JS：ええ、ええ) あのー、cocho《飼葉桶などに利用される丸太をくりぬいた容器》に入れて、(JS：ええ、ええ、ええ) それやら ração《飼料》やら、みんな入れてね。
JS： おー。じゃ、ちょっと甘くなるんですよね？ そしたら。
BJ： Não.《いいえ》あのー、ração《飼料》で、あのー、uréia《尿素》入れたら、あまり甘くならない。(JS：あ、そっか) あ、少ししょっぱくなるね。
JS： で、それ全部こちらでやるんですか？
BJ： はい、そう。
JS： じゃ、そしたら、その、cana《さとうきび》もこちらで…
BJ： 植えとるね。
JS： あ、そうですか。(BJ：うん、みんな{笑い}) すごい、すごい、すごい、すごい。(BJ：みんな植えとるね) じゃ、もう全部自立してるね。Independência《自立》ね。もう。(BJ：そう。うん。そう、そう) うん、ほかの人のあれーね、(BJ：うん) いらないわけですよね？
BJ： そう。{笑い}
JS： もう、すっごーい。ふん、ふん、ふん。

【中略】

JS： で、おじいさんとおばあさんが一世ですよね？
BJ： そう。{咳払い}
JS： 日本で…
BJ： 日本で来たね。
JS： あ、(BJ：うん) そっか。で、日本のどこら辺か、し…？
BJ： 北海道ね。
JS： あ、北海道ですか。
BJ： そう。
JS： ああ、はあ、はあ。札幌？
BJ： あ、acho que《たぶん～と思う》そう…［笑いながら］と思います。北海道だけ (JS：うん、うん、うん、うん、うん。そっか) 知っとるけんどね。
JS： そっかー、ふーん。
BJ： おばあちゃんやら、あのー、bisavô《曾祖父》知っとる？
JS： うん、うん。
BJ： それ、bisavô《曾祖父》と bisavó《曾祖母》も来たね。
JS： あ、その時ね。
BJ： うん。その時、(JS：うん、うん、うん、うん、うん) 一緒に来たね。4人で来たって。
JS： はい、はい、はい、はい。で、[BJの名前] さんが生まれた時に、まだ bisavô《曾祖父》

とか bisavó《曾祖母》、まだ、生き…
BJ： Não.《いいえ》おらん。(JS：あっ) Bisavó《曾祖母》だけおったね。
JS： あ、そうですか。(BJ：うん) まだ、覚えてる？
BJ： 覚えとるよ。
JS： あ、そうですか。
BJ： 一緒に、pesca《釣り》やらなんやら。{2人の笑い}
JS： そっか。で、その日本語覚えたのが、その、やっぱり bisavó《曾祖母》とか (BJ：うん) avô《祖父》、avó《祖母》(BJ：avô《祖父》) がもう、みんな日本語でしかしゃべれない…
BJ： しゃべらなかったから。
JS： あ、そうか。じゃ、ちゃんと、こう、した学校とかには行ってないんですよね？
BJ： 少し行ったけんどね。
JS： あ、そうですか。(BJ：うん) ど、どこら…？
BJ： 「地名」。
JS： あ、「地名」の学校ですか？
BJ： そう。あのー、「人名」先生、先生が (JS：あ、そうですか) 少し書けるよ。{笑い} あまり書けんけど。{2人の笑い} 読めん。
JS： 難しいんですよね。(BJ：難しいね) 字がね。
BJ： ま、しゃべるが、あれだけね。
JS： あ、そうですか。ん、え、何年ぐらい、(BJ：Acho que…《たぶん〜と思う》) 習ったんですか？
BJ： Acho que《たぶん〜と思う》6年ぐらい。5年か6年ぐらいね。
JS： あ、そうか。ちっちゃい時ですよね。
BJ： そう。
JS： うん、うん、うん。
BJ： 「人名」先生、mais《もっと》歌が好きだったからね、(JS：あっ) Mais《もっと》、歌だけ。
JS： ほー。どんな歌、歌ってたんですか？ 日本の歌？
BJ： 日本の歌。
JS： その、子どもの歌ですか？
BJ： そう、そう。
JS： ほー。そっか。僕もすごい、その、日本の歌が大好きで、(BJ：ああ、ああ) もうテープも何本も {BJの笑い} 持っているんですよ。{笑い} そうですか。で、その時結構、こう、日本語勉強するのが好きだったんですか？
BJ： うん、まあまあね。
JS： あ、そうですか。(BJ：うん) ふん、ふん、ふん、ふん。また、こう、習おうと思わないんですか？
BJ： いまどき、暇がない。{笑い}
JS： そうですよねー。

BJ： 忙しいからね。
JS： ふん、ふん、ふん。じゃ、そしたらもう、毎朝、結構朝早くから、(BJ：そう) もう 何時ぐらいまで【仕事をしているのか】？
BJ： 今、今、acho que《たぶん～と思う》6時頃までね。
JS： はー。
BJ： Aí,《それで》confinamento《囲い飼育。牛を一箇所に集めて囲って飼育すること》したらね。(JS：うん、うん) ****. Semana que vem《来週》から始めるね。
JS： あ、その con…, "confinamento" って何？ 何ですか？
BJ： あのー、牛に、***、engorda《太らせる》するね。
JS： あ、はい、はい、はい。
BJ： それ、cana《さとうきび》やってね。
JS： うん、うん、うん、うん。
BJ： Penso em《～するつもりだ》あのー、ろっ、えー、4月ぐらいに始まるね。{咳払い}
JS： うん、うん、うん、うん、うん、うん。そうですか。
BJ： Aí,《それで》まだ、4月ぐらい【から】、あの、9月か10月までやるね。
JS： うん、うん、うん、うん、うん、うん。はあ。それから売るわけですよね？
BJ： そう。
JS： はあ、はあ、はあ。で、どれ、あの、何年間ぐらいで、もうずっと engorda《太らせる》しなきゃいけないですか？ その…
BJ： Acho que《たぶん～と思う》…
JS： 生まれて、(BJ：生まれて) ね、生まれてから、(BJ：ああ) 何歳ぐらいまでに？ うん。
BJ： 2年半か3年ぐらいね。
JS： で、それでも (BJ：それ) 結構大きくなる (BJ：お、おっきくなる) んですよね。ほう。
BJ： で、それから、あの、cocho《飼葉桶などに利用される丸太をくりぬいた容器》に入れて、(JS：うん、うん、うん、うん、うん) aí,《それで》あの、engorda《太らせる》するね。
JS： うん、うん、うん、うん、うん、うん。そこまではやっぱりずっと自由に。
BJ： うん。(JS：ねー) みんな pasto《牧草地》に。
JS： ねー、pasto《牧草地》に (BJ：うん) いるわけですよね？
BJ： そう、そう。
JS： もう、capim《牧草》ばっかり (BJ：うん) 食ってね。(BJ：capim《牧草》だけ){笑い} もう、食っちゃ寝、(BJ：はい) 食っちゃ寝。{2人の笑い} もう、ね。牛の生活はいいですよね。{BJの笑い} ま、後で、食べられちゃうけどね。
BJ： {笑いながら} そう、そう。
JS： ころ、殺されてね、食べられちゃうんだけど。ま、そこまではすごいいい生活してるよね、(BJ：うん) 私たちより。{2人の笑い} 大事にされて、(BJ：大事) 大事、大事、大事。そう、そう、そう、そう、そう。うーん。そう。で、お母さんもずっと、家の仕事、(BJ：そう、そう) やってらっしゃったんですか？
BJ： やってた。

第1章　ブラジル日系移民社会の談話　289

JS：　ほう。で、お父さんは？
BJ：　お父さんは、え、僕 ajuda《手伝う》するね。
JS：　あ、****。Ajuda《手伝う》してんですか？
BJ：　うん。
JS：　ほう、ほう、ほう、そうですか。で、お父さんとお母さんとしゃべる時に、日本語ですか？
BJ：　まあまあ、半分半分。
JS：　半分半分。(BJ：うん、うん）うん。やあ、もうまさにコロニア語ね。
BJ：　ああ、そう、そう。
JS：　うん、うん、うん、うん、うん。そうですか。面白い。で、おじいちゃんとおばあさんも亡くなられたんですか？
BJ：　おじいちゃんは亡くなれたね。
JS：　で、おばあさんは？
BJ：　おばあさん、まだ、生きとる。
JS：　まだ、生きてる。
BJ：　うん。
JS：　一緒、一緒に住んでるんですか？
BJ：　Não, não.《いいえ、いいえ》一緒に住んでない。
JS：　あ、そうですか。おばあさんは、ど、どちらに？
BJ：　あの、お父さんのお母さんだったら、あのー、(JS：あっ）「地名」のもう少しあっちの方ね。(JS：はい、はい、はい、はい、はい）おるね。お母さんの方が、まだ、(JS：あっ）あの、妹、(JS：あっ）弟【のところ】におるね。
JS：　そうですか。じゃ、時々、こう、会ったり…
BJ：　あ、会ったり。
JS：　そうですか。
BJ：　近いからね。{笑い}
JS：　あ、ど、どういう時に、例えば、ま、festa《お祭り・パーティ》の時とかそういう…
BJ：　Não,《いいえ》あの、(JS：あ、別に）土、日曜か土曜日ぐらい。
JS：　あ、almoça《昼食》しに。
BJ：　ああ、(JS：あっ）almoça《昼食》か janta《夕食》。{JSの笑い}しゃべりに。こっちに来るか、あっちに…
JS：　じゃ、結構、こういう広いテーブルに、もう、みんな座って…
BJ：　ああ、ああ。座って。
JS：　もう、やー、{BJの笑い}しゃべって、(BJ：しゃべって）「わあわあ」。{2人の笑い}もう楽しいですよね。(BJ：うん）うん、うん。え、弟さんとか、まあ、兄弟いるんですか？　Irmão.《兄弟》
BJ：　兄弟、皆、姉さんだけね。(JS：あっ）姉ちゃんだけ。
JS：　お姉さんだけ。(BJ：うん）ふん、ふん、ふん。で、お姉さんは何してる人ですか？
BJ：　みんな São Paulo《サンパウロ》に働いとるね。

JS： あ、そうですか。（BJ：うん）ふん、ふん、ふん。
BJ： うちで、僕とお母さんとお父さんだけね。
JS： あ、こちらに。
BJ： うん。
JS： いらっしゃるんですね。ふーん。どんな仕事してるんですか？　お姉さんは。
BJ： お姉さん、1つ【姉さんの1人は】banco《銀行》に trabalho《働く》しとる。
JS： あ、そうか、そうか。はあ、はあ、はあ。
BJ： Aí《それで》、1人の atacado《卸し・問屋》みたいに働いとるみたい。(JS：あ、うん、うん、うん、うん、うん)。着る物やらね。(JS：あー) atacado《卸し・問屋》ね。
JS： あ、そう。野菜とか売ってる所じゃなくて？
BJ： Não, não.《いや、いや》(JS：ああ、ああ、ああ) 着物【洋服】だけ売っとるね。
JS： あー、そういうところもあるんですか？　São Paulo《サンパウロ》に。
BJ： うん、うん。ある。あるよ。(JS：あっ)それ、あのー、China《中国》から、これ、日本から来てね、(JS：うん)着物【洋服】やら。(JS：うん、うん){咳払い}それから、あのー、loja《店》に売るね、それ。
JS： そっかー、面白い。そんなん知らなかった。ほう、ほう。{BJの笑い}じゃあ、atacado《卸し・問屋》で買うと結構安い(BJ：安い。うん)んですよね？　そしたら。
BJ： Só que,《だけど》あのー、いっぱい買わんとね。
JS： あ、そうですよね。(BJ：うん)な、何枚ぐらい？
BJ： それは知らない。
JS： 知らない、知らない。(BJ：知らないね)ふん、ふん、ふん、ふん、ふん。で、もうまったく日本と同じ着物なんですか？
BJ： そう、そう。日本から来るね。
JS： あ、(BJ：はい)日本から来て、(BJ：来て)で、(BJ：うん)こっちで、もう。あ、そっか。ああ、はあ。
BJ： あの、あのー、navio《船》で来てね。
JS： あ、はい、はい。
BJ： ああいうの、みんな São Paulo《サンパウロ》に、{笑い}(JS：うん、うん、うん)それから、売るね。(JS：ふーん)［誰かが歩く足音］

【中略】

JS： も、お父さんと、もうほんとに毎日同じところで、同じような仕事やってるんですか？
BJ： あん【まり】、おんなじ、で、でもないけどね。(JS：うん、うん、うん、うん、うん){笑い}たまにおんなじ仕事するけどね。(JS：うん。ふん、ふん、ふん、ふん)あんまりでもないね。
JS： うん。これ、結構広いですからね。(BJ：うん。{笑い})例えば、同じ仕事してても、一日中、会わなかったりする、(BJ：会わ…。うん)ねー、(BJ：そう、そう)時もあると(BJ：うん)思うんだけどね。何ヘクタール、何 alqueire《アルケール：面積単位》ぐらいあるんですか？
BJ： Acho que《たぶん〜と思う》100alqueire《アルケール：面積単位》ぐらいあるね。

JS：	ああ、結構広いですね。
BJ：	うん、うん。
JS：	はあ、はあ、はあ、はあ、はあ、はあ、はあ。すごい。まあ、bisavó《曾祖母》とbisavô《曾祖父》がすごい頑張ってね。{2人の笑い} もうずっとその時からこちらに住んでたんですか？
BJ：	Não, não.《いいえ、いいえ》こ、ここに住んどる、じゅう…15年か17年。
JS：	あ、15年。じゃあ、お父さんが買ったわけですよね？
BJ：	うん、うん。そう。みんな、あの、え、irmão《兄弟》たちね、(JS：はい) sociedade《組合》だったね。
JS：	あ、そうですか。
BJ：	一緒に、た、はらた、働いてね。(JS：ええ、ええ、ええ) 後でみんな、se…、あー、わかった、わかった、separa《分ける・別れる》したね。
JS：	ええ、ええ、ええ、ええ、ええ。ほー、そっかー。で、お父さんがこの土地を買って、(BJ：うん。そう) で、ほかの irmão《兄弟》が…
BJ：	はい。みんな、このぐらいあるね。
JS：	あ、そうですか。お父さんは、もう、何人兄弟ですか？
BJ：	男、みんなで10人だったね。
JS：	え、すごーい。{2人の笑い}
BJ：	Acho que《たぶん〜と思う》10人だった。{笑い}
JS：	すごい、すごい。{笑い} あの時、もう、ねー、テレビもなかったしね。(BJ：****) **** なかったから。もう、子どもばかりできて。{笑い}(BJ：うん {笑い}) すごーい。じゃ、その、例えば日曜日の、その、almoça《昼食》に行く時に、その、お父さんの irmão《兄弟》も来たりするんですか？
BJ：	うん。たまに来とるね。
JS：	ほう。じゃ、結構広い家族ね。{BJの笑い} ねー。人数が多いですよねー、(BJ：うん) 家族が。(BJ：**) すごい。
BJ：	Tia《おばさん》やらみんな São Paulo《サンパウロ》におるね。(JS：うん、うん、うん) Maioria《大半》ね。(JS：うん、うん、うん、うん)

【中略】

JS：	も、ここら辺も、何て言うのかな、面積はすごい広いけど、(BJ：うん、うん) みんなそれぞれお互いのこと知ってるわけだから、(BJ：うん) 結構世界が狭いんですよね？
BJ：	うん、そうそう。{2人の笑い}
JS：	ねー。だから、もう、その誰々さんの隣に住んでるって言っても、(BJ：はい) ほんとに、もう、私たち、都会の、その、隣の感覚じゃなくて、(BJ：うん) 隣は、もう、これぐらいですよね？ (BJ：ええ、そう、そう。{笑い} そう) だから結構離れてますよね？
BJ：	はい、そう。
JS：	うーん。だから、あのー、「人名」さんもね、(BJ：ああ、ああ) 隣でしょ？

BJ： そう、そう。
JS： だけど、(BJ：え) もう、8キロもあるわけですよね？
BJ： そう。{笑い}
JS： もう、遠い。{2人で笑い} え、自転、自転車とか、こう、乗って、あちこち走ったりしないんですか？ みんな。
BJ： Não.《いいえ》しない。Não.《いいえ》{笑い}
JS： みんな、車か、(BJ：車) 歩くか。(BJ：うん) どっ...?
BJ： みんな、車で行くね。
JS： あ、そっか。例えば馬に乗って行くことも、あまり。馬はいないね？
BJ： 馬、あ、おるけんど。(JS：あ) 牛だけ見るね。
JS： あ、そうですか。
BJ： うん。
JS： で、その乗り物として、あまり使わない？ (BJ：Não, não.《いいえ、いいえ》) 例えば、もう、もう馬に乗って、cavalo《馬》に乗ってどっかに行ったり、(BJ：Não, não.《いいえ、いいえ》) それはもう、全然しない？
BJ： 全…、しない。
JS： しない。そっか、じゃ、やっぱりみんな車ですよね？
BJ： É.《そうです》車でね。
JS： もう、車も大変ですよ。もうこんなでこぼこね、{BJの笑い} braco《穴》ばかりがあって。{2人の笑い}
BJ： 大変。
JS： 大変よねー。やっぱり時々壊れたり…
BJ： 壊れ【たり】する。うん。
JS： するよね。うん、うん。で、修理の時、どうする？ Conserto《修理》の時。
BJ： あの、Mirandó《Mirandópolis：ミランドポリス》【地名】に持っていくね。あのー…
JS： あるいはもう、そのー、あれ、guincho《クレーン車》頼んで、(BJ：Não, não.《いいえ、いいえ》) 迎えに…
BJ： あのー、ここら辺に、壊れたらね、(JS：うん) あのー、う、mecânica《整備工》、うちまで来るね。
JS： ん、あ、来てくれる？
BJ： ああ、来てくれる。
JS： あ、そっか。
BJ： **、まあまあ、conserta《修理する》して、あの、Mirandó《Mirandópolis：ミランドポリス》【地名】まで (JS：まで、持っていく) 持ってといて。
JS： ふん、ふん、ふん、ふん、ふん。そっか、大変だよねー。
BJ： 大変。{2人の笑い}
JS： そっか。じゃ、うちは、もう、牛と cana《さとうきび》だけですか？
BJ： Não.《いいえ》Milho《とうもろこし》も。
JS： Milho《とうもろこし》も (BJ：うん。植え…【ている】) やってる？

第 1 章　ブラジル日系移民社会の談話　293

BJ： うん。少し。
JS： あ、そっか。じゃ、そしたら、その、あーの、「BJの名前」さんのうちで、あれ、えさー、ねー、(BJ：うん、うん) ração《飼料》作ってるでしょ？
BJ： そう、そう。
JS： その milho《とうもろこし》、使ってるんですか？
BJ： そう。
JS： あ、そっか、や、(BJ：そ、{笑い}) やっぱりみんなお互いのあれねー、利用して。
BJ： {咳払い} まあまあ同じぐらいね。
JS： ふん、ふん、ふん。そしたらもう、「BJの名前」さんも、卵、買ったりする？
BJ： Não.《いいえ》卵、うちに少し鶏あるから。
JS： あ、それも、(BJ：うん) 鶏やってる。もう、な、もう何匹ぐらい、いるんですか？少ない？
BJ： 少ない。あの、acho que《たぶん〜と思う》cinco《5》ぐらいおるね。
JS： あ、cinco《5》ぐらい。
BJ： はい。うちだけ食べるの。{笑い}
JS： あ。でも、それでもやっぱり、毎日、も、卵、生ま、生むわけ？
BJ： うん。そう、そう。
JS： あ、そっか。ほー。も、毎日、例えば1匹のね、(BJ：うん) 鶏がもう、毎日、な、何個…？
BJ： Não.《いいえ》毎日ぐらい、生まんね。
JS： 生まないね。
BJ： 生まない。
JS： やっぱり。あー、そっか。
BJ： はい。
JS： だいたい、何、2日間、(BJ：そう、そう) ぐらいに…
BJ： そう。
JS： で、その時、な、何個ぐらい、生むんですか？
BJ： 1つだけ生むね。
JS： あっ、そっか。
BJ： うん。{笑い}
JS： はあ、はあ、はあ、はあ、はあ、はあ。じゃ、5匹ぐらいいれば…
BJ： 2つか3つぐらい、生むね。
JS： 毎日（BJ：毎日）出るよね？
BJ： 出る。うん。
JS： んー。それでも、ま、3人で。
BJ： ま、だいたい。
JS： 食べれるわけやんね。
BJ： 食べれる。{笑い} 毎日、食べれる。{2人で笑う}
JS： いいねー、もう。

談話【6】

音声ファイル名：brasildanwa2008_6.wav
収録地点：スザノ市福博村
収録日：2003年7月30日

①インフォーマント(話者番号BS3M22-35)：スザノ市福博村在住。三世。1980年生まれ(収録当時22歳)。男性。スザノ市(福博村)出身。ブラジル国籍。農業に従事。

②調査者(LM)：日本(大阪府)在住。1976年生まれ(収録当時27歳)。男性。リオデジャネイロ市出身。ブラジル国籍。大阪大学大学院生・研究協力者(当時)。

談話時間：15分03秒。

談話の概要：談話はインフォーマントが子供の頃通っていた日本語学校での話から始まる。その後、移民一世である祖父母の話、そして部屋の中に飾られた絵から家族についての話に及ぶ。談話の終盤では、昔とは様変わりした現在の日本語学校の様子について語っている。

JS： え、日本語学校通ってた時に、主に、どういう勉強してた？　会話とか、(BJ：うーん)字も？

BJ： 字も会話とか、歌。それと(JS：んー)もう、作文を作るとかね。(JS：うん、うん、うん)うん。習字。(JS：うん)えー、読み方、(JS：うーん、うん、うん)ね。でも、eu《私》ら【私たち】が覚えた日本語はね、(JS：うん)ん、思うよね、も、みんな言うでしょ？(JS：うん)言うのよね、えー、今の日本語と違うよね。(JS：うん、うん、うん、うん、うん、うん)今、eu《私》ら【私たち】が、に、特に日本に行ったら、(JS：うん)こんな日本語、つく、使ったら、もう、(JS：うん、うん、うん)ちょっと笑われるよね。(JS：うん、うん、うん、うん、うん、うん、うん、うん、うん、うん、うん)。変な日本語よく使ってるから。ちょっと、侍の時代みたいな日本語使ってるからって、ちょっと、笑われるよね。それがちょっと頭にくるんだけどねー。(JS：うーん)ほんとの日本語も、駄目にするのよね。(JS：うん、うん、うん、うん、うん)あのー、「正しい日本語」て、(JS：うん、うん)eu《私》ら【私たち】は、あの本、ね、え、「正しい日本語」っかな？　あった？

JS： あ、っていう本？

BJ： É.《そうです》本を使ってたね、「一の上、下」ね。(JS：うん、うん、うん、うん、うん、うん、うん)で、本は古いよね、もう。(JS：うん、うん)だからー、{咳払い}あんな本で覚えたから、こんな、{JSの笑い}さあ、[手をたたく]日本語がいいかどうか知らんけどね。{JSの笑い}こんな日本語使ってるんですけど。(JS：うーん)うん。特にー、年寄りと話するとは【話をするのは】、もう、ま、assim《こう》

第 1 章　ブラジル日系移民社会の談話　295

　　　　恥ずかしくはないよね。(JS：うん、うん、うん、うん) あの、特にぺらぺらしゃ
　　　　べれるしね。(JS：うん、うん、うん、うん、うん、うん) だからー、問題はないねー。
　　　　そ、そんな (JS：うん) 特には。(JS：うん) でもー、日本から、特に、acho que《た
　　　　ぶん〜と思う》日本から来て、(JS：うん) 来た、え、若い人よね、(JS：うん) と
　　　　話すると、ちょっと、acho que《たぶん〜と思う》迷うかと思うたね。
JS：　うーん。だから向こうも分からないし、ね。
BJ：　うーん、こっちも…
JS：　「BJ の名前」さんのねー、(BJ：É.《そうです》) 言ってること分からない。
BJ：　うーん、分からない。Então,《だから》だからー、さあ、しゃべったことないけどね。
　　　(JS：うん、うん、うん、うん) 日本も行くつもりもないし。
JS：　え？ 行きたくないですか？
BJ：　Não.《いいえ》行きたくないよね、今は。
JS：　ふーん。何でですか？
BJ：　ん？
JS：　何でですか？
BJ：　まあ、日本に行くとは【行くんだったら】、あの、仕事をする、(JS：うん) ね、(JS：
　　　うん) 目的で行くから。(JS：うん) 仕事、そんなには行かないね。(JS：ブラジル
　　　の方がいい？) ここで、まあ、なんとかやって、(BJ：ふーん) いつか行けたらー、
　　　あの passear《旅行》に、(JS：うん) 遊びに…
JS：　あ、遊びには、行きたいんですよね？
BJ：　遊びにー、行きたいと思うけど、まあ、{息を吸う} 先、ここら辺に遊びに行って、(JS：
　　　うん) 後から…
JS：　日本へ。
BJ：　外。{JS の笑い} も、日本やらー、Estados Unidos《アメリカ合衆国》やら、そん
　　　なところに行きたいよね。(JS：うーん。うん、うん、うん) でもー、それは夢か
　　　と思うね。{2 人の笑い}
JS：　いや、行けるよ。
BJ：　É.《そうですね》さあ。(JS：大丈夫){2 人の笑い}
JS：　大丈夫、大丈夫。(BJ：うん) え、子供の時、ほら、日本語でしか、しゃべったこ
　　　となかったって言ってたんだけど。(BJ：うん) おじいさんとおばあさん、どこの、
　　　あれ、日本のどこらへんからか知ってる？
BJ：　おばあちゃんが、どこだった？ ［第 3 者がポルトガル語で ****］忘れたよ。(JS：
　　　**) お父さんが知ってるよね。
JS：　あ、うん。で、お父さんは二世ですよね？ こっちで…
BJ：　二世です。はい。
JS：　こっちで生まれた。
BJ：　こ、こっちで生まれた、ました。
JS：　お母さんもそうですよね？
BJ：　はい、そうです。(JS：ふん、ふん、ふん、ふん) だから、おばあちゃんが一世ね。(JS：

うん）一世でー、おじいちゃんも一世。おじいちゃん、お父さんのお父さんはね、(JS：うん）あのー、早く亡くなったよね。(JS：あっ) Acho que《たぶん～と思う》ele《彼は》がー、3歳ぐらいーだったかな？　Meu avô《私のおじいさん》、お父さん…

JS： 「BJの名前」さんが3歳の時に、(BJ：É.《そうです》) おじいちゃんが、な、亡くなった？

BJ： É.《そうです》(JS：ふーん) 僕のお父さんがね、(JS：ええ) 3歳ぐらい【の時】、(JS：あっ) おじいちゃんがー (JS：はい) 亡くなったね。(JS：うん、うん) だから、{笑い} たまに思うのよねー。あの、(JS：うん) おじいちゃん、どんなんだったかなーと思ってね。(JS：うーん) えー、então,《だから》写真は見るよね。(JS：あ、はあ、はあ) そして、若い時や、ね。(JS：うん、うん) でもー、どんなんだったかなーと、おこ、えー、{笑い} (JS：うん) どんな、あの、優しかったか、(JS：あー、あー、あー、あー) それとも厳しかったか。

JS： そうだよねー。

BJ： É.《そうです》でもー、お母さんの方のおじいちゃんは、(JS：うん) 優しいよね。(JS：あー、あー) でも、もとは、もう、息子やらねー、よう、僕のおじさんとか、とかに、(JS：うん) ね、それはもう厳しかったよね。(JS：あ、そうですか) んー。(JS：ふーん) だから、知らんよね、僕は、{息を吸う} (JS：うん) 孫だからね、(JS：ねー) と思って。Acho que《たぶん～と思う》かわいがられたんね。(JS：そう、そう、そう。{笑い}) {2人の笑い} 知らない。{笑い}

JS： え、「BJの名前」が何歳の時までおじいちゃんが生きてたんですか？　その優しいおじいちゃん。

BJ： Não.《いいえ》まだ生きてます。(JS：あ、まだ生きて) はい、まだ生きてます。(JS：あっ) おばあちゃんの方が亡くなったよね。あのー、(JS：あっ、そうですか) えー、おじいちゃんはまだ生きています。

JS： で、い、まだ一緒に住んでるんですか？

BJ： Não, não.《いいえ、いいえ》えー、ele《彼は》は、あのー、向こうのこっち。(JS：うん) ****。特に (JS：うん) granja《小農園・養鶏場》持ってるのね、codorna《ウズラ》の (JS：ふーん) ga, granja《小農園・養鶏場》ね、あれを持ってるから (JS：うん) 一緒には住んでてないな。

JS： うん。(BJ：うん) でも、子供の時は、一緒に住んでたよね？

BJ： うん、あそ、遊びに、く、行きよったよね。うーん。(JS：うん、うん、うん) 日曜日とか、ね。(JS：ふーん) Aí,《そして》もう、この頃もうみんな大きくなったからね、もう。(JS：はあ、はあ、はあ) Ele《彼は》も、もう…

JS： 土日は？　遊びに行ったりしないの？　例えば、家族みんなで(BJ：うん、うーん。うん、うーん) 食事して…

BJ： しよったよね。今、この頃はもう…

JS： あんまりしない？

BJ： あんまりしないね。いとこやら、ね、(JS：うん、うん) もうみんなおんなじ、(JS：うん) 年に生まれたから、(JS：うん) もうみんな大人だから、(JS：うん) acho que《たぶん～と思う》もうみんな namora《恋愛する》して。(JS：{笑い} そっか) んー、

たまーに、ねー、あのー、クリスマス時や、(JS：うん)ね、(JS：お正月) お正月。うん。たまに。(JS：うん。あ、そう) でも、もうこの頃会わ…(JS：あんまり) 会わないもんね、(JS：うん) いとこ。うん。(JS：はあ、はあ) もっとたくさん遊びよったけど。(JS：うん) 今、もうみんな大きくなって。(JS：うん){笑い} 何しよるかどうか知らん。{笑い}

JS： で、パパとママとはずっと日本語でしゃべるんですか？
BJ： うーん、混ぜるよね。(JS：混ぜるよねー) 混ぜてるよね。もうたまーには日本語やらね。
JS： ど、どっちが多いですか？
BJ： うーん、日本語でね。
JS： あー、やっぱり。
BJ： 日本語とか、まあおんなじぐらいだな。(JS：うん。うん、うん) うん。お父さんとは(JS：うん) もうブラジル語【ポルトガル語】。(JS：うん) ブラジル語【ポルトガル語】たくさん使うよね。(JS：うん、うん) でもお母さんとは、まあ、日本語 (JS：日本語) 使うね。(JS：** 日本語) うん。
JS： ふーん。その、あの、学校通ってた時にね、そういう何か、例えば作文大会とか、(BJ：うん、うん) スピーチ・コンテストとか、何かあった？
BJ： そう、あったよ。でも、あのー、その、{息を吸う} そのー、作文は書いてたけど、あの、もう、あの作文大会ね、(JS：ええ、ええ、ええ) あの、あれ、したことないね。
JS： あっ、したことない？（BJ：うーん）で、スピーチの方は？
BJ： してない。
JS： お話大会は？
BJ： お話大会、してない。(JS：あっ) 作文はしたけど、(JS：あっ) お話大会の方が (JS：あっ、してない？) したことないよね。(JS：うん) うん。Acho que《たぶん〜と思う》頭が悪かったから。(JS：{笑い} そんな…) {笑い} さ、作文を頭の中に入れるのには、(JS：あー) ね、お話を、おはな、え、お話を頭に入れるのには、acho que《たぶん〜と思う》(JS：うん) 難しかったから、したことないよね。(JS：うーん) お姉さんの方は2人したよね。(JS：うん) いっぺん賞品かなんかもらったけど。(JS：えー、すごい) でも…、僕の方は、あの、絵、絵の方が (JS：うん) 良かったよね。
JS： あっ、(BJ：うん) 絵、かくんですか？
BJ： ここにあれ、2つ。
JS： あっ、あれ全部、(BJ：É.《そうです》)「BJの名前」が？（BJ：É.《そうです》）うわー、すごいうまい。
BJ： 絵の1つは、金ね。
JS： ええ、ええ。
BJ： Outro《ほかの》は銀。
JS： おー。すごいうまい。
BJ： えー、だから、まあ、その2つだけだったもんね。(JS：ええ、ええ、ええ) もう後からはもう、もう (JS：もう) 全然、。{笑い} (JS：かかない？) これは、お母さんがかいた。(JS：え？ お母さんが ***) お母さんが好きよね、それ。

第 2 部　言語接触の実際

JS： お母さんも上手ですね、すごい。
BJ： うーん、こんな小さいの暦。(JS：うん) 日本から持ってきた暦よね。(JS：ええ、ええ) から、取ったんだよね、そのー。
JS： 拡大して。
BJ： É.《そうです》(JS：うん、うん) そう。(JS：きれい) あれを取ったりね。うん。(JS：すごい) あれも。あれ。
JS： あー、あれもそうですか？
BJ： あれはこの下の畑を (JS：ええ、ええ) かいたね。
JS： こう、見ながら。
BJ： É.《そうです》(JS：かいた) 見ながら。Acho que,《たぶん～と思う》{息を吸う}誰のー、acho que《たぶん～と思う》お姉さんがお腹におった時に、(JS：あっ、はあ、はあ、はあ) かいた絵よね。(JS：うん、うん、うん、うん) 知らんよ。どのお姉さんかどうか。(JS：ああ、ああ、ああ、ああ) でも ela《彼女》もかいたしね。
JS： すごーい。みんな才能があるよね。すっごい。
BJ： うん。{2人の笑い}
JS： すごーい。
BJ： で、僕の弟も絵が上手よね。(JS：うん) 絵がうまい。
JS： この弟。
BJ： うん、うん。(JS：ふーん) えー、あるよねー、今。え、(JS：どの…) あの、漫画、(JS：うん)「遊戯王」、(JS：うん、うん) ね、「ドラゴンボール」、(JS：うん、うん) そんなのを、みんな、かいてるよね、たまに。
JS： すごーい。(BJ：す***、ん？) え、こう、その漫画を見ないで、自分の、こう…
BJ： Não.《いいえ》É.《そうです》漫画、頭から取って、それと、そ、写真やらねー、(JS：うん、うん、うん、うん) あのー、えー、あのー、本。(JS：うん、うん、うん) 本から取って、もう、(JS：おー、おー、おー) こんな大きくかくのよね。こんな小さい本から、こんな大きく。僕はできんね、そんなの。
JS： へー。{BJの笑い} でもあれぐらいできればね、(BJ：うーん) 十分すごい。上手。
BJ： 小さかったもんね。(JS：うーん) Acho que《たぶん～と思う》era《～だった》7歳。(JS：うーん) うーん、そのぐらい (JS：うーん) だった。
JS： あれ、富士山？　かな？
BJ： É.《そうです》そうよね、日本から来たのよね、それ。(JS：うーん。富士山) メダルもあるしね。(JS：うん、うん、うん、うん) 1つは大きいよね。(JS：うん) 銀の方がこんな大きいよ。(JS：ふーん) でも。
JS： すごい。{笑い} 上手。ほー。

【中略】

JS： で、やっぱ、子供に、こう、日本語習って欲しい？
BJ： うん、欲しいよね。(JS：できれば?) まあ、こう、ね。［何かをたたく音］(JS：**) できれば、(JS：うん) あって、あのー、奥さんの方も (JS：うん) 教えたい (JS：あー、そう) と思うけどね。(JS：あっ、今…) 一緒にみんな同じく言ったらね、(JS：ねー)

もう、もっと簡単よね、(JS：そう、そう、そう、そう) 子供にもね。(JS：うん、そう、そう) 子供にも、特におばあちゃんやら、おったりもね。(JS：うん) そんな、や、簡単よね。(JS：うん) 僕なんか、おばあちゃん、ね、おじいちゃん、おばあちゃん、おじさん、(JS：うん、うん) みんな日本語で言っと、言ってるもんね、今まで、ね。(JS：うん、うん、うん、うん、うん) だからー、そのー、それがあったから、今、こんなに、acho que《たぶん〜と思う》こんな、日本語ができるよね、今。(JS：うん、うん、うん、うん) ちょっと、ちょっとね。でもー、なかったら、acho que《たぶん〜と思う》難しかったよね。うーん。

JS： うん、そう、そう、そう、そう。今でも、そのー、「BJの名前」が通ってた学校、あるんですか？

BJ： あります。(JS：まだ、あります) このー、この道よね、(JS：うん) 大きな…、あー、お母さんが先生 (JS：ええ) なんですよね。(JS：あっ、そうなんですか？) 日本語学校のね。今。(JS：ええ、ええ) ね。でも、元はほかの先生が (JS：ええ、ええ) おったからね。(JS：ええ、ええ) 今、もう、acho que《たぶん〜と思う》3年ぐらいするよね、お母さんが (JS：うん) 日本、日本語学校で、(JS：うん) 先生やってるよね。(JS：うん、うん、うん、うん、うん) だから、今まであるのよね。(JS：うん、うん、うん) 来年お母さんが辞めるって言ったから、先生はおるかなーと、ね。(JS：ああ、ああ、ああ、ああ) おらなかったら、もう (JS：ねー) 潰れるよね。

JS： ねー、仕方ないよね。(BJ：うーん) 今、生徒、何人ぐらいいるんですか？

BJ： 少ないよね、今。

JS： やっぱり「BJの名前」が通ってた時と【比べて】全然少ない？

BJ： 全然。僕が通ってた時は、もうみんな、朝、朝と午後の… (JS：クラス？) クラスもみんなー、一緒に運動会やらした、した時は、もうたくさんいたよねー、生徒。ね。

JS： 何百人とか、それぐらい、いた？

BJ： 100人、200、(JS：あ、200) おったよね、おったよね。(JS：ふーん) もうあっちからこっちからもみんな来てね、(JS：ふーん) 日本語学校してたよね。(JS：ふーん) Futebol《サッカー》なんか、休憩の時はね、(JS：うん、うん) まあ、campo《グランド》に入らんぐらい、(JS：すごーい) みんな、futebol《サッカー》やってたよね。(JS：へー) でも、今は、acho que《たぶん〜と思う》40? (JS：うん、うん、うん) 人、30名かな。そのぐらいよね。(JS：うん、** ね) 少ないよね。うん。運動会するのにも、青年の方、青年の方が (JS：うん) 多いもんね。(JS：うん) Eu《私》ら【私たち】の時代は、もう青年が (JS：うん) 少なかったよね。足りなかった。(JS：ねー) でも、もう、みんな、日本に行ったりね、息子やら、もう、日本語覚えん (JS：うん) ようになったね。(JS：うん、うん) 日本語も、こんな、生徒がおるでしょ。(JS：うん、うん) お母さんも文句だけよ、もう、ね。(JS：ええ) 「あー、あれはだめ。これは、お母さんに、(JS：うーん) あー…」。だから、今の生徒なんか、難しいもんね。特に (JS：うん) 日本語とか、英語やら、そんなの、みんな、先生を、何と言うか、あの、こう、autoridade máxima《最高の権威》っつってね。(JS：ああ、ああ、ああ) それね。見合わんのよね。(JS：うーん) それで、それで。だから返事、答

える、assim《このように》。(JS：うーん) 何つうの、あの、答えたり、(JS：うん、うん、うん) ね。(JS：うん、うん) 先生が何か言ったら、もう、「あー、先生」って、(JS：ずーっと黙ってる) ね。(JS：だから、うーん) 黙って。えー。そんなんだめよね。(JS：んー) もう、ブラジル学校もおんなじよね。(JS：そうですよねー) 先生やら叩いたりね。(JS：そう、そう、そう、そう) 今、たくさんあるのよね、(JS：うーん) 生徒が先生を叩いたり、えー、殺したりね。{笑い} (JS：そう、そう、そう、そう、そう) だから怖いもんね、今。子供が生まれるしね。(JS：うん) できたら、ね、あの、particural《私立》の学校に入れて。(JS：うん、うん、うん、うん。そうですよね) ちゃんとみんな通って (JS：ねー) くれたらいいけどね。んー、できなかったら、もう、この estado《公立・州立》の (JS：うん、うん。仕方ないよね) 学校。仕方ないもんね。(JS：うーん) でもー、そのためにお父さんが tem que,《〜しなければならない》[手をたたく]{笑い} tem que…《〜しなければならない》{笑い}

JS： Tem que trabalhar.《働かなければならない》

BJ： É.《そうです》{2人の笑い}

JS： Tem que gambatear.《頑張らなければならない：日本語「頑張る」より》

BJ： É.《そうです》{2人の笑い}

JS： でも、ほら、今、ね、日本語学校潰れると、また、ね、(BJ：うーん) 子供が入るようになる時期が…ね。

BJ： えー、でき、できたらいいけどね。(JS：ねー) でもー、まあ、ないもんね、そんな。(JS：うーん) もう英語やら、(JS：うーん) えー、何つうの、(JS：うーん) Alemão,《ドイツ語》(JS：うーん) そんなの覚えた、覚える。

JS： でも、alemão,《ドイツ語》ほら、日本語より難しいよ。

BJ： 難しいよね。Bom,《さて》eu《私》ら【私たち】には、見たら難しいのね。(BJ：難しいよ、ほんとに) 僕なんか英語したことあるけど (JS：うーん) 覚えたことないね。(JS：うーん) ただ、あの、básico《基礎》の。(JS：そう、そう、そう) ね。(JS：難しい。ほんとに) 難しい。(JS：うーん)

JS： その外人【ブラジル人】のあれ、生徒もいるんかなー？ 日本語学校。

BJ： うーん、(JS：日系人ばっかり？) não,《いいえ》おるよ、外人【ブラジル人】の。(JS：あっ、ほんと) おるよ。うん。Acho que《たぶん〜と思う》1人しかいなかった。(JS：うーん) 2人おったけど、もう、1人出たもんね。

JS： 「BJの名前」が通ってた時？

BJ： うん。僕がいた時、【ブラジル人の子供は】いなかったよね。(JS：あっ、ほんと) もう、ただ、日系人の子だったよね。(JS：うーん) 今は、通ってるね。(JS：うーん) 2人おったけど、もう、1人出た。(JS：うーん) {咳払い} (JS：**) でもー、ここにー、働いてるー、1人おるよね。(JS：うん) Ele《彼》はアニメやら、(JS：うん) そんなの好きだから、日本語、日本語習いたいと言ってたけどね。(JS：うん、うん、うん) でも、ele《彼》には難しいもんね。

(中東靖恵・深沢雅子・井脇千枝)

第2章　ブラジル沖縄系移民社会の談話

1. はじめに

　本章で公開するブラジル沖縄系移民社会の談話音声・文字化データの一部は、以下に示す言語生活調査を踏まえて実施された談話収録調査による。

1.1. 言語生活調査の概要

　調査地：サンパウロ州サンパウロ市ビラカロン地区
　調査対象者：調査地在住の旧小禄村出身者及びその子弟（ウルクンチュー）
　調査期間：2005年5月〜9月
　調査方法：調査票を用いた面接調査。森幸一の指導のもと調査地在住の青
　　年ウルクンチューらが調査員となって行った。なお、調査の際、録音は
　　行っていない。
　調査項目：個人的・社会的属性、ドメイン別言語使用、言語能力意識、言
　　語（方言・日本語）教育意識、訪日経験と言語意識などに関する78項目。
　実施人数：88人。世代（日本政府式世代算定）別人数は次の通りである。
　　1世22人（男13人、女9人）、2世50人（男24人、女26人）、3世以
　　下16人（男4人、女 12人）。
　なお、言語生活調査の結果についてはデータ分析をまだ行っていないため、別稿に譲る。

1.2. 談話収録調査の概要

　調査地：サンパウロ州サンパウロ市ビラカロン地区
　調査対象者：調査地在住の旧小禄村出身者及びその子弟（ウルクンチュー）
　調査期間：2005年7月26日〜7月28日

調査方法：以下の2種類の談話を収録。談話収録に際し、特に話題指定をせず、自由なテーマで話してもらうようにした。
　　1) 調査者1名と話者（ウルクンチュー）1名との対話（formal な談話）
　　2) ウルクンチュー同士（家族、親戚、友人など）2名の対話（casual な談話）
実施人数：13人（1世10人、2世3人）
調査体制：全体総括：工藤真由美　ブラジル側総括：森　幸一　調査者：李　吉鎔、中東靖恵　調査協力者：深沢雅子、青木由香

1.3. データ公開までの経緯

今回の談話収録データの一部公開に至るまでの経緯は次の通りである。

1) 2005年10月〜12月にかけて、談話録音データの聞き取りとその内容確認等を琉球語研究者（狩俣繁久、島袋幸子、高江洲頼子、仲間恵子の諸氏）に依頼した。
2) 2006年1月〜2月にかけて、談話録音データの文字化（第1回目）を実施した。琉球語については、高江洲頼子氏、仲間恵子氏、ポルトガル語については、サンパウロ市在住の深沢雅子氏が担当した。
3) 2006年3月から、下記の選定基準により、談話録音テープ5本に限定して文字化の整備を行った。文字化は、高江洲頼子氏と仲間恵子氏が担当したが、ポルトガル語については深沢雅子氏の協力を得た。
　　・録音状態がよい。
　　・できるだけ沖縄方言およびその接触現象が入っている箇所。
　　・分かりやすい談話内容（公開にあたり不適切な内容を含まない）。
4) 以上の文字化作業の検討を経た上で、DVD-ROM 作成および文字化資料のとりまとめと執筆を中東靖恵が行い、以下の報告書にまとめた。
　　工藤真由美編（2007）大阪大学21世紀COEプログラム「インターフェイスの人文学」報告書『言語の接触と混交：ブラジル日系人（沖縄系）言語調査報告』
5) 2007年3月〜10月にかけて、上記報告書の談話資料に一部資料を加え、さらなる文字化の整備を行った。文字化にあたっては、久高賢市氏の協力を得た。

　　　　　　　　　　　　　　　　　　　　　　　　　　（工藤真由美）

2. 談話収録地点の概要

2.1. サンパウロ市ビラカロン地区 (Vila Carrão)

　サンパウロ市東部に位置するビラカロン地区に居住する日系人たちは自らの居住地区を「カロン」「ビラカロン」「カロン村」と呼称しているものの、その地理的範囲は行政単位としての「カロン」とは必ずしも重なってはおらず、その周辺行政区までを包含するものである。換言すれば、それはビラカロン地区に組織された2つの中核的なエスニック組織であるACREC（カロン文化体育協会）とAOVC（沖縄県人会ビラカロン支部）の会員の居住範囲を指示する用語として用いられている。

　当該地域には本土系の日系人と沖縄系の日系人が居住しているが、これらの日系人が移動・定着を遂げるのは戦後1950年代初頭のことであった。当該地域のメインストリートであるコンセリェイロ・カロン（Conselheiro Carrão）大通り沿線に住宅が立ち並んでいたものの、その周辺地区は野菜栽培を中心とした農村地帯であった。当該地域に移動・定着を遂げた日本人移民・日系人はサンパウロ州内陸部で生活してきた戦前移民とその子弟たちで、農地を借地し、野菜作りを行い、それをサンパウロ市の市場でのフェイラ・リーブレ（Feira Livre：青空市）で販売する半農半商形態で生計を立てた。その後、戦後移住者が数多く移動・定着し、この地域は戦後移住者を中心として発展を遂げることになった。

　また、当該地域に居住する日系人の生業はフェイランテ（Feirante：青空市小売業）から出発し、フェイラ（Feira）でのパステル（Pastel）販売、縫製業、スーパーマーケット経営、縫製業、金物・建設資材小売・仲買業、化粧品販売などいくつかの自営業種をエスニック職業としながら変遷を遂げてきた。

　表1はビラカロン地区の発展プロセスを、当地に組織された日系・沖縄系エスニック組織（結社）とその活動といった視点から整理したものである。ビラカロン地区に本土系、沖縄系エスニック結社（組織）が創設されたのは1950年代半ば頃のことであり、この時期に本土系日系人間では現在のカロン文化体育協会の母体となる日本語学校が創設され、沖縄系日系人間では1956年に初期の定着者26世帯を中心に沖縄県人会カロン支部が創設され、この2つが当該地区での中核的なエスニック結社となっていった。

　この2つの本土系、沖縄系エスニック結社の会員資格は前者が当該地域に

居住する「日系人」であるのに対して、後者は当該地域に居住する沖縄県移民及びその子弟に制限されている。従って、沖縄系日系人の場合、このいずれの結社に会員として加入しているものも多く（この逆はない）、沖縄系人の二重のポジションを鮮明に示している。

表1　ビラカロン地区のエスニック組織の展開

時期	特徴	主なエスニック結社と機能
1950年代	戦前移民の移動と定着。それを頼っての戦後移住者の移動と定着。会館建設。	カロン文化体育協会 沖縄県人会カロン支部 ⇒中核的エスニック結社の創設。相互互助機能。
1960～70年代前半	戦後移住者の移動と定着。中核的エスニック結社の会員勧誘。	中核的エスニック結社の内部（下部）組織化と活発なイベントの実施。様々な宗教教団の進出。
1970～80年代前半	中核的エスニック結社の会員数の増加とその伸びの停滞。「カロン」村意識の醸成と「文化」の創造。エスニック結社の最盛期。	様々なエスニック結社の組織化。芸能団体、カラオケ、スポーツ、ボリビア親睦会、奄美会など。
1980年代後半～現在	会員数の停滞と会員の高齢化、二世・三世層の結社離れ、デカセギによる活動層の不在、日本語学校の運営の困難さなど。	同業者組織や同郷組織などの創設。

　ビラカロン地区への日系人（本土系・沖縄系）の移動と定着が加速化するのは60年代から70年代にかけてのことで、この時期、エスニック結社は会員の勧誘と内部組織化の充実、さらには結社の可視的存在である会館建設を目的とする活動を展開している。例えば、沖縄県人会支部の場合には、地域的下部組織——区・班組織——や役員会の創設、そして日本語部、演芸部、婦人会、青年会、老人会など機能別・性別・年齢別組織化がなされ、後にはカラオケ部、ゲートボール部、スポーツ部なども創設され、その多様化を遂げていった。

　しかし、この時期におけるエスニック結社の中心的機能はあくまで日系人間の相互扶助であった。当該地域への日系人の移動と定着が増加するに従い、様々なエスニック結社・団体が創設され、あるいは進出を遂げた。その代表的なものが日系新宗教の各種教団・宗派であり、少なくともこの時期には生長の家、創価学会、天理教、真光、PL教団、イエス之御霊教会、宮崎カリタス会（修道女会）などが存在し布教活動を行っていた。また、この時

期には移民によって創設されたブラジル産日系新宗教——稲荷会——や沖縄社会で問題解決や祖先崇拝に中核的にかかわる霊能者なども生まれている。

　70年代から80年代にかけては日系人の経済的安定や上昇を条件として、当該地域のエスニック結社はその最盛期を迎えることになった。沖縄県人会支部の場合には新しい会館が建設され、そこで沖縄の芸能文化と料理を提供する「演芸会」が開催されたり、敬老会、新年祝賀会、日本語学校の学芸会、芸能大会などが活発に実施されていった。また、この時期に支部旗、支部歌なども創造され、「カロン村」意識が醸成されていった。

　さらに、この時期には沖縄系人の間には、同郷意識や同移民関係などに基づいて、郷友会や「ボリビア親睦会」（旧ボリビア移民の結社）、「ゾーナレステ親睦会」（沖縄県青年隊移民で当該地域居住者の結社）などが創設され、沖縄で正式の教師資格を得た舞踊、民謡、古典音楽などの指導者が研究所や道場を開設したり、琉球空手道場が開設されたりと、沖縄系人の間に「民俗（族）芸能復興運動」とも呼びうる動きも出現し、エスニック結社の中核的機能は相互扶助から日本文化や沖縄文化の継承や伝承などへと移行し、これらを通じて、ニホンジンやウチナーンチュ意識の創造や維持が目指された。

　しかしながら、80年代後半からはこうしたエスニック結社の活動は会員数の減少・高齢化、中核的メンバーである青・壮年層のデカセギによる流出、子弟の結社離れなどを要因としながら停滞してきている。また、当地の日本語学校も日本語を学ぶ子弟の減少、日本語教師不足などから行き詰まり傾向を示し始めている。その一方で、沖縄系の場合、日本からのデカセギ帰国者の再適応を手助けする同業者組織なども出現している。

2.2. ビラカロン地区のウルクンチュー（字小禄・田原系人）

　沖縄県旧小禄村は石川友紀によれば、1935年12月末時点での統計をもとにすれば、人口数に占める海外在住者数が相対的に多く、殖民地や日本本土在住者が少ないという特徴をもつ海外移民を相対的に多く輩出していた村であった（外国在住者比率は沖縄県内市町村の第9位）。戦前期における旧小禄村からの海外移民は当初ハワイが卓越し、その後移民先をフィリピン、そしてブラジルへと変更しながら継続的に行われてきた。

　小禄村からのブラジル移民は沖縄県からのブラジル移民開始から10年遅く、単身移民4名、家族契約移民9家族が渡航した1917年から開始され、

1941年第二次世界大戦による移民送出停止までに、単身40名、家族契約移民88世帯がブラジルに渡航している。

また小禄村からの戦後ブラジル移住は1952年の呼寄せ移民1家族から再開され、日本政府による移住渡航費貸付が沖縄県移民にも適用されるようになった1957年直前の55、56年から増加し、1960年代初頭を中心に細々とではあったものの、80年代前半まで続き、85年までに単身移民34名、家族移民88世帯がブラジルに渡った（戦後の移民数は535名）。1955年頃からの戦後移住者の急増に関して、『小禄田原字人移民80周年記念誌』(1997)では、戦前移民の成功者が沖縄に一時帰国し、「米軍占領下で、ともすれば虚脱状態に陥っていた字民」に対して、ブラジル移民の有望性を説いたことが大きな要因の一つであったとされる。

戦後、沖縄県からは1963年から琉球政府の計画移民としてボリビア農業移民が開始されたが、その中には多くの小禄村出身者も含まれていた。しかし、ボリビアの自然環境の劣悪さ（洪水や干ばつなど）や経済的基盤の不安定などの事由によって、70年代初頭までに小禄村出身8世帯49名がブラジルに転住している。

小禄村（字小禄・田原）からのブラジル移民たちは当初、サンパウロ州内陸部のコーヒー農園にコロノ（Colono：農村賃金労働者）として導入されたが、戦後、日本人移民同様にサンパウロ市を中心とする都市部へと移動し、定着を遂げることになった。小禄村を含む沖縄出身移民やその子弟は同郷、同門中、親族関係などの基礎的社会関係を利用したチェーン・ミグレーションによる移動と移動先での社会的経済的上昇を遂げるのが主要な戦術であるが、この結果、小禄村出身者やその子弟たちも特定の地域に集住することになった。

1973年当時の沖縄県人会支部の会員の出身地に関するデータによると、小禄村出身者が多く居住していた支部はサンパウロ市内ではビラカロン地区とカーザ・ベルデ地区であり、サンパウロ市内ではこの2つの地域に集中して居住していた。特に、ビラカロン地区への集中が強く、73年当時の沖縄県人会ビラカロン支部会員数346世帯のうち、実に109世帯が小禄村出身者で占められており、第2位の西原村（27世帯）、第3位の中城村（18世帯）を大きく上回り、約25年後の97年にはこの地区に居住する「ウルクンチュー」は332世帯に増加しており、この意味でビラカロン地区の沖縄系

「社会」は「ブラジルの小禄村」と呼ぶことも可能である。

　同郷性に基づく移動や適応プロセス（相互扶助）の結果、ビラカロン在住小禄村出身者の職業構成は時代的な変化はあるものの、特定職種に集中する傾向を強くもっている。例えば、現在、ウルクンチューに卓越する職種としては縫製業（製造及び小売）（全体の18％）、金物販売業（11％）、化粧品販売業（11％）などを挙げることができる。

　小禄村出身移民はブラジルにおいて「在ブラジル小禄田原字人会」を結成し、新年祝賀会、敬老会、「腰ゆっくり」など多彩な行事を行い、同郷意識の醸成や維持に努めている。これらの行事では小禄方言が意図的に利用され、参加者も門中名、屋号などを通じて呼称されている。

主な参考文献
ブラジル沖縄県人会編（2000）『ブラジル沖縄県移民史―笠戸丸から90年―』：サンパウロ．
在ブラジル小禄田原字人会編（1997）『小禄田原字人移民80周年記念誌』：サンパウロ．
森　幸一（2006）「ある沖縄系移民社会の予備的考察―家族・コミュニティー」工藤真由美編『大阪大学21世紀COEプログラム「インターフェイスの人文学」言語の接触と混交：ブラジル日系社会言語調査報告』

　　　　　　　　　　　　　　　　　　　　　　　　　　（森　幸一）

3. ブラジル沖縄系移民社会の談話資料

　2005年7月にサンパウロ市ビラカロン地区で行った談話収録調査で得られたデータのうち、5つの談話の一部を音声データとして本書添付DVD-ROM「ブラジル日系・沖縄系移民社会の談話音声資料2008（2）」で公開し、その文字化資料を以下に掲載する。

3.1. 談話音声資料の話者

　DVD-ROMに収録した談話音声資料の話者の属性は以下の通りである。いずれもウルクンチュー同士（家族、親戚、友人など）2名の対話（casualな談話）の一部である。

談話	話者	世代	生年	年齢	性別	国籍	出身地	渡航年（年齢）
【1】	A	1	1948	57	男	日本	小禄村	1961（13歳）
	B	1	1921	84	女	日本	小禄村	1961（40歳）
【2】	C	1	1927	78	女	日本	小禄村	1961（34歳）
	D	1	1949	56	男	日本	小禄村	1959（10歳）
【3】	E	1	1953	52	女	日本	小禄村	1958（ 5歳）
	F	2	1927	78	女	ブラジル	ビリグイ市	―
【4】	G	1	1949	56	女	日本	小禄村	1961（12歳）
	E	1	1953	52	女	日本	小禄村	1958（ 5歳）
【5】	H	2	1979	27	男	ブラジル	サンパウロ市	―
	I	1	1953	52	男	日本	小禄村	1961（ 7歳）

　1談話につき話者は2名であるが、談話【3】と談話【4】ではともに、話者Eが話し手となっているため、話者人数は9名となる。また、世代別に見ると一世が中心であるが、年齢的に見ると、7名の一世話者のうち、話者A、D、E、G、Iの5名は50代（子供移民）で、話者B、Cは70～80代（成人移民）である。そして、二世の2名のうち、話者Fは70代だが、話者Hは20代である。

3.2. 談話音声資料の作成にあたって

　談話収録にはDAT（Sony TCD-D8／D100）とステレオマイク（Sony ECM-MS907）を使用し、DATテープ（Sony DT-120）に録音した。録音した音声は、Cool Edit2000（Syntrillium社）でパソコンに取り込み（サンプリング周波数22.050kHz、量子化ビット16bit、ステレオ）、waveファイル形式で保存した。DVD-ROM収録箇所については、以下の点を考慮して選定

を行った。
1) 聴取に支障がない程度の音質を保っていること。
2) 談話内容にある程度のまとまりがあること。

　また、音声ファイル再生の際の負担を考え、1つの音声ファイルがあまり大きくなりすぎないよう配慮した。なお、談話の中でプライバシーを侵害する恐れのある箇所については、内容が分からないよう、Cool Edit2000 で信号音を作成し、音声を加工した。

3.3. DVD-ROM の構成内容

　本書に添付の DVD-ROM は、DVD-ROM 利用に際しての注意点について記した readme.txt と、談話音声ファイルが入っている2つのフォルダから成る。DVD-ROM を使用する前に、readme.txt の「はじめにお読みください」を一読されたい。談話音声資料は［brasildanwa_okinawa2008］の中に wave ファイル形式で収められている。

3.4. 談話音声文字化資料作成にあたって

　以下では、談話音声資料を文字化するにあたって作成した「文字化の基準」を示す。
1. 原則として、琉球語・日本語（方言形式含む）による発話は「カタカナ」で表記、ポルトガル語による発話は「アルファベット」表記とし、分かち書きをする。カタカナは「全角」、英数字は「半角」とする。
   ア．数字は原則、アラビア数字を使用するが、熟語や慣用表現などは漢数字を使用する。
   イ．長音表記の際、フィラー、特に意味のないあいづち、感嘆を表す語、文節末・文末の母音伸ばし等には長音符「ー」を使用する。
   ウ．各発話の共通語（標準語）訳およびポルトガル語に対応する日本語訳は、漢字仮名交じり文で右欄に示す。なお、分かりやすくするため、ポルトガル語部分の日本語訳に該当する箇所に（ポ）と記入し、下線を引く。
   エ．ポルトガル語による発話などで日本語による説明の必要な場合は、各談話の最後に注記を入れる。
   オ．琉球語や沖縄に関わる文化現象等に関して説明の必要な場合は、

各談話の最後に注記を入れる。
2. 会話参加者の記号は、A, B, C, …のようにし、話者ごとに統一する。
3. 会話参加者のターンごとに、すべて改行する。ただし、あいづちは括弧内に入れ、発話者の発話に埋め込む。
4. 文字化記号は、すべて「全角」とし、以下の記号を用いる。

。	発話文末には「。」をつける。
？	疑問文の文末には「？」をつける。疑問の終助詞がない場合や上昇調イントネーションを伴わない発話でも疑問の機能を持っていればつける。
…	語尾が言い淀んでいる場合や、文が中途で終了している場合は「…」をつける。
＊	音声が聞き取り不能であった部分や意味が不明な部分は「＊」で示す。
（ ）	あいづちは、発話者の発話中に（　）でくくって入れる。その際、あいづちを入れた話者記号を入れる。
「 」	本や映画の題名等、視覚上、区別した方が分かりやすいと思われるものは「　」でくくる。また、固有名詞等、話者のプライバシー保護のために明記できない単語は「　」でくくり、「人名」「地名」等のようにする。
【 】	文脈を理解する上で必要な情報がある場合には【　】でくくって示す。
｛ ｝	笑いや咳など非言語音は、｛　｝でくくり、｛笑い｝｛咳｝等のようにする。
［ ］	沈黙や状況描写など、特記すべき事項がある場合には［　］でくくって示す。

3.5. 談話音声文字化資料

談話【1】

音声ファイル名：brasildanwa_okinawa2008_1.wav

収録地点：サンパウロ市ビラカロン地区

収録日：2005 年 7 月 27 日

話者：

① A：サンパウロ市ビラカロン地区在住。一世。1948 年生まれ（収録当

時57歳)。男性。沖縄県島尻郡小禄村出身。日本国籍。1961年、13歳の時にブラジルに移住。現在、建設資材販売業に従事。Bの息子。

②　B：サンパウロ市ビラカロン地区在住。一世。1921年生まれ(収録当時84歳)。女性。沖縄県島尻郡小禄村出身。日本国籍。1961年、40歳の時にブラジルに移住。Aの母。

談話時間：11分04秒。

談話の概要：AとBは、1961年に小禄村からブラジルへ移住してきた親子である。息子のAとその母であるBは、家族や親戚と一緒に移住してきた時のことや、Bが沖縄に行った時のこと、また、ブラジルでの今の暮らしについて話している。

A：アンシェー　トー　アヌ…
B：ヨンジューゴフンマデ？
A：ンー。ウチナーヌ　ハナシーグヮーサーヤ。アンシネー、mamãeヤ　ウマ　ブラジルカイヤ、ヨンジッサイニ　チョールバールヤー？　mãe.
B：ンー。
A：オー　オー、ヨンジッサイディ　イーネー、エー、ヌーディガ、セ papaiガ　ヨンジューナナサイニ？
B：ンー。
A：ンー。アン　ヤサヤー。アンシネー、ワッター　papaiヌ、エー、ウチナーカイ　メンセール　papai　チョーデーヌチャーナー、ヒンナ、ケーマーチ、papai　チュイガ　ヌクトゥ、ア、アー　papaiン　ナーアリヤクトゥ。
B：ンー。
A：ヒンナ、アンシェー、ワッター　オジサンヤ　ナー　フラン　バーサヤー。(B：ンー、ソーダネ)オジサン　オバサンヤー　ウンナ、ヒンナ　ケーマーチ　ネーンヤ。アンシ　mamãeカタヌ、エー、ウッ、チョーデーンチャー　ナマ　ウッ、ムル　ゲンキ？
B：ウチナーンカイ　(A：ンー)ミッチャイ。
A：ウチナーカイ　ミッチャイ。イキガチョーデーガ　チュイニ、ヒナグチョーデーガ　タイ。アイ、ブラジルカイヤ、イクタイ　フガ　mamãe？

A：それじゃあ、さあ、あの…
B：45分まで[1]？
A：うん。沖縄の話しようね。では【始めるよ】、(ポ)お母さんはここブラジルには、40歳で来ているんだよね？ (ポ)お母さん。
B：うん。
A：うん、うん、40歳というと、えー、何というか、(ポ)お父さんは47歳で？
B：うん。
A：うん、そうだね。そうすると、僕たちの(ポ)お父さんの、沖縄にいらっしゃる(ポ)お父さんのきょうだいたちは、もう、みんな亡くなって、(ポ)お父さん1人が残って、あ、あー、(ポ)お父さんはもうあれだ【亡くなっている】から。
B：うん。
A：みんな、それじゃあ、僕たちのおじさんはもう、いないわけだね。(B：うん、そうだね)おじさん、おばさんはみんな亡くなってしまったんだね。それで、(ポ)お母さん方の、えー、きょうだいたちは今、みな元気？
B：沖縄に(A：うん)3人。
A：沖縄に3人。男きょうだいが1人に、女きょうだいが2人、あれ、ブラジルには何人いるのかな？ (ポ)お母さん。

B：イキガチョーデーガ　タイ、ワー、イナゴー　ワン　チュイテー。
A：ンー。ヒナグ、ウ、ウ、ウ、ウー、ヒキガチョーデーガ　タイニ、ヒ、ウ、mamãe ガチュイ。アンシガ　ムルサーイ　ドクメイヤテー、ヤサヤー。ダー　ンー、ンー。
B：ヤー　ンマカイ　ヒチャシェー　ウビトゥミ、ナー　ナンネンニ　チャンディチ？
A：ドクジューネンドゥ　アランティー？
B：ロクジューイチネン　ヤタ**。
A：アー　アー、ヤサ、ドクジューイチネンドヌ…
B：ナングヮツ？
A：ヤサ　シガツジューニニチ。
B：ジューニニチェー　ウマ　チョーセー、ウマ　チッチュルバー。
A：アー　アー、ウマ　チチョーシ。
B：アマカラ　ンジタシ。ヤー　ウレー　ウビトゥカネー。
A：ンジタシヤー、ワ、ウビトーネーンサー、チャチ　チャ…
B：コーベカラ　サングヮツヌ　フチュカ。
A：ア、コーベカラ　サンガツ　フツカ。ンー　ンー。
B：マタ、フツカニ、ヨコハマンカイ　チチ、(A：アー、ヨコハマンカイ。ンー　ンー)ヨコハマヌ、ウフ、アマカ　フニンカイ　ヌティ、(A：ンー　ンー　ンー)アマカラ　シュッコー　サセー、サングヮツヨッカニ。(A：アー、サンガツヨッカニ)ウビトーンヨー、ンー、(A：アサイ、タイヘイヨー　ワタティ。エー) ヨコハマカラ。
A：アンサイ、{Bの笑い}タイヘイヨーワタティ。{Bの笑い}
B：ドスサンゼルスンカイ　チチ。
A：ロスアンゼルスカイ　チチ。ウリカラ、パナマウンガ　クィーティ。
B：アマクマ。
A：アマクマッチェー。{笑い}
B：Cristóbal.｛Aの笑い｝Cristóbal. アマクマ。
A：アンサイ、Rio de Janeiro ンジ、Santos カイ　チャンヤー。アーアー。

B：男きょうだいが2人、私、女は私1人だよ。
A：うん。女、あぁ、男きょうだいが2人に、(ポ)お母さんが1人。そうだけれどみんなで6名だか、そうだね。えっと、うん、うん。
B：おまえ、ここに来たのは覚えているかい、何年に来たのかって？
A：60年ではなかった？
B：61年だっ**。
A：あー、あー、そうだ、61年の…
B：何月？
A：そうだ、4月12日。
B：12日にはここに来ているよ、ここに着いているんだよ。
A：あー、あー、ここに着いたのが。
B：あそこから出たのを。おまえ、それは覚えておかなければならないね。
A：出たのは、僕、覚えていないよ、着いたの…
B：神戸から3月の2日。
A：あ、神戸から3月の2日。うん、うん。
B：それから、2日に横浜に着いて、(A：あー、横浜に。うんうん)横浜の、あそこから船に乗って、(A：うん、うん、うん)あそこから出港したんだ、3月4日に。(A：あー、3月4日に)覚えているよ、うん (A：それから、太平洋を渡って。うん) 横浜から。
A：そうして、{Bの笑い}太平洋を渡って。{Bの笑い}
B：ロスアンゼルスに着いて。
A：ロスアンゼルスに着いて。それからパナマ運河を越えて。
B：あちらこちら。
A：あちらこちらに着いて。{笑い}
B：クリストバル【地名】[2]。{Aの笑い}クリストバル【地名】。あちらこちらに。
A：そして、(ポ)リオ・デ・ジャネイロ【地名】に行って、(ポ)サントス【地名】に着いたね。あー、あー。

B：ジューニニチニ　チチョーンヨー。
A：ヤサ　ヤサ。
B：シグヮツジューニニチ。ウリョ。
A：ウレー　ウビトーンドー、ウビトーンドー。{笑い}
B：ヤーガ　ンジタシェー　ウビランタエーサニ？
A：イー　イー、チチャシル　ウビトータル。{Bの笑い}フ、フニ　ヌトーシトゥ　チチャセー　ウビトーン。{笑い}
B：ウチナ、{笑い}ウチナーカラ　ンジタシェー　ジューシチニチ。
A：エー、ジューシチニチ　ヤティー？
B：ニグヮツ　ジューシチニチ。
A：アー　アー。「クロシオマル」、{Bの笑い}ヤタンヤー。アレー　ウビトーシェーアネ。{笑い}
B：「クロシオマル」？
A：ウー。「クロシオマル」ヌ、フニカラル　ラティー？
B：{笑い}「タチフランマル」。
A：エー、「タチフランマル」ディ　イルイ？{笑い}エー　アンドゥ　ヤルイ。{舌打ち}[少し間]
B：クマンカイヤ　ヌー　フニガ？
A：「ブラジルマル」。
B：アー。{2人の笑い}
A：アンシーネー　アヌー、エー、ヌー　ディ　イーガヤー。ウチナーヌ　アンシ、チョー、mamãe ター　チョーデーヌチャーヤ　ヒンナ　ゲンキ　ヤルヤー？
B：ンー。
A：ンー　ンー。[少し間]{Bの笑い}[少し間]
A：アヌー、mamãe ター　アンセー　ミークヮヌチャーヤ　チャヌ　フージガ？ウチナーカイ　イクタイ　ウガ？mãe.{笑い}
B：ミークヮヤ、{笑い}ワンネー、ミークヮー　ンー。
A：アー？　アヌ　オジサ、ンー、mamãe チョーデーヌチャーヤ　ミークヮ　ナラニ？　オホク　ウサニ？
B：アー、ミークヮー、イー。
A：エー。

B：12日に着いているよ。
A：そうだ、そうだ。
B：4月12日だよ。それは。
A：それは覚えているよ、覚えているよ。{笑い}
B：おまえは【沖縄を】出たのは覚えていなかっただろう？
A：いやまあ、着いたのを覚えていたんだよ。{Bの笑い}船に乗ったのと着いたのは覚えている。{笑い}
B：沖縄、{笑い}沖縄から出たのは17日。
A：えー、17日だった？
B：2月17日。
A：ああ。「くろしお丸」{Bの笑い}だったね。あれは覚えているよ、ほら。{笑い}
B：「くろしお丸」？
A：ああ。「くろしお丸」という船で【ここに来たん】だったっけ？
B：{笑い}「たちふらん丸」。
A：えっ、「たちふらん丸」と言うの？{笑い}ああ、そうなの。{舌打ち}[少し間]
B：ここへは何という船で？
A：「ブラジル丸」。
B：ああ。{2人の笑い}
A：そうすると、あのー、えー、何と言うかなあ。沖縄の、その、(ポ)お母さんたちのきょうだいたちは、みんな元気だよね？
B：うん。
A：うん、うん。[少し間]{Bの笑い}[少し間]
A：あのー、(ポ)お母さんたち、それなら、甥姪たちはどんな様子なの？沖縄に何人いるの？(ポ)お母さん。{笑い}
B：甥姪は、{笑い}私は、甥姪は、んー。
A：えー？あのおじさん、んー、(ポ)お母さんのきょうだいたちは甥姪っ子にあたらない？たくさんいるでしょう？
B：ああ、甥姪っ子ねえ、そうそう。
A：そう。

B：ヌー、オークテー。ドゥクニン。
A：ドクメイ ラリ？
B：ドクニン。「人名」クヮヌ ミッチャイ。
A：マンドーンドーヤー。
B：ア、シチニン アラニ？ アノ「人名」クヮヤ？
A：エー シチメイ。
B：「人名」、「人名」、「人名」、「人名」、「人名」、「人名」。ロクニン。
A：マンドーンドー。ンー。
B：ロクニン。キューニン。キューニン ヤシェーヤー。(A：アー) マタ、「人名」、「人名」ックヮヌ、「人名」クヮヌ、ミッ、ユッタイ、ミッチャイ。
A：アー アー。アンシェー オーク ウサヤー。
B：ミッチャイ アネィ。
A：ンー。アイ、オ、オ、ブラジルヌ、mamãe チョーデー「屋号名」ヌ オジサンヤ、ナー ゲンキ ナタガヤー？
B：アンスクトゥヤー。{咳払い}
A：ナマー、ナマ、アリガヤー？ ニントゥールウガヤー？
B：ンー。
A：マタ、チカイウチニ、ミメーシーガ イチュシ(B：ンー ンー。ンー) ヤンデーヤ。ンーンー。
B：ナー、オボンニ。
A：アイ、オボンニ。(B：ウン) ヤサヤ、オボン ナーク、クヌウチ ヤル ムンヤー。(B：ンー) ンー。[少し間]
A：ヒーク ナトーシガ ヌー アランラヤ？
B：ンー。
A：ダイジョーブ アルヤー？
B：ダイジョーブ。
A：ンー。

【中略】

A：ウチナーカイ ンジェネー、チャヌフジー ヤ、ヤタガヤー ウチナーヤ？ mãe. Mãe ヤ ヒコーキサーイ、ハニ、エー、ナリタクーコカイ チチャラヤ？
B：ンー。
A：アンセー、アマカラヤー、ナリタクーコーカラ スグ ナハクーコーカイ？

B：何だか、多くてね。6人。
A：6人なの？
B：6人。「人名」の子が3人。
A：たくさんいるよね。
B：あ、7人じゃないかな？ あの、「人名」の子は？
A：そうだ、7人。
B：「人名」、「人名」、「人名」、「人名」、「人名」、「人名」。6人。
A：たくさんいるよ。うん。
B：6人。9人。9人でしょうよ。(A：あー) それに、「人名」、「人名」の子が、「人名」の子が4人、3人。
A：あー、あー。それならたくさんいるねえ。
B：3人、でしょ。
A：うん。あ、そうだ、ブラジルの(ポ)お母さんのきょうだい、「屋号名」のおじさんは、もう元気になったかね？
B：どうなんだろうねえ。{咳払い}
A：今は、今、あれかね？【病気で】伏している[3]のかなあ？
B：さあ。
A：また近いうちに、見舞いに行く(B：うん、うん。うん) ことだね。うん、うん。
B：じゃあお盆に。
A：ああ、お盆に。(B：うん) そうだね、お盆がもうそろそろだものねえ。(B：うん) うん。[少し間]
A：寒くなっているけど[4]、なんでもないね？
B：うん。
A：大丈夫でしょう？
B：大丈夫。
A：うん。

【中略】

A：沖縄に行ったときね、どんなふうだったかな、沖縄は？ (ポ)お母さん。(ポ)お母さんは飛行機で、羽…いや、成田空港に着いたんでしょう？
B：うん。
A：そしたら、あそこからは、成田空港からすぐ那覇空港に？

第 2 章　ブラジル沖縄系移民社会の談話　315

B：ハネダ。
A：アー、エー、ナリタカラ、（B：ハネダ、ハネダンカイ、ハネダ…）ウリティ、アノー、ハネダヤ　コクナイセン？
B：Não．ハネダカイヤル　バス。
A：ア、オー、オー、オー、オー。ナ、ナリタカラ（B：バス。バス）ハネダマデ　バス　サーインジャーマ。
B：バス。マタ、ンー…
A：ハネダカラ（B：ヒコーキ。ンー）ナハクーコーマデ　マタ　ヒコーキ（B：ンー）ノリカエシ。ナハ、ナハクーコーマディ。アンシェーナハクーコーカラー、ア、ア、ア、ヤー、ナリ、イー、ヤー、エー、マタ、オー、オジサンター　ヤーマデー　リカ、アイターガ、ムカエニ　チョーテークトゥ（B：ンー）アイター　クルマサーマ。ンー　ンー。チャス　フジー　ヤタガヤー　ウチナーヤ？
B：ンーナ　bom　ヤタサ。
A：ヒンナ　bom　ヤタン？
B：ンー。
A：ゲンキ？　ゲンキ　ミンナ　ソーン？
B：ンー。
A：チャーガンジュー　シ。ンー。
　　　　　　【中略】
A：アンシネー、ウチナー、（B：ンー）エー、ウチナー、ナマス　ウチナー｛咳払い｝、ディ　アシェー　ナ、ナー　ウチナーグチェー　サン。ホトンド、ニホンゴ　スル　バー　アサヤー。アンドゥ　ナトゥンデーヤ。アシ　ナマス　ウチナースヌ…
B：ヌー、ワッター　エーカンチャーヤ　ウチナーグチ　スタセー。｛笑い｝
A：アヌー、ワカモンチャーンナ？　トゥシユイビケーナ？
B：エー　ワカムンヌチャー　ムル　ニホンゴ。
A：ニホンゴ。ナー　ウチナーグチ　スンディ　イセー、トゥシ、トゥシカタ？
B：ンー、トゥシカッタヨー。
A：ナー、ダイタイ　ドクジッサイ　イジョーン　チュンチャーガル（B：ンー）ウチナーグチェー　スル。チイーネー、ワカサシェー　ナー　モー、オー、ウチナーグチェー　ナー　ワッ、アー　サン。

B：羽田。
A：あー、いや、成田に（B：羽田、羽田に、羽田…）降りて、羽田は国内線？
B：(ポ)いいや。羽田にはバス。
A：あ、お、お、お、おー。成田から（B：バス。バス）羽田までバスで行って。
B：バス。それから、んー…
A：羽田から（B：飛行機。うん）那覇空港まで、それから飛行機に（B：うん）乗換えをして。那覇、那覇空港まで。それから那覇空港には、あ、あ、あ、また、お、おじさんたちの家までは、みんな揃って迎えに来ていたから（B：うん）、車で。うん、うん。どんな様子だったの、沖縄は？

B：みんな　(ポ)よかったよ。
A：みんな　(ポ)よかったの？
B：うん。
A：元気？　みんな元気だった？
B：うん。
A：いつも元気にして。うん。
　　　　　　【中略】
A：じゃあ、沖縄、（B：うん）えー、沖縄、今の沖縄では｛咳払い｝、じゃあもう沖縄語は使わないよね。ほとんど日本語を話すんだよね。そうなっているんだね。それで今の沖縄の…
B：何だよ、うちの親戚の人たちは沖縄語を使っていたじゃないの。｛笑い｝
A：あのー、若者たちも？　年寄りだけ？
B：いや、若者たちはみんな日本語。
A：日本語。もう、沖縄語を話すというのは、年輩の方？
B：うん、年輩だよ。
A：もう、だいたい60歳以上の人たちが（B：うん）沖縄語を話す。つまり、若いのは、もう、沖縄語は、もう、話さない。

B：ンー。
A：ニホンゴビケー。ンー。［少し間］
B：クマン　イヌムネー　アラニ？
A：イー。ナー、ブラジルウティン、ウチナーグチ　ナイセー　ナー、エー、イッセイヌ、イミンヌ　チュンチャー　マー　ダイタイ{咳払い}、ゴジッサイ　イジョーン　チュスチャーガル　ワカイルネ、ウチナーグチェーネ。ニセイガ　ナー　ニホンゴ、ス、ウチナーグチ　スセー　イキラサルハジロ。ニホンゴヤ　ワカ、シン、ウチナーグチ　スンディセー　アンマリ　フラン　ハジローネ、ニセイカイヤ。［少し間］
B：ロージンクヮイヤ　ムル　ウチナーグチ　ヤサ。{笑い}
A：アー。ロージンカイヤ　ウチナー、ウチナーグチ。（B：ンー）{2人の笑い}アンシ、ムル　ロージンディ　ヤルムン。{2人の笑い}ウチナーグチ　スル。{笑い}
B：モー、イッ、ニセイン　ウンテー。
A：ンー。アイ、ニセーン　ウス、ア、ウヌ　ニセーン　ウチナーグチ　スン？
B：ニセイヨー。ウヌ　ニセインディチン、ナー　ハチジューアマヤーウンドー。
A：アー、ハチジューアマヤー。ヤサヤーヤ。キューミンヤクトゥヤー。
B：ンー　ンー。「苗字」ヌ　ウッター　ヤン、（A：ヤー　アー）アヌ、「苗字」ノ　オバサンニ、アレー　ニセイド　ヤンド。
A：アー　アー。アヌ、アヌ、アヌ、アヌ　チョー…
B：ンー。
【中略】
B：クマンカイドゥ、ナガササヤー。ウチナー　ヨンジューネン、クマー　ヨンジューヨンネン　ナイン。
A：アー　ナー、ブラジルンジ、ジ、クラチョーシガ、ウチナーヌ、ヌ、クラチョーシガ　ナガサン、（B：ンー）ナガクナトーンネ。（B：ンー）ンー、ヤサ　ヤサ。アンヤサヤー。ウチナーカイ　ヨンジューネン、ブラジルカイ　チカラ　ヨンジュー…ヨン。
B：ヨンカネン。

B：うん。
A：日本語だけ。うん。［少し間］
B：ここも同じようなもんじゃないの？
A：うん。もう、ブラジルでも沖縄語ができるのは、もう、えー、一世の移民の人たち、まあ、だいたい{咳払い}、50歳以上の人たちが分かるんだよね、沖縄語はね。二世で、もう、日本語、沖縄語を使うのは少ないはずだ。日本語は分か、使っても沖縄語を話すというのはあんまりいないはずだよ、二世には。［少し間］
B：老人会はみんな沖縄語だよ。{笑い}
A：ああ。老人会は沖縄、沖縄語。（B：うん）{2人の笑い}だって、みんな老人だもの。{2人の笑い}沖縄語をしゃべるよ。{笑い}
B：もう、二世もいるよ。
A：うん、あれ、二世も、あ、その二世も沖縄語を使う？
B：二世よ。その二世っていっても、もう、80歳余りの人がいるよ。
A：あー、80歳余り。そうだね。旧移民[5]だからね。
B：うん、うん。「苗字」の人たち、（A：あー、あー）あの、「苗字」のおばさんは、あの人たちは二世なんだよ。
A：あー、あー。あの、あの、あの、あの人は…
B：うん。
【中略】
B：ここに【いる年数が】長いんだね。沖縄は40年、ここは44年になる。
A：あー、もう、ブラジルで暮らしているのが沖縄の暮らしより長い、（B：うん）長くなっているね。（B：うん）うん、そうだ、そうだ。そうだねえ。沖縄に40年、ブラジルに来てから44…
B：4年間。

第 2 章　ブラジル沖縄系移民社会の談話　317

A：ヨンカネン。ンー。アン　ヤサヤー。［少し間］アンシ　ウチナートゥ、ブラジローマーヤ　マシヤガ？　ウチナーカイ　ケーイブサミ？　マタ、ブラジロー？
B：ブラジロー　ヌーガ。マシ　ヤサ。ヌスドゥヌ　ウランラレー　ナー　ヒートゥクル　ヤエーサ。
A：アー、ヤサ　ヤサヤー。ヌスドゥヌ　ウランダレー　ナー　イッペードゥクマ　ヤシガヤー、ブラジロー。
B：ジュー、ジューネンメーヤ　ナー　イッペー、アリ　ヤタシェー。ジューナ、ジューネン　グライ　ナティカラル、(A：ンー) ワルクナ　テーサニ。{咳払い}(A：ヤナチカラ) クダモノン　マンディ。
A：アー、カムシン　ヤッサヌネー。
B：ヤッサヌ　ナー　イッペー　ジョートーヨ。
A：オー。
B：ナーヒン　トメーティ　ヒートゥクマ　ネーンシガ。ゴートーヤサ　ナー　ウトゥルサシ。
A：アー　アー。ゴートー　ヌスドゥカラ、アメートークトゥヤ、ブラジロー。
B：ゴートーカラ　ヤスメレー (A：アーアー) セカイイチ　イークニョ。
A：ブラジローヤ、ヤサ。［少し間］アンシーネー、セイジヌル　ブラジロー、マーダ、ワッサル　バー　ヤンドーヤ。(B：ンー) セイジヌ　ナイグヮー　シッカリ　シーネー。［少し間］
B：ブラジロー　カジン　アンシェー　ネーン、ジシニン　ネーン、(A：ンー。ヤサ、ブラジロー。ンー) キコーン　イートゥクルヨ。{咳払い}
A：タイフーン　ネーン。ジシニン　ネーン。ンー。ヤサ　ヤサ。

A：4年間。うん。そうだねえ。［少し間］それで、沖縄とブラジルはどこがいい？沖縄に帰りたい？　それとも、ブラジルは？
B：どうして？　ブラジルはましだよ。泥棒がいなかったら、もういいところだよ。
A：ああ、そうだ、そうだね。泥棒がいなかったら、もうとてもいいところだけどね、ブラジルは。
B：10、10年前はもう、とても、あれだったでしょ。10年ぐらい経ってから(A：うん) 悪くなったでしょ。{咳払い}(A：悪いやつ【泥棒】が来てからね) 果物もたくさんあるし。
A：あー、食べるのも安いしね。
B：安いし、もうとってもいいよ。
A：うん。
B：これ以上、探してもいいところはないけどね。強盗だよ、もう、怖いのは。
A：あー、あー。強盗、泥棒からして甘えているからなあ、ブラジルは。
B：強盗が休んでくれたら (A：あー、あー) 世界一いい国だよ。
A：ブラジルは、そうだ。［少し間］それで、政治が本当にブラジルはまだ悪いんだよね。(B：うん) 政治がもう少ししっかりすれば。［少し間］
B：ブラジルは暴風もそんなにない、地震もない、(A：うん。そう、ブラジルは。うん) 気候もいい所よ。{咳払い}
A：台風もない。地震もない。うん。そうだ、そうだ。

1　調査員が2人の話者A、Bに対して行った指示に対する返事。
2　パナマ共和国にある都市。パナマ運河からカリブ海へ通じる沿岸地域に位置する。移民船航路経由地の1つ。スペイン語であるので、ここでは(ポ)を省略し下線のみとした。
3　直訳は「寝ている」だが、ここでは「病気で伏している」の意。

4 お盆の時期が寒いと言っているのは、日本と違い、ブラジルではお盆の時期が冬に当たるためである。
5 戦前移民や初期移民の意。戦後移民などを「新移民」と言うのに対する言い方。

談話【2】

音声ファイル名：brasildanwa_okinawa2008_2.wav

収録地点：サンパウロ市ビラカロン地区

収録日：2005年7月27日

話者：

　①C：サンパウロ市ビラカロン地区在住。一世。1927年生まれ（収録当時78歳）。女性。沖縄県島尻郡小禄村出身。日本国籍。1961年、34歳の時にブラジルに移住。Dのおば。

　②D：サンパウロ市ビラカロン地区在住。一世。1949年生まれ（収録当時56歳）。男性。沖縄県島尻郡小禄村出身。日本国籍。1959年、10歳の時にブラジルに移住。現在、化粧品販売業に従事。Cの甥。

談話時間：16分07秒。

談話の概要：CとDはともに沖縄県小禄村から移住してきた一世移民であり、CはDのおばに当たる。談話では、祖先の供養について、Dの店の引っ越しについて、またショッピングセンターが小規模経営の商店に及ぼす影響などについて話している。

D：ナ、「人名」ターヌ　ユタカラ　ンジ、ンジタル　バール　ヤン？　ウリー　シックーリチ。ウヌ、ウヌ（C：ノーン　カンサー　ネーン）グヮン、グヮン、グヮンス…
C：チャー　ウミー　ソール。（D：ン）［少し間］
D：ナー　アンセー　ウレー　アヌー、（C：アッ）ゲンキ　ヤイネー、シッチェー　ネーン　バー　アサヤ？　（C：ン）ウヌ、ンジャセー　ウヌ［少し間］アレー　ナンネンマエ？（C：マター）サイトーコー　ササセー。
C：ウニジブンディ　イーネーテ、ワカサル（D：ンー）　ヒチェーヤ（D：ンー）ウンナ　ムン、｛笑い｝トゥーカーセ（D：キネー　サン　バー？　ンー。ンー）｛咳払い｝

D：もう、「人名」たちはユタ【の口寄せ】[1]から、で、出たということなの？それをして来いって。その、その（C：何の感謝もない）先祖【に対して】…
C：思い続けている【思い込んでいる】んだよ。（D：うん）［少し間］
D：それなら、じゃあ、それは、あのー、（C：あっ）元気な時に【祖先の供養を】してきた訳ではないんだろう？（C：うん）行ったのは、その、［少し間］あれは何年前？（C：また）再渡航したのは。
C：その時分はというとね、若い（D：うん）時には（D：うん）そんなこと、｛笑い｝とかするのは（D：気にはしないの？　うん。うん）｛咳払い｝

D：ンー、ウリガ　ヤッケーヤー。アヌ、ウヤヌチャーガ　マーチカラ　ヌー　スン　クィー　スンディシヨ。(C：ンー)ワネー、ウヌ　ハナシ mamãe ガ　ゲンキ　ヤイネー　ウンナムヌ　ヌンクイ　サンヨ。{Cの笑い}ゲンキ　ヤイニテー。{笑い}

C：アンサーイ　アイドゥ　ワッターン…

D：アンシェー　マーチカラ　ヌンクイ　アリクリ　ンジヤー　スシェーネ。アントゥ　ワンネー　mamãe ンカイ、オッカーカイネ、アー、「mamãe シグ　マーチカラ　アリクリ　シグ　ワンニンカイ　タネーワネー　サンドー」{Cの笑い}ンディチテー、ワンネー　アマリ　イチェールムン。ウヌー、グソーカイ　イチネー　ウヌー、ヌーン。{笑い}

C：ウッサー　マクトゥラータ[3]　シェークトゥテー。

D：ンマ、ンマガスチャーカイヤ、ウヌ、ウヌ　ヌーン、アヌー、ンー、ウヌ…

C：ヌーン　フスクォー　ネーンサ。

D：タノ、タノメー　サングトゥー　シ、ウヌー、アマンジ。{笑い}ヌンクイ　カンゲーリ　エ、シーヨーンディ　イチ、ワンネー　ウングトゥ{Cの笑い}ハナシーマデ　サー、オッカート。{2人の笑い}オッカー　ワライタン。{2人の笑い}

C：アラン、イーヨ。(D：イー、ヤーヤ　ヌンクィー{笑い}){笑い}ウン。マーサン　マードゥ　ウレー　イーセー　マシ。

D：ンー。

C：ンー。

D：アンスグトゥー…

C：アンスグトゥー…

D：ワンネ　テーフワー　サガチー　イチャル　バーテー。オッカーカイテー。(C：ウン)ンー、「マーチカラ、シグー、アリクリ、ウー、ヌー　シェー　ネーン、クィーシェー　ネーンディ　イチェー　ナランドー」ディチテー。アンシ　アマンジティンジ。{笑い}カンゲートーキ{Cの笑い}ヌンクイ　ソー　シッヨーディチ。{笑い}

D：うん、それが厄介だね。あの、親たちが亡くなってから、いろいろする[2]ということだしね。(C：うん) 僕は、その話を (ポ) 母さんが元気な時には、そのようなことを【あの世から現世の子孫に注文をつけることがないよう】何でもしたよ。{Cの笑い} 元気な時にね。{笑い}

C：だから、あれだよ、私たちも…

D：だって、亡くなってから何もかも、あれこれ【あの世から現世の子孫に注文をつけることがユタの口から】出て、【それから供養】するのはね。だから、僕は (ポ) 母さんに、母さんにね、あー、「(ポ) 母さん、亡くなってからあれこれ僕に頼んでも、僕はやらないよ」{Cの笑い}って言ってね、僕はそこまで言ったんだよ。その一、あの世に行ったら、その、何も。{笑い}

C：これだけ人の道にかなったことをしているから。

D：まあ、孫たちには、その、その、何も、あのー、んー、その…

C：何の不足[4]もないよ。

D：頼むことはしないようにして、あの世からああしろこうしろとは。{笑い}万事何でも考えなさい【心しておきなさい】、しなさいよって言って、僕はそんな{Cの笑い}話までした、母さんと。{2人の笑い}母さんは笑ったよ。{2人の笑い}

C：いや、いいよ。(D：うん。おまえは何もかも{笑い}){笑い}うん。亡くならないうちにそれは言った方がいい。

D：うん。

C：うん。

D：そういうことだ…

C：そういうことだ…

D：僕はおどけながら言ったわけね。母さんにね。(C：うん) んー、「亡くなってから、ほれ、あれこれ、あれをしていない、これをしていないって言ってはいけないよ」ってね。そしてあの世で、天で。{笑い} 心しておいて、{Cの笑い} 何もかもそうしてよと言って。{笑い}

C：フントーヨ。(D：ンー)ウッサー　マクトゥーラタシェークトゥテ　ヌーン　(D：ンー)フスコー　ネーンサ。(D：ンー)ワッター　papaiヤ　ダー　セー、(D：ンー)ヌーン…(D：ンー)

D：ナー、ウヌ、ディッパニ　シール、ウサギテークトゥ　ヌンクイ。

C：ウッサ　アリ　シェークトゥ。(D：ンー)

D：ヤンヤー。ウレー、ウヌ、ウリ、ダー、{咳}ヌーディーガヤー、ナー、イッペー　ウヌー、クローシ、エー　アンシーシ、ヌーン、フジユー　シミテー　ネーンクトゥネー。マタ、ウンナ　ムニー、ネーランネームヌ。ナー　ユヌナカネー、イロイロ、アシガネ　イッペー、ナー　クヌチャーガ、ウヌ　アマリ、ウリン、ウヤヌ　ウリン　シーユーサン。アンシ、シーネー、マー　イロイロ、マタ、グソー　ンジカラン、ウヌ　アマリ　ターミヌ　ネーントゥッカー　ウンナムヌ(C：エー)イロイロ　ンジティ　チュール　バーン…

C：コンナノガ　コワインダヨ。

D：エー。エー　エー　エー。

C：マタ　ナー、オカーン　マーシーネー、(D：ンー)ウチナー、サンニン　アトー　ウチナー　イチャーイ、(D：ンー {咳})アノー、オカーター　ミジ　ヌドールトゥクマヨー…

D：ンー。エー、カー [5]、(D：アヌ…)ハマガー [6] ガーナ？　ハマガー？

C：ハマガー。エ、ハマガー。(C：ア、ハマガー)トー　アマカラ　ミジ　クムン。(D：ンー)シーユル　バーテー。(D：ンー)ア。

D：ウレー　ナー　ヒトチュノ　スークヮンヤクトゥ　ウリ。(C：ウン)アンシ　スンディ　イール　バーナ？　ナー　アンシガ　ワッター　mamãeヤ　ウンナムン　ムル　ソーンドー、ウチナーンジェーネ。ウヌー、ウヌー　シャシンヌ　アシェー。ウガディチャル　トゥクマ　アヌ　マームカー。(C：ダカラ　ミナ…)アヌー　ウヌー、ウヌー、ンカシユヌ　ウヌー、ウ

C：本当ね。(D：うん)それだけ人の道にかなうことをしているわけだし、何の(D：うん)不足もないよ。(D：うん)私たちの(ポ)お父さんは、ほら、しては(D：うん)何も…(D：うん)

D：まあ、あの、きちんとして、お供えしているから、何もかも。

C：こんなに、あれ【先祖へのお供え】しているから。(D：うん)

D：そうだね。それは、その、ほら、{咳}何と言うかな、もう、とても、その、苦労して、えー、ああやって、何も、不自由させてはいないからね。また、そんなことはないからね。まあ、世の中にはいろいろあるけどね、とても、子どもたちが、そのあまり、それも、親のそれ【供養】もできない。そうすると、まあいろいろ、また、あの世に行ってからも、その、あまり頼み事がないとか、そんなもの【先祖の不満やたたり】が(C：うん)いろいろ出てくる場合も…

C：こんなことが怖いんだよ。

D：うん。うん、うん、うん。

C：いずれ、母さんも亡くなる時には、(D：うん)沖縄に、3年後には沖縄に行って、(D：うん {咳})あのー、母さんたちが水を飲んでいるところにね…

D：うん。えっと、井戸、(D：あの…)ハマガーかい？　ハマガー？

C：ハマガー。そうそう、ハマガー。(C：あ、ハマガー)そう、あそこから水を汲む。(D：うん)供えるんだよ。(D：うん)あ。

D：それはひとつの習慣だから、それはね。(C：うん)そうするって言うの？　もうそれでもうちの(ポ)母さんはそんなことをすべてしているよ、沖縄に行ったときには。その、その写真があるよね。拝んできたところ、あちこちの井戸を。(C：だから、皆…)あのー、そのー、昔の時代の、そのー、子どもの頃からこれほど使っている水、それを、まあ、拝みに、すべて行っ

ヌ、ウー、ワラビ シュイニカラ アンシ チカトール ミジュ ナー ウヌー、ンマ、ウガミガ ムル ンジョーンヨ。ウレー ウヌ、acho que オバーガ ゲンキ ヤミソーン。ウヌ、エー、「屋号名」オバーガ ゲンキ ヤイネーネー、アヌ、mamãe チョーデー マジョンテ。ウヌ シャシンヌ アン。

C：「人名」チャン？

D：Não. アヌ mamãe チョーデーヨ。

C：「人名」チャン。

D：Não.「人名」チャンヤ アノー「人名」チャンヤ ママチョーデール。

C：ア。***

D：ホン、ホンサイヨー。ウヌー（C：アー、ソー）アマガー ジュンチョーデネ。「苗字」ヌ。（C：ン）ン。ウヌ サシン、アマクマ ウガデール、クマカイ アル バーヨ。ン。アンスクトゥ、ンカシ ウレー サイションディ イヌムヌ サットーン、ウチナーンカイ。マター、mamãe ヤ、ムル ウンナムン シッチュンディチ、アヌー イータシェー。

C：アンサーイ？

D：ウンナムンヌ シッチュンディチ。

C：ウンナムン サーンティン シムル ハジ。（D：シー。シー）シェークトゥ。［少し間］アンシガ、ヌーガイヤー。ミジン クディ イチ シータガヤー？ ｛笑｝ウンナ、オレン、（D：ワカラン）ワッターン ミジン…

D：チャーシン、アヌ、ウヌ、ウヌ、オレートゥ、ウヌー、ウマヌ ミジ チカティ、アヌー、アリ サル オレートゥッシル ウヌ、ウヌー、クヮッチーン シータ エーサニ？ チャーシン。

C：ジューバク シト？

D：エー。シータン。アンスグトゥ…

C：イチーネー、ウガムクトゥヤ。

D：ナー、ウレー、ウレ、ワッターガ（C：ワッタ…）イー カワラン。マタ ワッター アンシ、アレ シェークトゥ、マター モーキーネー アンシー シー マタ オカネガ イチュル バー。ウヌ、ナイネー。

ているよ。それはおばあさんが元気でいらっしゃる時だ(ポ)と思う。その、えー、「屋号名」のおばあさんが元気な時にね、あの、(ポ)母さんのきょうだいと一緒にね。その写真があるよ。

C：「人名」ちゃん？

D：(ポ)いや。あの(ポ)母さんのきょうだいだよ。

C：「人名」ちゃん。

D：(ポ)いや。「人名」ちゃんはあのー、「人名」ちゃんは継きょうだいだよ。

C：あ。***

D：本、本妻よ。その（C：あっ、そう）あちらの方が本当のきょうだいね。「苗字」の。（C：うん）うん。その写真ね、あっちこっちで拝んだものが、ここにあるんだよ。うん。それで、昔、それが最初だと言って同じようにされている【まつられている】よ、沖縄にね。(ポ)母さんは、すべてそんなことを知ってるって、あのー、言っていたよね。

C：それで？

D：そんなものを知ってると言って。

C：そんなことをしなくてもいいはずだよ。（D：うん。うん）【供養を】しているから。［少し間］だけど、何だかなあ。水も汲んでいって供えたのかなあ？ ｛笑｝そんな、お礼を（D：分からない）私たちも水も…

D：どうしても、あの、その、お礼と、その、そこの水を使って、あのー、お礼として、その、その、ご馳走も供えたんじゃない？ いずれにせよ。

C：重箱と【一緒に】？

D：そうそう。供えた。それだから…

C：【郷里に】行ったときには、拝むからね。

D：まあそれは僕たちには（C：私たち…）変わらない。それで僕たちは、そのようにあれ【拝み】をしているし、それで儲けたらそういうふうに、お金が行く【生きてくる】んだよ。それができたら【拝んだことが通じたならば】。

C：ユー　ガンバッタンヤー。
D：ウン。{笑い}ムカシェー　ナーヒン　ウヌー、ヌーディガヤー、オバサンター　ジダイヤ、ウヌー、ナーンカシル　ヤグトゥ、ナマグトゥ、ベンリナ　ヤリカタ　ネーンシェーネ。ウヌー、ウヌ、ク、クニ、ヒーサイニ、ミジェー　クニガル　イチュシェーネー。ンー。{Cの笑い}ン。[少し間]{Cの咳払い}
D：タッター　グジューネンニテー、アンシ　ウヌー、ムルカワティ、ジダイン。ウヌ…

【中略】

C：シチグヮチェー[7]（D：ナンニチ　ヤガ？）ジューシチニチカラ、（D：ハー？　ジュー、クン…）シチニ…（D：ライゲツネ？　ライゲツ）ライゲツノ、アー、スイヨー。
D：シチニチ？
C：ジューシチニチ。
D：アー　ジューシチニチ。ン。アンシェーナー　シグ。
C：アンサー　ハチカネー、（D：ン）ウークイ[8]。（D：ン。ン）
D：ワンネー　ナマー、アヌ、ヌーディガヤー、ミシェ　ノーチョン、ミセ。Mudar スン。Sexta-feira、アヌ　inauguração ディチネ。サンディチ　ヤタシガヨー、ウヌ、ナー…　アンソー。
C：アンシェー　アデー…
D：エ？　アー　fechar　スン。ン。
C：Fechar　スル　バー？
D：ンー、ン、ン。ナー　サンディチ　ヤタシガ　アヌー、ア、アー　オバサンター、ナゲーナー　ユブール　バー。ト　アレーサン、サンディチ　ヤシガテー　ヌーコーティン　アランシェーネー、ウヌーヤー、カティル　スシガネ。アンシガ、（C：エー、イーヨ）ナー、ナー　アヌー、エー、（C：マギサシ　ヤクトゥ、ン）クリセー　ヒャクメートル、ア、アマイクトゥネ。アンシェー　ウントゥー　シナー、（C：ユカイチバイ）ウリー、スンディチ　ヤル　バー。（C：ドゥーチュイシ）ナー、

C：よく、頑張ったものだね。
D：まあね。{笑い}昔はもっと、その、何と言うかな、おばさんたちの時代は、その、もう、昔だから、今のように便利なやり方がないでしょう。その一、汲み、寒い時でも水は汲みに行くしね。うん。{Cの笑い}うん。[少し間]{Cの咳払い}
D：たった50年でね、こんなに、すべて変わって、時代も。その…

【中略】

C：お盆は（D：何日だ？）17日から、（D：え？　19…）7に・（D：来月？　来月）来月の、あー、水曜。

D：7日？
C：17日。
D：ああ、17日。そう。そしたらもう、すぐ。

C：じゃあ、20日には、（D：うん）お送り【送り盆】。（D：うん。うん）
D：僕は、今は、あの、何と言うかな、店を修理している、店。(ポ)引越しする。(ポ)金曜日に、あの(ポ)開店と言ってね。やらない【引っ越ししない】つもりだったがね、その、もう…　そうして。
C：それだったら、あれは…
D：え？　あー、(ポ)閉店する。うん。
C：(ポ)閉店するの？
D：そうそう。【当初引越し】するつもりはなかったけれど、あのー、おばさんたちを【手伝ってもらおうと】長く呼ぶんだよ。引っ越すつもりはなかったんだけどね。何も買ってなくてね【買った訳でも何もなくてね】、そのー、家を借りて【商売を】するんだけどね。だけど、（C：ああ、いいよ）もう、もう、あのー、えー、（C：大きいことだから、うん）これは100メートル以上だからね。そうしたら、（C：大変な頑張りだね）そんな風にするつもりなんだ。（C：1人で）それはみんなのお

第 2 章　ブラジル沖縄系移民社会の談話　323

ウレ ナガ オカゲサマデ。マタ、ナー、チャクン、ヌーディ、マタ ウス、マギ ミナンダレーネー マタ シワ ヤルバー。マギーガ チーネーディチ。ウヌ、(C：ヤンド)ン、ン、ウリヌ シワ ヤクトゥ、アンサーニ マギミトーカディチ、アンシ ソール バーネ。チュガ、チュガ マギーガ クーン マールディチ。ナマ Tatuapé、farmácia ナ ナー、ムル マギーターガ チュークトゥネ。グナー グヮーガー ナー ムタン バーヨ。アルテイドー マギミトーカワル。マター、ウヌ、アミ フイネー、ムイル バーヨ、ウヌー、ウヌー ウヌ ミシェグヮーヨ。(C：アー) ウヌー、アンディール バーテー。ウヌ、ウヌ、ウヌー、ウヌ カーヤカラ。アンサー ウレー ノーシーネー ムル ノーサワル ナラン。トゥナイヌ ミシェンテー ティーチ ヤクトゥ、ヤーヤ。ムル ノーサワル ナイクトゥ、アンサー ウンナムン カンゲーティ。エー ジノー オクインディ アン イタシェー。アヌ、モ、チカクンカイ salão ノ アチャクトゥネ。ユービンヌ、ヌ、ミシェ ヤッタル バーヨ、ウマー。アンシ ユービンヤ アレー、アヌー、[電話が鳴る] アヌー、ヌーディガヤー、ウヌー、[電話が鳴る] チョードゥ カジヨケヌ アヌ パイプヨー、ウリガ トゥーテー ネーン バー。アンサー アレー キョカ ナラン バー。(C：アー) アー。フル、フル、フルミシェ ナヤー…、ウヌ ヤー ナヤーニ。(C：アンサーイ) アンサー ウリガ ネーンネー アヌ、ビチンカイ ムル mudar サル バー。アヌ 「人名」、ウヌー、チュガ フチェーシネ。ン。アンサーイ、アッチャクトゥ ワンネー シグ ヒーバーグヮー シグ マジッタル バーヨ。アンシグ チカクル ラクトゥヤ、カワラン バーヨ、(C：ンー。ンー) チャコー。

C：カーマンカイ イチーネー カワイ…

陰だよ。まあ、客も何だこれは大きな店だなと見てくれないと、そればかり心配なんだ。大きなもの【大資本】が来たらって。その、(C：そうだよ) うん、うん、それが心配だから、大きくしておこうと思って、そういう風にしているんだよ。よそ者が、よそ者が、大きなもの【大資本】が来ないうちにといって。今、(ポ)タトゥアペ【地名】では(ポ)薬局はすべて大きなもの【大資本】が来るからね。小さい店では、もうもたないんだよ。ある程度大規模店でなければ【やっていけない】。それに、その一、雨が降ると漏るんだよ、その一、その一、この店はね。(C：あー) その一、そう言われたんだよ。その、その、その一、その瓦から。それで、直すと全部修理しなくてはいけないからね。隣の店もね、一つだから、建物は。全部修理しないといけないから。それで、そんなこと考えているんだよ。あー、お金は送るってそう言ったから。あの、近くの(ポ)美容院が空いたからね。郵便の店だったんだよ、もとは。それで郵便の店は、あれは、あのー、[電話が鳴る] あのー、何と言うかな、そのー、[電話が鳴る] ちょうど火事よけの、あの、パイプね、あれが通ってないんだ[9]。それで、許可にならないんだ。(C：ああ) ふる、ふる、古い店になって、家…、その、家になってね。(C：それで) それで、それ【火事よけのパイプ】がないから、あの、別の場所に全部(ポ)引っ越したんだよ。あの「人名」、その人が建てたものだけどね。うん。それで、空いたから、僕は絶好の機会だと即決したんだよ。すぐ近くだからね、変わらないんだよ、(C：うん。うん) 客は。

C：うん、うん。遠くに【店が】移動すると変わ…

D：ネー、アー、カワインヨ。ウリヤカートゥメー、トゥメーテ｛笑い｝クーン。ン。アンシ ヒーバーグヮー、シグ。［少し間］ナー、チャクヌチャーカイ シグムル…｛咳払い｝アビージャシ。マタ、portaカイン カチェール バー マギーク。｛Cの笑い｝Mudar スンディチ。｛笑い｝アンサー ワカランチュガ「イッター mudarスンナ?」ディチ。ワッター ヤランシガネ、キサ ワカトール バーヨ。(C：アー)porta カイ マギーク カチェークトゥヤ、｛Cの笑い｝mudar ディチ。｛笑い｝アンサー ナ、トゥナイヌ、トゥナイヌ、ズ、アヌ、português ヌ スーグヮーヤナー、ナー ワッタート トゥナイヤ ナラン ナイサンディチテー。ウヌー、アマ マタ ミシェグヮー カシーシガ アルバーヨ、チカグル ンジテール バー。アンサー アマニ ンマー ナー エー サビシク ナイル バーテー。ワンガル チャー アサン、ヘーク チュークトゥヤ ヤンマン カイヤ。｛笑い｝エー、サビシク ナイン。

C：ヤンヨー。(D：ン)アサー チャー ヘーク アリ ヤサ。ワンネー アン イーサ。

D：ウリ ナー、チャー、カシーガ イカンネー、ネー、ナー。キサ、シチジン ナラン マール キサ ミシェ アキークトゥ。

C：「チダチ」ルルドー。

D：エー？

C：ヌーヌ ムヌイーン「チダチ」。

D：ンー。ナー mamãe ヌ チャー イーテークトゥヤ。「チダチヌ ネーンディ イーネー チョー ナラン、ヌーン ナランドー」ディチ。

C：ンー。ニンゲン…

D：アー、ハーフジヌ イッペー、アヌー、アリ エータンディ。「屋号名」ヌ オジーヤ、チャー パッタラゲーシ。「屋号名」オジート イヌムン。ンカシンチョー イッペー ハタラチュテーンヨ。

D：うん、あー、変わるよ。それよりは、探し、探してまでは｛笑い｝来ない。うん。それで、ちょうどいいと言って、すぐ。［少し間］もう、お客さんたちには、すぐ、全部…｛咳払い｝言ったんだけどね。(ポ)ドアのところにも書いてあるんだ、大きく。｛Cの笑い｝(ポ)引っ越しするって。｛笑い｝それで、知らない人が、「あんたたち、(ポ)引っ越しするの?」ってね。僕たちは【知らせることは】してないけどね、もうみんな知っているんだよ。(C：あー) (ポ)ドアのところに大きく書いてあるからね、｛Cの笑い｝(ポ)引っ越しって。｛笑い｝それで、隣の、隣のあの、(ポ)ポルトガル人【ポルトガル系ブラジル人】の主人は、自分の店とうちと隣の店が成り立たなくなるよと言ってね。その、あそこには貸店舗があるんだ、最近出たんだ。だから、あそこは寂しくなるんだよ。僕はいつも朝早く行くからね、そこには。｛笑い｝あー、寂しくなるなあ。

C：そうだよ。(D：うん)朝はいつも早く、あれなんだよ。私ならそう言うよ。

D：それはねー、いつも、手伝いが来ないからね。7時にならないうちにもう店を開けているから。

C：「心構え」だよ。

D：え？

C：何をするにも「心構え」だよ。

D：うん、(ポ)母さんがいつも言っていたからね。「心構えがないと人として何もならない、何もならないよ」って。

C：うん。人間…

D：あー、【祖先の】おばあさんたちはとても、あのー、ああだったって。「屋号名」のおじいさんはずっと七転八倒して。「屋号名」のおじいさんと同じ。昔の人はすごく働いていたんだよ。

第 2 章　ブラジル沖縄系移民社会の談話　325

C：{笑い} ンカシンチャーヤ、(D：ンー)［少し間］ヘーク ウキティ、ハルカイ、イチュシ。ハーッサイヨー。［少し間］
D：ナマー ナー ウルクヌ ハルン ムル ネーンナ？ ナー ネーランナ？ ハルグヮーヤ ヌーンシー、ヤー ムル ヤー、ヤール。［少し間］{咳払い} オバサン、ウチナーンカイ ナンクヮイ？ ナンクヮイ？
C：ハチクヮイ。
D：アゲ ハチクヮイ。{2人の笑い}
C：「ウー」チモー、ウグヮン シーガル。(D：ン)［少し間］アンサーイ…
D：イッペー イジョーセー。［少し間］ナマ チョーデーンチャーヤ、ウチナーンジェー イクタイガ？ オバサン チョーデーヌ タイ？ エー…チョー？
C：ワッター チョーデーワ…
D：ン。イナゴー イクタイ？
C：チュイ。
D：チュイ？
C：ウチナーンカイ。ンー。
D：アー。イキガガ タイ？ ア、ウマンカイ チュイ。
C：チュイヤ マーチャシェー。
D：チュイ。
C：ミッチャイ ヤタシェー。
D：エー エー。
C：チュイヤ マーチ。
D：「人名」ニーサンヤ、ジナン？ ジナン？ ［少し間］ナー アンシ トートーメー ターン ンチョーガ？
C：ン？
D：ターガ ンチョーガ？ トートーメー。
C：アー、トゥジノ。
D：ンー。
C：ミーウエー、クヮーチャセー。

D：ンー。クヮーヌチャー イクタイガ？
C：クヮー ナチェー ウカン。(D：ヨーシェン？ ン？)ヨーシ。
D：アンシェー ウレー ナー マタ ヨーシェー、ヨーシェー(C：ン)ターガ、ターガ、ター ナイガ？
C：ジナンヌ クヮカラ。

C：{笑い} 昔の人は、(D：うん)［少し間］早く起きて、畑に行くこと。なんとまあ。［少し間］
D：今はもう、小禄の畑も全部ないの？ もうないの？ 畑は、どれも、全部、家、家になっている。［少し間］{咳払い} おばさん、沖縄に【行ったのは】何回？ 何回？
C：8回。
D：へえ、8回。{2人の笑い}
C：「どうかどうか」と、まあ拝みごとをしに。(D：うん)［少し間］それで…
D：何度も行ってるんだね。［少し間］今、きょうだいたちは、沖縄には何人？ おばさんのきょうだいが2人？ えー…人は？
C：私たちのきょうだいは…
D：そうそう。女は何人？
C：1人。
D：1人？
C：沖縄に。うん。
D：あー。男が2人？ あ、ここに1人。
C：1人は亡くなったんだよ。
D：1人。
C：3人だったよ。
D：あー、あー。
C：1人は亡くなって。
D：「人名」兄さんは次男？ 次男？ ［少し間］じゃあ、仏壇は誰が見ているの？
C：ん？
D：誰が見ている？ 仏壇は。
C：あー、妻が。
D：うん。
C：【継ぐべき】目上の【息子】がああいうことになったから。
D：うん。子どもたちは何人？
C：子どもは生んでいない。(D：養子は？ ん？)養子。
D：それなら、また、養子は、養子は(C：うん)誰が、誰がなっているの？
C：次男の子から。

D：ン？「人名」？
C：Não, ウレヤ サンナンル。
D：アー サンナン。ン。イクタイ ウガ？ アンシェー。「人名」、「人名」 ラタラヤ ナマエ？
C：Não, イキガ タイニ…
D：ンー。アンシェー ダー ウシェー。
C：イナグ チュイ。(D：ン)ナ…
D：ナマ シグトゥ ソーガヤー？{Cの笑い}シグトゥ ソーガヤー？ ナマ、ナー インキョラーシェン？ ンー。
C：Não, não. インキョ。
D：インキョネ。クヮ、クヮヌチャー ヌー ソーガヤー？
C：ウットゥングヮーヤ、タクシーム チャー ソーン。
D：ウットゥグヮー。ン。[少し間。扉を開閉する音]ウチナー ナー ムル、マギーターガ チ、(C：ン)ドゥーナーターガ ジギョー ナランネ。
C：ジョーイ。ダカラ ウチナーヌ avenida, fechar ソーシ マンドーン。(D：ンー)クルマ イディラーラン。(D：ウン、ウン)ムル shopping[10] カイ。(D：ウン)
D：アー、ジダイヌ カワティル ウクトゥヤ。(C：ウン)アー、São Paulo ン アンシ アンラシェー、ナー。ナー、shopping カイル イチャーシセ。ウー ベンリ、ベンリカンゲー。
C：ナー、shopping ンテー ヌンクイ アシェーヤー。
D：ンー。タガ、ン、shopping ンジェー、タカサクトゥ。ナー São Paulo ノ バイナー shopping タカサクトゥヤ、サジッパーセントグライ タカサシン アル バーヨ。アンスグトゥ、ブラジルンジェー ナハヤカ ムッチュル バーヨ。ウヌ、ウヌ、ミチ、ミチ、ミシンデ アケルッ チュン。
C：ンー。
D：アンシガ、アマヌ shopping ニ ヤシミー、ヤシク ウイニカラー ナー、ミ、ミ、ウ…、ウヌ、rua ヌ ウヌ、ミチヌ ミシェー ムル トーリ チューブリーン。

D：ん？「人名」？
C：(ポ)いや、それは、三男だよ。
D：ああ、三男。うん。何人いるの？ じゃあ。「人名」、「人名」だったでしょう、名前は？
C：(ポ)いや、男2人に…
D：うん。それなら、ほら、いるね。
C：女1人。(D：うん)もう…
D：まだ仕事をしているかな？{Cの笑い}仕事をしているかな？ 今、もう、隠居しているんだろうか？ うん。
C：(ポ)いや、いや。隠居【している】。
D：隠居ね。こ、子どもたちは何をしているのかな？
C：末っ子は、タクシーの運転手をしている。
D：末っ子。うん。[少し間。扉を開閉する音]沖縄はもう大きいの【大資本】が来て、(C：うん)僕たちには事業できないね。
C：到底【できない】。それで沖縄の(ポ)大通りには、閉店しているのが多い。(D：うん)車が入れられなくて。(D：うん、うん)みんな(ポ)ショッピングセンターに。(D：うん)
D：あー、時代が変わってしまっているからね。(C：うん)あー、(ポ)サンパウロもそんなふうだよ、もう。(ポ)ショッピングセンターに行くよ。便利、便利考え【便利を考えたこと】。
C：まあ、(ポ)ショッピングセンターには何でもあるでしょう？
D：うん。ただ、ん、(ポ)ショッピングセンターでは高いから。まあ(ポ)サンパウロの場合、(ポ)ショッピングセンターは高いからね、30パーセントぐらい高いのもあるんだよ。それで、ブラジルでは那覇よりは【個人商店が】もつんだよ。その、の、道、道、通りで【店を】開ける人は。
C：うん。
D：だけど、あそこの(ポ)ショッピングセンターで安めに、安く売るようになったら、み…【道で】、その、(ポ)通りの、道の、店は全部倒れ、つぶれるよ。

第 2 章　ブラジル沖縄系移民社会の談話　327

C：エー？
D：ンー。ワッター、ウヌ、ヌーディガヤー、ウヌ　ウンナ　コースイナギ、shopping ンジェ、ネダン、ナーヒン　タカサシェー。アンサーイ　ヌ、ワッ…チュール　バーヨ。イッター　ヤッサンディチ。ワジワジ　シ　チューシ　フンドー、タカク　コータンディ　イチ。イッターヤ　アンシ　ヤッサテールディチテー。{Cの笑い} イー。ウヌー　ナナジュー　スシヤ　ワッターンジ、アマディ　ヒャクニジュー　ハラタンディ　イチヤ。(C：アー {笑い}) ワジワジーッシ　チョーセー。{2人の笑い}
C：ナー　ウッサキー？
D：アンシー　サー、サー　アン。ウヌー、ヌーディガヤー、ウレ　ナー、ウヌ、ティーチェー　コーイカタン　ヤル　バーテー。マーンジ　コーイガリチテー、ウン　ナムンガ　カワティ　チュール　バー。
C：ヤサ。ダカラ　ワンニン　イーシェー。「イェッ、shopping ヤ　タカサンドー。(D：ンー、タカサンド) ヌンクィー」。(D：ンー)
D：アレー…
C：ヌンクィーヤ。アノー　フルー　ヤイネー (D：ン、ン) ヤッサシガ、(D：ン) ヌンクイ　シーガ…
D：Café ナギ　ヤティン、shopping ジェー、ヤガティ　バイ　スンドー。(C：ン) ウヌー、padaria フチューヌ、ミチニンジヌ padaria、パンヤーネ。ウヌー。
C：デージ。
D：イチ conto…[11]
C：Shopping ジョートーリチ　チャーイーシガ、shopping、タカイヨー。
D：Shopping ジェー、イチ conto　ハチジュー[12] スシェー、café グヮー。
C：エー？
D：ンー。ヤシガ　ミチンジェー、イチ conto ネ。ンー。タカサン。

C：そう？
D：うん。僕たちの、その、何て言うのかな、その香水など、(ポ)ショッピングセンターでは値段がもっと高いでしょう。それで、【ここに】来るんだよ。あんたたちのは安いって。怒って来るのもいるよ、高く買ってしまったって言って。あんたたちのはそんなに安かったんだねって言ってね。{Cの笑い} うん。その 70【レアル】するのはね、うちで、あそこで 120【レアル】払ったって言ってね。(C：あー {笑い}) 怒って来ていたよ。{2人の笑い}
C：ええ、そんなに【差があるの】？
D：そんなふうに差が、差がある。そのー、何と言うかな、1つは、買い物の仕方によるんだよ。どこで買うかと言ってね、そんなふうに変わってくるんだ。
C：そうだよ。それで私も言うよ。「おい、(ポ)ショッピングセンターは高いよ。(D：うん、高いよ) 何もかも」って。(D：うん)
D：あれは…
C：何もかもね。あの、古いものだったら (D：うん、うん) 安いけど、(D：うん) 何でもする【ある】けど…
D：(ポ)コーヒーなどでも、(ポ)ショッピングセンターでは倍近くするよ。(C：うん) そのー、(ポ)パン屋、普通の、通りにある(ポ)パン屋【の値段の】、パン屋ね。そのー。
C：大変。
D：1(ポ)コント…
C：(ポ)ショッピングセンターはいいといつも言うけど、(ポ)ショッピングセンターは高いよ。
D：(ポ)ショッピングセンターでは 1(ポ)コント 80 するよ、(ポ)コーヒーが。
C：えー？
D：うん。だけど、通りでは 1(ポ)コントね。うん。高い。

C：ナー　ムル　shopping カインディル　イークトゥ。
D：シー。ナー　ワカサシェー　ムル　shoppingカイ　イチュシェー。
C：「イェッ、ジン　ヒティティン」ディイーサ、ワンネー。{2人の笑い}「オバーカイヤ　ヌーン　ネーン　ソーティ　イッターヤ」(D：ン)ディチ。
D：アー、cinema ニガ　イチュサーニ、エイガニー、ウリ。アッター、マタ　アヌ　ス…ワカーサル　ッチュヌチャーガ　アチマイヌドックマス　アクトゥヤ。(C：イー)アンサーイ shoppingカイ　イチュル　バー。
C：アンサーイ　（D：シー　ン）shopping カイ　イチュン。

C：みんな(ポ)ショッピングセンターにって言うから。
D：うん。若者はみんな(ポ)ショッピングセンターに行くよ。
C：「こら、お金を捨てて【捨てるようなことをして】」と言うよ、私は。{2人の笑い}「おばあには何も買ってこないのに、おまえたちは【無駄遣いをして】」(D：うん)って言って。
D：あー、(ポ)映画館に行くんでしょうよ、映画に、ほら。あいつら、まあ、若い人たちが集まるところがあるからね。(C：うん)それで(ポ)ショッピングセンターに行くんだよ。
C：それで（D：うん、うん）(ポ)ショッピングセンターに行く。

1 「ユタ」とは、古くから沖縄に存在する宗教的霊能者のことで、超自然的な存在と直接交流し、託宣や占い、病気治療などを行う。また、「口寄せ」とは、霊能者が霊魂を招き寄せ、その思いを自分の口を通して他の人に伝える意。
2 「いろいろする」とは、ここでは祖先の供養をきちんとするという意。
3 直訳は「人として正しいこと」だが、ここでは先祖にお供えをすること。
4 「不足」とは、ここでは供養が足りないという意。
5 「カー」は井戸や泉の意。
6 「ハマガー」は小禄にある共同井戸のある場所の名。
7 直訳は「7月」だが、ここでは旧盆を指す。
8 「ウークイ」(お送り)とはお盆の精霊送りのこと。旧暦7月15日に当たる。
9 「火事よけのパイプ」とは消火栓のパイプの意で、「火事よけのパイプが通っていない」とは、防火設備が整っていないという意。
10 "shopping center"の略。百貨店、ショッピングモール、量販店のような商業施設。
11 "conto"は、ここでは、現在のブラジルの貨幣単位 "real" と同じ意味で使われている。"conto"は「100万」の意で現在ではほとんど使われないが、戦前、貨幣単位が「レイス(réis)」であった時代には "um conto de réis" などと言った。戦後、貨幣単位が次々と変わったためか、移民の中には "conto" を昔のまま今でも使っている人がいる。
12 「1コント(conto)80」とは、今で言う「1レアル(real)80センターボ(centavo)」の意。注11参照。

談話【3】

音声ファイル名：brasildanwa_okinawa2008_3.wav

収録地点：サンパウロ市ビラカロン地区

収録日：2005年7月26日

第 2 章　ブラジル沖縄系移民社会の談話　329

話者：

① E：サンパウロ市ビラカロン地区在住。一世。1953 年生まれ（収録当時 52 歳）。女性。沖縄県島尻郡小禄村出身。日本国籍。1958 年、5 歳の時にボリビアに移住し、その後、1969 年、16 歳でブラジルに再移住。現在、雑貨食品販売業に従事。F の息子の嫁。

② F：サンパウロ市ビラカロン地区在住。二世。1927 年生まれ（収録当時 78 歳）。女性。サンパウロ州ビリグイ市出身。ブラジル国籍。E の姑。

談話時間：11 分 57 秒。

談話の概要：嫁の E は沖縄から移住してきた一世で、姑の F は年齢は E よりも上であるがブラジル生まれの二世である。2 人は、E の夫（F の息子）と子供 4 人（F の孫）と同居している。談話では、F がビラカロンに移動してきた当時の様子や、ビラカロンに移住した当時のウルクンチューたちの生業について話している。

E：クマンカイ　チャーイネー、アンセー、スグ　Carrão ニ　イッタ？
F：É.「人名」オジサンター　（E：ン）ガ　イッチュルヨ。
E：アー、イマ　オジサンガ　ハイッテル。
F：É. Mudar サンバーチ　コーテータンヨ　ミーバヤ。(E：ンー) ンー。
E：アンシェー　ハジメカラ　ナー　ヤーコーティ　イッチェーサヤ？
F：É. Papai ヤ　クマン。シグ、ミーガ　チャーマニヤ、チャンネールー　ヤガヤーリチ、(E：ン) ミーガ　チャーマニ、ニサンクウイニ、チャーマニ　ヤーン　コーティ　ハンナギティ。アンサー　ワッターガ　mudar シッ　チーネー、ナマ　イッチュタンヨー　ヌーシェー。(E：ン) アンサー　ワッターガ　マタ　mudar シ、mudar シ、mudar サン、ミアチグゥース　corredor カイル　マジデータル。(E：ンー) ハクンカイ　チミィテル　ムッチ　チェーテークトゥ。アンサーイ　ウリターガ　ウチティ　サクトゥ、pintar サンヨー　ウイグ、(E：ンー) ホーチャーマニ　ゴーママ　イード

E：ここに来てから、それじゃあすぐ（ポ）カロンに行ったの？
F：（ポ）そう。「人名」のおじさんたち（E：うん）が入ってる【家】よ。
E：あー、今、おじさんが入っている。
F：（ポ）そう。引っ越しをしようといって買ってあったんだよ、新しい場【家】をね。（E：うん）うん。
E：それなら初めから、前もって家を買って住んだんだね？
F：（ポ）うん。お父さんがここも。すぐ見に来てね、どんなものかなといって、（E：うん）見に来て、2、3 回で、家も買って、そのままにしておいたんだ。そして、私たちが、（ポ）引っ越ししてきた時は、まだ住んでいたよ、【元の】主が。（E：うん）それで私たちが、（ポ）引っ越して、引っ越して、引っ越しした荷物が（ポ）廊下に積んであったんだよ。（E：うん）箱に詰めて持ってきてあったから。それで、この人たちが引っ越したから、（ポ）壁も塗らないで、すぐ、（E：うん）ほうきで掃いてからすぐそのまま入ったんだ、新しい家に。（ポ）決して忘れられない新しい家、本当

ンヤ　ミヤングヮー。Nunca, ワシラーヌ　ヤーグヮー　ジュンニ、Nossa Senhora!
E：Papai ワ　アンシェー、コヌ　ヤーデ、(F：ケーリティ) ケーリティ、チブル　ヤマチャンネ？
F：É.「人名」ガ　イッ…(E：ン) ターガ　イッチュルヤー、ハジマイヌ　ヤーグヮーテー。イチネント　サンカゲチュル　ナイタイサニ、papai ヤ、チブル　ヤマシーネ。ジドーシャル　ヤッタル。(E：ン)
E：アヌトゥキカラ　アンセーナー　ウレー、カミグトゥ　ラッタンダネ、ウレー。
F：アイ、アンドゥ　ヤル。
E：ンー。
F：É. アンスクトゥ「ブラジル人のユタの呼び名」、ウン、ウマンカイ　ウガミガンジ　サクトゥヤ、アッカ　イッタン。"Você tem pai" ヤ　ネ？ "Você tem pai, meu filho[1]?" ディチ　アビータンヨ。

E：ンー。
F：É. ウフュ、ケーラッ、ケーラッ、ケーラッチェーサンディチ、mesa ウィーカラ。(E：ン) ンー。
E：アー、コノトキカラ　アンセー…
F：É. ウニンカラ　ナー。
E：ムチビシー　グヮンスガ　(F：É. É.) アルユーテ　ワカッタワケ？
F：É. (E：ン) アンスグトゥ、papai チャーイナカ　オジサンターメーカイ、「地名」カイ　イチムドゥヤー　ステークトゥ　ワンネー「人名」ソーティチャーマニ、ウリガムノー　ビョーケー　アランドーリチ。イサヌヤーカイ　ソーティチネー、"Não tem nada."リチ、ヌー　アラランリチ。サーウリガムノー、ビョーケー　アランドーリチ　サーイ、ユタハンジ　カメー　ハジマタル　バー　アンサー。(E：ン)「地名」ニカイ、イー、ユタ　オバーガ　メンシェーテークトゥ　シルジンチヤー　オバーガ。アマカイ　ンジ　サグトゥ、ディッパグヮー　ンジータシェー。(E：ンー) アンサ　ウンニーカラル、カミグトゥン (E：ン) シンジハジマットーンドゥ、papai。

に、(ポ) いやー、まったく！
E：(ポ) お父さんは、それなら、この家で、(F：倒れて) 倒れて、頭をけがしたんだよね？
F：そう。「人名」が、(E：うん)【「人名」】たちが住んでいる家ね、始まりの家よ。1年と3か月になったっていたんじゃない、(ポ) お父さんが頭をけがした時は。自動車事故だった。(E：うん)
E：あの時から、それじゃ、それは神のたたりだったんだね、それは。
F：そう、そうなんだよ。
E：うん。
F：(ポ) そう。だから「ブラジル人のユタ」のところに、そう、そこに拝みに行ったらね、このように言ったよ。(ポ)「あなたにはお父さんがいる」でしょ？ (ポ)「あなたにはお父さんがいますね？　我が息子よ」と言った【口寄せした】んだよ。

E：うん。
F：(ポ) そう。【お父さんを】倒れ、倒れさせたんだと【ユタが】言って、(ポ) テーブルの上から。(E：うん) うん。
E：あー、この時から、じゃあ…
F：(ポ) そう。その時から、もう。
E：【血筋を正すと】供養すべき祖先が (F：(ポ) そう、そう) あると分かったの？
F：(ポ) そう。(E：うん) だから、(ポ) お父さんたちは田舎のおじさんのところに、「地名」に行ったり来たりしていたから、私は「人名」を連れてきて、この子は病気ではないよと言って。お医者さんに連れていくと、(ポ)「何でもない」と、何でもないと。それでこの子は病気ではないよと言って、ユタ占い【口寄せ】を探し始めたんだよ、それで。(E：うん)「地名」に、いいユタのおばあさんがいらっしゃったから、白い着物を着たおばあさんが。そこに行って【見て】もらったら、はっきりと出た[2] んだよ。(E：うん) それで、そのときから、神事も (E：うん) 信じ始めたんだよ、(ポ) お父さんは。

第 2 章　ブラジル沖縄系移民社会の談話　331

E：ソノマエマデワ　モー、ウングトゥー（F：É．マイマディノーン）イチン　アミーッテ。{笑}

F：アン　イチン　アミリチ。(E：ン) Cabeça duro.

E：ダカラ　ヒトワ　アタラントー　ワカラン。

F：É．アタティ　サクトゥ　ナー、ウリ　ヤッタルバー。アンサー、「人名」トゥンジ　サクトゥ　イナカラ　ケーティ　チ　サクトゥ、ナマ　イナカンジリクトゥリチ　オバーンカイ　イチ　サクトゥ、ケーティクーワ、ソーティクーワ　イリチ　サクトゥ、イチ　サクトゥ　ヒルディカディチ　サクトゥ、イチュンディ　イールバー。(E：ン) ンジ　サクトゥ、ヌンクイ　ハナシー　サクトゥ、ガッカリ　スル3　バーヨ。ウニンカラ　ナー　シンジー、(E：ン) ハジマッタル。ウヌメーマデー　ナー　ハッサヨ、タイヘン。アン　イチン　アミリャッタル。(E：ンー) アー、「地名」ヌ　イナカカイ、イナカヌ「地名」、アマンカイ　ンジ　サクトゥ。「人名」ガ　トゥジ　カメーインリチ、「屋号名」ヌ　ウミー　ヤテークトゥ、オジサントゥ　ワッターカイ　チャクトゥ、アンサー　ディカナ　マッチュル　ウリニ、「地名」ヌ　オバー、オガディ　クーリチ　ミッチャイ、トゥートール　バーヨ、オバーミガ、(E：ン)「地名」ヌ。アンサーイ、「地名」ヌ　オバーヤ　シグ、papai ンカイ　ヤーヤ　カミシンジェー　ヌーン　サンサイリチ、チラ　ンカティ　イラッタンディ　イーシェー。

E：ン。

F：É．

E：アンシェー　コノトキカラ、シンジルヨーニ　ナッタネー。

F：É．(E：ン) ウンニンカラ　ナー、ガッカリ　スルバー。

E：ダカラ、コンナノモ　モー、アタラント　ワカランヨ。

E：その前までは、もう、そんなこと(F：(ポ)そう。以前までは何も)あっても【先祖のたたりなんて】あるものかって。{笑い}

F：【先祖のたたりが】あるんだよと言っても、そんなことあるかと言って。(E：うん)(ポ)強情だった。

E：だから人は【そんな出来事に】出逢わないと分からない。

F：(ポ)そう。そういう出来事に遭遇して、そうだったんだよ。それで、「人名」と連れだって行って、田舎から帰ってきて、今、田舎にいるからとおばあさんに言ったら、帰ってきなさい、【「人名」を】連れてきなさいと言うから、【「人名」に】言ったら、お昼にさあ【行こう】とすると、行くというんだよ。(E：うん) 行って、【おばあさんが】何もかも話したら、あきらめたんだよ。それから、信じ(E：うん)始めた。その前までは、もう、とても大変。【先祖のたたりが】あるんだよと言ってもそんなことがあるかって言われた。(E：うん) あー、「地名」の田舎に、田舎の「地名」、あそこに行って【暮らしを】していたから。「人名」が妻をめとるといって、「屋号名」の娘だったから、おじさんとうちに来たから、それで、さあ、待っている間に「地名」のおばあさんにお会いして来ようと、3人、訪ねたんだよ、おばあさんを、(E：うん)「地名」の。そしたら「地名」のおばあさんはすぐ、(ポ)お父さんに、おまえは神事は何もしないでしょうと、面と向かって言ったって言うよ。

E：うん。

F：(ポ)そう。

E：だから、この時から信じるようになったのね。

F：(ポ)そう。(E：うん) その時から、あきらめたんだ。

E：だから、こんなのも、もう、【実際に】直面しないと分からないよ。

F：アイ。アッタリワル　ウリ　ヤル。アッタラン　エーカヤ　ヌーン　アンイチン　アミリチ。［少し間］イナカニカヨリ　ネーナー　チャー　ナー　ハル。アンサーニ、クダミール　ジーグヮーン　ネーン　アタイヌ　チュン、アガトー「地名」ジ、ジーヤシチン　コーインディ　ッチュヌ　コーイクトゥ　ドゥーン　コーインディチ。ワンネー　イチェートゥ、ワッター　クダミール　ジーン　ネーンドーヤー。ヌーンディチ　アガトーンジ、コーイガ、リチ　ワンネー　イチェータシガル、ンナガ　コーイクトゥ　ジブンー　コーユーンチ。ウニン　マングラ、quarenta mil アマイ、ハラティ　コットンド　ジー。ウリ　アンサー　ムル　perder ヨ。

E：ムル　ネーンナイ？

F：ムル　ネーンナイ。（E：ン）É. ジーヤアシガ、escritura　ネーンリチ、（E：ン）escritura ン　ネーンダーネー　チャーシ、ジーノ　ノーシ　ナラリーガ。ムル　ハンナギヨー。

E：ムル　ウードゥキー、シテ？

F：Nem um pedacinho. ワンネー　イチェータシーガル。ワンネー　イチャエーサーニ　ワッター　クダミール、ジーグヮー　ネーンドーヤー。ウリ　マングラー、papai ター　ジーグヮー　カイル　イッチュタル。ワッター　ハジマイヌ、トゥシェー「人名」オジサンター　ジー、ヒッチッチ、ウィーラチ、ウィーッティ、アンサーニ、ニバンヌ　トゥシェー　マタ、「人名」ウジサンター　ジーグヮーカラ　ヒッチッチ、ウィトゥンヨ。ニッカネン　アターヤ。ニッカネン　サーマニ、シャッキン　シ、ジーヤシチグヮー　コーティ、5 alqueire ン　ジーヤシチグヮー。サーイ　ハジマイヌ　トゥシ　ハティディキー　シ、ハッサヨーナー　ウッサヌ　エーカヌチャーヌ　ミーニ　ナー　ワッタームンヌル、イチバン　ディキトゥンドーリチ、ソーナニ　フミラットゥタシーガル。ン、トゥイル tempo ナティ　サクトゥーナー、アミヌ　メーニチ　チャーフイ　サーマニ、ニサンカゲチュア　ミ　チャーフイ　サーマニ、ムル　ミートゥ

F：うん。直面しないとそうだよ。直面しない間は何でも、【先祖からのたたりが】あるといっても、そんなことがあるかと。［少し間］田舎にいる時、私は、もう、ずっと畑仕事。そして、開墾する土地もないような人も、遠く「地名」で土地屋敷を買うって、よそが買うから自分も買うと言って。私は言ってあるから、私たちは開墾する土地もないんだよ。どうしてあんな遠くに買うかと、私は言ってあったんだけど、みんなが買うから、自分も買うといって。その頃(ポ) 4万余り、払って買っているんだよ、土地。それを、そして全部(ポ)失ったんだよ。

E：全部なくなった？

F：全部なくなった。（E：うん）(ポ)そう。土地はあるけど、(ポ)登記書がないと言って、（E：うん）(ポ)登記書もなかったら、どうやって、地主になれるか。みんな捨てたんだよ。

E：全部大損、した？

F：(ポ)ほんの少しもなかったよ。私は言ってあったんだけど。私は言ったでしょう、私たちは開墾する土地はないんだよ。そのころ、(ポ)お父さんたちは土地を借りて入っていたんだよ。私たちは始まりの年は「人名」おじさんたちの土地を分けて開墾させて【もらって】、開墾して、それから、2年目の年は、また、「人名」おじさんたちの土地から分けて【もらって】開墾したよ。2年間だったね。2年して、借金をして、土地屋敷を買って5(ポ)アルケール【面積単位】の土地屋敷を。それで、始まりの年は豊作で、なんとまあ、それだけ親戚たちの中でうちのが一番できているよって、皆にほめられていたんだけど。うん。採り入れの(ポ)時期になると、もう雨が毎日、ずっと降り続いて、2、3か月、雨が降り続いて、全部生えていた、このようにして。【綿の芽が】木にたくさん生えていたよ。（E：うん）(ポ)綿がひとつも取れないこともあるみ

第 2 章　ブラジル沖縄系移民社会の談話　333

タス　カンシ。キー　イッペー　ミートゥ　タサ。(E：ン)ヌーン　トゥララントゥ　algodão。ドゥーヌ　ジーグヮー　コーティカラ　acho que、サンネンル　サルハジドー。ニッカネンメーニ　ナー　イヒグヮ　デキル　サクトゥ、ハジマイヌ　トゥシヌ　ウッサ　ディキランシガ、シャッキンヌ　ハラッティ。ナー　アンサーイ　マタ　papai ガ、チュードゥクシー　ハジマティル　サクトゥ　ナー、サンネンメーネー　ヒンギティ　チューンヨ　クマンカイ。(E：ン)

E：アンスクトゥ　クマカイ　チカラ　スグ feira？[4]

F：É.(E：ン)アンサー　「屋号名」シンカ　「人名」ニーサンターン、ンー、feira シ　ミシェル　ナイサンリチ、アンシ　ヤタン。

E：アヌコロ　アンシガ　ムル、ホトンド feira ネ？

F：É. ミンナ feira。(E：ン)ンーナ feira カラル　ハジマトゥル。

E：チンウヤー　シテ。

F：ンー。ウリー　タンディ　ワッターヤ。(E：ン)アッサ、ヒルマサル　アッタヨー。ウリータン　ジュンニ。

E：アノコロワ、mas feira、ナンデモ　ウレタ　ハズネ。

F：ンー。セリアイ　スーヌ　ウッピ。(E：ン)ハティ　ディキトゥン　ウリ　ナー。ア、「人名」ターヤ　「屋号名」、エ、「屋号名」。(E：ンー)Alumínio barraca　チャフィナヌ　barraca　ムッチュタクトゥ。

E：Alumínio　ラッタノ？　アレチョー。ン？

F：ナガデー　スンディ。(E：ン)「人名」ヤシガ　「屋号名」オジーヤ　ヤシェー banca ンサ、サガチー　イッタン。(E：アー)ヤシガ　ヤシェー banca　ジェンジェン　サンディ　イタン、(E：ン)ウマ　「人名」。

E：ナンデ？　モーキララン　ユテ？

F：Muito trabalhoso、ウント。

たいだけど。自分の土地を買ってから、(ポ)たぶん 3 年はした と思うよ。2 年目にはもう少しできるようになったから、最初の年のようには【作物は】実らないけど、借金も払って。もう、それから、また、(ポ)お父さんが農薬中毒になったから、3 年目には逃げて来たんだよ、ここに。(E：うん)

E：そういうわけで、ここに来てからは、すぐ(ポ)露天商【を始めたの】？
F：(ポ)そう。(E：うん)それで、「屋号名」の人たち、「人名」兄さんたちも、(ポ)露天市の店ならできるだろうと【言って】。そんなふうだった。
E：あの頃、だけど、みんなほとんど(ポ)露天商よね？
F：(ポ)そう。みんな(ポ)露天商。(E：うん)みんな(ポ)露天商から始めている。
E：服売りをして。
F：うん。それを頼りに私たちは。(E：うん)なんと、信じられないほどだったよ。【よく】売れた、本当に。
E：あの頃は、(ポ)だけど露天市、何でも売れたでしょうね。
F：うん。競り合いするだけ。(E：うん)とてもうまくいっている、それはもう。あ、「人名」たちは「屋号名」、いや「屋号名」。(E：うん)(ポ)金物を売っている屋台の人たちは、大きな金物の(ポ)屋台を持っていた。
E：(ポ)金物屋だったの？　あの人は。ん？
F：しばらく続けると言ってね。(E：うん)「人名」だけど、「屋号名」のおじいさんは野菜の(ポ)屋台をしながらと言った。(E：あー)だけど、野菜の(ポ)屋台は全くやらないと言った。(E：うん)そこの「人名」は。
E：どうして？　儲からないと言って？
F：(ポ)とても骨の折れる仕事だから、とても。

E：アー。
F：ヤシェー　ムル　アレーワル　ヤッタン　レーリチ。
E：ンー。
F：É.アンシェー　ヤッタルバー。［少し間］イーサコ　ナンジ　スンヨー　ヘー「屋号名」シンカ。チャーフィナーヌ　barraca　チョーデーヌチャーン　ムル　マジョーン　ヤテークトゥヤ。「人名」ワッター　マジョーン　スタサ。ワンネーウンニーニル　ンチュル　barraca。マギ　barraca　イッタンデ　alumínio barraca。
E：アヌ　トージェー　ウ、ウルクンチュ　ムル　フトンド（F：É.）fe, feira カラ…（F：ホトンド）costuraria　ヤテーサヤ？
F：É.（E：ンー）Feira カラ　costura。アンサーイ、ミシェ　スシェー　マタ　ミシェンカイ　ムル。（E：ン）
E：テーゲー　ムル、（F：ン）costura カラ　ミセトカ、（F：ン）ウングトゥー　ナトーンネ。
F：ワカリヤーッチュ　ウレー　ヤタンヤ。
E：マター、mercado ニ　ナッテル　ヒトモ　イルシ。
F：ンー　mercado.
E：ンー。イマ　costureira モ　スクナイネ、acho que.
F：ワッターガ　チングヮーウヤー　スタル　マングレー、costura　スシェー　ウランタル　ハジ。（E：ンー、アー　アノコロワ？）ウイヤ　スタレー　マタ　ワカランタル。［少し間］「屋号名」ン　ソートー　モーキタル　ハジドー　アリターヤ。Lá, fábrica ンカイヤ、（E：ンー）ドゥーサークル。
E：ケイトヌ。
F：ケイトヌ　ウリ、（E：ンー）fábrica　サーマニ。ウリ　シンジャスタンヨ。（E：ンー）Feira ンカイ。ソートー。ン。
E：ア、アノコロカラ、ウングトゥー　シテル　ヒトモ　イルノ？
F：ンー。ソートー　モーキタル　ハジドー、ウリ　「屋号名」ヤ、イチバン　サチ　シンカ　シタル（E：ンー）São Paulo.

E：あー。
F：野菜は全部洗わなければならなかったんだよって。
E：ふーん。
F：（ポ）そう。そんなだったんだよ。［少し間］とっても苦労したんだよ、「屋号名」の人たちは。大きな（ポ）屋台を、兄弟みんな一緒に共同でやっていたんだからね。「人名」たちは、私たちと同じ場所でやっていたんだ。私はその時に向こうの（ポ）屋台を見たんだ。大きな（ポ）屋台だったよ、（ポ）金物屋の屋台は。
E：あの当時は小禄の人はみんなほとんど（F：（ポ）うん）（ポ）露天商や…（F：ほとんど）縫製業だったのよね？
F：（ポ）そう。（E：うん）（ポ）露天商や（ポ）縫製業。そして、店を経営する人は店にみんな【なった】。（E：うん）
E：だいたいみんな（F：ん）（ポ）縫製業や【自営業の】店とか、（F：うん）そんなふうになっているね？
F：分家する人は、それだったね。
E：それに、（ポ）スーパー【経営】をしている人もいるし。
F：うん。（ポ）スーパー【経営】。
E：うん。今、（ポ）縫製業も少ないね、（ポ）たぶん。
F：私たちが服売りをしていた頃は、（ポ）縫製業をするのはいなかったと思う。（E：うん。あー、あの頃は？）いることはいたかもしれないが分からないね。［少し間］「屋号名」も相当儲けたんじゃないかなあ、彼らは。（ポ）毛糸、工場には、（E：うん）自分たちで。
E：毛糸の。
F：毛糸の、それ、（E：うん）（ポ）工場して。それをして出していたよ。（E：うん）（ポ）露天市に。相当。うん。
E：あ、あの頃から、そんなふうにしている人もいるの？
F：うん。相当儲けただろうよ。その「屋号名」は一番先に仲間で商売を始めたんだよ、（E：うん）（ポ）サンパウロで。

第 2 章　ブラジル沖縄系移民社会の談話　335

E：アー、コッチニ。
F：ン。「人名」ターヤ　ソードゥリチェーネーンタン。ジッサイニ　ドゥーヌ caminhão ヌ　ウィーカラ　ケーリヤーイ、シェキジュイ　ウヤーニヤ、(E：ンー) Coitado, sofreu bastante.「屋号名」オジサネー。[少し間]{咳払い}
E：チューヌ　ミセワ　bom カネ？　モー。{笑い}
F：ンー。
E：ミセワ　bom カネ？　キョーワ　テンキガ　エーカラ。
F：ヨイ　テンキダカラ、(E：ンー)ウタビミシェーサニ。Terça-feira...

E：マタ、ヤスミモ　コンシュー　イッパイラカラ。ライシューカラ　マタ　ミナ　ハジマル、ガッコー。
F：ガッコーネ。
E：ジュギョー　ハジマル。
F：Municipal　ナー　チューカラ　ハジマットルネ。
E：キョーカラ　ハジマッテルカネ？
F：ンー。グヮッサナイ。モー。
E：ンー？　ア、キョーカラ　モー　ハイッテル？
F：ンー。テーマイ　ワランチャー　トゥーヤーサギータン。(E：ン) ガッコー。チューカラ　ハジマットル　ハジドー municipal.
E：Municipal ワ　イツモ　ハヤイミタイネ。

F：ンー。ワ、ワランチャー　ダイシューカラ　ナー　ガッコー　ヤセー。[少し間]
E：「苗字」ノ　オバサンワ、アンナ　ゲンキ　ダッタケド、ン、キューニ　マタ　ウングトゥーネ。
F：チヌー、opera サン。
E：キノー　ダ、ヤッタッテ　シュジュツ。
F：イー、チュー　ケーティ　クラリータルバーイ？
E：キノー　イッテカラ、ダカラ　キョー、サッキ　デンワ　シタトキニ、イマ　タイイン　シテキタヨッテ。

E：あー、こっちに。
F：うん。「人名」たちはそんなことはなかった。実際、自分の(ポ)トラックの上からひっくり返って、脊髄を折ってね、(E：うん)(ポ)可哀想に、とっても苦労した。「屋号名」のおじさんはねー。[少し間]{咳払い}
E：今日の店は(ポ)良いかな？　もう。{笑い}
F：ん？
E：店は(ポ)良いかな？　今日は天気が良いから。
F：いい天気だから、(E：うん)【いいことを】くださるんじゃないか。(ポ)火曜日…

E：また、休みも今週いっぱいだから。来週からまた、みんな始まる、学校が。
F：学校ね。
E：授業が始まる。
F：(ポ)市立はもう、今日から始まっているね。
E：今日から始まっているかな？
F：うん。【子どもが】たくさん。もう。
E：ん？　あ、今日からもう【新学期に】入ってる？
F：うん。たくさん子どもたちが家の前を通ったでしょ。(E：うん) 学校は、今日から始まっていると思うよ、(ポ)市立の【学校】は。
E：(ポ)市立の【学校】はいつも早いみたいね。

F：うん。こ、子どもたちは来週からもうみんな学校でしょう。[少し間]
E：「苗字」のおばさんは、あんなに元気だったけど、急にまあこんなことにね。

F：昨日、(ポ)手術した。
E：昨日、えーっと、したって。手術。
F：ええ、今日帰って来られたの？

E：昨日、行って、それで、今日、さっき、電話した時に、今、退院してきたよって。

F：ハー。(E：ン) Vesícula é fácil assim?
E：Acho que カンタンダッタンジャナイカナ。
F：アンドゥ ヤサ。ン、ン。
E：イツモ、コッチカラ チャー タイソー シタリ。
F：É. チャー タイショー。
E：マタ、(F：ウン、チューヤ、チョーヤムン…)アノー、マタ、natação ニ イッタリ。
F：ン。チャー natação チガキティ。
E：アッチコッチ イッテルハズヨ。アッチノ オテラノ トコロニモ。タイソースルシ、(F：ン)マタ、コッチノ igreja ノ トコロモ。
F：É. キッタ、feira ン。
E：Feira デモ アウシネ。Feira モ イクシ。
F：チャー ウマカラ アッチャースタン。(E：ン) Caminhada ヨー スータンディムン。(E：ン) ミグルミグルシ。
E：クンナシテ ウチナーモ イッテキタユーカラネ。
F：ン。アイ、ウチナーンジ チャーシガ opera シーガ ナー、(E：ンー？)アンサーイ、ウチナーンジ チャーシ…
E：マエカラ ヤッパリ アノー ア、アッタンデショ？ ソレ。
F：ヘー。シール。[少し間] ナナジューゴサイネ？ ナナジューロクサイ。(E：ナナジューロクッテ？) カジョエ。(E：ン) ナナジューロクサイ。アー、ゴサイ レール。
E：アー、キョネンカラ アノ、ケイローシャニ ナッテルヨネ。アノ…(F：ンー) ン。

F：まあ。(E：うん)(ポ)胆嚢【の手術】はそんなに簡単なの？
E：簡単だったんじゃないかな(ポ)と思う。
F：そうなんだね。うん、うん。
E：いつもこっちで体操したり。
F：(ポ)そう。いつも体操。
E：また、(F：うん、今日は、あの人だから…)あのー、また、(ポ)水泳に行ったり。
F：うん。いつも(ポ)水泳をがんばって。
E：あっちこっちにいっていると思うよ。あっちのお寺のところでも。体操するし、(F：うん)また、こっちの(ポ)教会のところも。
F：(ポ)そう。来たよ、(ポ)露天市も。
E：(ポ)露天市でも会うしね。(ポ)露天市も行くし。
F：いつもそこから歩いていたよ。(E：うん)(ポ)ウォーキングしていたというのに。(E：うん)歩きまわっていたのにね。
E：こんな【体調なのに】沖縄も行ってきたっていうからね。
F：うん。あら、沖縄でどうやって(ポ)手術しに、(E：ん？)それで、沖縄でどうやって…
E：前からやっぱり、あの、あったんでしょ？ それ。
F：ヘー。【手術】する。[少し間] 75歳なの？ 76歳。(E：76歳？) 数えで。(E：うん) 76歳。あ、5歳だよ。
E：あー、去年からあの、敬老者[5]になっているよね。あの…(F：うん) うん。

1 "meu filho"の直訳は「我が息子」だが、ここでは年上の人が年下の人に対して使う、敬愛を込めた呼びかけの言葉。
2 その原因がユタの占いに出たという意。
3 直訳は「がっかりする」だが、ここでは「あきらめた、こだわりをすてた」という意か。
4 "feira"とは「定期市、露天市」の意だが、談話の中では「露天商」の意でも用いられている。
5 県人会など日系コロニアの団体では毎年、「敬老者表彰」などの記念式典を行っている。

談話【4】

音声ファイル名：brasildanwa_okinawa2008_4.wav
収録地点：サンパウロ市ビラカロン地区
収録日：2005年7月28日
話者：

① G：サンパウロ市カーザベルデ地区在住。一世。1949年生まれ（収録当時56歳）。女性。沖縄県島尻郡小禄村出身。日本国籍。1961年12歳の時にブラジルに移住。現在、衣服販売業に従事。Eの友人。

② E：サンパウロ市ビラカロン地区在住。一世。1953年生まれ（収録当時52歳）。女性。沖縄県島尻郡小禄村出身。日本国籍。1958年、5歳の時にボリビアに移住し、その後、1969年、16歳でブラジルに再移住。現在、雑貨食品販売業に従事。Gの友人。

談話時間：21分04秒。

談話の概要：GとEはともに小禄村から移住してきた一世である。Gはもともとの姉の友人であるが、Eとも友人付き合いがある。談話は、最近、ビラカロンで行われた「クシユックィー」祭りの話から始まり、続いて那覇近郊の方言の中でも特徴的な小禄方言について昔話を交えながら話し、その後、Gが祖父との思い出について子供の頃を振り返りながら語っている。なお、Eについては談話【3】で姑との談話を掲載したが、この談話はEの同世代同姓の友人Gとの談話である。普段、GとEは方言を使って話すことはあまりなく、多くが日本語にポルトガル語を混ぜて話すという。

E：コンドヌ　フジンカイ　ジョートー　ヤタン、ヒンナ。
G：ジョートーネー、（E：アー）ミンナ。
E：シンカシ　（G：アー）モーティ　イッペー　ジョートー　ヤタン。
G：ミンナ、ワンネー　ナランシガッテ　イウケド、ヤッタラネエ、ダレ、（E：ンー）ターヤティン　カナナズ、（E：ンー）ナイクトゥネー、カンナジ　ナイクトゥ。（E：ンー）ワッター　ムル、ヒジャインカイ　ミギンカイ、{2人の笑い}　マーガヤ　ワカラン。ヒジャイジネー　ニジリンカイ　（E：ンー）ミグティ。

E：今度の婦人会は、うまくいった、みんな。
G：よかったよ、（E：うん）みんな。
E：仲間で（G：うん）踊って、とてもよかったね。
G：みんな私はできないけどって言うけど、やったらねえ、誰、（E：うん）誰でも必ず（E：うん）できるからねえ、必ずできるから。（E：うん）私たちみんな、左に右に　{2人の笑い}【踊り方が】どこだか分からない。左というと（E：うん）右に回って。

E：イヒナー　マチガティン　ジョートーヨーネー。{2人の笑い}
G：ティー　アギリンリネー　ヒサヤー、{2人の笑い}　ヒサヤ　アマンカイ…
E：ヒサ　ハンタインカイ。{2人の笑い}
G：デモネー、アノ　ミンナノ　オカゲサマデネー、イ、イ、(E：ンー)コンナシテ　デキタカラ　カナンダ、ダカラ　ミンナ　シロートガ　ハイッテキタラ、ミンナッテ、ミンナ　ユーノサ。(E：ンー)ワッター　ムル　ハジメ　アンシル　ヤタクトゥ　カナナズ　ナイクトゥ、ナイサ。トー　イチ　ニー　サン　シー　シテネ、(E：ン、ン)ン。ソシテ、サーンカイ　マタ、オワリワ　「カチャーシー」　モータン、「カチャーシー」？
E：「カチャーシー」　モータンドー。
G：モータン。{笑い}
E：アノー　タンコーブシン。{2人の笑い}
G：タンコーブシン。{笑い}
E：ヒンナサーニ　イーリキサタンネ。

G：ンー。
E：ンー。
G：ソシテカラ　オー、ダカラ　アノー、コノー、「クシユックィー」　サー、(E：ハイ)アノー　ケントーワ、サンビャクーニン(E：アー、ハイ)ディチネー、ソンナシテ　ダッタケド、コレヨリ　イジョーニネ、ヨソーイジョーニ、アンネール　シンナ　アチマティ　メンソーチネー、(E：アー)モー　ミンナ　ウッサクージャーシネー、(E：アー)モー　ダイ、ダイセーコー　ユーテカラー。
E：ディキトータンヤー。
G：ンー。{Eの笑い}ミンナネー、セイネンカイカラ　フジンカイカラ　ソシテ、ネ、ジュンジョクニ、マター、アノー、アノ、シバイグヮーヨ。{笑い}
E：シバイグヮーモ　ジョートー　ダッタネー。{笑い}
G：ンチーヤ？　アノ、(E：ンチャン)アノー、アノー　「チュランマー」　ヨー。{笑い}
E：「チュランマー」　ワ、ネーサンノ　アレネ？

E：少しくらい間違っても構わないよね。{2人の笑い}
G：手をあげろと言うと足を、{2人の笑い}　足を、あそこに…
E：足を反対に。{2人の笑い}
G：でもねー、あの、みんなのお陰でねえ、(E：うん)こんなふうにしてできたから、だから、みんな初心者が入ってきたら、みんなで言うのよ。(E：うん)私たちはみんな始めはそうだったから、必ずできるからできるよ。さあ1、2、3、4ってね。(E：うん、うん)うん。そして、踊ってから、終わりは「カチャーシー[1]」を踊ったの。【あなたは】「カチャーシー」を【踊ったの】？
E：「カチャーシー」を踊ったよ。
G：踊った。{笑い}
E：あのー、炭坑節も。{2人の笑い}
G：炭坑節も。{笑い}
E：みんなで良い出来だった【楽しかった】ね。

G：うん。
E：うん。
G：そして、えっと、あのー、この、「クシユックィー[2]」ね、(E：はい)あのー、見当は300人だ(E：あー、はい)と言うからね、そんなふうに見積もっていたけど、それ以上にね、予想以上にあんなにみなさんが集まっていらっしゃってね、(E：あー)もう、みんな喜んでね、(E：あー)もう、だい、大成功って言って。
E：上出来だったね。
G：うん。{Eの笑い}みんなね、青年から婦人会から、そして、ね、順序良く【やって】、また、あのー、あの芝居ね。{笑い}

E：芝居もよかったね。{笑い}

G：見た？　あの(E：見た)あの、あの「チュランマー【美しいお母さん】」よ。{笑い}
E：「チュランマー」は、姉さんのあれね？

第 2 章　ブラジル沖縄系移民社会の談話　339

G：ンー。ワッター　アノー、(E：ワン
　　ネー)ワッター　ウトゥヌ　(E：ンー)
　　チョーデー。
E：チョーデー。(G：ンー)ジョージ　ヤ
　　タンヤー。{2 人の笑い}
G：クチ　アカマッカーラー　チキティ。{2
　　人の笑い}
E：チビン　フイフイ　シ。{笑い}
G：チビン　トゥガラチ。{2 人の笑い}マ
　　タ　アヌ、イチバン　ウカサシェーネ、ア
　　ヌ、サマンジ　カキーニ、(E：ンー)ア
　　ヌ、ヒザガ　ワルイカラ、(E：ンー)ヒ
　　ザヌ　ワッサクトゥ　ナー　イーユサン
　　トゥ、コシカケグヮー、アヌー、タッ
　　チューグヮー　ウチュキティネ、(E：
　　ンー　ンー)チビ　タッチューグヮーシ
　　イーレー、イーヤーマニカイ　マタ、マタ
　　ハッパティ。{2 人の笑い}(E：ヤタン
　　ヤー)マタ　ハッパティ。{2 人の笑い}ア
　　リガ　イチバン、{笑い}ウカサヌ、(E：
　　ウカサタンヤー)　チョーギンネ。{2 人の
　　笑い}シテ　アノー、ウヌ　クヮッチー
　　インジャチャチャセー、マーサティー？
E：マーサタンネー。クヮッチー。
G：カディー？　アンシ。
E：チュフヮーラ　カダン。{笑い}
G：カダン？(E：ンー)インナンカイ　ア
　　タガヤー？
E：ダー、チャングトゥーガ　ヤタラ？{笑
　　い}
G：ダカラ。(E：ンー)アンスクトゥ　ヨ
　　ソーワネー、(E：ンー)サンビャクニン
　　グライッテ　ゴチソー。(E：ンー　ンー)
　　サンビャク、アー、マタ、ヨブンニ　ゴ
　　ジューム、ニムン(E：チューモン　シテ)
　　チューモン　シテ、(E：ンー)ナー　イー
　　ンナンカイ　ハチャシ　ナー　ウミソーリ
　　リチネ。(E：ンー)デモネー、アヌ、ジュ
　　ンジョク　トゥシウイヌチャーカラ　ン、
　　ミソーリッチネ、(E：ンー　ンー)ウサガ
　　ティ、マタ　ジュンジョク　ナッタカラ、
　　ネー、リッパングヮーニ　アッテ、サイゴ
　　ヌ、サイゴマディ　リッパニ、ムル、カカ
　　ジティ　ウサガタンサニヤー。

G：うん。うちの、あのー、(E：私は)うち
　　の夫の(E：うん)きょうだい。
E：きょうだい。(G：うん)上手だったね。
　　{2 人の笑い}
G：口に【紅を】真っ赤に付けて。{2 人の
　　笑い}
E：お尻も振り振りして。{笑い}
G：お尻もとがらせて。{2 人の笑い}あの、
　　一番おかしかったのはね、正座する時に、
　　(E：うん)膝が悪いから、(E：うん)膝
　　が悪いから、もう、座れないから、腰掛け
　　が、あのー、とがったのを置いてね、(E：
　　うん、うん)尻をとがらせて座れ、座って
　　ね、股、股を開いて。{2 人の笑い}(E：そ
　　うだったね)股を開いて。{2 人の笑い}
　　あれが一番{笑い}おかしくて、(E：お
　　かしかったね)狂言ね。{2 人の笑い}そ
　　れで、あの、そのご馳走を出したんだけ
　　ど、おいしかった？
E：おいしかったね。ご馳走。
G：食べた？　それで。
E：お腹いっぱい食べた。{笑い}
G：食べた？(E：うん)みんな足りたか
　　な？
E：さあ、どうだったかしら？{笑い}
G：どうだったのか分からないわね。(E：
　　うん)それで、予想はね、(E：うん)300
　　人ぐらいって、ご馳走【を準備した】。
　　(E：うん、うん)300、あー、また、余分に
　　50 人分、(E：注文して)注文して、(E：
　　うん)もう、みんなに配って、さあ召し上
　　がれってね。(E：うん)でもね、順序良
　　く年配方から召し上がれってね、(E：う
　　ん、うん)【年上の方々は】召し上がって、
　　また、順序良くお配りできたから、ねえ、
　　ちゃんとあって、最後の、最後までちゃん
　　と全部残さず召し上がっていたでしょう
　　ねー。

E：ヤンナー。
G：ネー。
E：セイネンヌチャーヤ（G：ンー）アンスグトゥ、アヌ、ムル、トゥシユカラ、ウサギティ。
G：ジュンジュンニネ。クリガ（E：ンー、コレガ）ハティヌネー ヨカッタ。
E：イヤイ、ネ。ダカラ…
G：コレ、チョード サイコー ダッタ。
E：ンー。イヘーヤ アヌ、セイネンダチ、タラン ナタンディ イーシガ、（G：ンー）ナー アンシガ…
G：デモネー アヌ、（E：ンー）マタ アヌー、ミンナ フジン、フジンヌ（E：ンー）チュスチャーガネ、（E：ンー）ナナメー、{咳払い}クヮッチーン、ネー、アノー、モッテキ、ムッチ チェータセーネー。インナ チガキティ。
E：Ah, sim.
G：アンダギーグヮー アギタイ セ、マタ、カステラ…
E：アレー フジン、フジンガ。アー、アー。
G：ンー、ンー、カステラ アゲタイ シテ。コレデ ヨーヤクネ、ドーニカシテ アヌー、ドーニカシテ アレシテ ミンナ ウッサークージャー シテ、チューヤ アンダギーン サーターアンダギーン アサヤーッチ。（E：ンー）オバーター トゥシヌチャー ウッサクージャー シミ、シミソーチャンネ。
E：Ah, sim. フジンカイガ アンセーティデーテーサヤー。{笑い}
G：ンー、ソー。（E：ンー）ミンナ アノー、ワタシモ、（E：ンー）アノ、カステラネ、（E：アー）ケーキ モッテ。ソシテ マタ、ソーダンシテカラサ。
E：アー、ミンナデ モッテキタ？
G：ンー。（E：ンー）ミナ ソーダンセー ソーダンセー、ミンナ クフー シテカラヨ。デモ…
E：デモ ジョートー ヤタンヤー。
G：ヨカッタ。（E：ンー）ジョートー。（E：ンー）ハティ ディキティー、マタ、アヌ、ネー。

E：そうね。
G：ねー。
E：青年の人たちは、（G：うん）それだから、あの、全部年寄りから差し上げて。
G：順々にね。これが（E：うん、これが）結果としてよかったよ。
E：そうよね。だから…
G：これが本当に最高だった。
E：うん。少しは青年たち【の分】は足りなくなったって言うけど（G：うん）もう、そうはいっても…
G：でもね、あの、（E：うん）また、あのー、みんな婦人、婦人（E：うん）たちがね、（E：うん）それぞれ、{咳払い}ご馳走も、ねー、あのー、持ってき、持ってきていたでしょう。みんな気を利かせてね。
E：（ポ）あー、はい。
G：アンダギー[3]を揚げたりして、またカステラ…
E：あれは婦人、婦人が。あー、あー。
G：うん、うん。カステラを揚げたりして。これでようやくね、どうにかして、あのー、どうにかして、あれして、みんな喜んで、今日はアンダギーも、サーターアンダギー[3]もあるねって。（E：うん）おばあさんたちご年配は喜んでいらっしゃったね。
E：（ポ）あー、そう。婦人会が、もてなしたんだね。{笑い}
G：うん、そう。（E：うん）みんな、あのー、私も、（E：うん）あの、カステラね、（E：あー）ケーキを持って【行った】。そして、また、相談してね。
E：あー、みんなで持ってきたの？
G：うん。（E：うん）みんな相談して、相談して、みんな工夫してね。それにしても…
E：それにしても、上出来だったね。
G：よかった。（E：うん）よかった。（E：うん）上出来で、また、あの、ねー。

E：ミンナ　ヨロコンデイタヨ。ンー。
G：ウサキーヌ　シンカネー　アノ、アノ、アノ Santa Maria ノネ、(E：ンー)アッチノ、ウルクヌ　フジンカイ。ゴーケイ、ヤガテ、ヤガテ　ゴジューメイ、ウヌアタイヤタガヤー　ゴジューニンヤ。
E：アー、ゴジューメイ、ウッサキ。
G：ダカラ　ウサキー　ブタイニ、ハ、ヒームガヤーリチネー、(E：ンー)ヒームガヤーッチ、シンパイダッタノネ。シワ　ヤタシガ　カンガエタカラ、アヌ　ハンブン　シンカヤ　ブタイデー、マタ　ハンブン、ン、マタ　ノコリノ　ハンブンワ　アヌ、オキャクサン　スコシ、コシカケーネー、(E：ンー　ンー)カタズケテカラー、アッチデ。(E：シチャンデ、シチャンデ、ンー)チョードネー、チョード　ミンナ、モー　ミンナ　チム　フジン　モッテ　ウッサクージャー　シネー、マタ　トビイリモ　タンコーブシモネー。
E：ジョートー　ダッタ。ンー。
G：ンー。アー、ンチ　ウレーマサタラヤー？ {笑い}
E：ウレーマサタン。ミンナ… {2人の笑い} ン、アヌー、ンジーネー　モーイブクナティ。{笑い}
G：ダカラサー、(E：ンー)「カチャーシーミンナ(E：ンー)ンジミソーリー」、「ヒヤヨー、(E：ンー)ヒヤサッサイ」　シテネー。(E：ンー)「ヒヤサッサイ　ンジミソーリ」チ。[少し間] デモー、ヨカッタ。ソシテ　マタ、コノ　ツギノ　ワランチャーガネー　バラーダチ、「ヒヤーサッサイ」　シテネ、ジュンジョ　ヨクネー、ワランチャーマディ　コノ　タノシミ、(E：アー　ヤッタンネー　セイネンノ　チャーモ)タノシミ　ダッタカラネ。(E：ンー)ワッターヤ　ヤガティー　ジューイチジニ、ヤーンカイ　ケーティッチ。
E：アー　ジューイチジ？
G：ジューイチジマデー　アマウティ　ヒヤーサッサイ　シトゥヌチ。
E：Ah, é? {笑い}

E：みんな喜んでいたよ。うん。
G：あれだけたくさんの人たちね、あの、あの、あの、(ポ)サンタマリア【地名】のね、(E：うん)あっちの小禄の婦人会。合計すると、だいたい50名、それくらいだったかねー、50人は。
E：あー、50人、そんなにたくさん。
G：だからそれだけたくさん舞台に上がれるかなってね、(E：うん)上がれるかなって心配だったのね。心配だったけど、考えたら、あの、半分の人たちは、舞台では、また半分、また、残りの半分はお客さんの少し、腰掛をね、(E：うん、うん)片付けて、そっちで(E：【舞台の】下で、下で、うん)ちょうどね、ちょうどみんな、もう、みんな満足に踊って、喜んで、そしたら飛び入りも、炭鉱節もね。

E：よかった。うん。
G：うん。あれ見て、うらやましかったでしょう？ {笑い}
E：うらやましかった。みんな… {2人の笑い} あのー、見ると踊りたくなって。{笑い}
G：そうだよね、(E：うん)「カチャーシーにみんな(E：うん)お出になってください」、「ヒヤヨー、(E：うん)ヒヤサッサイ⁴」ってね。(E：うん)「ヒヤサッサイ、お出になってください」って。[少し間] それにしても、よかった。そして、また、この次は子どもたちがね、子供たちが、「ヒヤーサッサイ」ってね、順序よくね、子供たちまでこの楽しみ、(E：そうだったね、青年の人たちも)楽しみだったからね。(E：うん)私たちはだいたい11時近くに家に帰ってきて。

E：あー、11時？
G：11時まではあそこでヒヤササイと踊って。
E：(ポ)あー、そう？ {笑い}

G：デモ、マタ　ツギオ　タノシミニネ。ツギワ　マタ、Santa Maria デ　スルッテ。ン。
E：ア　ツギワ　マタ、アマンカイ。ン。
G：ダカラ　ライネンワ、［電話が鳴る］ネ、イッショニ　マタネ、(E：ソ…)レンシュー　シヨーネ。
E：シマショーネ。{笑い}
【中略】
G：アノー　「Eの名前」、アンタ　ソンナ　ハナシ、アノー、キータコト　アル？　ウルクンチュヌ、(E：ンー)ジョーダンバナシ。ネー、ウルクンチュ　ユータラ、アノー、シバイスルトキニ、(E：ンー)ネー、ウルクンチュガ　マザルトキ　シバイスルノ、コノ、ハツオンヨ。ドンナニ　ウルクンチュー　ユー？
E：ドンナニ　ウルクンチュー？
G：ウルクンチュヌ　コトバヨ。
E：アー　コトバ。(G：アー)アノ　フーイカタ　デショ。コノ…
G：フーイカタヨ。コノ、アノ、(E：ンー)ネー、(E：ンー)フーイヨーヨ。トー　ウチ、ウヌ、トニカク　ウルクコトバ　イッテゴラン。{笑い}
E：Acho ya　ワンネー　ナイガヤー。{2人の笑い}
G：アー、「ヤーヤ　マーヌガ？」イッ。「ヤーヤ　マーヌガ？」イッタラ、アンタ　トー、ドンナニ　トー　アヌ、コタ…？
E：ワンネー　「屋号名」ヌ。
G：デショー？　ホラ　デキルサ。{笑い}
E：アタトーガヤー？
G：アタトゥンドー。{2人の笑い}「ヤーヤ　マーヌガ？」イッタラ、「ワンネー　ニ」、(E：ンー)トー　モー　イッカイ　イッテゴラン。
E：ン、ワンネー　「屋号名」ヌ。
G：ンー。アタッテルサー。ヤッパリネー。
E：アー　ヤガヤー。
G：ドコカネー　アノー、(E：ン)フーイヨーネ。
E：フーイヨーガ　ヤッパリ。
G：ンー。エー。

G：それで、また、次を楽しみにね。次は、また、(ポ)サンタマリア【地名】でするって。うん。
E：あ、次は、また、あそこで。うん。
G：だから、来年は［電話が鳴る］ね、一緒に、またね、(E：そ…)練習しようね。
E：しましょうね。{笑い}
【中略】
G：あのー、「Eの名前」、あんた、こんな話し聞いたことある？　小禄出身の人の(E：うん)冗談話[5]。ねー、小禄の人といったら、あのー、芝居をする時に、(E：うん)ねー、小禄の人が入って芝居する【時】の、この、【台詞】の発音ね。どんな風に小禄の人は言う？
E：どんな風に小禄の人【が言うかって】？
G：小禄の人の言葉よ。
E：あー、言葉。(G：あー)あの、答え方でしょ。この…
G：答え方よ。この、あの、(E：うん)ねえ、(E：うん)答え方よ。さあ、その、とにかく小禄方言を言ってごらん。{笑い}
E：私にはできない(ポ)と思う。{2人の笑い}
G：あー、「ヤーヤ　マーヌガ？」って。「ヤーヤ　マーヌガ？【おまえはどこの子か？】」って言ったら、あんたはどんなふうに、あの、こた…【答える】？
E：私は「屋号名」の。
G：でしょう？　ほら、できるじゃない。{笑い}
E：当たってる？
G：当たってるよ。{2人の笑い}「ヤーヤ　マーヌガ？」と言ったら「ワンネー　ニ」、(E：うん)さあ、もう1回、言ってごらん。
E：ん、私は「屋号名」の。
G：うん、当たっているよ。やっぱりねー。
E：あー　そうかなあ。
G：どこかねー、あのー、(E：うん)答え方がね。
E：答え方がやっぱり。
G：うん。そう。

第 2 章　ブラジル沖縄系移民社会の談話　343

E：ウン。ダカラ アヌ、(G：ン、ン)ウルクンチュノ モンワ、チョット コーナンテノ…
G：ネー、ソンナニ アヌ、(E：ン)ウルクンチュノー チョー…
E：ネーサンワ acho que mais ウルククトゥバ ツカウネ。
G：ソー。ウル、アノ ウチナーグチ ツカッタラ ウルクコトバニ ネー、(E：ン―)モドルノヨ。(E：ンー)デネー、アノー、シ、ヒ、「シブイ」ニ「ヒブイ」ッテ イウデショ？「ヒブイ」。「ヒブイヌ シ、ヒル ヌディ ヒバ ユゲーチ」。{笑い}
E：ウルクンチュー ソンナ ユーノ？{笑い}
G：チガウサ。コレワ アノー、チョーギン。
E：アー、チョーギン。{笑い}
G：ウン。ウルクンチョー アノー、コンナシテ、アノー、ア、ネー。
E：ンー ンー、マネシテルワケ？
G：アノー アクセントオ マネシテ。(E：ンー)ダカラ「ヒブイヌヒル ヌディ ヒバ ユゲーチ」。
E：アー アー。
G：ネー、アツィー シブイノ シル ヌディ(E：ヌディ シ…)シ、シタ、シタオ…
E：シタオ ユガ、「ユガイタ」ユーノワ？{2 人の笑い}
G：ユガイタノ？{2 人の笑い}
E：ユゲーチネー。{2 人の笑い}
G：ユ、ユガス、ユ…{2 人の笑い}{咳払い}エ、ソシテカラネ ナンテカネ、アヌ ウチノネ、アヌ、シュジンヨ、ウルクコゥトゥバ、「ダー ウードゥ ネーレー」イッテネ。[笑いながら]「ウードゥ」ヌーヤガッタラ、ワカラ、ウチ ワカランカッタ「ウードゥ」ユーノネ。(E：ンー)ヤッパリ オジーサンターガ「ウードゥ」ユーノ ヤッパリ ウリターガ、アノー、ウチノ marido ガ ユーノ、シュジンガ ユーノワ、フントーノ ウルククトゥバ ナッテカラ「ウードゥ」ユーテネ。(E：「ウードゥ」{笑い})ダカラ オ、タマニ オカシクテヨ。

E：うん。だから、あの(G：うん、うん)小禄の人はちょっと、こう、なんと言うの…
G：ねー、そんなに、あの(E：うん)小禄の人は…
E：姉さんは、(ポ)たぶんもっと小禄の言葉を使うね。
G：そう。あの、沖縄語を使ったら、小禄方言にね、(E：うん)戻るのよ。(E：うん)それで、あのー、「シブイ【冬瓜】」に「ヒブイ」って言うでしょ？「ヒブイ」って。「ヒブイヌ ヒル ヌディ ヒバ ユゲーチ【冬瓜のお汁を飲んで舌をやけどして】」。{笑い}
E：小禄の人はそんな風に言うの？{笑い}
G：違うよ。これは、あのー、狂言。
E：あー、狂言。{笑い}
G：うん。小禄の人は、あのー、こんな風にして、ねー。
E：うん、うん。【小禄の人を】真似してるわけ？
G：あのー、アクセントを真似して。(E：うん)だから「ヒブイヌ ヒル ヌディ ヒバ ユゲーチ」。
E：あー、あー。
G：ねー、熱い冬瓜のお汁を飲んで、(E：飲んで、し…)舌、舌を…
E：舌をユガ、「ユガイタ」と言うのは？{2 人の笑い}
G：湯がいたの【やけどした】？{2 人の笑い}
E：湯がいて【やけどして】ね。{2 人の笑い}
G：湯がいて【やけどする】、ゆ…{2 人の笑い}{咳払い}それからね、何と言うか、うちの主人が、小禄方言で「どら、ウードゥ【布団】よこせ」と言ってね。[笑いながら]「ウードゥ」は何かって、分から、私には分からなかった、「ウードゥ」と言うのがね。(E：うん)おじいさんたちが「ウードゥ」と言うのを、この人たちが、あのー、うちの(ポ)夫が言うの、主人が言うのは、本当の小禄方言だから「ウードゥ」って言ってね。(E：「ウードゥ」{笑い})それで、たまにおかしくなっててね。

E：ヤッパリ、アノー、ムカシノ　ヒトガ「ウードゥ」、ソンナ　ユーネ。(G：「ウードゥ」ネー)イマノ　ヒトワ　モー「フトン」「フトン」スルケド。

G：エー。タマゴニネ、(E：ンー)「ダーワンネー　チューヤ、チューヤ　クーガ　カディーンダ」ッテ。(E：「クーガ」){2人の笑い}

E：ワッター、「クーガ」ユーノワ　アンマリ　ツカワンネ。(G：ツカワナイネー)「タマゴ」ッテ　ユー。

G：「タマゴ」。ダカラ、ホントーノ　モー　キューミン　ダカラ、(E：ンー)ムカシノ　コトバヨ。

E：アノ、ゾーリ　ナンカニ「サバ」ユー　ヒトモ　イル。

G：「サバグヮー」ユーテ。

E：「サバ」ユー　ヒトモネ。

G：「ダー　ワン　サバグヮーヤ？」ユーテ。(E：ンー)ネー。ト、オカシー　トコロガ　アルノヨ。

E：ワッター　チョーナンガ　チャー　アノー、ウチナーグチェー　オモシロイ　ユーテ、(G：ンー)コトバ　コトバ　ヨク　ユーヨ。ダレヨリ　ヨク　ハナス。(G：アー)イタズラシテサ。

G：アー　イタズラシテヨ。イタズラシテ。アノー　ホンワランチャー　ヤ、ダー。

E：ヘ、ヘソニワ「テンブス」ユーテ。{Gの笑い}オカシーネー　ユーテカラネ。{2人の笑い}

G：[笑いながら]「テンブス」。

E：「テンブス」、オカシーコト、オモシロイ　コトバ　ユーテ。{笑い}

G：ンー、アー、ソー、アノ(E：ンー)マタ、ウチノ　アノー、アノー　cunhada　ネ、(E：ンー)イ、イモートガ、ニホンガッカ　イッタ　トキニ、アノー、「カサニ　ナニテ　ユーンデスカ？」ユーテカラネ。{笑い}「カサ」、アノ、「カサ」ッテ　カクノネー、ナー「ダンガサ」ユーテ。{笑い}

E：アー、「ダンガサ」。{笑い}

E：それで、あのー、昔の人が「ウードゥ」ってそんな風に言うね。(G：「ウードゥ」ね)今の人は、もう、「フトン」「フトン」と言うけど。

G：そうそう。「卵」にね、(E：うん)「さあ、私は今日は、クーガ【卵を】食べてみよう」って。(E：「クーガ」){2人の笑い}

E：私たちは「クーガ」と言うのはあんまり使わないね。(G：使わないね)「タマゴ」って言う。

G：「タマゴ」。だから本当の、もう、旧移民だから、(E：うん)昔の言葉よ。

E：あの、草履なんかに「サバ」と言う人もいる。

G：「サバグヮー」と言って。

E：「サバ」と言う人もね。

G：「ダー　ワン　サバグヮーヤ？【どら、私の草履は？】」と言って(E：うん)ね。おかしいところがあるのよ。

E：うちの長男が、いつも沖縄語はおもしろいといって(G：うん)言葉を【あげて】よく言うよ。誰よりもよく話す。(G：あー)いたずらしてね。

G：あー、いたずらしてね。いたずらして。あの、【男の】子どもたちはね、ほら。

E：おへそには「テンブス」と言って。{Gの笑い}おかしいと言ってね。{2人の笑い}

G：[笑いながら]「テンブス」。

E：「テンブス」、おかしいこと、面白い言葉だと言ってね。{笑い}

G：うん、あー、そう。あの、(E：うん)また、うちの、あのー、あのー、(ポ)義理の姉妹ね、(E：うん)妹が日本語学校に行った時に、あのー、「傘を何と言うんですか？」と言ってね。{笑い}「傘」、「傘」って書くのをね、「ダンガサ[6]」と言って。{笑い}

E：あー、「ダンガサ」。{笑い}

第 2 章　ブラジル沖縄系移民社会の談話　345

G：［笑いながら］「ダ、ダンガサ」。(E：アー) ソシテカラ　マタ　アノー、アノ　「ムスメ」ニワネ　モ、アノ、ネ、「ムスメ」。「ムスメ」ネ。
E：「ムスメ」。
G：「ムスメ」。(E：ウン) ヤッパリ　キ、ハッキリ　キ、キコエナカッタンデショー。「ウスメー」ユーテ。
E：「ウスメー」。{2 人の笑い}
G：［笑いながら］「ウスメー」ユー。「ムスメ」ニ。
E：［笑いながら］「ムスメ」ニ　「ウスメー」。コレワ　モー　シツレーデスネ。{2 人の笑い}
G：ダカラ　タマニ　オカシー　トコロガ　アルノ。{2 人の笑い}
E：ダカラ　ワカラン　ヒトワネ。
G：ンー。ンー。マタ　アノー、オワンナンカニネ　アノ、ミンナ「オワン」ッテ　ユーデショ。(E：ンー)「ンンー、ウチノ　オカーサン　オワンッテ　イワン」［笑いながら］「マカイッテ　ユー」。(E：「マカイ」。{笑い}「マカイ」) ニホンゴガッコ、(E：ン) ニホンゴガッコーノ　センセートネー、(E：ン) モー　ソンナ　イーガーエー　シテヨ。{笑い}
E：ダカラ　アノー　ウチデー、ソンナ、アノ、(G：ンー) シューカンガ　ツイテ、(G：ンー) ヒトニヨッテワ　アノ　アレ　ニホンゴガッコー　ナンカニ　イッテ　「ニクヤ」ッテ　ユーノ　「シシヤー」ヨッテ　ユーテネ。{2 人の笑い} アノ、ウチノ　チョーナンワ　ソレト、アノ、ウチワ　オジー　オバーチャン、ウチナーグチカラ　ニホンゴカラ　português　マゼルデショ。(G：ソー) ニホンゴガッコーノ　トキ　アノー、「ニッキ　カキナサイ」ユータカラ、(G：ンー) ナントカ　ナントカ　カイテ、ジテンシャデ「マワッテカラ」ッテ　ユーノネ、(G：ンー)「ミグッテカラ」ユーテ　カイテアルノ。{2 人の笑い}
G：［笑いながら］ミグッテカラ。
E：［笑いながら］ミグッテカラ。

G：［笑いながら］「ダ、ダンガサ」。(E：あー) そして、また、あのー、あの、「娘」にはね、あの、ね、「娘」。「娘」ね。
E：「娘」。
G：「娘」。(E：うん) たぶん、き、はっきり聞こえなかったんでしょう。「ウスメー【おばあさん】」と言ったって。
E：「ウスメー」。{2 人の笑い}
G：［笑いながら］「ウスメー」と言って。「娘」に。
E：［笑いながら］「娘」に「ウスメー」。これはもう失礼ですね。{2 人の笑い}
G：だから、たまにおかしいことがあるの。{2 人の笑い}
E：だから、分からない人はね。
G：うん。うん。あのー、お椀などにね、あの、みんな「お椀」って言うでしょ。(E：うん)「いいえ、うちのお母さんはお椀とは言わない」［笑いながら］「マカイって言う」と。(E：「マカイ」{笑い}「マカイ」) 日本語学校、(E：うん) 日本語学校の先生とね、(E：うん) もう、そんな言い合いしてね。{笑い}
E：それで、あのー、うちでそんな (G：うん) 習慣がついて (G：うん) 人によってはあの、あの、日本語学校などに行って、「肉屋」って言うのを「シシヤー」だよって言ってね。{2 人の笑い} あの、うちの長男はそれと、あの、うちはおじいちゃん、おばあちゃんが沖縄語、日本語、(ポ) ポルトガル語を混ぜるでしょ。(G：そう) 日本語学校に行っている時に、「日記を書きなさい」って言われて、(G：うん) 何とか、何とか書いて、自転車で「回ってから」って言うのをね、(G：うん)「ミグッテカラ」って書いてあるの。{2 人の笑い}

G：［笑いながら］「ミグッテカラ」。
E：［笑いながら］「ミグッテカラ」。

G：ン。ソー。モー　ヒトツ　オボイダシタ。アノー、コレワ　モー　チーサイトキニー、ネ、チーサイ　トキニー、(E：ンー)アノ、イキガワランチャーガヨ　ウーマク　シテ、アノ、アソブ　トキニサ、(E：アー、ハイ)ムカシネ　オンナノコト　オトコノコー、セ、ナカヨク　イマ、イマミタイニネー、コンナシテ　シナイサネ　シゼンニ？

E：ソー。

G：ンー。マタ　ウーマクワランチャーガ　ミテサ、オンナノコト。ウチ　チーサイ　トキニワー、(E：ンー)オトコノコミタイニー、キノボリガ　ジョーズダッタノヨ。

E：アー、ソーネー。{笑い}

G：イツモ　ガジマルノ　キノ　ウエデ、(E：ンー)アソンデ、ソシテ　イキガヌチャート　イッショニネ　モー。イキガヌチャーヤカモット　イジョーダッタノヨ。

E：ウーマクーダッタ？　Então、ワッターモ。{笑い}

G：アノ　キージラ　カタミティネー、(E：ンー)ガジマルノキーニ　イエ　ツクッテ、コヤ　ツクッテネ、(E：ンー)ムコーニ　オニギリ　モッテイッテカラ　アッチデ　マター、オニギリ　タベテ、ソシテカラ　ウーマクワランチャーガネ、フン、アノー、{咳払い}ミテルトキネ　[リズムを取って]「イキガトゥ　イナグトゥ　カーラブッタイ」。

E：[Gのリズムに合わせて]「カーラ　ブッチャイ。イシ　ムッチャイ」ユーノ。

G：「イシ、イシ　ブッタイ」　ユーテ。{笑い}

E：ワッターモ　ソンナ　ラッタヨ、チーサイトキ。{笑い}

G：ソンナニシテネ、{笑い}イツモ　コンナニ　ユーテ。(E：ンー)ンー　コレ　オボイダシテカラサー。{笑い}ソンナニ　イッテタネーッテ。(E：ンー)ヤッパリ　コノー、コンナニ　イワレタネ、イキガヌチャーヨ　ミンナ　モー、コッチ　キテルサーネ。

E：アー　ソーネ？　ア…

G：うん。うん。もう１つ思い出した。あのー、これはまだ小さい時に、ね、小さい時に、(E：うん)あの、男の子たちがね、やんちゃして、あの、遊ぶ時にね、(E：あー、はい)昔ね、女の子と男の子は仲良く、今、今みたいにね、こんな風にしないでしょ、自然に？

E：そう。

G：うん。また、やんちゃな子どもたちが見てね、女の子と。私は小さい時には(E：うん)男の子みたいに木登りが上手だったのよ。

E：あー、そうね。{笑い}

G：いつもガジュマルの木の上で、(E：うん)遊んで、そして、男たちと一緒にね。男たちよりもっと【やんちゃぶりが】上だったのよ。

E：やんちゃだった？　（ポ）それなら、私たちも。{笑い}

G：あの木切れを担いでね、(E：うん)ガジュマルの木に家を作って、小屋を作ってね、(E：うん)そこにおにぎり持っていって、あっちで、また、おにぎりを食べて、そしてやんちゃな子たちがね、あのー、{咳払い}見ている時にね、[リズムを取って]「イキガトゥ　イナグトゥ　カーラブッタイ【男と女が瓦のようにくっついて】」って。

E：[Gのリズムに合わせて]「カーラ　ブッチャイ。イシ　ムッチャイ【石垣のように重なって】」って言うの。

G：「イシ、イシ　ブッタイ」って言って。{笑い}

E：私たちもそんな風だったよ、小さい時。{笑い}

G：そんな風にしてね、{笑い}いつも、こんなふうに言って【遊んでいたよ】。(E：うん)これを思い出してね。{笑い}そんな風に言っていたねって。(E：うん)やっぱり、この、こんな風に【私と一緒に】言われた男たちがね、みんな、こっちに来てるでしょう。

E：あー、そう？　あ…

第 2 章　ブラジル沖縄系移民社会の談話　347

G：ワン　ンジュサヤー。アネー「Gの名前、イキガトゥ イナグトゥ カーラブッタイ」。{2人の笑い}
E：ムカシワ ソーラッタネ。ワッターモ（G：ンー）チーサイトキ ヨク ソンナ ヤッテ。（G：ンー）アノ、ムカシワ オトコノコト オンナト、テーデモ サワッタラ、モー スグ ナントカ イーヨッタネ。
G：ネー ソンナニ。
E：ンー。{2人の笑い} ヤッパリ アレダネ。
G：オカシカッタヨ。ソシテカラ イキガ ワランチャーガネ、マタ アノー、モー ヤッパリ ウルクンチュッテ、モー ヤッパリ、ジマン シテタンデショ。ネー。アノー、[小禄方言の音調で]「チュヌ トー…、ウルクンチューヤ デージナ ムン」「チュヌ トーフォー（E：トー）ウチュクッティ ヒー パーパー」[笑い]
E：「ヒー パーパー」ユーノ。ワッターモ コレ キータ。{2人の笑い}
G：ネー、ソンナシテ。ウ、ウルクンチュヨ ミンナカラ モー、ア、アノ アノー、ラジオカラモサー、（E：ンー）コンナシテ ジョーダンコトバヨー、ソンナ ナガレテ。ダカラ イツモ コレオ、キオクニ オボエテイルノヨ。
E：アー ソーダッタノ？
G：ウン。（E：***）マタ ココ キテカラモヨ、（E：ンー）コノ Carrão ニ スンデイル、アノ、トナリン ヒトタチガ ヤッパリ ウルクンチュジャナイ？（E：ンー）アノー、コノ ヒト マタ ジョーダン ムカイニサ、[小禄方言の音調で]「ウルクンチュヌ イノー、インマディ ワンワンワン」シ アビータンヤ。{2人の笑い} オカシクテヨ、（E：ンー）マタ コレガ ユーノガヨ、マネシテヨ、（E：アー）ウルコトバデ（E：アー、ソーネ）「ウルクンチュヌ イノー、インマディ ワンワンワン」。（E：「ワンワンワン」）{2人の笑い} ハー オカシクテ。ヤッパリ ウルクンチョー…
E：ウルクコトバラカラ ミンナデ、（G：ンー）コンナニ、イタズラスルンダネ。
G：エ、イタズラシテ。{Eの笑い}

G：私を見るでしょう。【そうすると】ほら、「Gの名前、イキガトゥ イナグトク カーラブッタイ」ってね。{2人の笑い}
E：昔はそうだったね。私たちも（G：うん）小さい時、よくそんなふうだったよ。(G：うん)あの、昔は男の子と女【の子】と手でも触ったりしたら、もう、すぐ何かと言っていたね。
G：ねー、そんな風に。
E：うん。{2人の笑い} やっぱり、あれだね。
G：おかしかったよ。それから男の子たちがね、小禄の人って、自慢していたんでしょ。ねー。あのー、[小禄方言の音調で]「チュヌ トー…、ウルクンチューヤ デージナ ムン、チュヌ トーフォー（E：トー）ウチュクッティ ヒー パーパー【小禄の人は大変だ、他人の豆腐を食べてしまって屁をプーブーひる】」{笑い}
E：「ヒー パー パー」って言うの。私たちもこれを聞いた。{2人の笑い}
G：ねー、そんな風にして。小禄の人ね、みんなから、もう、あのラジオからもねー、（E：うん）こんな風に冗談のような話がね、そんな風に流れて。だからいつもこれが記憶に、覚えているんだよ。
E：あー、そうだったの？
G：うん。（E：***）また、ここに来てからもね、（E：うん）この(ポ)カロンに住んでいる、あの、隣の人たちが、やっぱり小禄の人でしょ？（E：うん）あの、この人がまた冗談みたいに[小禄方言の音調で]「ウルンチュヌ イノー、インマディ ワンワンワン【小禄の人の犬は犬までワンワンワン】」とね、{2人の笑い} おかしくてね、（E：うん）また、この人が言うのがね、真似してね、（E：あー）小禄方言で（E：あー、そう）「ウルンチュヌ イノー、インマディ ワンワンワン」（E：「ワンワンワン」）{2人の笑い} はー、おかしくて。やっぱり、小禄の人は…
E：小禄方言だからみんなで（G：うん）こんな風にいたずらするんだね。
G：うん、いたずらして。{Eの笑い}

E：ネーサン　ホント　ウチナーノ　コト　ヨク　オボエテイルネ。

G：ダカラ　ウチー、(E：ウン)ヨクネ　オジーサント、オジートサ、(E：ンー)アノー、ドッカモ　マワッテルカラ、(E：ンー)マタ　イツモ　オジー、オジーガ　トッテモ　アレダッタ、カワイガッテネ。(E：ンー)ンジョーンマグゥー　ユーテ。(E：アー)マタ　アノー　ナンカ　オーキクナッテカラモサ、モー　ブラジル　ツ、キタトキニダネ、ソレモ、モー　チョードー、ネー、ジューニサン、ジューゴサイ　モー、ネー、(E：ンー　ンー)モー　オヤノ　テツダイ　デキルコロ、イッショーケンメー　スル　ミタラネー、オジーサンガ　アノー、アノー　チョード　アノー、トイレ、コメノ　トイレヨ、(E：アー)コイデ　アレ、ミンナ　コンナシテ　コンナニ　アノ、{咳払い}ミンナ　アノー、コイダラ　アノ　コメ　ミンナ　イネ　カウデショ。(E：ンー)カッタラ、ソバミンナ　オチルノヨネ。(E：Ah, sim.)オチタラ　コレオ　ヒロッテ　コ…デモー、スグオ、オチタ　ドージニ、ミンナ　アノ　イネ、ヒロッテ、(E：ンー)スグ　アノー　アレシテ　アノー　コレデ、ウチナンカ　コズカイ　タクサン　デキタノヨ。

E：アー　ソー。

G：ソシテ、コノ　マタ　オジーサンガヨー、ヤッパリ　ンカシンチュダネ、ソンナ　ユータノ　ワスレテナイヨ。{咳払い}「シタイヒャー　ンマガヌチャー」ユーテ。(E：アー{笑い})ネー。ヨク　コンナシテ。(E：ンー)コレ、コノ　コトバガ　トッテモネー　スゴクー　モー　ネー、サイコーニ　オモッタノヨ。コノ　コトバ。(E：ンー)「シタイヒャー　ンマガヌチャー」ユータカラ。モー　イツモ　オジーサンガ、ニー、ナニカ　シタラ　メダツヨーナ　ホメラレカタ　スルカネーッテ、イツモサー。(E：アー)ダカラ{咳払い}マタ　ウチノ　ニーサンワ　チョーナン。アノー、ウチノ　コノ　{咳払い}アノ　ナンテ　ユーノ、オロクノ　ムンチュー、「屋号名」　オーキーデショ？

E：姉さんは本当に沖縄のことをよく覚えているね。

G：それでね、私は(E：うん)よくね、おじいさんと、おじいさんとね、(E：うん)あのー、いろんなところに行っているから、(E：うん)また、いつも、おじいさん、おじいさんがとってもあれだった、かわいがってね。(E：うん)【自分のもとに】やってきた【生まれてきた】孫だと言って。(E：あー)それから、大きくなってからもね、もう、ブラジルに来た時にね、それも、もう、ちょうどねー、12、3、15歳、もう、ねー、(E：うん、うん)もう親の手伝いができる頃、一生懸命するのを見たらね、おじいさんが、あのー、あのー、ちょうど、あのー、取り入れ、米の取り入れ、(E：ああ)取り入れ、あれは、みんなこんな風にして、こんな風に、あの、{咳払い}みんな、あのー、取り入れしたら、あの、米をみんな、稲を刈るでしょ。(E：うん)刈ったら、まわりにみんな【稲が】飛び散るのよね。(E：(ポ)あー、そうね)飛び散ったら、これ【稲】を拾って、でも、すぐ、飛び散ったと同時に、みんな、あの、稲を拾って、(E：うん)すぐ、あのー、あれして【集めて】、あのー、それで私なんか小遣いがたくさんできたのよ。

E：あー、そう。

G：そうすると、これ、また、おじいさんがね、やっぱり昔の人だ【から】ね、こう言ったのを忘れていないよ。{咳払い}「シタイヒャー　ンマガヌチャー【でかした孫達だ】」と言って。(E：あー{笑い})ねー。よくこんな風にして【言って】。(E：うん)これ、この言葉がとてもね、すごく、もう、ねー、最高に思ったのよ、この言葉。(E：うん、うん)「シタイヒャー　ンマガヌチャー」と言っていたから。もう、いつもおじいさんに、兄さんはどうすれば目立つような褒められ方をされるかなーって、いつも【考えていた】ね。(E：あー)それで{咳払い}また、うちの兄さんは長男。あのー、うちの、この、{咳払い}あの、何て言うの、小禄の門中、「屋号名」は大きいでしょ？

E：ソーネー「屋号名」ワ。
G：オーキー ムンチューノ ナカデ、マタ アノ「屋号名」スグ ツ、ジナンサ。ツギヨネ、ツギデ ヤッパリ、アノ イキ イキガ、ヒトリヨネ、オトコワ。(E: Ah, sim.) オトコ ヒトリデ モー、トテモ カワイー。ダケド、ソンナニ イッテタネ、「ヤーヤネ ヒトリダケド、ヤージューニンガ イジ ナリヨ。ジューニンガー ヤンドー」ユーテ。(E：アー) ソノネー トッテモ スバラシー コトバヨ オジーサン スグ。
E：ムンナレー サセタンダネー、イツモ。
G：ウン。(E：ンー) イツモ。ダカラ、ウチノ ニーサンワ ナンデモ、(E：ンー) オジ、オジーサンニ イツモー ツキソッテ。(E：アー) イロイロ。ダカラ チャー オジーガ イツモ ホメタラ、ドンナシテ ホメラレルカネッテ、イッショーケンメー。
E：アー ヤッパリ、ホメラレルノワ (G：ウン) ウレシーカラネ。
G：ウレシーカラネ。(E：ンー) マタ、オコラレル トキニワ、タ、ティ、ダムンヨ、アノ、タムンノ ウエニ。(E：ン、アー) タムンヨ、ワカルデショ？
E：タムン。ンー ワカルヨ。ウン。
G：タムン。アレニネ、スグ ヒザマズキシテ。(E：ウン) バツヨ モー バツ。(E：アー) タタカレルノワ タタカナカッタ。「コノ、コッチ ヒサマンチー ショーイチュキ」リッチネー。(E：ンー) ソンナ シ、サレタカラ、オジーサンニ。{2人の笑い} ダカラ モー、ソレ スルヨリ ホメラレルホーガ イーンデショ。
E：ソーヨネ。
G：ダカラ、イツモ ワタシネ アノー、キーヌ、キーニ ガジマルノ ウエニ ノボッテ イツモ オジーサンニ ミツケラレテ、「ヤー イナグングヮ。アマ ウティーンドー、ウリラニ」イワシテネ、モー ソノトキニワ イツモ モー バツ サレテ「タッケー」ディ。{2人の笑い} タムンノ ウエニネ、ヒザマンチュー シテ。(E：ヒサマズク) {笑い}

E：そうねー、「屋号名」は【大きい】。
G：大きい門中の中で、また、あの、「屋号名」は次男【という分家だ】よね。次だよね、次で、やっぱり、あの、男が1人よね、男は。(E：(ポ)あー、はい)男1人でもう、とてもかわいい。だけど、こう言っていたね、「おまえは一人だけど、おまえは十人我[7]の意地を持つんだ。十人我だぞ」と言って。(E：あー) そのね、とてもすばらしい言葉をおじいさんはずばり【言ってくれる】。
E：しつけをするんだね、いつも。
G：そう。(E：うん) いつも。それで、うちの兄さんは何でも、(E：うん) おじ、おじいさんに、いつも付き添って。(E：あー) いろいろ。それで、いつもおじいさんが、いつも、褒めたら、どうすれば褒められるかなあって、一生懸命【だった】。
E：あー、やっぱり、褒められるのは (G：うん) 嬉しいからね。
G：嬉しいからね。(E：うん) また、怒られる時には、た、薪ね、あの、薪の上に。(E：うん、あー) 薪ね、分かるでしょ？
E：薪。うん、分かるよ。うん。
G：薪。あれにね、すぐ、正座させられる。(E：うん) 罰だよ、罰。(E：あー) 叩かれることはなかった。「この、こっち、正座していろ」って言っていたね。(E：うん) そういう風にされたから、おじいさんに。{2人の笑い} だから、もう、それより褒められるほうがいいでしょ。
E：そうよね。
G：それで、いつも私ね、あの、木の、木に、ガジュマルの上に登っていつもおじいさんに見つかって、「おまえ、女の子なのに。あそこに落ちるぞ、降りなさい」って言われてね、もう、その時には決まって、「罰を受けていろ」って。{2人の笑い} 薪の上に正座して。(E：正座する) {笑い}

E：デモ、ムカシワ（G：ウン）アノー、コンナ アレモ コワカッタンダヨネ、（G：ウン）バツナンカ。
G：イチバン。マタネー オモイデサー。アノー、ウチナー、「ムーチー」ヨ、ジューニガツ。（E：ンー）オボエテイル？
E：ワタシワ ソンナニ オボエテナイネ。
G：「ムーチー」ヨー。ワカラナイ？ （E：ム…）「ムーチー」ヨー。
E：ンー、「ムーチー」。
G：ジューニガツ 「カーサムーチー」ヨ。{咳払い}
E：ンー、「カーサムーチー」。
G：アノー、テツダッテ ツクッテ、ネ、ソシテ ツクッタラ マタ アノー、ヤッパリ オジーサンチノ ワカイトキニワ ウエヌヤーニネー、「コノ ムーチー ムーチーヨー、（E：ンー）シーティ クーワ」ユーテネ、（E：Ah, sim.）ワタシ ニーサンヨ。（E：ンー）コンナシテカラ、ジブンガ モテルダケ、（E：ンー）ネー、「ジブンノ ウヤヌヤーニ シーティ クーワ」ッテ イカショッタノヨ。（E：ンー）トチューデ、アノー、オーキナ オロクノ ウミヨ、ワッター ニーサン ウーマク ナッテネ、チンブキョ スグ ドコカノ ダキ キッテヨ、（E：アー）ドコカラ ホーチョー モッテキタ ワカランケド、ナイフガ アッタンデショ。（E：ンー）コレ モッテ ウミデ ツリ シテルノヨ。イユ、イユグヮー トッテネ、（E：ウン）トゥッティネ。モー、ジ、サカナ ツルノ ジカン カカルデショ。ナーナ、ウンニーネー、モー ヤーシク ナイセーネ。タイグン ミナ、ヤーシク ナトゥーシガテー、ニーサンワ ウーマクダカラ、「ディ クリ カマー」リチ、{2人の笑い}「クヌ ムチー リッカ カマー」ディチ。（E：カマー）ワタシワ モー「コレネー アマンカイ ウサギーサクトゥ {Eの笑い} ダメヨー」ユーテネ。「アー、オジー ワカランサ、リカー ウチカマー」。{2人の笑い}
E：ウチタベタノ？　{笑い}

E：まあ、昔は（G：うん）あのー、こんなあれ【正座】も怖かったんだよね、（G：うん）罰とか。
G：一番【恐かった】。また、【それも】思い出ね。あのー、沖縄の「ムーチー[8]」ね、12月【にある】。（E：うん）覚えている？
E：私はそんなに覚えていないよ。
G：「ムーチー」よ。分からない？　（E：ム…）「ムーチー」よ。
E：あー、「ムーチー」。
G：【旧暦】12月の「カーサムーチー」よ。{咳払い}
E：うん、「カーサムーチー」。
G：あのー、手伝って作って、ね、そして、作ったら、また、あのー、やっぱりおじいさんの若い頃に本家にね、「このムーチー、ムーチーを、（E：うん）持って行きなさい」と言ってね、（E：(ポ)あー、そう）私と兄さんにね。（E：うん）こんな風にして、自分が持てるだけ、（E：うん）ねー、「自分の本家に持って行きなさい」って【おじいさんが】行かせたのよ。（E：うん）途中で、あの、大きな小禄の海でね、兄がやんちゃになって、釣竿ね、すぐ、どこかの竹を切ってね、（E：あー）どこから包丁を持ってきたのか分からないけど、ナイフがあったんでしょう。（E：うん）それを持って海で釣りを始めたのよ。魚、魚を取ってね、（E：うん）取ってね。もう、じ、魚を釣るのは時間かかるでしょう。そして、そうこうしているうちに、お腹がすくでしょう。最後にはお腹がすいて、兄さんはやんちゃだから、「さあ、これ食べよう」と言って、{2人の笑い}「この餅を一緒に食べよう」って。（E：食べよう）私は「これはね、あちら【本家】にお供えするものだから {Eの笑い} だめよ」って言ってね。「いや、おじいさんには分からないよ、一緒に食べてしまおう」って。{2人の笑い}

E：食べてしまったの？　{笑い}

G：［笑いながら］ムル ウチカディ ネーラン。{2人の笑い} ムル ウチカディ ネーラン。ウリンカイ ウチカマー、ウマニカイネ、フタ、フタリトモヨー。(E：ンー) ワッター ニーサンガ、「オジーンカイ イーランドー。ムッチ ンジャンッチ、ウシー シーティ チャンチ、イクーワ」。ソシテカラ モー ココロワネ、スマンケドヨ モー{咳払い}ヤッパリ、マタ コレ モーシアゲタラ、オニーサンニ タタカレルカラ、(E：ンー) スグ ラリークトゥネ。マタ、ウチ、ワッターヤ マタ「オジー タダイマ」ユーテ カエッテカラサ、「アヌ アマンカイ ワッターヤ ンジ チャービタン、チャービタンネ」ユーテ、ソシタラ オジーサン、「シタイヒャー ンマガヌチャー」。{Eの笑い}モー ハズカシクテ。{2人の笑い}モー トッテモネー、ハズカシクテ。ソントキニ イクツダッタカネー。ウチガ、ナナサイ。(E：ンー) ニーサンガー、フタツ ウエダカラ、キューサイ。トッテモ ウマクジ、ジブンヨー。(E：ソーネ) トッテモ ウーマク ジブン(E：ンー)、ダカラ、ソレダケワ ホントノ コト イエナカッタ。モー モー ホントニ{2人の笑い}ウソ ツイテ、ウソ ツイテヨ。

E：ウサゲルノモ ミンナ ウチタベタ。{笑い}

G：ウン、ウン。ダケドサー モー、モー、ナンカイモ イッテルカラ、(E：ンー) コンナニダッタヨー ユーテ、ダケ オバーニワ ユータノネ。「アノネー アノ ハチームーチーネー、シーティクヮッチ、ワッター タイシ ウチカディ ネーラン」ユーテカラネ。「ナ、シムサナ オジー ワカイミシェーサ」ユーテ。{2人の笑い}

E：モー コドモダカラネ。

G：ダカラ(E：ンー ンー ンー) ソントキ トッテモ オカシカッタヨ。{笑い}

E：イー オモイデニ ナッテイルネ。{笑い}

G：［笑いながら］全部食べてしまった。{2人の笑い} 全部食べてしまった。食べてしまって、そこにね、ふた、2人ともね。(E：うん) うちの兄さんが、「おじいさんに言うなよ。【餅を】持って行ったって、お供えして来たって、言って来い」と言って。それで、もう、心はね、申し訳ないけどね、もう{咳払い}、やっぱり、これを申し上げたら兄さんに叩かれるから、(E：うん) 殴られるからね。だから、私、私たちは「おじいさん、ただいま」と言って帰ってからね、「あの、あちら【本家】に私たちは行ってきました、きました【から】ね」と言って、そしたらおじいさんは「シタイヒャー ンマガヌチャー【よくやった、孫達よ】」って。{Eの笑い} もう、恥ずかしくて。{2人の笑い} もう、とってもね、恥ずかしくて。その時はいくつだったかな。私が7歳。(E：うん) 兄さんが2つ上だから9歳。とってもやんちゃな時分だね。(E：そうね) とってもやんちゃな時分だから(E：うん)、それだけは本当のことが言えなかった。もう、もう、本当に{2人の笑い}嘘ついて、嘘ついてね。

E：供えるのも全部食べてしまった。{笑い}

G：うん、うん。だけどね、もう、もう、何回も言っているから、(E：うん) こんなだったよと言って、それで、おばあさんには言ったのよ、「あのねー、あの、ハチムーチー[9]を持って行きなさいって【言われたけど】、私たち2人で食べてしまった」と言ってね。「もう、いいよ、もうおじいさんは分かっていらっしゃるよ」って【おばあさんは】言った。{2人の笑い}

E：まだ、子供だからね。

G：そんなわけで、(E：うん、うん、うん) その時はとってもおかしかったよ。{笑い}

E：いい思い出になっているね。{笑い}

G：ダカラ コノ オモイデヨ（E：ンー）ウチ、タイ、ニーサント フタリネ、「ニー、ウビトゥミ？ アヌ ワッタータイ ウチカダル ムーチーヨ。アヌ オジーンカイ ダッテーン ムッチ ンジチャービタンンディヤーカイ、ンダ、フミラッティ」。{2人の笑い}

E：グソーニワ ブリー ナッタネ。{笑い}

G：ダカラ オジー メーンカイ ティーカミネー「ワッターヤ ナー ユクシムニー イー、イチン ナー モーシワ、エ、モーシワケ ネービラン」ディチ。{2人の笑い} ワッター ニーサンカイネー、「リッパナ オジー ンカイネー クネーミソーリ」ンディチ ウ、ウ、ウグヮンティー アギラネ。{笑い}

E：モー、ワラビ ヤクトゥ、モー ワカッテルヨネ。{笑い}

G：デモ、イロイロネー、タクサン オモイデ アルヨ。（E：ンー）

E：Eu ワ モ、オキナワノコト、ソンナニ、モ、イツツラッタカラ、（G：ウン）トクベツニー、ヤッタコト アレコレ オボエテルネ。

G：それでこの思い出ね、（E：うん）私、兄さんと2人でね、「兄ちゃん、覚えている？ あの私たち2人で食べてしまったムーチーよ。あの、おじいさんに、持っていってきましたと言ったら、とても褒められて」って。{2人の笑い}

E：ご先祖にはご無礼してしまったね。{笑い}

G：それで、おじいさんの前【仏前】に手を合わせて、「私たちは嘘を言、言って、申し訳ありません」って。{2人の笑い} うちの兄さんには、「立派なおじいさんに許してください」と言って、お、お、拝み、手を合わせないと【いけない】ね。{笑い}

E：まあ、子どもだから、まあ、分かっているよね。{笑い}

G：まあ、いろいろねえ、たくさんの思い出があるよ。（E：うん）

E：(ポ)私は沖縄のこと、そんなに、【沖縄から移住したのは】まだ5つの時だったから、特別に【沖縄で】やったこと【なら】あれこれ覚えている【けど】ね。

1 　三味線に合わせてみんなで即興で踊る、テンポの速い沖縄の踊り。お祝いの席の最後などに老若男女、主催者と招待客がみんなで入り乱れて踊る。

2 　沖縄の農村で古くから、稲の植え付け後やサトウキビの収穫後などの農閑期に、慰労のために行う行事。その日は歌や三味線などで楽しむ。この行事はブラジルの沖縄系日系社会でも行われている。

3 　「アンダギー」は小麦粉を材料にした揚げ菓子のことで、砂糖を入れたものは特に「サーターアンダギー」という。沖縄の行事には欠かせないもの。

4 　「ヒヤヨー」、「ヒヤサッサイ」は囃子。ここでは、カチャーシーで軽快に調子をとって踊る様子や踊りへと誘う様子を言っている。

5 　小禄方言は一般的に那覇近郊の方言の中でも音調に特徴のあることがよく知られていて、小話や芝居の中で面白おかしく取り上げられることが多い。

6 　「ダンガサ（＝蘭傘）」とは、「こうもり傘」の意。沖縄方言での一般的な言い方。

7 　「十人我」とは、1人で10人分の力を発揮するという意。

8 　年中行事名。鬼餅。旧暦12月8日に鬼餅を作って食べる沖縄の行事の名。また、鬼餅そのものも指す。クバの葉やゲットウの葉で包んだもち米粉をこねて蒸したもの。厄払いにかまどや仏壇などに供え、家族の無病息災を祈る。

9 　初ムーチー。子供が生まれて最初に迎えるムーチーのこと。

談話【5】

音声ファイル名：brasildanwa_okinawa2008_5_1.wav（前半部）、
brasildanwa_okinawa2008_5_2.wav（後半部）

収録地点：サンパウロ市ビラカロン地区

収録日：2005年7月26日

話者：

① H：サンパウロ市ビラカロン地区在住。二世。1979年生まれ（収録当時27歳）。男性。サンパウロ市出身。ブラジル国籍。現在、化粧品販売業に従事。Ｉの親戚の息子。

② I：サンパウロ市ビラカロン地区在住。一世。1953年生まれ（収録当時52歳）。男性。沖縄県島尻郡小禄村出身。日本国籍。1961年、7歳の時にブラジルに移住。現在、建設資材販売業に従事。Ｈの親戚。

談話時間：14分34秒（前半部）、16分33秒（後半部）。

談話の概要：ＨはＩの親戚の息子である。若いＨはまだ完全には独立しておらず、Ｈの父親と一緒に化粧品販売店を経営している。談話の前半部では、年長のＩが自分たちの若い頃の話や、長男としての責任を背負うことについて、そしてＩが移住当初ことばの問題で苦労した話などを語り、談話の後半部では、商売の経営や、Ｈの兄弟が将来どういう仕事をするのかなどについて、Ｈの考えを聞きながら、まだ年若いＨに先輩としてアドバイスをしている。なお、Ｈは談話【2】の話者Ｄの息子である。

Ｉ：［息を吸う］キョーワ［タバコを吐く］ン？　サムイネ。Já tá frio, né? Hoje.
Ｈ：キョー。ハイ。（Ｉ：ン？）ホント　サムイ、キョー。
Ｉ：De manhã táva um pouquinho mais quente, que chega loja fica um pouco mais frio, né?
Ｈ：シー。
Ｉ：［お茶を飲む］シー。アンシー、{Ｈの咳払い}アー、ニチヨー、ドイ、ド、ドヨー　ドヨー　ニチヨー、ドコエ　デテル？　シー、アソビニ　ドコニ　イクノ？　アンタワ？
Ｈ：アソビ？
Ｉ：エー。

Ｉ：［息を吸う］今日は［タバコを吐く］ん？　寒いね。(ポ)もう寒いね、今日は。
Ｈ：今日。はい。（Ｉ：ん？）ほんとに寒い、今日は。
Ｉ：(ポ)朝は少し暖かかったけど、店に着いたら少し寒くなったね。

Ｈ：うん。
Ｉ：［お茶を飲む］うん。それで、{Ｈの咳払い}あー、日曜、土曜、土曜、日曜はどこに出ているんだ？　んー、遊びにどこに行くの？　君は？
Ｈ：遊び？
Ｉ：うん。

H：アソビワー…（I：エ?）ナナニウ？（I：ト…、ン?）ア、カラオケニ　イク。

I：ンー、トモダチト？
H：ハイ。
I：イッショニ？　モー、モー　namorar モシテル？
H：アー、マダー、（I：エ?　エ?）ナニユー。{笑い}
I：コイビトー、マダ　サガシテナイ？
H：マダー、ア、マダー　サガシテル。
I：{笑い}サガシテル。{笑い}「Hの名前」モー　イクツ　ナルノ？
H：ニジュー、ニジュー、ニジューシチ。
I：ア、ニジューシチ。オー、モ、イー　イートシダネ、{Hの笑い}ンー。オー、オジサンダチワ、エー、ニジューシゴグライカラ、アー、モー、namorar モ　シテ、ニジューシチマングラ、モー　ケッコン　シタッタネ、ワッター。ン、ワッター　モー、コン　トシゴロワ　モー、já casado já.（H：ンー）エー、エー　コー、コヤコー、ンー、イー　トモラチ　サガシテ　スグ、arruma logo namoradinha, né? namorada.
H：ンー、ハイ。（I：ンー）アノー　タクサン　トモダチー、[Iがタバコを吐く]ナニユー？（I：ンー）アノー　イッパイ　トモダチガー　ンー、デキタラ…{笑い}
I：*** Nessa, nessa idade, é...*** varios amigos ** namorada não tem?
H：アー、（I：ン?）tem... ハイ、タクサン　アル。（I：ンー）ハイ。
I：ア　ー。Mas também na, na, na sua idade, eh, tinha bastante amigos também. Tudo nessa idade, nós também tá já, tudo namorando, né?。
H：ンー、ハイ。
I：E sempre almejava, né? アー、（H：ウン）ン、アノー、um amigo, amigo ガ、モー　começou namorar, aí cada um　foi atrás procurar sua namorada, não?（H：　ンー）sua namorada também, ** nessa idade.

H：遊びは…（I：え?）【日本語で】何と言う？（I：と…、ん?）あっ、カラオケに行く。
I：んー、友だちと？
H：はい。
I：一緒に？　もう、(ポ)恋愛もしてる？
H：あー、まだ、何だよ。{笑い}
I：恋人はまだ探してない？
H：あ、まだ、探している。
I：{笑い}探している。{笑い}「Hの名前」は、もう、何歳になるの？
H：27歳。
I：あ、27。もう、いい歳だね、{Hの笑い}んー。おじさんたちは 24、5 ぐらいから、(ポ)恋愛して、27 歳頃には、もう結婚していたね、僕たちは。僕たちはこの頃には、もう、(ポ)もう結婚していた。（H：うん）早く、いい友だちを探して、すぐ、(ポ)新しい恋人をすぐ手に入れてね、恋人を。
H：んー、はい。（I：うん）あのー、たくさん友だちは… [Iがタバコを吐く]【日本語で】何て言う？（I：うん）あのー、いっぱい友だちができたら…{笑い}
I：(ポ)*** この年頃は…*** いろんな友だち ** 恋人はいないの？
H：あー、（I：ん?）(ポ)ある…。はい、たくさんある。（I：んー）はい。
I：あー。(ポ)だけど君の年頃には、僕にはたくさん友だちがいたよ。このぐらいの年頃には、僕たちはすでにみんな恋愛していたんじゃないかな？
H：んー、はい。
I：(ポ)それにいつも【恋愛を】望んでいたじゃないかな？　あー、（H：うん）あのー、(ポ)1 人の友だち、友だちが(ポ)恋愛を始めたら、それを追いかけてそれぞれが恋人を探したものだよ。（H：うん、うん）(ポ)自分の恋人もね、その年頃には。

第 2 章　ブラジル沖縄系移民社会の談話　355

H：アノー、ナン、シー、アン、エー…［I が タバコを吐く］ O que fala...?｛笑い｝ トモダチー サンジュー、(I：サンジューダ イ ン ー)アー、マダー、マダー (I：**) サガシテイル。｛2 人の笑い｝
I：エー。シー。**。エ、モー モー エー… オ… No, no, na nossa época, né? era bem (H：ウン)アノー… era... já... no... essa... mudou tempo, né? Época, época, né? (H：ウン) Na nossa época, era todo mundo ミンナ、エー namorar モ シテ、エー シゴトモ シナガラ。
H：ウン。
I：シー。***
H：アノー、Todo mundo, ナニユー？ イッパイ、todo mundo casar... casava praticamente mesma idade.
I：É. Quase mesma idade, é. (H：シー) Até サンジューマデ já prati... praticamente fechou circulo. (H：シー) Ah... no... na nossa época, né? エー Acho que... シー eu conheci, eh, minha esposa também. Conhecia faz tempo, hein! アノー、エ エー、e minha esposa fica prima, seu pai, né? (H：シー、アー、ハイ)オトーサント イトコラチガネ、(H：ハイ、イ トコ。ン)ウン。Então, quando エー ワ シガ convidei アノー、アー、***「イッショニ エーガ デテモ」、cinema, né? Acho que cinema, "Vamos! Vamos!" ユーテ (H：アー ハイ) Quando falei, né? (H：ウン) para minha esposa、エー aí, eu fui perguntar pra seu, pra seu pai. (H：シー) アー、アー Eu... (H：アノー)ダイ、ツギノ ニチヨーベー エー、アノー、(H：Convidar) eu convidei (H：ウン) sua prima, né? アー、アー。(H：アー アー。オトーサンノ トシ)ウン。E eu vou (H：イトコネ、｛笑い｝イトコ。***) vou, vou levar cinema, né? ッテ ユーテ。(H：ン) Aí, seu pai, eh, seu pai veio no sábado, na minha, na minha casa, né?(H：シー ハイ。ウン) Aí, oh, vamos lá no meu tio, é. ワ、ワシノ sogro, né? (H：シー) "Vamos, vamos

H：あのー、何、んー、あん、えー…、[I が タバコを吐く](ポ)【日本語で】何て言うのか…？ ｛笑い｝ 友だちは 30 で、(I：30 代、んー)まだ、(I：**)【恋人を】探している。｛2 人の笑い｝
I：あー。うん。**。えー、もー…(ポ)我々の時代はね、とっても…(H：うん)あの…(ポ)時代が変わったでしょ？ 時代が、時代が、ね。(H：うん)(ポ)我々の時代はみんな…みんな、(ポ)恋愛もして、仕事もしていたよ。

H：うん。
I：うん。***
H：あのー、(ポ)みんな、【日本語で】何て言う？ いっぱい、(ポ)みんな結婚…実際に同じくらいの年頃で結婚していた。
I：(ポ)そう。だいたい同じ年頃。うん。(H：んー)30(ポ)までに実際、一通り終わっていた。(H：うん)(ポ)我々の時代はね。えー、(ポ)たぶん…、んー、(ポ)【その頃には】家内とも出会っていたよ。【家内のことは】ずいぶん前から知っていたんだよ！あのー、えー、(ポ)それに僕の家内は君のお父さんのいとこになるんだ。(H：うん、あー、はい)お父さんといとこたちがね、(H：はい、いとこ。うん)う ん。(ポ)それで、僕が(ポ)誘った時、あのー、「一緒に映画でも【行きましょう】」と、(ポ)映画ね。映画だったと思う。「行きましょう！行きましょう！」って言って。(H：あー、はい)(ポ)そう言った時にね、(H：うん)(ポ)僕の家内に、えー、(ポ)それで、僕は君のお父さんに聞きに行ったんだ。(H：うん)あー、(ポ)僕は (H：あのー)次の日曜日に、あのー、(H：(ポ)誘った)僕は (H：うん)(ポ)彼のいとこを誘ったね。あー。(H：(ポ)ああ、お父さんの年)うん。(ポ)そして「僕が、(H：いとこね、｛笑い｝いとこ。***)(ポ)映画に連れて行きます」って言って。(H：うん)(ポ)それで、君のお父さん、君のお父さんが土曜日に僕の家に来た。(H：うん、はい。うん)(ポ)それで「おじさん

lá!" (H：ン)　É. É. *** Na mesma semana, já ganhei... {笑い} conquistei sogro e sogra. (H：ア、アノー、ganhou, ganhou confiança.) Já ganhei confiança (H：ウン、ウン) do sogro e sogra. ホイデ シエイタ。(H：ンー) エー アー モー、エー quando seu pai, エー já tinha amizade, né? mas eu tinha mais amizade... (H：ウン) com... com seu tio. O seu tio,「人名」que faleceu. (H：「人名」? アー アー アー) É. アノー ナクナッタノ オジサンノ「人名」。エー、アー、キノー ドーキューセイ ダカラ、ンー mesma idade, né? oh, o seu tio,「人名」, né? (H：ウン) Então, tinha bastante amizade. Então, seu, seu pai, エー já conheci eu como amigo do irmão dele, né? oh...「人名」, né? E deu voto de confiança アー、アノー para mim, né? Aí, foi mais fácil de como chegar conversar com seu pai, e "Vamos, vamos lá então, {笑い} vamos lá no meu tio. (H：ンー) Vamos lá ganhar, conversar com meus..." meu futuro sogro, né? (H：アー ハイ。ウン {笑い}) Foi desse jeito アノー na minha época, né?. [お茶を飲む] エー、アンタラチモ、ンー キョーダイワ、Vocês são em três, né? サン、ナンニングライ イルノ？キョーダイワ？

H：アー　(I：*) Família? Três. サン。
I：エー、Você, vocês são três, né? (H：サン) ン。Você ガ você ガ チョーナンネ。
H：ハイ、チョーナン。
I：チョーナン。マタ エ？マタ アトゥカラ ダレ ダレ？
H：エー 「人名」(I：「人名」ガ) ジナ、ジナヌー。(I：ジナン) ジナン。
I：マタ アトゥカラ マタ 「人名」？エー。ンー。「人名」ト、「人名」ト「人名」ワ、アー ニホンデ ハタライテルネ？
H：ハイ。

のところに行こう」と言って。僕の (ポ)【今の】お舅さんね。(H：うん) (ポ)「行こう、そこに行こう！」って。(H：うん) (ポ) そう。そう。*** その同じ週には、もうお舅さんとお姑さんの {笑い} 心をつかんでいた。(H：あ、あのー、(ポ) 信頼を得ていたんだ) (ポ) すでにお舅さんとお姑さんの信頼を (H：うん、うん) (ポ) 得ていたんだ。そうして知り合ったんだ。(H：うん) えー、(ポ) 君のお父さんが、えー、(ポ)【僕はお父さんとは】親しくしていたけれど、彼のおじさんとはもっと親しかったんだ。(H：うん) (ポ) 亡くなった「人名」というおじさん。(H：「人名」？ ああ) (ポ) ああ、亡くなったおじさんの「人名」。同級生だから、(ポ) 同い年ね、「人名」おじさんとはね。(H：うん) (ポ) そして、とっても親しくしていたんだ。だから君のお父さんは、えー、(ポ) 彼の兄弟の友人として僕を知っていたんだよ。「人名」ね。だから信頼を得ていたんだ。あの、(ポ) ぼくにとってはね。それで君のお父さんと話すのはとても簡単だったんだよ。「行こう！{笑い} おじさんのところに行こう」って。(H：んー) (ポ) そこに行って【信頼を】得よう、僕のおじさんと話をして…」って。僕の将来のお舅さんとね。(H：あー、はい、うん {笑い}) (ポ) こんな風だったんだよ、あのー (ポ) 僕の時代はね。[お茶を飲む] 君たちのきょうだいは、(ポ) あんたたちは3人だよね？ 何人ぐらいいるの？ きょうだいは。
H：あー、(I：*) (ポ) 家族？ 3人。3。
I：あー、(ポ) あんたたちは3人でしょ？ (H：3) ん。(ポ) 君が、(ポ) 君が長男ね。
H：はい、長男。
I：長男。そのあとは、誰と誰？
H：ええっと、「人名」。(I：「人名」が) 次男。(I：次男) 次男。
I：それから「人名」？ えー。んー。「人名」と、「人名」と「人名」は、日本で働いているの？
H：はい。

第 2 章　ブラジル沖縄系移民社会の談話　357

Ｉ：ウン。アンシー「Ｈの名前」ワ、ン？ ンー、ニホンニ、não tem vontade ir?
Ｈ：É．アノー、アー　スコシ… tenho vontade.
Ｉ：Vontade, né?
Ｈ：ウン。
Ｉ：ン。ア、Por ser… アノー　チョーナン　ダカラネ、você. Eu também sou チョーナン。(Ｈ：ンー) ン。*** オー então、コノ　チョーナンリ　リュッタラ sempre tem responsabilidade, (Ｈ：Mais responsabilidade…) né? (Ｈ：ン) para toma conta no… オトーサン　オカーサンタチ、マタ、ミナガラ、イッショニ、エー　tem, tem que ficar sempre mais junto, né? com (Ｈ：ン　) os pais, né? [マッチを擦ってタバコに火をつけ、煙を吐く] E… Atual momento, o que que que tá…tá estudando também? ベンキョーシテル。
Ｈ：アノー、アノ　só　シゴト　スル。
Ｉ：ンアー、só　シゴト。ガッコーワ　マタ　ナンネンマデ　アルイタ[1]？
Ｈ：ガッコー？
Ｉ：ウン。
Ｈ：アノー、porque desistiu?
Ｉ：エ？　Não, não, até que ano andou escola[2]？
Ｈ：アー、Terceiro…（Ｉ：Colegial?）terceiro colegial.
Ｉ：Colegial ジャー　イーヨ。　ガンバッテルネ。サー。ナンデー、ナンデー、ナンデ　マタ、アー　ガッコー　ツヅケ、ツヅケナカッタ　アノー、porque não, não por, não por, não se, não por seguir…
Ｈ：Não conseguiu? エー　アノー…
Ｉ：エ？　Não tinha vontade de estudar?
Ｈ：É, também.
Ｉ：クレー　エ、エ…
Ｈ：アノ　シゴト também atrapalha、ジャ…　ア　スコシ　ジャマスル。
Ｉ：アー、アー、ア　アー　(Ｈ：アノ) ベンキョースル…
Ｈ：アノー、ガッコーニ　オワッテー　スグ、ウー　シゴトスル。

Ｉ：うん。それで、「Ｈの名前」は、ん？ んー、日本に(ポ)行く意志はないの？
Ｈ：(ポ)うん。あのー、少し(ポ)【日本に行く】意志がある。
Ｉ：(ポ)行きたいの？
Ｈ：うん。
Ｉ：んー。(ポ)【長男】であるから…、あのー、長男だからね、(ポ)君は。僕も長男。(Ｈ：うん)うん。(ポ)だから、長男と言ったら(ポ)責任がいつもある、(Ｈ：(ポ)【他の兄弟より】もっと責任が…) でしょ？　(Ｈ：うん)(ポ)…の世話をしたり、お父さん、お母さんたちを世話しながら、一緒に、(ポ)【他の兄弟より】もっと一緒に、いつもいなきゃいけないよね？　(Ｈ：うん)(ポ)お父さんとお母さんと。[マッチを擦ってタバコに火をつけ、煙を吐く](ポ)それに…．最近はどう？　勉強もしてる？　勉強してる？
Ｈ：あのー、仕事(ポ)だけする。
Ｉ：あー、仕事(ポ)だけ。学校は何年生まで通ったの？
Ｈ：学校？
Ｉ：うん。
Ｈ：あのー、(ポ)どうして諦めたかって？
Ｉ：え？　(ポ)いやいや、学校は何年生まで通ったの？
Ｈ：あー、(ポ)3年生…（Ｉ：高校?）高校3年生まで。
Ｉ：(ポ)高校じゃあいいよ。頑張っているね。なぜ、なぜ学校は続けなかったの？あのー、(ポ)なぜ続けなかったの？

Ｈ：(ポ)なんでできなかったのかって？えー、あのー…
Ｉ：え？　(ポ)勉強する意志はなかったの？
Ｈ：(ポ)うん。それもそう。
Ｉ：これは、え、え…
Ｈ：あのー、仕事、(ポ)【仕事が勉強を】混乱させる、少し邪魔をする。
Ｉ：ああ、あー(Ｈ：あの)勉強する…
Ｈ：あのー、学校が終わるとすぐ仕事をする。

I：ンー ソーダネ。マタ チョーナンダカラ モー、ンー ソノ コノ ソノ responsabilidade＊ マタ オー（H：アノー）オトーサンラチ、ajuda スルッテネ。

H：ンー。（I：ン）アノー、ベンキョー スコシ ジャマスル。（I：ンー）É, atra... atrapalha um pouco.｛笑い｝

I：ン。エ… eu também, eh, eu também quando vim do Japão, vim com 7 ano, né?（H：ン）vim com 7 ano, mas... アノー エー、o que... primeiro ano, イチネンセイ、サンカネンヨー repeti.（H：ンー）Três ano seguido. Então, コレ acho que por …, アノー acho que, porque era... アノー ナント ユーカ、アノー、エー、（H：ウントー、ウントー ナニユー？＊＊…) não sabia, não sabia comunicar, né?（H：ンー）comunicar, então, repiti（H：アー）três, três ano, oh… イチネンセイ。Aí, depois que vim com... アー do interior, イナカカラ、São Paulo ニ キテカラ、aí, fiquei mais assim...（H：Acostumado.) acostumou, né? Mas já..., aí, comecei passar＊＊（H：ンー）aqui no escola「学校名」、né? onde vocês...｛咳払い｝Eh... hoje, hoje em dia, tá mais fácil, né?　Eh... e「Hの名前」ン？

【中略】

I：アンシー「Hの名前」、エー、ナン、ナンノ スコシー ニホ、ニホンゴ、オーベンキョーシタノ？ シラガナ、ヒラガナ カタカナ aprendeu alguma coisa?

H：アー ヒラガナー、ナニユー？ エー…

I：アンシ、コノ letra pequeno, né?

H：Não, não、ヒラガナ ワカル。É.

I：ウン、ヨー ヨー ガンバッテルヨ アンタ。エー eu, eu ラチモ、eu também quando, quando vim do オ、オキナワ com 7 ano,（H：ン）praticamente エー、イナカニ fiquei サンカネンネ。E モー イトコラチネ、os primo era tudo oh… ニセイ, né?（H：ン）E

I：うん、そうだね。長男だから、(ポ)責任【があるよね】。(H：あのー) お父さんたちを(ポ)手伝いする【責任】がね。

H：うん。(I：うん) 勉強は少し邪魔をする。(I：うん) (ポ)そう、少し邪魔する。｛笑い｝

I：うん。え…、(ポ)僕も、日本から来た時、7歳だったね。(H：うん)(ポ)7歳で来たけど…あのー、えー、(ポ)何ぃ1年生、1年生を3年間(ポ)繰り返した。(H：うん)(ポ)3年間連続で。それで、これ、(ポ)たぶん…あの(ポ)たぶんあの時は…、あのー、何というか、あのー、えー(H：うんと、うんと、【日本語で】何て言う？ (ポ)＊＊＊)【ポルトガル語で】意志を伝えることを知らなかったんだね。(H：うん)(ポ)【ポルトガル語で】意志を伝えるってことを。だから繰り返したんだ(H：あー)(ポ)3年間、1年生を。(ポ)それで…と一緒に田舎から出てきた後に、田舎から(ポ)サンパウロに来てから、(ポ)それで、自分はこう…(H：(ポ)慣れた) 慣れたね。だけどもう…(H：うん)(ポ)ここの「学校名」に通い始めて…。君たちの…｛咳払い｝(ポ)えー…近頃はもっと簡単じゃない？ え…それに、「Hの名前」、ん？

【中略】

I：それで「Hの名前」、少し日本語を勉強したの？ ひらがな、カタカナ、(ポ)何か勉強したの？

H：あー、ひらがな、【日本語で】何て言う？ えー…

I：その、この(ポ)小さな文字ね。

H：(ポ)いやいや、ひらがな、分かるよ。(ポ)うん。

I：うん、よく頑張っているよ、君は。(ポ)僕、僕たちも(ポ)僕も7歳で沖縄から来た時、(H：うん)(ポ)実質、田舎に(ポ)いた、3年間ね。(ポ)そして、いとこたちは、(ポ)いとこたちは全部…二世だったね。(H：うん)(ポ)そしてブラジル語だけで話していたね。(H：ブラジル語) う

com só falar brasileiro[3], né? (H：ブラジルゴ）ン。ブラジルゴー　ダカラ　*　ツカッテ。Então, ン ー　ジェンブ　ワスレタ。(H：シー) アー　アノー、オキナワカラ　キテカラ。フントー、コノ、オキナエー　イナカカラ　マタ　São Paulo ニ キテ、(H：ン) エー、コノ、エー　トモラチ、ジェンブ　オキナワケンガイ　コッチニ　イッタッカラ、アー　então, e tinha basatante amigos, né?　アノー que é, eh, da mesma idade que veio do　オキナワ, né?　aqui no Vila Carrão, aí, eh, passei, eh, tem mais contato, né? com os menino ウチナンチュ, né?　(H：シー) オキナワケンノ。Aí, sempre tive aquele no... no peito no aquele sentimento assim de como イッセイ, né? (H：ンー) Aí, eu, eu sempre, eh, me, me esforcei, né? É. コレ、エー、O que... Vem com 7 ano de lá pra cá, esqueci tudo. Esqueceu tudo. Ah, depois tem que começar aprender スコシ、エー　ニホンゴーモ　オキナワゴーモ　ブラジルゴーモ。Fica tudo... oh... O que, o que fala...?　ハンパ。ハンパー　ユータラ、エー　ウチナーグチンカイ　ハンパー　ディネー　アヌー　アヌー　アヌー、モー　ジェンブ、não sabe falar muito nem aquele nem esse nem aquele...nem ブラジルゴ, né? E isso, aí, tudo (H：ン) depende de esforço, ne? Cada um. (H：ン) Eu me esforçei, né? ah... para aprender. オ、アンシー、イマー、[タバコを吐く]「人名」ター、oi, eh? tem... tem tá almeje... almejando alguma coisa? Você, você tem algum o... objetivo para tá pensando alguma coisa de... para futuramente? O que que, o que você tem em mente?

H：アー、シー、ア、アー（I：Que oh...）ganhar..., ah, ganhar..., ah, ganhar vida, né?

I：É. Se esforçar junto com pais, junto, né? (H：シー) Porque papai ター、アー、アーtá montando outra loja, uma para outra ficar mais fácil, né? Para trabalhar, né? {Hの深呼吸} Isso aí, isso aí, devagarzinho, né? エー、

ん。ブラジル語だけを使っていた。（ポ）だから【沖縄語は】全部忘れた。（H：うん）沖縄から【ブラジルに】来てから。本当に田舎から（ポ）サンパウロに来て、（H：うん）友達はみんな沖縄県からこっちに来ていたから、（ポ）だからたくさん友だちがいたね。あのー、（ポ）沖縄から来た、同じ年頃の友達がね。ここ「ビラカロン」にはね。だからウチナンチュの男の子らと過ごしたよ。（H：うん）沖縄県の。（ポ）【自分は】一世だという気持ちがいつも胸の中にあったよ。（H：うん）（ポ）だから僕はいつも努力したよ。うん。これ、えー、（ポ）何…。7歳で向こうからこっちに来て、【向こうのことは】全部忘れた。全部忘れた。あー、後から学び始めなきゃならなかったんだ、少し日本語も沖縄語もブラジル語も。（ポ）すべて…で【ポルトガル語で】何て言うのかな…？半端。「半端」と言ったら、ええっと、沖縄語に【直すと】半端と言うと、あのー、もう全部（ポ）あれもこれも話せない…ブラジル語もね。それは全部（H：うん）（ポ）努力次第じゃないかな？ それぞれの人の。（H：うん）（ポ）僕は努力したよね。【ポルトガル語を】覚えるためにね。それで、今は［タバコを吐く］「人名」たち、（ポ）君は何かやりたいことあるかい？君は、君は何か目標があるの？ 何か考えてる？ 将来のために。何が頭の中にあるのかな？

H：あー、んー、あ、あー、（ポ）（I：何?）勝ち取る…、勝ち取る…、人生を勝ち取ることじゃない？

I：（ポ）そう。お父さんたちと一緒にがんばるだね。（H：ん）（ポ）お父さんたちは、あー、（ポ）もう1つ店を開こうとしているけど、1つからもう1つになればもっと楽になるんじゃない？ 働くのには。{Hの

(H：ンー) tem que passar pra os pai, tem que passar responsabilidade aos pouco para os filho, né? (H：ンー　ハイ) A gente, a gente também, eu também sou mesma coisa. エー…［扉を開ける音］meus filhos também já... quase também no... (H：Já tá o...) na sua idade, também, né? ン？

H：Já tá o mandando?
I：｛笑い｝Tá... administrando, né? (H：ンー) Devagarzinho, né?［お茶を飲む］
　　【前半部終了。後半部へ】
I：［マッチを擦る］Hoje em dia...,［タバコに火をつけ煙を吐く］hoje em dia, oh…, eh..., tudo computalização, né? コンピューターネ。(H：ンー、ンー) Eu, eu mesmo não sei mexer.
H：Ah, * オトーサン também não sabe mexer também.｛笑い｝
I：ン？ エー、* na, na nossa época, era todo no **, eh, pega livre e olha preço, né? (H：ンー) アー。Agora época mudou, agora oh... você mexe no computador, né?
H：アー　ハイ。
I：ン。マー、ナンカー、é. computador, cê, você que mexe?
H：ウン。
I：アンシェー　マター、ン？ Quando computador fica com problema?
H：Ah, leva lá… ナニユー？

I：ウン。Fale, エー　ブラジルゴデ　ユッテ。
H：* Ah, mandar para conserto.｛笑い｝
I：ン？ Mas, mas sabe mexer alguma coisa, né? Al….alguma coisa mais...
H：Ah, não, ah, sei… sei pouco.｛笑い｝
I：［タバコを吐く］Ah… eu, eu, eu mesmo...
H：Eu sei, eu sei estragar computador.｛2人の笑い｝［誰かが歩く音］

深呼吸｝(ポ) でも少しずつね。えー、(H：うん) (ポ) お父さんたちに渡して、責任を少しずつ子どもたちに譲っていくでしょ？ (H：うん、はい) (ポ) みんな、みんながそうであるように、僕も同じだよ。えー…［扉を開ける音］(ポ) 僕の子供たちはほとんど(H：もう…) 年も同じぐらいだよね。ん？

H：(ポ) もう仕切ってる？
I：｛笑い｝(ポ) 管理してるね。(H：うん) (ポ) 少しずつね。［お茶を飲む］
　　【前半部終了。後半部へ】
I：［マッチを擦る］(ポ) 最近は…、［タバコに火をつけ煙を吐く］(ポ) 最近は、えー…全部コンピューター化しているよね？コンピューターね。(H：うん、うん) (ポ) 僕、僕自身は使い方を知らないんだよ。
H：(ポ) あー、お父さんも使い方知らないよ。｛笑い｝
I：ん？ (ポ) 僕らの時代は、みんな** を、えー、自由に取って値段を見たけどね。(H：うん) あー。(ポ) 今では時代が変わって、今は…君はコンピューター使えるよね？
H：あー、はい。
I：うん。まあ、なんか、(ポ) うん。コンピューター、君？　使うのは君？
H：うん。
I：そしたら、ん？ (ポ) コンピューターに問題があった時は？
H：(ポ) あー、…へ持っていく。【日本語で】何て言う？
I：うん。(ポ) 言ってもいいよ、えー、ブラジル語で言っても。
H：(ポ) あー、修理に出す。｛笑い｝
I：ん？ (ポ) だけど、だけど何かいじること知ってるでしょ？　何かもっと…
H：(ポ) あー、いやー、知らない…、少しし か知らないよ。｛笑い｝
I：［タバコを吐く］(ポ) あー、僕、僕自身は…
H：(ポ) 僕は、僕はコンピューター壊すのを知ってる。｛2人の笑い｝［誰かが歩く音］

I：Eu mesmo se der problema no computador, já não sei nada, nada, nada. (H：ンー). É. ［扉を開ける音］ナニモ　ワカラナイ。ウン。コレ…。Material… ah… Vo, você está com perfumaria, né? ケショーヒンヤーネ。É. Eu, eu tô praticamente serviço diferente, né? De entre nós e vocês. (H：ンー) Então, eu não entendo nada de... eh... de...

H：アノー、(I：ン?)シゴトワ　エー、tudo informatizado, né? (I：ン、informatizado... É.) ン。

I：Então, você, vocês, é, é, praticamente serviço bem diferente do, do, meu ramo, né?

H：アー (I：ウン) ハイ。

I：E gosta do ramo? ケショーヒンヤーシテ。エ? (H：エー、アン…) イー　シゴトネ?

H：［少し間］ハイ、アノー (I：ン?) ｛笑い｝

I：ナン、ナント、ナント　エ? (H：エ?) ケショーヒン　シゴト é bom?

H：É. ｛笑い｝É. ハイ。ハイ。(I：［タバコを吐く］ウン。ン…)タクサン、タクサン　オキャクサン　クル。

I：エ　エ。エー、エー、エ、moça bonita, né? (H：ウン) Atendimento.

H：タクサーン。Um… acho que tem nome isso aí. ｛笑い｝(I：ン、**)タクサン　オンナー、キレーヤー (I：É.) イク　アッチ。｛笑い｝

I：É. キレ… キレ、キレーナ、ンー、エー　オジョーサンラチガ　キテ、エー、｛Hの笑い｝ケショーヒン　カイニ　クルネ。É. ワ、ワ、ワッター、é, エー　チチオヤラチノ　シゴトワ　マタ、エー　ジャイモクーシゴトダカラ、só vem, só vem aqueles "baiano" mesmo. (H：ンー)**Mais homem, né? (H：ンー) que vem comprar, (H：ンー、ンー) Então, completamente diferente do, do ramo, né? É. エー…

H：アノー、É. アノー、トコー entendi mais. (I：É.) ｛笑い｝

I：(ポ)僕はほんとに、コンピューターに問題が起こったら、もう何も分からない。(H：うん)(ポ)うん。［扉を開ける音］何も分からない。うん、これ…。(ポ)商品…。あ…。君は化粧品屋だよね。化粧品屋ね。(ポ)そう。僕とはまったく仕事が違うよね。僕らと君らとでは【違う】。(H：うん)(ポ)だから、僕は何も分からない…。

H：あのー、(I：ん?)仕事は、えー、(ポ)全部コンピューター化されているでしょ? (I：うん、(ポ)コンピューター化されている…。うん)うん。

I：(ポ)じゃあ、君たちの仕事は、僕の仕事の種類とはまったく違うよね?

H：あー、(I：うん)はい。

I：(ポ)それと、職種は気にいってる? 化粧品屋をして。え? (H：えー、あー…)いい仕事?

H：［少し間］はい、あのー。(I：ん?) ｛笑い｝

I：何と【言ったら…】、え?　化粧品の仕事は(ポ)良い?

H：(ポ)はい。｛笑い｝(ポ)はい。はい、はい。(I：［タバコを吐く］うん、ん…)たくさん、たくさんお客さんが来る。

I：あー、(ポ)かわいい女の子ね。(H：うん)(ポ)応対するんでしょ。

H：たくさん。(ポ)んー、たぶんそれ、名前【日本語の単語】があると思うけど…。｛笑い｝(I：ん、**)たくさんのきれいな女性が(I：うん)あっち【化粧品店】に行くよ。｛笑い｝

I：(ポ)そう。きれいなお嬢さんたちが来て、えー、｛Hの笑い｝化粧品を買いに来るんだね。(ポ)そう。僕たちの、(ポ)そう、父親たちの仕事は材木の仕事だから、(ポ)来るのは、来るのは、あの「バイアーノ」だけだね。(H：うん)(ポ)** 男の方が多いね。(H：うん)(ポ)買いに来るのは。(H：うん、うん)(ポ)だから、まったく仕事のタイプが違うよね。うん。えー…

H：あのー、(ポ)うん。そのところ【「バイアーノ」についてIが言ったこと】は(ポ)よく分かった。(I：そう) ｛笑い｝

I：Por isso que tô perguntando como é que (H：ンー) é ramo, né? É. (H：ンー) シゴトワ、bem diferente. Não, mas todo... ナンデモ　シゴト、ナンデモ　シゴトダッテモネ、アー　コレー、se fizer com... com satisfação, vontade, né? (H：ンー) Freguesia、オキャクサンワ　アー、todo mundo cada um faz sua freguesia, né? (H：ンー) Todo mundo faz sua freguesia. (H：ンー) Se for mal atendido, não... só vem uma vez, não vem mais, né? (H：ンー) É. エー　a gente também mesma coisa. ウン。Vem, as vezes mulherada comprar, as vezes homem comprar. (H：ン) Todos se no... bem atendido, aí sempre vem　outras vezes, né? Comprar.　［タバコを吸う］エー、［タバコを吐く］アンシー、「Hの名前」ワ　モー、オー、コノ、ケショーヒンノ　シナモノ　カッタリ　シタラ、você que atende vende...eh... como vendedor?

H：アー　ハイ。

I：モー、você que compra também?

H：ハイ。

I：ン、エ…。コレワ、オ…

H：アノー、depende, depende da área.

I：Área...　ンー、ンー。

H：Mas, eh, maior parte é ボク．

I：ンー、ンー。ア、アンタガ、アー、アー、ミセノ、シナモノ　カウノ、você, você que, você que compra, né?

H：ンー、ハイ。

I：ン。コレー　＊＊＊。アンシー、ナー、オー、オ　ー、e seus irmãos que tão no Japão, eh, eles pensam mesma coisa, quando voltar? アノー…

H：Ah…

I：「Hの名前」タチワ　ニホン、ニホンカラ　カエッテキタラ…

H：Se voltar, tem que fazer vida deles, né?

I：エ？　アー。アンシェー　ミセ　モー　ヒトツ、ウン、「Hの名前」ニモ、エ？　ア、「人名」ネ。(H：ハイ「人名」)「人名」モ　ニホンカラ　カ、カエッテキタラ、マタ、ミセモ…

I：（ポ）だから僕は君の仕事の(H：うん)種類を聞いてるんだよ。(H：うん)仕事は、（ポ）全然違う。いや、だけどどれもが…、なんでも仕事は、どんな仕事でも、あー、（ポ）意欲と満足をもってすればね。(H：うん)（ポ）顧客、お客さんは、あー、（ポ）それぞれの店がそれぞれの客を作るんだよね。(H：うん)（ポ）みんなそれぞれ自分たちの客を作る。(H：うん)（ポ）もし応対が悪かったら、…ない、【客は】1度来るだけで、もう来ないよね。(H：うん)（ポ）そう。えー、（ポ）みんな同じだよ。うん。（ポ）女性が買いに来たり、男性が買いに来たり。(H：うん)（ポ）すべてのお客さんが良心的な応対をしてもらったら、いつも来るよ、何回もね。買いに来るよ。［タバコを吸う］えー、［タバコを吐く］それで「Hの名前」は、この化粧品を買ったりしたら、（ポ）君が店員のように応対するの？

H：あー、はい。

I：もう、（ポ）君が買い付けもするの？

H：はい。

I：うん、え…。これは、お…

H：あのー、（ポ）商品の分野によるけど。

I：（ポ）分野…。うん、うん。

H：（ポ）だけど、大半は僕【がやる】。

I：うん、うん。君が店の品物を買うのは、（ポ）仕入れは君が、君がやるんだよね？

H：うん、はい。

I：うん。これー、＊＊＊。それで（ポ）日本にいる君のきょうだいたちは、【ブラジルに】戻ってきたら、同じことを考えているのかな？　あのー…

H：（ポ）あー…

I：「Hの名前」たちは、日本から【きょうだいが】帰ってきたら…

H：（ポ）帰ってきたら、彼らは彼らで生活していかなきゃいけないんじゃない？

I：え？　あー。そしたら店をもう1軒、「Hの名前」にも、え？　あ、「人名」ね。(H：はい、「人名」)「人名」も日本から帰ったら、店も…

H：Ah, ele fala que quer abrir perfumaria também. {笑い}
I：Ah, então, tá bom. {Hの笑い} アー、ソンナ　キモチ　モッテイルカラ　アー、ア、ジョー、ジョートーネ。アノー、(H：ウン) ウン、カエッテキテモ　オー… エ…
H：アノー、antes de primeira vez, eh, pensou ferragem.
I：Ferragem.
H：ウン。(I：ウン) Depois que voltou, quer dizer, アノー foi até　アノー、アノー、(I：ウン) *** デ、(I：アー　アー) イッショデ、アッチ (I：アー、グルッポオキナワ) 　オミセ　イッタ。
I：ミセ、ミセ　ミリニ？
H：É.
I：カ、カナモノテンノ、カニモノヤノ…
H：アノー　Ver como é que é... (I：ン、ン) o ramo.
I：É. ド、ド、ド、ドンナノ…
H：E acho que achou serviço pesado. {笑い}
I：アー、カー、カニモノヤ。エー porque tem, eh, muito variedade, né? (H：ン) Variedade. アー　チーサイノ、シナモノ　アルカラ。(H：ンー) エー コレ リャー、エー、pouquinho também, né? Mas, mas só (H：*) que... É...*
H：エ、アノー ficava falando que prefumaria é coisa de mulher, e...
I：Ele, ele achava assim?
H：É. (I：ン) Antes de ir primeira vez no ニホン, né?
I：ウン。アー マタ カエッテキタラ、ele tem intenção de　ケショーヒンヤー　アケルッテ？
H：É. Chegou e fala que quer fazer perfumaria.
I：ンー。É bom. エー、se tem essa pensamento, é bom. (H：ンー) ンー コレー、ンー…
H：エー　アノー、tudo pode..., tudo pode acontecer. (I：エー　**) Pode mudar idéia …

H：(ポ) あー、彼も化粧品屋を開けたいって言っている。{笑い}
I：(ポ) あー、それじゃ、いいよ。{Hの笑い} あー、そんな気持ちを持っていたら、大丈夫だね。あのー、(H：うん) うん、帰ってきても、おー…え…
H：あのー、(ポ)【出稼ぎに】初めて行く前は、彼は金物屋を考えてた。
I：(ポ) 金物屋。
H：うん。(I：うん) (ポ) 帰ってきてからは、と言うか、あのー、(ポ)…まで行った、あのー、あのー、(I：うん) *** で、(I：あー、あー) 一緒で、あっちの (I：あー、「グルッポ・オキナワ[4]」の) お店に行った。
I：店、店を見に？
H：(ポ) そう。
I：金物店の、金物屋の…
H：あのー、(ポ) どういうものなのか見に行って… (I：うん、うん) (ポ) どういう業種なのかを。
I：(ポ) そう。どんなの…
H：(ポ) それで、きつい仕事だと彼は思ったんだと思う。{笑い}
I：あー、金物屋がね。えー、(ポ) 品物の種類が多いでしょ？ (H：うん) (ポ) 種類が多い。あー、小さな品物が (H：うん) あるから。(H：うん) えー、これ、それは、(ポ) ちょっとだけどね。だけど、だけど…だけ…(H：*) うん。*
H：えー、あのー、(ポ) 化粧品屋は女性がやるものだと言っていたし、それに…
I：(ポ) 彼はそう思ってたの？
H：(ポ) そう。(I：ん) 日本 (ポ) に初めて行く前はね。
I：うん。あー、帰ってきたら、(ポ) 彼は化粧品屋を開ける (ポ) つもりがあるって？
H：(ポ) そう。【サンパウロに】来て、化粧品屋を開けたいって言ってる。
I：んー。(ポ) いいね。えー、(ポ) そんな風に考えているんだったら、いいよ。(H：うん) んー、これー、んー…
H：えー、あのー、(ポ) 色々…、色々なことが起こりうるけど。(I：うん。**) (ポ) 考えが変わるかもしれないし…

I：シー　デキタラネ。Primeiro, primeiros, eh..., anos sempre bom se der trabalhar junto. É.（H：シー）Trabalhar junto, depois é, ah... cada um abre mais um, abre mais, mais outro...（H：シー）devagarzinho, administrando, né?（H：シー）e… crescer, né?　também ** crescer, né? É. オジサン também é..., ** sou sócio também com outro meu irmão.（H：シー）　Sou um sócio. Então, fica mais fácil de... エー　アノー、administrar, né? eh... serviço. Intenção futuramente cada um fazer o seu, né?　ウン。

H：アノー　イクラー、ミセ　アル？

I：イマワ、アー…

H：フタツ？

I：エー　フタツ、フタツ　ダケド、シーミセワ　フタツ　モッテル。シー、マタ　コレ　ベツニ、エー、compa[5] シテ　モー、モー　フタツ　モッテル。ン、シー、「グルッポ、グルッポオキナワ」ニネ。コレエ、se for verdade...

H：アノー、filho já... já tá se virando ali sozinho? Um dos dois?

I：É. Já tá, já tá se virando já.

H：ン。[お茶をつぐ音]

I：Daqui um dia a gente vai abre outro.

H：シー。

I：アー。ア、マター、ドッカノ、desse jeito *** ferragem.

H：シー。

I：アンシ、「人名」ン？アノー、コレ、administrar シテ、マター、モー　ヒトツ　アケルト　カンガエテル？　O que que tá pensando... ア、エー、ナ、モー、ダ…

H：De profissão que eu, que eu, que eu quero prosseguir?

I：シー。

H：É isso?

I：シー。

H：Ah, por enquanto...

I：Só perfumaria agora, por enquanto?

H：Só perfumaria.

I：ウン。

I：うん、できたらね、(ポ)最初は、最初の、えー、何年かはいつも、できたら一緒に働くのがいい。そう。(H：うん)(ポ)一緒に働いて、後で、あー、それぞれがもう1つ【店を】開けて、またさらに別の【店】を開けて…(H：うん)(ポ)ゆっくり、経営しながらね。(H：うん)(ポ)そして、成長してね。成長もしてね。うん。おじさん(ポ)も、僕も、僕の兄弟と共同経営しているんだよ。(H：うん)(ポ)僕は共同経営者なんだ。だから楽だよね、えー、あのー、(ポ)経営がね。えー、仕事のね。将来的な意向や考えは、それぞれがそれぞれにやるんだね。うん。

H：あのー、何軒、店があるの？

I：今は、あー…

H：2軒？

I：えー、2軒、2軒だけど、んー、店は2軒持っているよ。んー、それとは別に、(ポ)共同経営していて、もう2軒持ってる。ん、んー、「グルッポ、グルッポ・オキナワ」にね。これは　(ポ)もし本当なら…

H：あのー、(ポ)息子はもう独り立ちしてやっているの？　2人の息子のうちの1人は？

I：(ポ)ああ。もう、もうそうなりつつあるよ。

H：うん。[お茶をつぐ音]

I：(ポ)あと1日で、もう1軒開くよ。

H：うん。

I：あー、また、どこかの、(ポ)こんな風に金物屋が ***。

H：うん。

I：それで、「人名」は、ん？　あのー、これ、(ポ)経営して、もう1軒開けること考えているの？　(ポ)どう考えてる？　あ、えー、な、もー…、だ…

H：(ポ)僕がこれから続ける職業について【何を考えているかって】？

I：うん。

H：(ポ)そのことを？

I：うん。

H：(ポ)あー、さしあったって…

I：(ポ)化粧品屋だけ、今は、とりあえず？

H：(ポ)化粧品屋だけ。

I：うん。

第 2 章　ブラジル沖縄系移民社会の談話　365

H：Ah, アノー、ah, quando…, ah, na infância pensava アノー　ser fren... frentista, né?

I：シー。"Frentista"？Que que é？ナンネ、"frentista" ユッタラ？

H：アノー　ガソリン。Posto　ガソリン。
I：アー　アー、ガソリン。Posto, aqui tá **（H：ウン）**

H：Só que アノー, acho que não ganha muito.

I：Ah, fren... frentista, acho que... ン。

H：E acho que dá muito dor de cabeça.

I：É. Acho que...porque　ウチナーンチュワ、ホトンド、アー、カネモノヤーカラ、エ、ケショーヒンヤー、エー、モー　イロイロ　シゴト　シテルケド、イマ　イマノ、エー、バンワ、todo mundo já tá com esse, esse, esse mentalidade, né?（H：シー）アノー　カネモノヤート　ケショーヒンヤーネ。Acho que...（H：ウン）

H：Ah, tem outras profissões que também pensei. Só que ultimamente também... parece que não vai render muito.

I：É.

H：アノー、エー、eu cheguei pensar abrir a loja de CD.

I：アー、CD？

H：｛笑い｝シー。

I：Que mais?

H：Ah, trabalhar na banca de jornal.[6]

I：Banca de jornal.｛笑い｝

H：アノー、オーキー banca de jornal. ウン。（I：シー　シー）ナニユー？　アノー、エー、アノー 24 horas　シゴトスル。（I：アー　アー）アノー　reve… revezar[7] スル。

I：シー　コレ、コレ　24 hora シゴト、não é? Serviço é tudo... ア、ア、シゴト　ジェ、ジェンブ　ナン、ナンデモ　シテモ　イイケドネ。ダケド、スコシワ　モー　モット　ダク　ナルノ　シゴトー、カンゲータ　ホーガ　イイヨ。Serviço mais, エー que der mais, エー　エー…

H：(ポ)あー、あのー、(ポ)あー、子どもの頃は、あのー、(ポ)フレンチスタ【給油係】になりたいって考えてた。

I：ふーん。(ポ)「フレンチスタ」？　何だい？　何だい、(ポ)「フレンチスタ」って言ったら？

H：あのー、ガソリン。(ポ)ガソリンスタンド。
I：あー、あー、ガソリン。(ポ)ガソリンスタンド、ここにある**（H：うん）**

H：(ポ)だけど、あのー、(ポ)たぶんあまりたくさん稼げない。

I：(ポ)ああ、給油の仕事は、たぶん…。うん。

H：(ポ)それに、頭が痛い仕事だと思う。

I：(ポ)そう。たぶん…なぜなら　沖縄の人はほとんど金物屋や化粧品屋など、いろいろな仕事をしているけど、今の時代は、(ポ)みんなそんな、そんな考えを持ってるんじゃない？（H：うん）あのー、金物屋と化粧品屋ね。(ポ)たぶん…（H：うん）

H：(ポ)あー、他にも考えた仕事はある。でも、最近は、あまり収入にならないみたい。

I：(ポ)うん。

H：あのー、えー、(ポ)CD のお店を開けることも考えついたよ。

I：あー、(ポ)CD？

H：｛笑い｝うん。

I：(ポ)他には？

H：(ポ)あー、「バンカ・デ・ジョルナル」で働くこと。

I：(ポ)「バンカ・デ・ジョルナル」｛笑い｝

H：あのー、大きい(ポ)「バンカ・デ・ジョルナル」。うん。(I：うん、うん)【日本語で】何て言うかな？　あのー、えー、あのー、(ポ)24 時間仕事をする。(I：あー、あー)　あのー、(ポ)交代制にする。

I：うん、これ、これは(ポ)24 時間営業の仕事(ポ)だろ？　(ポ)仕事は全部…。あ、あ、仕事は全部、何でもしていいけどね。だけど少しは、もっと楽な仕事を考えた方がいいよ。(ポ)仕事はもっと、えー、(ポ)もっと…、えー、えー…

H：Mais lucro?
I：Não, não. Mai... mais, lucro ヨリカ、カ、アノー、que der mais... エー、エ？
H：É menos?
I：Me... menos tempo de serviço. (H：アー) É. ンー ソンナ シゴト シタ、シタホーガ イイヨ。24 hora シゴトッタラ、é meio puxhado, heim!? {Hの笑い} ン、コレー、para administrar 24 hora de serviço, aí você trabalha de ma... à noite, esposa trabalha de manhã. {Hの笑い} Isso é difícil. ンー。
H：アノー、チョーナン trabalha de dia, e ジナン trabalha de noite. {笑い}
I：ンー。[マッチを擦ってタバコに火をつける] Eu, [煙を吐く] eu também (H：アー、***) na minha…, na, na, na sua idade, eu, eu tinha essa mentalidade desse jeito. Eu pensava assim comigo. アノー、トシノ ゴ ジューダイマデネ、アー、ガンバッテ。Porque eu, eu vim com… エー、トシノ、ジューゴサイカラ、アー イツモー オー、オトーサンラチ、eu vinha エー ajudando, né? エー、papai タ、eu vim ajudando papai タ．Então、エー por ser チョーナン，eu tinha sempre esse mentalidade na cabeça. アノー、イチカー、トシノ ジューダイ、ンー ゴ ジューダイマデ ガンバッテ、シゴト イッショーケンメイ ガンバッテ、エー、アー、デキタラ、アノー、エー イイ シゴト。マタ、アー、serviço bom depois passar por os filho, né? É. Como tô, como tô fazendo agora, né? É. (H：ンー) Aí, passa por filho e depois, eu fico um pouco mais sossegado, né? (H：ンー) É não, mas, só que nunca deixa de tá... de longe administrando, né? (H：アー) Prestando atenção como é que tá, o que que tá fazendo. (H：ンー) Então, isso, isso, acho que todo, todo mundo deve ter, né? エー、se esforçar, né? アノー、até a certa idade, depois, eh, com esse, esse serviço depois passar esse administra... administração para os filho, né? (H：ンー) Eu sempre fui assim também na, na, na idade de vocês. {咳払い} [扉を開ける音] E コ、オー…

H：（ポ）収入が多い【仕事】？
I：（ポ）いや いや、収入が多いというより、あのー、（ポ）もっと…、えー、えっ？
H：（ポ）少ない？
I：（ポ）仕事の時間がもっと少ないほうが【いいよ】。(H：あー)（ポ）うん。んー、そんな仕事をしたほうがいいよ。（ポ）24時間営業の仕事といったら、（ポ）ちょっとつらいよ！{Hの笑い} うん、（ポ）24時間経営するには、君が夜働いて、奥さんが朝働いて。{Hの笑い}（ポ）それは難しいよ。んー。
H：あのー、長男（ポ）が昼間働いて、次男（ポ）が夜働く。{笑い}
I：うん。[マッチを擦ってタバコに火をつける]（ポ）僕、[煙を吐く]（ポ）僕も、(H：あー、***)（ポ）僕の…、君の年頃には、僕、僕もそういう考えを持っていた。そんなふうに考えていたよ。あのー、50代まで頑張って。（ポ）なぜなら、僕は、僕は、えー、15歳から、いつもお父さんたちの、（ポ）僕は手伝いに来ていたからね。えー、（ポ）お父さんたち、僕はお父さんたちを手伝いに来ていたんだ。だから、長男（ポ）だから、僕はいつも頭にそんな考えをもっていたよ。あのー、いつか、50代、50代まで頑張って、仕事を一生懸命頑張って、えー、あー、できたら、あのー、えー、いい仕事を。そして（ポ）いい仕事を、後で子どもたちに渡してね。うん。今、僕がやっているように、やっているようにね。うん。(H：うん)（ポ）そして、子どもに渡して、そうしたら少し僕は落ち着けるよね。(H：うん)（ポ）だけど、決して経営からは離れないよ。(H：あー)（ポ）どうなってるか、何をやっているのか、よく注意して見ているよ。(H：うん)（ポ）だから、それは、それは、たぶんみんながするべきことだと思うけどね。（ポ）がんばるよね、あのー、（ポ）子どもに仕事を渡した後も、子供たちがそれなりの年齢になるまではね。(H：うん)（ポ）僕もいつもそうだったよ、君たちぐらいの年頃には。{咳払い} [扉を開ける音]（ポ）それに、こ、お…

第 2 章　ブラジル沖縄系移民社会の談話　367

H：アー、アンノー、アー、シゴト、hoje em dia, por mais que seja.... por mais que seja... trabalhoso no... assim achar ruim do serviço, mas, tem concorrência para tudo, né?
I：É. コ、コ、コレ、concorrência. コレ、マタ　ジブンデ、マタ　アノー、エー　オキャクサンワ　ツクルカラネ。エー　(H：ンー)コレ、エー、イ、イツカ　マタ、エー、fazer firma crescer, né? É. (H：ンー) Já de, devagarzinho vai エー conseguir...
H：Ah, conseguir seu, seu espaço.
I：Seu espaço, né?　É. (H：ンー) Seria desse jeito, né?　(H：ンー)** Tá certo. Tem que ser assim mesmo. Oh no... E esse espaço já, já conseguiu, né?　アノー、vocês. (H：アー…) ジャ、ジャ、モー　ナンカネンナル　モー　オー　ケショーヒン　アケテ？
H：Ah, não, não sinto 100 %. (I：アー) Não,** que não sinto 100% preparado.
I：ア. Mas, já... モー　ナンカネン　ナルノ？　モー　ケショーヒン　***？
H：エー、アノー parte...
I：Que você está, tá, aquela loja da na... モーナンカネン　ナルノ？　Quantos anos tem essa loja?
H：Vai fazer 14 ano.
I：14 ano. Ah, 14 ano, já. Já conseguiu espaço, né? Ali. (H：ン) アー、bom... bom...
H：アノ、アノ、ボク administrar. (I：エー) Administrar sozinho.
I：Sozinho.
H：É.
I：コレー、エー　コレ　administrar ッテ**。Quando オ、オトーサンガ、quando senti エー、オー、firmeza, né? (H：ンー) Aí, aí, o pai devagarzinho, acho que, vai encostar. (H：ンー) Isso aí, com tempo chega, né?**

H：あー、あのー、あー、仕事、(ポ)現在は、どんなに…どんなに一生懸命仕事をしても…商売がうまくいかないけれど、競争がすべてじゃない？
I：(ポ)そう。こ、これ、(ポ)競争。自分でお客さんは作るものだからね。(H：うん)いつか(ポ)会社を大きくしてね。うん。(H：うん)(ポ)もう、少しずつ達成できるよ…

H：(ポ)あー、自分たちの【市場の】場所は獲得できる。
I：(ポ)自分たちの場所ね。うん。(H：うん)(ポ)そういうやり方をしたらいいんじゃない？　(H：うん)**(ポ)それは正しいよ。そうしなきゃいけないよ。**。その【市場の】場所はもう獲得したでしょ？　あのー、(ポ)君たちは。(H：あー…)もう何年になるの、化粧品屋を開いて？
H：(ポ)あー、100%できているとは思わない。(I：あー)(ポ)いや、100%準備万端だとは思わない。
I：あー。(ポ)だけど、もう…、もう何年になるの？　化粧品***？
H：えー、あのー、(ポ)一部…
I：(ポ)君のいるあの店…もう何年になるの？　(ポ)あの店は何年になる？
H：(ポ)14年になるところ。
I：(ポ)14年。あー、もう14年。もうあの辺の場所は獲得したんじゃない？　(H：うん)(ポ)あー、良い…、良い…
H：あのー、あのー、僕が(ポ)経営管理してる。(I：うん)(ポ)ひとりで経営している。
I：(ポ)ひとりで。
H：(ポ)そう。
I：これー、えー、これ(ポ)経営管理って**、お父さんが(ポ)【子供たちが】しっかりしてきたことを感じる時だね。(H：うん)(ポ)そして、そしてお父さんは少しずつ頼りにしていく。(H：うん)(ポ)それは時間の問題だよね。**

H：エー　アノー　ナニユー？　Parte de contabilidade ワ　マダー、マダー　ワカラナイ。
I：ンー。Parte de ギンコーモ…　**
H：Isso aí, deixa..., アノー　(I：**) オトーサンニ　マダー　マダー…
I：オトーサンガ、オトーサンガ　マダ　シッテル、(H：ウン) ギンコーノ　アレ　ワ。***** Eh, de, devagarzinho, chega... um dia vai fazer, né? (H：ン) Espaço né? Faz...

H：えー、あのー、【日本語で】何て言う？(ポ)会計の部分はまだ、まだ分からない。
I：うん。銀行の(ポ)部分も…　*
H：(ポ)だから、させる…、あのー、(I：**) お父さんにまだ…
I：お父さんが、お父さんがまだしてる、(H：うん) 銀行のあれは。*****(ポ)少しずつ、いつか君がやるようになるね。(H：うん)(ポ)場所をね。やるよ…。

1　学校に「歩く」とは、学校に「通う」の意。沖縄で聞かれるウチナーヤマトゥグチの一つ。
2　"andou escola"（andou は動詞 andar「歩く」の直説法完全過去形）とは、ウチナーヤマトゥグチ「学校に歩いた」をポルトガル語に直訳したものだろう。注1参照。
3　日系社会ではブラジルの公用語であるポルトガル語を「ブラジル語」と言うことがよくある。この発話での "brasileiro" は、日系社会で使う「ブラジル語」をポルトガル語に直訳したものだろう。
4　「グルッポ・オキナワ (Grupo Okinawa)」とは、コストダウンのための共同仕入れや情報交換などを行う沖縄系日系人の同業者組織。
5　"compa" とは、"companhia"（会社、商会）の略。「compa する」とは、共同出資・経営するという意。
6　"banca de jornal" とは、新聞や雑誌等を売る、日本のキヨスクのようなスタンドのこと。
7　"revezar" の直訳は「交代する」という動詞だが、ここでは「交代制で行う」といった意味だろう。

（中東靖恵・久高賢市・深沢雅子・高江洲頼子・仲間恵子）

資料　言語生活調査票
（日本語・ポルトガル語）

ブラジル日系社会における言語の総合的研究ならびに保存事業

ブラジル日系人言語生活調査票
２００３

調査地	
調査対象者氏名	
世帯番号	
面接者	

ブラジル日系人言語生活調査票

調査地：
調査日：2003 年　　　月　　　日（　　）調査開始時間：　　時　　分
インフォーマント氏名：
調査員氏名：

【個人的属性1　共通項目　社会的属性】

1）あなたの性別を教えてください。
　　1．男　　2．女

2）あなたはいつお生まれになりましたか？
　　[　　　　年　　　月　　　日] [　　　] 歳

3）あなたは何世ですか？
　　1．一世　　2．二世　　3．三世　　4．四世以下　　5．混血
　　[二世以下のケース：父　　世／母　　世]

4）あなたの国籍を教えてください。
　　1．日本　　2．ブラジル　　3．二重国籍　　4．帰化　　5．その他 [　　　　　]

5）どこでお生まれになりましたか？
　　[　　　　　都道府県]
　　[Estado de　　　　　Município de　　　　　植民地　　　　　]

　　5-A）そこには何歳までお住まいでしたか？
　　　　[　　歳まで]

6）ご結婚はされていますか？
　　1．未婚　　2．既婚　　3．離婚・死別　　4．その他 [　　　　　]

　　6-A）（設問6で「2．既婚」「3．離婚・死別」と答えた方）
　　　　配偶者の方は何世ですか？
　　　　　　1．一世　　2．二世　　3．三世　　4．非日系　　5．混血
　　　　[二世以下のケース：父　　世／母　　世]

7）現在の職業は何ですか？（＊退職されている場合、退職前の職業は何でしたか？）
　　　［　　　　　　　　　　　　　　　］（＊　　　　　　　　　　　　　　）

8）日本の学校には行きましたか？行った場合は最後に通った学校も教えてください。
　　　１．はい［　　　　　　　　　　　　　　］
　　　２．いいえ

9）ブラジルの学校には行きましたか？行った場合は最後に通った学校も教えてください。
　　　１．はい［　　　　　　　　　　　　　　］
　　　２．いいえ

【個人属性２　一世のみの項目　言語生活史】

１０）あなたはいつブラジルに渡航されましたか？
　　　［　１９　　　年　］

１１）あなたが移住したときの家族構成を教えてください？
　　　［　　　　　　　　　　　　　　　　　　　　　　　　　　　　　　　］

１２）あなたがブラジルに移住した当初、ブラジルにはどのくらい滞在する計画でしたか？
　　　［期間：　　　　　　　　　　　　　］

１３）あなたが最初に入植されたのはどこですか？
　　　［Estado de　　　　　　Município de　　　　　　植民地　　　　　　　　　］

１４）あなたが最初に入植されたところには日本人移民がたくさんいましたか？
　　　１．はい　　　２．いいえ

　　１４－Ａ）（設問１４で「１．はい」と答えた方）
　　　　　　　その入植地にはどのくらいの日本人が住んでいましたか？
　　　　　　　［　　　　　　　　人ないし家族］

１５）あなたが移住した当初、ガイジン（ブラジル人）と接することはありましたか？
　　　１．はい　　　２．いいえ

　１５－Ａ）（設問１５で「１．はい」と答えた方）
　　　　　それはどのようなガイジン（ブラジル人）とどのような機会にでしたか？
　　　　　_____
　　　　　_____

１６）あなたは移住する前、ポルトガル語がある程度わかりましたか？
　　　１．はい　　　２．いいえ

１７）あなたは移住した当初、ポルトガル語を使いましたか？
　　　１．はい　　　２．いいえ

　１７－Ａ）（設問１７で「１．はい」と答えた方）
　　　　　それはどのような人とどのような機会にでしたか？
　　　　　_____
　　　　　_____

１８）あなたは大人になったあとにポルトガル語を習ったことがありますか？
　　　１．はい　　　２．いいえ

　１８－Ａ）（設問１８で「１．はい」と答えた方）どういうところで習いましたか？
　　　　　［　　　　　　　　　　　　］

　１８－Ｂ）（設問１８で「１．はい」と答えた方）どのくらいの期間習いましたか？
　　　　　［　期間：　　　　　　　　　］

　１８－Ｃ）（設問１８で「１．はい」と答えた方）なぜポルトガル語を習ったのですか？
　　　　　_____
　　　　　_____

１９）あなたは日本へ「デカセギ」に行ったことがありますか？ある場合はどのくらいの期間かも教えてください。
　　１．ある　［　期間：　　　　　　　　　　］
　　２．ない

２０）（子供移民・青年移民の場合）あなたは移住後、日本学校に通ったことがありますか？
　　１．はい　　　２．いいえ

　　２０－A）（設問２０で「１．はい」と答えた方）学校を運営していたのはどういう機関や団体でしたか？
　　　　　　［　　　　　　　　　　　　　　　　　　　　　　　　　　　　　　　］

　　２０－B）（設問２０で「１．はい」と答えた方）学校にはどのくらい通いましたか？
　　　　　　［　期間：　　　　　　　　　　］

　　２０－C）（設問２０で「１．はい」と答えた方）学校には週に何回通いましたか？
　　　　　　［　週　　　　回　］

　　２０－D）（設問２０で「１．はい」と答えた方）学校ではどういうことを勉強して、どういう行事がありましたか？
　　　　　　＿＿＿＿＿＿＿＿＿＿＿＿＿＿＿＿＿＿＿＿＿＿＿＿＿＿＿＿＿＿＿
　　　　　　＿＿＿＿＿＿＿＿＿＿＿＿＿＿＿＿＿＿＿＿＿＿＿＿＿＿＿＿＿＿＿

【個人属性２　二世以下のみの項目　言語生活史】

２１）あなたが生まれたのは農村ですか、都会ですか？農村生まれの場合には、何歳まで農村にましたか？
　　　　１．農村　→　［　　　　歳まで］
　　　　２．都会

２２）あなたが子供のころ、家庭ではどのようなことばを使って話していましたか？
　　１．日本語のみ
　　２．日本語のほうがポルトガル語より多い
　　３．日本語とポルトガル語半々
　　４．ポルトガル語のほうが日本語より多い
　　５．ポルトガル語のみ

２３）あなたが学校に入る前、ともだちとはどのようなことばを使って話していましたか？
　　１．日本語のみ
　　２．日本語のほうがポルトガル語より多い
　　３．日本語とポルトガル語半々
　　４．ポルトガル語のほうが日本語より多い
　　５．ポルトガル語のみ

２４）あなたは日本（語）学校に通ったことがありますか？
　　１．はい　　　２．いいえ

　２４－Ａ）（設問２４で「１．はい」と答えた方）学校を運営していたのはどういう機関や団体でしたか？
　　　　　［　　　　　　　　　　　　　　　　　　　　　　　　　］

　２４－Ｂ）（設問２４で「１．はい」と答えた方）学校にはどのくらい通いましたか？
　　　　　［　期間：　　　　　　　　　　　］

　２４－Ｃ）（設問２４で「１．はい」と答えた方）学校には週に何回通いましたか？
　　　　　［　週　　　　回　］

　２４－Ｄ）（設問２４で「１．はい」と答えた方）学校ではどういうことを勉強して、どういう行事がありましたか？
　　　　　_____
　　　　　_____

２５）あなたは大人になったあとに日本語を習ったことがありますか？
　　１．はい　　　２．いいえ

　２５－Ａ）（設問２５で「１．はい」と答えた方）どういうところで習いましたか？
　　　　　　［　　　　　　　　　　　　　　］

　２５－Ｂ）（設問２５で「１．はい」と答えた方）どのくらいの期間習いましたか？
　　　　　　［　期間：　　　　　　　　　　　］

　２５－Ｃ）（設問２５で「１．はい」と答えた方）なぜ日本語を習ったのですか？
　　　　　　_____
　　　　　　_____

２６）あなたは日本へ「デカセギ」に行ったことがありますか？ある場合はどのくらいの期間かも教えてください。
　　１．ある［　期間：　　　　　　　　　］
　　２．ない

【家庭での言語使用】

２７）あなたは現在、どなたと同居していますか？
　　　［　　　　　　　　　　　　　　　　　　　　　　　　　　　　　　　　　　］

２８）あなたは家族の方に対して、どのようなことばで話しかけますか？
　　１．日本語のみ
　　２．日本語のほうがポルトガル語より多い
　　３．日本語とポルトガル語半々
　　４．ポルトガル語のほうが日本語より多い
　　５．ポルトガル語のみ
　　６．その他

話しかける人	使用する言葉
夫／妻	1 2 3 4 5 6 [ ] [日系・非日系]
子供	1 2 3 4 5 6 [ ] [日系・非日系]
孫	1 2 3 4 5 6 [ ] [日系・非日系]
父	1 2 3 4 5 6 [ ] [日系・非日系]
母	1 2 3 4 5 6 [ ] [日系・非日系]
婿／嫁	1 2 3 4 5 6 [ ] [日系・非日系]
兄弟姉妹	1 2 3 4 5 6 [ ] [日系・非日系]
祖父	1 2 3 4 5 6 [ ] [日系・非日系]
祖母	1 2 3 4 5 6 [ ] [日系・非日系]
その他	1 2 3 4 5 6 [ ] [日系・非日系]

29）あなたは家族の方から、どのようなことばで話しかけられますか？
   1．日本語のみ
   2．日本語のほうがポルトガル語より多い
   3．日本語とポルトガル語半々
   4．ポルトガル語のほうが日本語より多い
   5．ポルトガル語のみ
   6．その他

話しかけられる人	使用する言葉
夫／妻	1 2 3 4 5 6 [ ] [日系・非日系]
子供	1 2 3 4 5 6 [ ] [日系・非日系]
孫	1 2 3 4 5 6 [ ] [日系・非日系]
父	1 2 3 4 5 6 [ ] [日系・非日系]
母	1 2 3 4 5 6 [ ] [日系・非日系]
婿／嫁	1 2 3 4 5 6 [ ] [日系・非日系]
兄弟姉妹	1 2 3 4 5 6 [ ] [日系・非日系]
祖父	1 2 3 4 5 6 [ ] [日系・非日系]
祖母	1 2 3 4 5 6 [ ] [日系・非日系]
その他	1 2 3 4 5 6 [ ] [日系・非日系]

３０）夕食の席など家族全員がそろう時、みなさんは主にどのようなことばで話しますか？
　　１．日本語のみ
　　２．日本語のほうがポルトガル語より多い
　　３．日本語とポルトガル語半々
　　４．ポルトガル語のほうが日本語より多い
　　５．ポルトガル語のみ
　　６．その他

３１）あなたのお宅ではNHK海外放送を見ることができますか？
　　１．はい　　２．いいえ

３２）あなたのお宅では日本の<u>デカセギ以外の親戚</u>とつきあいがありますか？
　　１．ある　　２．ない

　３２－A）（設問３２で「１．ある」と答えた方）どのような手段で交際していますか？
　　　　１．手紙　　２．電話　　３．電子メイル　　４．その他 [　　　　　　]

　３２－B）（設問３２で「１．ある」と答えた方）どのくらいの頻度で連絡を取り合っていますか？
　　　　１．月ごと　　２．半年ごと　　３．年ごと　　４．数年ごと

３３）あなたのお宅では新聞や雑誌を定期購読していますか？定期購読している場合は誌名などを具体的に教えてください。また、誰が読むのかも教えてください。

誌名（雑誌・新聞）	誰が読むのか？
１）	
２）	
３）	
４）	
５）	

【メディア・娯楽と言語使用】

34）あなたはNHKの海外放送を見ますか？
　　0．NHKがない
　　1．よく見る
　　2．ときどき見る
　　3．ほとんど見ない
　　4．まったく見ない

35）あなたは日本のビデオをよく見ますか？
　　0．ビデオがない
　　1．よく見る
　　2．ときどき見る
　　3．ほとんど見ない
　　4．まったく見ない

　35-A）（設問35で「1．よく見る」「2．ときどき見る」と答えた方）どのような番組が特に好きなのか、教えてください。
　　　　1．時代劇
　　　　2．ドラマ
　　　　3．ニュース
　　　　4．ドキュメンタリー
　　　　5．その他［　　　　　　　　　］

36）あなたはブラジルのテレビ番組をよく見ますか？
　　1．よく見る
　　2．ときどき見る
　　3．ほとんど見ない
　　4．まったく見ない

　36-A）（設問36で「1．よく見る」「2．ときどき見る」と答えた方）どのような番組が特に好きなのか、教えてください。
　　　　1．ノヴェラ・ドラマ
　　　　2．ニュース
　　　　3．ドキュメンタリー
　　　　4．その他［　　　　　　　　　］

３７）あなたはブラジルの日系テレビ番組を見ますか？
　　１．よく見る
　　２．ときどき見る
　　３．ほとんど見ない
　　４．まったく見ない

３８）あなたはNHK短波放送や日系ラジオを聞きますか？
　　１．よく聞く
　　２．ときどき聞く
　　３．ほとんど聞かない
　　４．まったく聞かない

３９）あなたは日本語の新聞を読みますか？
　　０．新聞をとっていない
　　１．よく読む
　　２．ときどき読む
　　３．ほとんど読まない
　　４．まったく読まない

４０）あなたはポルトガル語の新聞を読みますか？
　　０．新聞をとっていない
　　１．よく読む
　　２．ときどき読む
　　３．ほとんど読まない
　　４．まったく読まない

４１）あなたは日本の歌を聞きますか？
　　１．よく聞く
　　２．ときどき聞く
　　３．ほとんど聞かない
　　４．まったく聞かない

　４１－Ａ）（設問４１で「１．よく聞く」「２．ときどき聞く」と答えた方）どのような歌を聞くのか、教えてください。

　　―――――――――――――――――――――――――――

４２）あなたはカラオケに行きますか？
　　１．よく行く
　　２．ときどき行く
　　３．ほとんど行かない
　　４．まったく行かない

　４２−Ａ）（設問４２で「１．よく行く」「２．ときどき行く」と答えた方）どのような歌を歌うのか、教えてください。
　　＿＿＿＿＿＿＿＿＿＿＿＿＿＿＿＿＿＿＿＿＿＿＿＿＿＿＿＿＿＿
　　＿＿＿＿＿＿＿＿＿＿＿＿＿＿＿＿＿＿＿＿＿＿＿＿＿＿＿＿＿＿

【職場・地域社会での言語使用】

４３）あなたは仕事上、日本語を話すことがありますか？ある場合には、どのような機会に話すのか教えてください。
　　１．話す［　機会：　　　　　　　　　　　　　　　　　　　］
　　２．話さない

４４）あなたは仕事上、ポルトガル語を話すことがありますか？ある場合には、どのような機会に話すのか教えてください。
　　１．話す［　機会：　　　　　　　　　　　　　　　　　　　］
　　２．話さない

４５）あなたは地域の日系団体の集まりや会合によく参加しますか？
　　１．参加する　　　２．参加しない

　４５−Ａ）（設問４５で「１．参加する」と答えた方）それはどのような団体ですか？
　　　（複数回答あり）
　　　　１．文化協会・自治会・村会
　　　　２．老人会
　　　　３．青年会
　　　　４．婦人会
　　　　５．文芸・スポーツ・娯楽など趣味の会［　　　　　　　］
　　　　６．その他［　　　　　　　　　］

設問４５－Ａ）複数回答用メモ欄

　４５－Ｂ）（設問４５で「１．参加する」と答えた方）そこではどのようなことばを
　　　　使っていますか？
　　　　　１．日本語のみ
　　　　　２．日本語のほうがポルトガル語より多い
　　　　　３．日本語とポルトガル語半々
　　　　　４．ポルトガル語のほうが日本語より多い
　　　　　５．ポルトガル語のみ

４６）ともだちのなかに日系人は多いですか？
　　０．ともだちはいない
　　１．ほとんど日系人
　　２．日系人のほうが非日系人よりも多い。
　　３．日系人と非日系人が半々
　　４．非日系人のほうが日系人よりも多い。
　　５．ほとんど非日系人

　４６－Ａ）（設問４６で１．～４．を答えた方）日系人のともだちとはどのようなこ
　　　　とばを使って話していますか？
　　　　　１．日本語のみ
　　　　　２．日本語のほうがポルトガル語より多い
　　　　　３．日本語とポルトガル語半々
　　　　　４．ポルトガル語のほうが日本語より多い
　　　　　５．ポルトガル語のみ

４７）あなたの宗教を教えてください。（複数回答あり）
　　　　［　　　　　　　　　　　　　　　　　　　　　　　　　　　　　　］

４８）あなたは宗教の集会や活動によく参加しますか？
　　１．参加する　　２．参加しない

４８－Ａ）（設問４８で「１．参加する」と答えた方）そこではどのようなことばを使っていますか？
　　１．日本語のみ
　　２．日本語のほうがポルトガル語より多い
　　３．日本語とポルトガル語半々
　　４．ポルトガル語のほうが日本語より多い
　　５．ポルトガル語のみ

【日本語能力・ポルトガル語能力意識】

４９）あなたはどのくらい日本語が話せますか？下にあげたものそれぞれについて教えてください。
　　１．よく話せる
　　２．だいたい話せる
　　３．少ししか話せない
　　４．まったく話せない

政治や経済などのむずかしい話	1 2 3 4
仕事の話	1 2 3 4
日常の会話	1 2 3 4
家庭での話	1 2 3 4
あいさつやかんたんな言葉	1 2 3 4

５０）あなたはどのくらい日本語を聞いてわかりますか？下にあげたものそれぞれについて教えてください。
　　１．よくわかる
　　２．だいたいわかる
　　３．少ししかわからない
　　４．まったくわからない

ラジオのニュース	1 2 3 4
テレビのニュース	1 2 3 4
テレビドラマ	1 2 3 4
家庭での話	1 2 3 4
あいさつやかんたんな言葉	1 2 3 4

51) あなたはどのくらい日本語が読めますか？下にあげたものそれぞれについて教えてください。
 1．よく読める
 2．だいたい読める
 3．少ししか読めない
 4．まったく読めない

新聞や本	1 2 3 4
仕事の書類	1 2 3 4
雑誌や漫画	1 2 3 4
ともだちや親戚からの手紙	1 2 3 4
近所からの回覧やお知らせ	1 2 3 4
ちらしや看板	1 2 3 4

52) あなたはどのくらい日本語が書けますか？下にあげたものそれぞれについて教えてください。
 1．よく書ける
 2．だいたい書ける
 3．少ししか書けない
 4．まったく書けない

仕事の書類	1 2 3 4
仕事相手への手紙	1 2 3 4
ともだちや親戚への手紙	1 2 3 4
日記	1 2 3 4
かんたんなメモ	1 2 3 4

５３）あなたはどのくらいポルトガル語が話せますか？下にあげたものそれぞれについて教えてください。
　　１．よく話せる
　　２．だいたい話せる
　　３．少ししか話せない
　　４．まったく話せない

政治や経済などのむずかしい話	1　2　3　4
仕事の話	1　2　3　4
日常の会話	1　2　3　4
家庭での話	1　2　3　4
あいさつやかんたんな言葉	1　2　3　4

５４）あなたはどのくらいポルトガル語を聞いてわかりますか？下にあげたものそれぞれについて教えてください。
　　１．よくわかる
　　２．だいたいわかる
　　３．少ししかわからない
　　４．まったくわからない

ラジオのニュース	1　2　3　4
テレビのニュース	1　2　3　4
テレビドラマ	1　2　3　4
家庭での話	1　2　3　4
あいさつやかんたんな言葉	1　2　3　4

５５）あなたはどのくらいポルトガル語が読めますか？下にあげたものそれぞれについて教えてください。
　　１．よく読める
　　２．だいたい読める
　　３．少ししか読めない
　　４．まったく読めない

新聞や本	1 2 3 4
仕事の書類	1 2 3 4
雑誌や漫画	1 2 3 4
ともだちや親戚からの手紙	1 2 3 4
近所からの回覧やお知らせ	1 2 3 4
ちらしや看板	1 2 3 4

５６）あなたはどのくらいポルトガル語が書けますか？下にあげたものそれぞれについて教えてください。
　　１．よく書ける
　　２．だいたい書ける
　　３．少ししか書けない
　　４．まったく書けない

仕事の書類	1 2 3 4
仕事相手への手紙	1 2 3 4
ともだちや親戚への手紙	1 2 3 4
日記	1 2 3 4
かんたんなメモ	1 2 3 4

【日本語・ポルトガル語教育意識】

５７）あなたはこれから日本語を習いたいと思いますか？
　　　１．はい　　　２．いいえ

５７－Ａ）（設問５７で「１．はい」と答えた方）その理由を教えてください。
　　１．就職につながるから
　　２．いまの仕事や専門に必要だから
　　３．世界や日本の最新情報を知ることができるから
　　４．日系人として祖先のことばを知っておきたいから
　　５．日本文化に興味があるから
　　６．日本語教師になりたいから
　　７．その他［　　　　　　　　　　　　　　　　　　　］

５８）あなたはお子さんやお孫さんに日本語を習わせたいですか？
　　１．ぜひ習わせたい
　　２．本人が希望するなら習わせたい
　　３．習わせるつもりはない
　　４．わからない

５８－Ａ）（設問５８で「１．ぜひ習わせたい」「２．本人が希望するなら」と答えた方）その理由を教えてください。
　　１．就職につながるから
　　２．家業に必要だから
　　３．世界や日本の最新情報を知ることができるから
　　４．日系人として祖先のことばを知っておくのは当然だから
　　５．日本文化に興味をもってほしいから。
　　６．その他［　　　　　　　　　　　　　　　　　］

５９）あなたは日系人の若い世代が日本語を学ぶことが必要だと思いますか？
　　１．必要がある
　　２．本人の希望次第
　　３．必要はない
　　４．わからない

６０）地域の日本語学習の環境について、あなたはどのような問題があると思いますか？（複数回答可能）
　　１．日本語を学習するメリットがない
　　２．今のブラジルでは日本の影響力が少ない
　　３．日本語学校や日本語教師のレベルの問題
　　４．日常的につかう機会がない
　　５．日系人の親が子供の日本語教育に熱心ではない
　　６．日本語がむずかしい
　　７．その他［　　　　　　　　　　　　　　　］

６１）日系人なら日本語が話せるのは当然だという意見がありますが、あなたは同意しますか、同意しませんか？また、その理由も教えてください。
　　１．同意する　→［理由：　　　　　　　　　　　　　　　　　　　］
　　２．同意しない→［理由：　　　　　　　　　　　　　　　　　　　］
　　３．わからない

【訪日経験（デカセギ経験）と言語意識】

62）あなたは訪日経験がありますか？ある場合は何回訪日したかも教えてください。
　　1．ある［　　　　　回　］
　　2．ない

【以下は、設問62で「1．ある」と答えた訪日経験がある人のみの項目】
63）あなたはどのような目的で訪日したのですか？
　　1．観光
　　2．親戚訪問
　　3．仕事・ビジネス
　　4．デカセギ
　　5．留学・研修
　　6．その他［　　　　　　　　　　　　　　　　　］

64）あなたの日本語は日本で通じましたか？
　　1．十分通じた
　　2．まあまあ通じた
　　3．少しだけ通じた
　　4．通じなかった
　　5．わからない

65）「ブラジルで話される日本語」と「日本の日本語」との違いに戸惑ったことはありましたか？　あった場合は、どういうところが違ったのか、どういうことに戸惑ったのか具体的に教えてください。
　　1．あった
　　　具体的に：_____
　　　_____
　　2．なかった

66）あなたは日本に住んだことがありますか？ある場合は、どのくらい、どこに住んでいたのか教えてください。
　　1．ある　→［期間　　　　ヵ月・年　］［　　　　　　　都道府県］
　　2．ない

資料　言語生活調査票　389

６６−Ａ）（設問６６で「１．ある」と答えた方）どのような目的で住んだのですか？
　　　　１．仕事・ビジネス
　　　　２．デカセギ
　　　　３．留学・研修
　　　　４．その他［　　　　　　　　　　　　　　　　　　］

６６−Ｂ）（設問６６で「１．ある」と答えた方）日本に住んでみて、日本語を勉強したいと思いましたか。
　　　　１．勉強したいと思った
　　　　２．勉強したいとは思わなかった
　　　　３．わからない

６６−Ｃ）（設問６６で「１．ある」と答えた方）日本に住んでみて、日本語は上達しましたか？
　　　　１．かなり上達した
　　　　２．少し上達した
　　　　３．ほとんど上達しなかった
　　　　４．わからない

６６−Ｄ）（設問６６で「１．ある」と答えた方）日本に住んでみて、日本や日本人に対するイメージは変わりましたか？
　　　　１．良くなった
　　　　２．悪くなった
　　　　３．変わらないが、日本や日本人のことを客観的に見るようになった
　　　　４．わからない

【コロニア語をめぐる意識】

６７）あなたは家族や日系人の友人と話すとき、日本語とポルトガル語を混ぜることはありますか？
　　　　１．ある
　　　　２．ない
　　　　３．わからない

資料　言語生活調査票　391

６８）あなたは日本語とポルトガル語を混ぜて使うことをどう思いますか？

_____
_____
_____

これで質問は終わりです。長い間ご協力ありがとうございました。

```
インフォーマント連絡先
  住所：_____
  電話番号：_____
調査終了時間：    時    分
調査所要時間：    時    分
データ使用承諾書：　あり　・　なし
```

```
【備考欄】
同席者：　なし・　あり　［誰              ］
                      ［影響の度合い                        ］
録音状況：良好・不良［問題点：                              ］
インフォーマントの態度：協力（積極）的・非協力（消極）的・どちらともいえない
インフォーマントの日本語能力：問題なし・まあまあ・問題あり［        ］
談話収録の適性：向いている・あまり向いていない・どちらともいえない
調査員の感想：_____
_____
_____
```

ブラジル沖縄系人の言語接触研究

ブラジル〈ウルクンチュー〉言語生活調査票
２００５

調査地	
調査対象者番号	No.　　　（世帯番号：　　　）
調査対象者氏名	
面接者	
調査年月日	2005 年　　月　　日

ブラジル〈ウルクンチュー〉言語生活調査票

```
調査地：
調査日：2005 年　　　月　　　日（　）　午前・午後　　：　　～　　：
インフォーマント氏名：
調査員氏名：
```

【個人的属性1　共通項目　社会的属性】

1) あなたの性別を教えてください。　　1．男　　2．女

2) お生まれはいつですか？　［　　　年　　月　　日］［　　　］歳

3) あなたは何世ですか？　1．一世　2．二世　3．三世　4．四世以下　5．混血
　　　［二世以下：父　　世, 出身地：国　　　　　市町村　　　　　　　　］
　　　　　　　　　　母　　世, 出身地：国　　　　　市町村　　　　　　　　］
　　　【註】祖父母の出身地も分かれば聞いてください。

4) あなたの国籍を教えてください。
　　1．日本　2．ブラジル　3．二重国籍　4．帰化ブラジル人　5．その他［　　　］

5) あなたはどこでお生まれになりましたか？
　　日本　　［　　　都道府県］［　　　市町村］［字(地区・シマ)　　　］
　　日本以外［　　　州］［ムニシピオ　　　　］［植民地　　　　　　　］
　　【註】サンパウロ市生まれの場合には、生まれた Bairro 名も書く。

5-A) そこには何歳まで住んでいましたか？　　［　　歳まで］

6) ご結婚はされていますか？
　　1．　未婚　　2．　既婚　　3．　離婚・死別　　4．　その他［　　　］

6-A)（設問6で「2．既婚」「3．離婚・死別」と答えた方）
　　配偶者の方はウチナーンチュの方ですか、本土系の方ですか？
　　1．　ウチナーンチュ　　2．日系人（本土系）　　3．混血　　4．非日系人

6-B)（設問6-Aで「1．ウチナーンチュ」「2．日系人」「3．混血」と回答した方）
　　配偶者の方は何世ですか？
　　　　1．　一世　　2．　二世　　3．　三世　　4．　四世以下
　　　　［二世以下：　父　　　　世　／　母　　　　世］

6-C)（設問6-Aで「1．ウチナーンチュ」と回答した方）
　　配偶者の方はウルクンチュですか？　［　1．　はい　　2．　いいえ　］

7）現在の職業（仕事）は何ですか？（退職している場合、退職前の職業は何でしたか？）
　　　　[　　　　　　　　　　　　　　][退職前の仕事：　　　　　　　　　　]

8）あなたは日本か沖縄の学校に通ったことがありますか？
　　　　[　1．はい　　　2．いいえ　]

（設問8で「1．はい」と回答した方）

8－A）最後に通った学校の名前も教えてください。＿＿＿＿＿＿＿＿＿＿＿＿＿

8－B）その学校はどこにありましたか？＿＿＿＿＿＿＿＿＿＿＿＿＿＿＿＿＿

8－C）日本（ないし沖縄）では、どのくらいの期間、学校に通いましたか？
　　　　　[期間　　　　ヵ月・年][　　　学校・　　　年生まで]

【註】移民一世の場合には、当時の日本の植民地であった南洋諸島で通学した経験がある方も可能性として存在します。その場合は注意書きで、その事実を具体的に書き込むようにしてください。

9）あなたはボリビアの学校に通ったことがありますか？
　　　　[　1．はい　　　2．いいえ　]

（設問9で「1．はい」と回答した方）

9－A）最後に通った学校の名前も教えてください。＿＿＿＿＿＿＿＿＿＿＿＿＿

9－B）その学校はどこにありましたか？＿＿＿＿＿＿＿＿＿＿＿＿＿＿＿＿＿

9－C）ボリビアでは、どのくらいの期間、学校に通いましたか？
　　　　　[期間　　　　ヵ月・年][　　　学校・　　　年生まで]

【註】戦後ボリビア移民（子供移民）としてボリビア・コロニア沖縄に移住後、その移住地やサンタクルス、モンテーロなどの学校に通った経験をもっている方もいる可能性があります。これは日本語学校ではなく、ボリビア教育省のカリキュラムに沿った現地校のほうです。

10）あなたはブラジルの学校に通ったことがありますか？
　　　　[　1．はい　　　2．いいえ　]

（設問10で「1．はい」と回答した方）

10－A）最後に通った学校の名前も教えてください。＿＿＿＿＿＿＿＿＿＿＿＿

10－B）その学校はどこにありましたか？＿＿＿＿＿＿＿＿＿＿＿＿＿＿＿＿

10－C）ブラジルでは、どのくらいの期間、学校に通いましたか？
　　　　　[期間　　　　ヵ月・年][　　　学校・　　　年生まで]
【註】これもボリビア同様、日本語学校ではなく、現地校のことです。

【個人属性２　一世のみの項目　言語生活史】

１１）あなたはいつブラジルに渡航されましたか？　[　１９___年　]

　　１１－Ａ）そのとき、あなたは何歳でしたか？　[　　　]歳

　　【註】ブラジルに直接ではなく、ボリビアへ移住後、ブラジルへ再移住したというケースもあります。その場合には、ボリビア移住の年及びブラジルへ再移住した年の双方を聞いてください。

１２）あなたが（ブラジルに移住したときの）家族構成を教えてください？
　　　[　　　　　　　　　　　　　　　　　　　　　　　　　　　]
　　【註】ボリビアからの再移住者の場合、ブラジルに再移住したときの家族構成を聞いてください。

１３）あなたがブラジルに移住した当初、ブラジルにはどれくらい滞在する計画でしたか？
　　　[期間：　　　　　　　　　]
　　【註】戦後移民の場合、最初から永住という計画もありますから、注意してください。

１４）あなたが最初に入植されたところ（住んだところ）はどこですか？
　　　[　　　　　州][ムニシピオ　　　　　　][植民地　　　　　　]
　　【註】戦後移民及びボリビアからの転住者の場合には、最初からサンパウロ市 Vila Carrão 地区という方も多いので注意してください。

１５）あなたが最初に住んだところには日本人移民がたくさんいましたか？
　　　　[　１．はい　　　２．いいえ　]

　（設問１５で「１．はい」と回答した方）
　　１５－Ａ）そこ（入植地や地区）にはどのくらいの日本人家族が住んでいましたか？
　　　　　　　[約　　　　　家族]　【註】家族数で統一して聞いてください。

　　１５－Ｂ）日本人家族のなかには、ウチナーンチュはいましたか？
　　　　　１．はい　　→どのくらいいましたか？　[　　　　家族くらい]
　　　　　２．いいえ
　　　　　３．わからない

　　１５－Ｃ）（設問１５－Ｂで「１．はい」と回答した方）
　　　　ウチナーンチュの中にはウルクンチューはいましたか？
　　　　　１．はい　　→どのくらいいましたか？　[　　　　家族くらい]
　　　　　２．いいえ
　　　　　３．わからない

１６）ブラジル移住（移動）後、最初の職業（仕事）は何でしたか？
　　　[　　　　　　　　　　　　　　　　]

１７）ブラジルに移住した当初、ガイジン（非日系ブラジル人）と接することはありましたか？
　　　　　［　１．はい　　　　２．いいえ　］

　（設問１７で「１．はい」と回答した方）
　１７－Ａ）それはどのような機会でしたか？
　　　　　［　　　　　　　　　　　　　　　　　　　　　　　　　　　］
　１７－Ｂ）そのとき、どのような言葉で会話をしましたか？
　　　　　［　　　　　　　　　　　　　　　　　　　　　　　　　　　］

１８）あなたがブラジルに移住した当初、本土の日本人と接することはありましたか？
　　　　　［　１．はい　　　　２．いいえ　］

　（設問１８で「１．はい」と回答した方）
　１８－Ａ）それはどのような機会でしたか？
　　　　　［　　　　　　　　　　　　　　　　　　　　　　　　　　　］
　１８－Ｂ）そのとき、どのような言葉で会話をしましたか？
　　　　　［　　　　　　　　　　　　　　　　　　　　　　　　　　　］
　１８－Ｃ）本土の日本人と接したとき、差別されていると感じましたか？
　　　　１．はい　　→［具体的に　　　　　　　　　　　　　　　　　］
　　　　２．いいえ
　　　　３．わからない

１９）あなたがブラジルに移住した当初、ウチナーンチュの方と接することはありましたか？
　　　　　［　１．はい　　　　２．いいえ　］

　（設問１９で「１．はい」と回答した方）
　１９－Ａ）それはどのような機会でしたか？
　　　　　［　　　　　　　　　　　　　　　　　　　　　　　　　　　］
　１９－Ｂ）そのとき、どのような言葉で会話をしましたか？
　　　　　［　　　　　　　　　　　　　　　　　　　　　　　　　　　］

２０）あなたはブラジルに移住する前、次の言葉がどの程度わかりましたか？

言葉	よくわかった	大体	少し	全くわからなかった
日本語（標準語）	1	2	3	4
伝統方言	1	2	3	4
ポルトガル語	1	2	3	4
スペイン語	1	2	3	4

２１）ブラジルに移住当初、あなたは次の言語を使いましたか？それは誰と、どのような機会に使いましたか？

　　１．日本語　［　はい　／　いいえ　］
　　　　　　［誰と　　　　　　どのような機会に　　　　　　　　　　　　　］
　　２．方　言　［　はい　／　いいえ　］
　　　　　　［誰と　　　　　　どのような機会に　　　　　　　　　　　　　］
　　３．ポルトガル語　［　はい　／いいえ　］
　　　　　　［誰と　　　　　　どのような機会に　　　　　　　　　　　　　］
　　４．スペイン語　［　はい　／　いいえ　］
　　　　　　［誰と　　　　　　どのような機会に　　　　　　　　　　　　　］

２２）あなたは大人になったあとにポルトガル語を習ったことがありますか？
　　　　　［　１．はい　　２．いいえ　］

（設問２２で「１．はい」と回答した方）
２２－Ａ）どういうところで習いましたか？［　　　　　　　　　　　　］
２２－Ｂ）どのくらいの期間習いましたか？［　期間　　　　ヵ月・年　］
２２－Ｃ）なぜポルトガル語を習ったのですか？
_____

２３）【子供移民・青年移民の場合】
　　　あなたは移住後、日本学校に通ったことがありますか？
　　　　　［　１．はい　　　２．いいえ　］

（設問２３で「１．はい」と回答した方）
２３－Ａ）学校を運営していたのはどういう団体（機関）でしたか？
　　　　　［　　　　　　　　　　　　　　　　　　　　　　　］
２３－Ｂ）学校にはどのくらいの期間、通いましたか？
　　　　　［期間　　　　ヵ月・年］
２３－Ｃ）学校には週何回通いましたか。また、週何時間くらい勉強していましたか？
　　　　　［　週に　　　　回　］［　週に　　　　時間　］
２３－Ｄ）学校ではどういうことを勉強して、どういう行事がありましたか？
　　　　　［　　　　　　　　　　　　　　　　　　　　　　　］
２３－Ｅ）学校でのヤマトンチューとウチナーンチュの割合はどのようでしたか？
　　　　　［　　　　　　　　　　　　　　　　　　　　　　　　　　］

【個人属性2　二世以下のみの項目　言語生活史】

24）あなたが生まれたのは農村ですか、都会ですか？
　　農村生まれの場合には、何歳まで農村にいたかも教えてください。
　　　1．農村　→　［　　　　　歳まで］
　　　2．都会

25）あなたが子供の頃（学校に入学する前）、家庭ではどのような言葉を話していましたか？
　　　1．日本語のみ　　　　2．方言のみ　　　3．ポルトガル語のみ
　　　4．主に日本語　　　　5．主に方言　　　6．主にポルトガル語
　　　7．日本語と方言半々　　8．日本語とポルトガル語半々
　　　9．方言とポルトガル語半々　10．三つの言葉を併用
　　　11．その他［　　　　　　　　　　　　　　　　　　　　　］

26）学校に入学する前、友達とはどのような言葉を使って話していましたか？
　　　1．日本語のみ　　　　2．方言のみ　　　3．ポルトガル語のみ
　　　4．主に日本語　　　　5．主に方言　　　6．主にポルトガル語
　　　7．日本語と方言半々　　8．日本語とポルトガル語半々
　　　9．方言とポルトガル語半々　10．三つの言葉を併用
　　　11．その他［　　　　　　　　　　　　　　　　　　　　　］

27）あなたが次の学校時代に主に使っていた言葉を具体的に教えてください。
　27－1）小学校時代の言葉
　　A）小学校課程をどこで受けましたか？
　　　1．ブラジル　　2．ボリビア　　3．日本　　4．その他［　　　　　　　］
　　B）学校時代の言葉
　　　1．家庭　　親とは　　　［　　　　　　　］語
　　　　　　　　祖父母とは　　［　　　　　　　］語（＊同居していた場合）
　　　　　　　　兄弟姉妹とは　［　　　　　　　］語
　　　2．学校　　先生とは　　　［　　　　　　　］語
　　　　　　　　日系人の友人とは　　［　　　　　　　］語
　　　　　　　　沖縄系の友人とは　　［　　　　　　　］語
　　　　　　　　ガイジンの友人とは　［　　　　　　　］語
　　　　　　　　授業中は　　　　　　［　　　　　　　］語
　　　3．親族　　親戚が集まった時には［　　　　　　　］語

　27－2）中学・高校時代（2 Grau）の言葉
　　A）中学・高校課程をどこで受けましたか？
　　　1．ブラジル　　2．ボリビア　　3．日本　　4．その他［　　　　　　　］

B）学校時代の言葉
　　1．家庭　　親とは　　　[　　　　　　　]語
　　　　　　　祖父母とは　　[　　　　　　　]語（＊同居していた場合）
　　　　　　　兄弟姉妹とは　[　　　　　　　]語
　　2．学校　　先生とは　　[　　　　　　　]語
　　　　　　　日系人の友人とは　[　　　　　　]語
　　　　　　　沖縄系の友人とは　[　　　　　　]語
　　　　　　　ガイジンの友人とは[　　　　　　]語
　　　　　　　授業中は　　　　　[　　　　　　]語
　　3．地域　　地域の日系の友達とは　[　　　　　　]語
　　　　　　　地域の沖縄系の友達とは[　　　　　　]語
　　　　　　　地域のガイジンの友達とは[　　　　　　]語
　　4．親族　　親戚が集まった時には　　[　　　　　　]語

２７−３）大学時代の言葉
　A）大学課程をどこで受けましたか？
　　1．ブラジル　　2．ボリビア　　3．日本　　4．その他 [　　　　　　]
　B）学校時代の言葉
　　1．家庭　　親とは　　　[　　　　　　　]語
　　　　　　　祖父母とは　　[　　　　　　　]語（＊同居していた場合）
　　　　　　　兄弟姉妹とは　[　　　　　　　]語
　　2．学校　　先生とは　　[　　　　　　　]語
　　　　　　　日系人の友人とは　[　　　　　　]語
　　　　　　　沖縄系の友人とは　[　　　　　　]語
　　　　　　　ガイジンの友人とは[　　　　　　]語
　　　　　　　授業中は　　　　　[　　　　　　]語
　　3．地域　　地域の日系の友達とは　[　　　　　　]語
　　　　　　　地域の沖縄系の友達とは[　　　　　　]語
　　　　　　　地域のガイジンの友達とは[　　　　　　]語
　　4．親族　　親戚が集まった時には　　[　　　　　　]語

２８）　あなたは日本（語）学校に通ったことがありますか？
　　　　[　1．はい　　　2．いいえ　]

（設問28で「1．はい」と回答した方）
２８−A）学校を運営していたのはどういう機関や団体でしたか？
　　　　[　　　　　　　　　　　　　　　　　　　　　　　]
２８−B）学校にはどのくらいの期間、通いましたか？
　　　　　[期間　　　　　　ヵ月・年]

２８－Ｃ）学校には週何回通いましたか。また、週何時間くらい（日本語を）勉強していましたか？
　　　　　　［　週に　　　　回　］［　週に　　　　時間　］

２９）あなたは大人になったあとに日本語を習ったことがありますか？
　　　　　［　１．はい　　２．いいえ　］

（設問２９で「１．はい」と回答した方）
２９－Ａ）どういうところで習いましたか？［　　　　　　　　　　　　　］
２９－Ｂ）どのくらいの期間習いましたか？［　期間　　　　ヵ月・年　］
２９－Ｃ）なぜ日本語を習ったのですか？

_____

【家庭での言語使用】

３０）あなたは現在、どなたと同居していますか？
　　　　　［　　　　　　　　　　　　　　　　　　　　　　　］

３１）あなたは家族の方に対して、どのような言葉で話しかけますか？次の選択肢の中から選んでください。【註　同居していない場合でも、答えられるものには答えてください】

　　　１．日本語のみ　　　　２．方言のみ　　　　３．ポルトガル語のみ
　　　４．主に日本語　　　　５．主に方言　　　　６．主にポルトガル語
　　　７．日本語と方言半々　　８．日本語とポルトガル語半々
　　　９．方言とポルトガル語半々　　１０．三つの言葉を併用
　　　１１．その他［　　　　　　　　　］

話しかける人	使用する言葉
夫／妻　　［日系・沖縄系・非日系］	1　2　3　4　5　6　7　8　9　10　11　［　　］
子供　　　［日系・沖縄系・非日系］	1　2　3　4　5　6　7　8　9　10　11　［　　］
孫　　　　［日系・沖縄系・非日系］	1　2　3　4　5　6　7　8　9　10　11　［　　］
父　　　　［日系・沖縄系・非日系］	1　2　3　4　5　6　7　8　9　10　11　［　　］
母　　　　［日系・沖縄系・非日系］	1　2　3　4　5　6　7　8　9　10　11　［　　］
婿／嫁　　［日系・沖縄系・非日系］	1　2　3　4　5　6　7　8　9　10　11　［　　］
兄弟姉妹　［日系・沖縄系・非日系］	1　2　3　4　5　6　7　8　9　10　11　［　　］
祖父　　　［日系・沖縄系・非日系］	1　2　3　4　5　6　7　8　9　10　11　［　　］
祖母　　　［日系・沖縄系・非日系］	1　2　3　4　5　6　7　8　9　10　11　［　　］
その他［　］［日系・沖縄系・非日系］	1　2　3　4　5　6　7　8　9　10　11　［　　］

32） あなたは家族の方から、どのような言葉で話しかけられますか？次の選択肢の中から選んでください。【註　同居していない場合でも、答えられるものには答えてください】

　　　1．日本語のみ　　　　　　2．方言のみ　　　　3．ポルトガル語のみ
　　　4．主に日本語　　　　　　5．主に方言　　　　6．主にポルトガル語
　　　7．日本語と方言半々　　　8．日本語とポルトガル語半々
　　　9．方言とポルトガル語半々　10．三つの言葉を併用
　　　11．その他［　　　　　　　　　　　　　　］

話しかけられる人	使用する言葉
夫／妻　［日系・沖縄系・非日系］	1 2 3 4 5 6 7 8 9 10 11 ［　　］
子供　　［日系・沖縄系・非日系］	1 2 3 4 5 6 7 8 9 10 11 ［　　］
孫　　　［日系・沖縄系・非日系］	1 2 3 4 5 6 7 8 9 10 11 ［　　］
父　　　［日系・沖縄系・非日系］	1 2 3 4 5 6 7 8 9 10 11 ［　　］
母　　　［日系・沖縄系・非日系］	1 2 3 4 5 6 7 8 9 10 11 ［　　］
婿／嫁　［日系・沖縄系・非日系］	1 2 3 4 5 6 7 8 9 10 11 ［　　］
兄弟姉妹［日系・沖縄系・非日系］	1 2 3 4 5 6 7 8 9 10 11 ［　　］
祖父　　［日系・沖縄系・非日系］	1 2 3 4 5 6 7 8 9 10 11 ［　　］
祖母　　［日系・沖縄系・非日系］	1 2 3 4 5 6 7 8 9 10 11 ［　　］
その他［　　］［日系・沖縄系・非日系］	1 2 3 4 5 6 7 8 9 10 11 ［　　］

33） 夕食の席など家族全員がそろう時、みなさんは主にどのような言葉で話しますか？
　　　1．日本語のみ　　　　　　2．方言のみ　　　　3．ポルトガル語のみ
　　　4．主に日本語　　　　　　5．主に方言　　　　6．主にポルトガル語
　　　7．日本語と方言半々　　　8．日本語とポルトガル語半々
　　　9．方言とポルトガル語半々　10．三つの言葉を併用
　　　11．その他［　　　　　　　　　　　　　　］

34）　あなたのお宅ではNHK海外放送を見ることができますか？
　　　　　［　1．はい　　　　2．いいえ　］

35）　あなたのお宅では日本（沖縄）のデカセギ以外の親戚とつきあいがありますか？
　　　　　［　1．ある　　　　2．ない　］

　（設問35で「1．ある」と回答した方）
　35－A）つきあいのある親戚は沖縄の方ですか？
　　　　　　1．はい
　　　　　　2．いいえ　→［どこの県？　　　　　　　　　　］

35-B) どのような手段で交際していますか？
     1．手紙　　2．電話　　3．電子メイル　　4．その他 [　　　　　　　]

35-C) どのくらいの頻度で連絡を取り合っていますか？
     1．毎月　　2．年に2回程度　　3．年に1回程度　　4．2〜3年に1回程度

36) あなたのお宅では新聞や雑誌を定期購読していますか？定期購読している場合は誌名などを具体的に教えてください。また、誰が読むのかも教えてください。

誌名（雑誌・新聞）	誰が読むのか？
1)	
2)	
3)	
4)	
5)	

【メディア・娯楽と言語使用】

37) あなたはNHKの海外放送を見ますか？
     0．NHKがない
     1．よく見る　　2．ときどき見る　　3．ほとんど見ない　　4．まったく見ない

38) あなたは日本のビデオをよく見ますか？
     0．ビデオデッキがない
     1．よく見る　　2．ときどき見る　　3．ほとんど見ない　　4．まったく見ない

（設問38で「1．よく見る」「2．ときどき見る」と回答した方）
38-A) どのようなビデオが特に好きなのか、教えてください。
     1．時代劇　　2．ドラマ　　3．ニュース　　4．ドキュメンタリー
     5．その他 [　　　　　　　　　　　　]

39) あなたはブラジルのテレビ番組をよく見ますか？
     1．よく見る　　2．ときどき見る　　3．ほとんど見ない　　4．まったく見ない

（設問39で「1．よく見る」「2．ときどき見る」と回答した方）
39-A) どのような番組が特に好きなのか、教えてください。
     1．ノヴェーラ・ドラマ　　2．ニュース　　3．ドキュメンタリー
     4．その他 [　　　　　　　　　　　　]

40）あなたはブラジルの日系テレビ番組を見ますか？
　　　　1．よく見る　2．ときどき見る　3．ほとんど見ない　4．まったく見ない

41）あなたはNHK短波放送や日系ラジオを聞きますか？
　　　　1．よく聞く　2．ときどき聞く　3．ほとんど聞かない　4．まったく聞かない

42）あなたは日本語の新聞を読みますか？
　　　　0．新聞を取っていない
　　　　1．よく読む　2．ときどき読む　3．ほとんど読まない　4．まったく読まない

43）あなたはUtina Newsを読みますか？
　　　　0．新聞を取っていない
　　　　1．よく読む　2．ときどき読む　3．ほとんど読まない　4．まったく読まない

44）あなたはポルトガル語の新聞を読みますか？
　　　　0．新聞を取っていない
　　　　1．よく読む　2．ときどき読む　3．ほとんど読まない　4．まったく読まない

45）あなたは日本の歌を聞きますか？
　　　　1．よく聞く　2．ときどき聞く　3．ほとんど聞かない　4．まったく聞かない
　（設問45で「1．よく聞く」「2．ときどき聞く」と回答した方）
　45－A）どのような歌を聞くのか教えてください。
　　　　　　［　　　　　　　　　　　　　　　　　　　　　　　　　　　　　　　　　］

46）あなたは沖縄の歌を聞きますか？
　　　　1．よく聞く　2．ときどき聞く　3．ほとんど聞かない　4．まったく聞かない
　（設問46で「1．よく聞く」「2．ときどき聞く」と回答した方）
　46－A）どのような歌を聴くのか教えてください。
　　　　　　［　　　　　　　　　　　　　　　　　　　　　　　　　　　　　　　　　］

47）あなたはブラジルの歌を聞きますか？
　　　　1．よく聞く　2．ときどき聞く　3．ほとんど聞かない　4．まったく聞かない
　（設問47で「1．よく聞く」「2．ときどき聞く」と回答した方）
　47－A）どのような歌を聞くのか教えてください。
　　　　　　［　　　　　　　　　　　　　　　　　　　　　　　　　　　　　　　　　］

48）あなたはカラオケに行きますか？
　　　　1．よく行く　2．ときどき行く　3．ほとんど行かない　4．まったく行かない

（設問48で「1．よく行く」「2．ときどき行く」と回答した方）
48－A）どのような歌を歌うのが好きですか？
　　　　　　　　　［　　　　　　　　　　　　　　　　　　　　　　　］

【職場・地域社会での言語使用】

49）あなたは仕事上、日本語を話すことがありますか？ある場合には、誰と、どのような機会に話しますか？
　　　1．話す　→［誰と？　　　　　　　］［機会　　　　　　　　　　　　　　］
　　　2．話さない

50）あなたは仕事上、ポルトガル語を話すことがありますか？ある場合には、誰と、どのような機会に話しますか？
　　　1．話す　→［誰と？　　　　　　　］［機会　　　　　　　　　　　　　　］
　　　2．話さない

51）あなたは仕事上、方言を話すことがありますか？ある場合には、誰と、どのような機会に話しますか？
　　　1．話す　→［誰と？　　　　　　　］［機会　　　　　　　　　　　　　　］
　　　2．話さない

52）あなたは地域の日系団体の集まりや会合によく参加しますか？
　　　　［　1．参加する　　　2．参加しない　］

（設問52で「1．参加する」と回答した方）
52－A）それはどのような団体ですか？（複数回答あり）

　1．文化協会　　2．沖縄県人会支部　　3．老人会　　4．青年会　5．婦人会
　6．文芸・スポーツ・音楽・舞踊など趣味の会［　　　　　　　　　　　］
　7．字人会／市人会（同郷者会）　　8．同業者組織　　9．その他［　　　　　　　］

設問52－A　複数回答用メモ欄

52-B）そこでは、どのようなことばを使っていますか？
　　1．日本語のみ　　　　2．方言のみ　　　3．ポルトガル語のみ
　　4．主に日本語　　　　5．主に方言　　　6．主にポルトガル語
　　7．日本語と方言半々　　8．日本語とポルトガル語半々
　　9．方言とポルトガル語半々　10．三つの言葉を併用
　　11．その他［　　　　　　　　　　　］

53）ともだちに日系人は多いですか？
　　0．ともだちはいない
　　1．ほとんど日系人
　　2．日系人のほうが非日系人よりも多い。
　　3．日系人と非日系人が半々
　　4．非日系人のほうが日系人よりも多い。
　　5．ほとんど非日系人

53-A）日系人の友人がいる場合、沖縄系の方はいますか？ウルクンチューはいますか？いれば、それぞれどのくらいの割合ですか？
　　［　　　　　　　　　　　　　　　　　　　　　　　　　　　　　　］

53-B）日系人（本土系）の友人と話すときは次のどの言葉をよく使いますか？
　　1．日本語のみ
　　2．日本語のほうがポルトガル語より多い
　　3．日本語とポルトガル語半々
　　4．ポルトガル語のほうが日本語より多い
　　5．ポルトガル語のみ

53-C）沖縄系の友人と話すときは次のどの言葉をよく使いますか？
　　1．日本語のみ　　　　2．方言のみ　　　3．ポルトガル語のみ
　　4．主に日本語　　　　5．主に方言　　　6．主にポルトガル語
　　7．日本語と方言半々　　8．日本語とポルトガル語半々
　　9．方言とポルトガル語半々　10．三つの言葉を併用
　　11．その他［　　　　　　　　　　　］

54）あなたの宗教を教えてください。（複数回答あり）
　　［　　　　　　　　　　　　　　　　　　　　　　　　　　　　　　］

55）あなたは宗教の集会や活動によく参加しますか？
　　［　1．参加する　　2．参加しない　］

（設問55で「1．参加する」と回答した方）
55-A）そこではどのようなことばを使っていますか？
  1．日本語のみ   2．方言のみ 3．ポルトガル語のみ
  4．主に日本語   5．主に方言 6．主にポルトガル語
  7．日本語と方言半々 8．日本語とポルトガル語半々
  9．方言とポルトガル語半々 10．三つの言葉を併用
  11．その他［   ］

【日本語能力・方言能力・ポルトガル語能力意識】

56）あなたは日本語を聞いてどのくらいわかりますか？
  下にあげたものそれぞれについて教えてください。【註　以下、設問65まで同様】
1．よくわかる　2．だいたいわかる　3．少ししかわからない　4．まったくわからない

ラジオのニュース	1　2　3　4
テレビのニュース	1　2　3　4
テレビドラマ	1　2　3　4
家庭での話	1　2　3　4
あいさつやかんたんな言葉	1　2　3　4

57）あなたはどのくらい日本語が話せますか？
  1．よく話せる　2．だいたい話せる　3．少ししか話せない　4．まったく話せない

政治や経済などのむずかしい話	1　2　3　4
仕事の話	1　2　3　4
日常の会話	1　2　3　4
家庭での話	1　2　3　4
あいさつやかんたんな言葉	1　2　3　4

58）あなたはどのくらい日本語が読めますか？
  1．よく読める　2．だいたい読める　3．少ししか読めない　4．まったく読めない

新聞や本	1　2　3　4
雑誌や漫画	1　2　3　4
仕事の書類	1　2　3　4
ともだちや親戚からの手紙	1　2　3　4
近所からの回覧やお知らせ	1　2　3　4
ちらしや看板	1　2　3　4

５９）あなたはどのくらい日本語が書けますか？
　　　１．よく書ける　２．だいたい書ける　３．少しし書けない　４．まったく書けない

仕事の書類	1 2 3 4
仕事相手への手紙	1 2 3 4
ともだちや親戚への手紙	1 2 3 4
日記	1 2 3 4
かんたんなメモ	1 2 3 4

６０）あなたはポルトガル語を聞いてどのくらいわかりますか？
　１．よくわかる　２．だいたいわかる　３．少ししかわからない　４．まったくわからない

ラジオのニュース	1 2 3 4
テレビのニュース	1 2 3 4
テレビドラマ（ノヴェラ）	1 2 3 4
家庭での話	1 2 3 4
あいさつやかんたんな言葉	1 2 3 4

６１）あなたはどのくらいポルトガル語が話せますか？
　　　１．よく話せる　２．だいたい話せる　３．少ししか話せない　４．まったく話せない

政治や経済などのむずかしい話	1 2 3 4
仕事の話	1 2 3 4
日常の会話	1 2 3 4
家庭での話	1 2 3 4
あいさつやかんたんな言葉	1 2 3 4

６２）あなたはどのくらいポルトガル語が読めますか？
　　　１．よく読める　２．だいたい読める　３．少ししか読めない　４．まったく読めない

新聞や本	1 2 3 4
雑誌や漫画	1 2 3 4
仕事の書類	1 2 3 4
ともだちや親戚からの手紙	1 2 3 4
近所からの回覧やお知らせ	1 2 3 4
ちらしや看板	1 2 3 4

63）あなたはどのくらいポルトガル語が書けますか？
　　1．よく書ける　2．だいたい書ける　3．少しし書けない　4．まったく書けない

仕事の書類	1　2　3　4
仕事相手への手紙	1　2　3　4
ともだちや親戚への手紙	1　2　3　4
日記	1　2　3　4
かんたんなメモ	1　2　3　4

64）あなたは方言を聞いてどのくらいわかりますか？
1．よくわかる　2．だいたいわかる　3．少ししかわからない　4．まったくわからない

ラジオのニュース	1　2　3　4
テレビのニュース	1　2　3　4
テレビドラマ	1　2　3　4
家庭での話	1　2　3　4
あいさつやかんたんな言葉	1　2　3　4

65）あなたはどのくらい方言が話せますか。
　　1．よく話せる　2．だいたい話せる　3．少ししか話せない　4．まったく話せない

政治や経済などのむずかしい話	1　2　3　4
仕事の話	1　2　3　4
日常の会話	1　2　3　4
家庭での話	1　2　3　4
あいさつやかんたんな言葉	1　2　3　4

【日本語・方言教育意識】

６６）あなたはこれから日本語を習いたいと思いますか？
　　　　［　１．はい　　　　２．いいえ　］

（設問６６で「１．はい」と回答した方）
６６−Ａ）その理由を教えてください。
　　１．　就職につながるから
　　２．　いまの仕事や専門に必要だから
　　３．　世界や日本の最新情報を知ることができるから
　　４．　日系人として祖先のことばを知っておきたいから
　　５．　日本文化に興味があるから
　　６．　日本語教師になりたいから
　　７．　その他［　　　　　　　　　　　　　　　　　］

６７）あなたはお子さんやお孫さんに日本語を習わせたいですか？
　　１．　ぜひ習わせたい
　　２．　本人が希望するなら習わせたい
　　３．　習わせるつもりはない
　　４．　わからない

（設問６７で「１．ぜひ習わせたい」「２．本人が希望するなら」と回答した方）
６７−Ａ）その理由を教えてください。
　　１．就職につながるから
　　２．家業に必要だから
　　３．世界や日本の最新情報を知ることができるから
　　４．日系人として祖先のことばを知っておくのは当然だから
　　５．日本文化に興味をもってほしいから。
　　６．その他［　　　　　　　　　　　　　　　　　］

６８）あなたは日系人の若い世代が日本語を学ぶことが必要だと思いますか？
　　１．必要がある
　　２．本人の希望次第
　　３．必要はない
　　４．わからない

６９）地域の日本語学習の環境について、あなたはどのような問題があると思いますか？（複数回答可能）
　　１．日本語を学習するメリットがない
　　２．今のブラジルでは日本の影響力が少ない
　　３．日本語学校や日本語教師のレベルの問題
　　４．日常的につかう機会がない
　　５．日系人の親が子供の日本語教育に熱心ではない
　　６．日本語がむずかしい
　　７．その他［　　　　　　　　　　　　　　　　　］

７０）日系人なら日本語が話せるのは当然だという意見がありますが、あなたは同意しますか、同意しませんか？また、その理由も教えてください。
　　１．同意する　→［理由：　　　　　　　　　　　　　　　　　　　　　　］
　　２．同意しない→［理由：　　　　　　　　　　　　　　　　　　　　　　］
　　３．わからない

７１）あなたはこれから方言を習いたいと思いますか？
　　　［　１．はい　　　　２．いいえ　］

（設問７１で「１．はい」と回答した方）
　７１－A）その理由を教えてください。
　　１．家業に必要だから
　　２．親戚や地域の付き合いに必要だから
　　３．沖縄の最新情報を知ることができるから
　　４．ウチナーンチュとして先祖のことばを知っておくことは当然だから
　　５．沖縄文化に興味があるから
　　６．方言を残したいから
　　７．その他［　　　　　　　　　　　　　　　　　］

７２）あなたはお子さんやお孫さんに方言を習わせたいですか？
　　１．ぜひ習わせたい
　　２．本人が希望するなら習わせたい
　　３．習わせるつもりはない
　　４．わからない

（設問７２で「１．ぜひ習わせたい」「２．本人が希望するなら」と回答した方）
　７２－A）その理由を教えてください。
　　１．家業に必要だから
　　２．親戚や地域の付き合いに必要だから
　　３．沖縄の最新情報を知ることができるから

4．ウチナーンチュとして先祖のことばを知っておくことは当然だから
5．沖縄文化に興味があるから
6．方言を残したいから
7．その他［　　　　　　　　　　　　　　　　　　　　　　］

７３）あなたはウチナーンチュの若い世代が方言を学ぶことが必要だと思いますか？
1．必要がある
2．本人の希望次第
3．必要はない
4．わからない

７４）ウチナーンチュなら方言が話せて当然だという意見がありますが、あなたは同意しますか、しませんか？また、その理由も教えてください。
1．同意する　→［理由：　　　　　　　　　　　　　　　　　　　］
2．同意しない→［理由：　　　　　　　　　　　　　　　　　　　］
3．わからない

【訪日経験（デカセギ経験）と言語意識】

７５）あなたは訪日経験がありますか？ある場合は何回訪日したかも教えてください。
1．ある　→［　　　　回　］
2．ない

（設問７５で「１．ある」と回答した方）
７５－Ａ）あなたは日本へ「デカセギ」に行ったことがありますか？
1．ある　→［期間　　　　ヵ月・年　］［場所　　　　　　　　　　］
2．ない　→どのような目的で訪日したのですか？
1．観光　2．親戚訪問　3．仕事・ビジネス　4．留学・研修
5．その他［　　　　　　　　　　　　　　　　　　　　　］

７５－Ｂ）あなたの日本語は日本で通じましたか？
1．十分通じた　　2．まあまあ通じた　　3．少しだけ通じた
4．通じなかった　5．わからない

７５－Ｃ）「ブラジルで話される日本語」と「日本の日本語」との違いに、戸惑ったことはありましたか？　あった場合は、どういうところが違ったのか、どういうことに戸惑ったのか具体的に教えてください。
1．あった
→［具体的に：　　　　　　　　　　　　　　　　　　　　］
2．なかった。

７５－Ｄ）あなたは訪日の際、沖縄へ行かれましたか？
　　　　　１．行った　→［　　　　回　］　　２．行かなかった

（設問７５で「１．ある」と回答し、７５－Ｄ）で沖縄に「１．行った」と回答した方）
７５－Ｅ）あなたは沖縄では日本語を使いましたか？方言を使いましたか？
　　　　１．　日本語のみ　　　　２．方言のみ
　　　　３．　主に日本語　　　　４．主に方言
　　　　５．　日本語と方言半々　　６．その他［　　　　　　　　　］

７５－Ｆ）あなたの方言は沖縄で通じましたか？
　　　　　１．十分通じた　　２．まあまあ通じた　　３．少しだけ通じた
　　　　　４．通じなかった　　５．わからない

７５－Ｇ）「ブラジルで話される方言」と「沖縄の方言」との違いに、戸惑ったことはありましたか？　あった場合は、どういうところが違ったのか、どういうことに戸惑ったのか具体的に教えてください。
　　　　　１．あった
　　　　　　→［具体的に：　　　　　　　　　　　　　　　　　　　　　］
　　　　　２．なかった。

７６）あなたは日本に住んだことがありますか？ある場合は、どのくらい、どこに住んでいたのか教えてください。
　　　　　１．ある　→［期間　　　ヵ月・年　］［場所　　　　　　　　］
　　　　　２．ない

（設問７６で「１．ある」と回答した方）
７６－Ａ）どのような目的で住んだのですか？
　　　　　１．仕事・ビジネス　　２．デカセギ　　３．留学・研修
　　　　　４．その他［　　　　　　　　　　　　］

７６－Ｂ）日本に住んでみて、日本語を勉強したいと思いましたか。
　　　　　１．勉強したいと思った　　２．勉強したいとは思わなかった
　　　　　３．わからない

７６－Ｃ）日本に住んでみて、日本語は上達しましたか？
　　　　　１．かなり上達した　２．少し上達した　３．ほとんど上達しなかった
　　　　　４．わからない

７６－Ｄ）日本に住んでみて、日本や日本人に対するイメージは変わりましたか？
　　　　　１．良くなった　　２．悪くなった

3．変わらないが、日本や日本人のことを客観的に見るようになった
　　4．わからない

（設問76で「1．ある」と回答し、しかも沖縄県に住んでいた方のみ）
７６－Ｅ）沖縄に住んでみて、方言を勉強したいと思いましたか。
　　1．勉強したいと思った　　2．勉強したいとは思わなかった　　3．わからない

７６－Ｆ）沖縄に住んでみて、方言は上達しましたか？
　　1．かなり上達した　2．少し上達した　3．ほとんど上達しなかった
　　4．わからない

７６－Ｇ）沖縄に住んでみて、沖縄やウチナーンチュに対するイメージは変わりましたか？
　　1．良くなった　　2．悪くなった
　　3．変わらないが、沖縄やウチナーンチュのことを客観的に見るようになった
　　4．わからない

７６－Ｈ）沖縄で話されていた日本語は日本本土の日本語と同じでしたか？違うと思いましたか？
　　1．同じだと思った
　　2．違うと思った［どこが？　　　　　　　　　　　　　　　　　　　］
　　3．分からない

【コロニア語・方言をめぐる意識】

７７）あなたは家族や日系人（ウチナーンチュも含む）と話すとき、日本語、方言、ポルトガル語を混ぜることはありますか？
　　［1．ある　　2．ない　　3．わからない］

（設問77で「1．ある」と回答した方）
７７－Ａ）具体的にどの言葉が混ざりますか？
　　　　　　［　　　　　　　　　　　　　　　　　　　　　　　　　　］

７８）あなたは日本語、方言、ポルトガル語を混ぜて使うことをどう思いますか？
　　_____
　　_____
　　_____

これで質問は終わりです。長い間ご協力ありがとうございました。

インフォーマント連絡先
　住所：＿＿＿＿＿＿＿＿＿＿＿＿＿＿＿＿＿＿＿＿＿＿＿＿＿＿＿＿＿＿＿＿＿＿＿
　電話番号：＿＿＿＿＿＿＿＿＿＿＿＿＿＿＿＿＿＿＿＿
データ使用承諾書：　あり　・　なし

【備考欄】
同席者：　なし・　あり　［誰　　　　　　　　　］
　　　　　　　　　　　　　［影響の度合い　　　　　　　　　　　　　　　　］

インフォーマントの態度：　協力（積極）的・非協力（消極）的・どちらともいえない
インフォーマントの日本語能力 [　よい　・　まあまあ　・　あまり　・　ぜんぜん　]
調査時の使用言語
　　[　日本語のみ　・　方言のみ　・　ポルトガル語　・　日本語と方言・
　　日本語とポルトガル語　　　・　方言とポルトガル語　]

調査員の感想：＿＿＿＿＿＿＿＿＿＿＿＿＿＿＿＿＿＿＿＿＿＿＿＿＿＿＿
＿＿＿＿＿＿＿＿＿＿＿＿＿＿＿＿＿＿＿＿＿＿＿＿＿＿＿＿＿＿＿＿＿＿＿＿＿
＿＿＿＿＿＿＿＿＿＿＿＿＿＿＿＿＿＿＿＿＿＿＿＿＿＿＿＿＿＿＿＿＿＿＿＿＿

Pesquisa sobre o Contato Lingüístico entre os Okinawanos no Brasil

Investigação da Vida Lingüística dos Urukunchus no Brasil
2005

Local da pesquisa	
Número do Entrevistado	No. (No. da Família:)
Nome completo do Entrevistado	
Entrevistador	
Data da Pesquisa	____/____/ 2005

Investigação sobre a vida lingüística dos Urukunchus no Brasil

Local:
Data: ____/____/ 2005
Horário da aplicação do questionário: das _____ às _____
Nome do Entrevistado:
Entrevistador:

Características individuais e sociais

1) Sexo
1. Masculino   2. Feminino

2) Data de nascimento (de acordo com o calendário ocidental)
       /   /

3) A que geração você pertence?
1. Issei   2. Nissei   3. Sansei   4. Yonsei ou mais   5. Mestiço

    3-A) Se for nissei ou mais, qual a geração do pai e a da mãe?
    Pai:_____   Mãe:_____
(Perguntar se sabe o local de nascimento dos avós:_____)

4) Nacionalidade
1. Japonesa
2. Brasileira
3. Dupla nacionalidade
4. Naturalizado
5. Outra (_____)

5) Onde nasceu?
País:_____
Estado:_____
Município:_____
Colônia:_____
(Aqueles que nasceram na cidade de São Paulo informar o bairro)

    5-A) Viveu neste local até que idade?(_____)

6) Qual o seu estado civil?
1. Solteiro
2. Casado
3. Divorciado
4. Viúvo

(Pergunta para todos, **exceto o solteiro**)
6-A) O seu cônjuge se enquadra em que perfil?
1. Uchinanchu
2. Nikkei
3. Mestiço
4. Não-nikkei

(Pergunta para todos, **exceto os não-descendentes**)
6-B) A que geração pertence o seu cônjuge?
1. Issei   2. Nissei   3. Sansei   4. Yonsei ou mais
Se for nissei ou mais, qual a geração do pai e a da mãe?
Pai: _____   Mãe: _____

6-C) Se for Uchinanchu, é Urukunchu?
1. Sim.   2. Não.

7) Qual a sua profissão?
_____
_____

(* Se for aposentado, que profissão exerceu antes de se aposentar?)

8) Freqüentou escola no Japão ou em Okinawa?
1. Sim.   2. Não.
   SE respondeu 1. Sim, responda as questões 8-A, B e C.
   8-A) Qual era o nome da última escola que freqüentou?
   _____
   _____

   8-B) Em que cidade localizava-se essa escola?
   _____
   _____

   8-C) Quanto tempo estudou?
   _____
   _____

9) Freqüentou escola na Bolívia?
1. Sim.   2. Não.
   SE respondeu 1. Sim, responda as questões 9-A, B e C.
   9-A) Qual era o nome da última escola que freqüentou?
   _____
   _____

9-B) Em que cidade localizava-se essa escola?
_____
_____

9-C) Quanto tempo estudou?
_____
_____

10) Freqüentou escola no Brasil?
1. Sim.   2. Não.
SE respondeu 1. Sim, responda as questões 10-A, B e C.
10-A) Qual era o nome da última escola que freqüentou?
_____
_____

10-B) Em que cidade localizava-se essa escola?
_____
_____

10-C) Quanto tempo estudou?
_____
_____

Apenas para Issei – Vida lingüística

11) Quando veio para o Brasil?
_____

11-A) Quantos anos tinha na época?
_____

(* Há casos em que a imigração não ocorreu diretamente para o Brasil: em geral, é posterior a imigração para a Bolívia. Nessas circunstâncias, perguntar com que idade imigrou tanto para a Bolívia quant para o Brasil.)

12) Quando tempo planejava ficar?
_____

13) Onde foi o primeiro lugar em que se instalou? Por quanto tempo ficou?
_____
_____

(* Atenção: no caso de imigração pós-guerra, existem aqueles que desde o início fixaram residência permanente.)

14) No primeiro momento qual foi:
Colônia: _____
Município:_____
Estado:_____

(* No caso de imigrantes da Bolívia e imigrações pós-guerra, é grande o número de pessoas que se instalaram desde o início em São Paulo, na região da Vila Carrão.)

15) Neste lugar havia muitos imigrantes?
1. Sim.   2. Não.
  SE respondeu 1. Sim, responda as questões 15-A, B e C.
  15-A) Quantas famílias de japoneses moravam ali?
  _____

  15-B) Dentro deste grupo de imigrantes, havia Uchinanchus?
  1. Sim. (Quantas famílias?_____)
  2. Não.
  3. Não sei.

  15-C) Dentro deste grupo dos Uchinanchus, havia Urukunchus?
  1. Sim. (Quantas famílias?_____)
  2. Não.
  3. Não sei.

16) Qual foi sua primeira profissão quando chegou ao Brasil?
_____
_____

17) Tinha contato com os brasileiros?
1. Sim.   2. Não.
  SE respondeu 1. Sim, responda as questões 17-A e B.
  17-A) Em que ocasião esse contato acontecia?
  _____
  _____

  17-B) Em que línguas eram estabelecidos os contatos com os brasileiros?
  _____
  _____

18) Logo que chegou ao Brasil tinha contato com japoneses da ilha principal?
1. Sim.   2. Não.

SE respondeu 1. Sim, responda as questões 18-A, B e C.
18-A) Em que ocasião esse contato acontecia?
_____
_____

18-B) Em que línguas eram estabelecidos os contatos com os Yamatonchus?
_____
_____

18-C) Sentia preconceito por parte deles?
1. Sim. (Que tipo? _____)
2. Não.

19) Logo que chegou ao Brasil, tinha contato com os Uchinanchus?
1. Sim.   2. Não.
SE respondeu 1. Sim, responda as questões 19-A e B.
19-A) Em que ocasião esse contato acontecia?
_____
_____

19-B) Em que línguas eram estabelecidos os contatos com os Uchinanchus?
_____
_____

20) Antes da imigração qual o grau de conhecimento das seguintes línguas?

Língua	Ótimo	Bom	Pouco	Nenhum
Japonês	1	2	3	4
Dialeto	1	2	3	4
Português	1	2	3	4
Espanhol	1	2	3	4

21) Logo que imigrou, qual língua você utilizava? Com quem e em qual ocasião?
1. Língua japonesa padrão ( ) sim. ( ) não.
(_____)
2. Dialeto ( ) sim. ( ) não.
(_____)
3. Português ( ) sim. ( ) não.
(_____)

22) Teve a oportunidade de aprender a língua portuguesa depois de adulto?
1. Sim.   2. Não.
   SE respondeu 1. Sim, responda as questões 22-A, B e C.
   22-A) Onde você aprendeu?
   _____

   22-B) Durante quanto tempo estudou?
   _____

   22-C) Qual foi o motivo que o levou a estudar?
   _____
   _____
   _____

(Somente para aqueles que imigraram **crianças ou jovens**)
23) Freqüentou escola de língua japonesa?
1. Sim.   2. Não.
   SE respondeu 1. Sim, responda as questões 23-A~E.
   23-A) Que entidade administrava a escola?
   _____

   23-B) Durante quanto tempo freqüentou a escola?
   _____

   23-C) Quantas vezes por semana você ia a escola? Quantas horas por semana?
   _____
   _____

   23-D) O que era estudado e que tipo de atividades eram realizadas?
   _____
   _____

   23-E) Na escola qual era a proporção de Yamatonchu e o de Uchinanchu?
   _____

Para Nissei

24) Você morou na zona rural ou na urbana? Se você morou na zona rural, até que idade permaneceu lá?
1. Zona Rural. _____
2. Zona Urbana.

25) Quando você era criança, qual era a língua utilizada?
1. Somente japonês.
2. Somente dialeto.
3. Somente português.
4. Predominantemente japonês.
5. Predominantemente dialeto.
6. Predominantemente português.
7. Metade japonês, metade dialeto.
8. Metade japonês, metade português.
9. Metade dialeto, metade português.
10. As três línguas.
11. Outra língua. (_____)

26) Antes de entrar na escola, que língua era usada com os amigos?
1. Somente japonês.
2. Somente dialeto.
3. Somente português.
4. Predominantemente japonês.
5. Predominantemente dialeto.
6. Predominantemente português.
7. Metade japonês, metade dialeto.
8. Metade japonês, metade português.
9. Metade dialeto, metade português.
10. As três línguas.
11. Outra língua. (_____)

27) Descreva a linguagem utilizada em sua vida escolar.
    27-1) Linguagem no primário
    A) Onde cursou o primário?
    1. Brasil   2. Bolívia   3. Japão   4. Outro(_____)
    B) Nesta época se comunicava em que língua?
    1. Em casa
        Com os pais_____
        Com os avós_____
        Com os irmãos_____
    2. Na escola
        Com os professores_____
        Com os amigos nikkei_____
        Com os amigos uchinanchus_____
        Com os amigos brasileiros_____
    3. Com os parentes
        Nas reuniões familiares_____

    27-2) Linguagem no 2º. Grau
    A) Onde cursou o ginásio e colegial?
    1. Brasil   2. Bolívia   3. Japão   4. Outro(_____)

B) Nesta época se comunicava em que língua?
1. Em casa
    Com os pais_____
    Com os avós_____
    Com os irmãos_____
2. Na escola
    Com os professores_____
    Com os amigos nikkei_____
    Com os amigos uchinanchus_____
    Com os amigos brasileiros_____
3. Região
    Com os amigos nikkei_____
    Com os amigos uchinanchus_____
    Com os amigos brasileiros_____
4. Com os parentes
    Nas reuniões familiares_____

27-3) Linguagem na faculdade
A) Onde cursou faculdade?
1. Brasil   2. Bolívia   3. Japão   4. Outro(_____)
B) Nesta época se comunicava em que língua?
1. Em casa
    Com os pais_____
    Com os avós_____
    Com os irmãos_____
2. Na escola
    Com os professores_____
    Com os amigos nikkei_____
    Com os amigos uchinanchus_____
    Com os amigos brasileiros_____
3. Região
    Com os amigos nikkei_____
    Com os amigos uchinanchus_____
    Com os amigos brasileiros_____
4. Com os parentes
    Nas reuniões familiares_____

28) Freqüentou escola de língua japonesa?
1. Sim.   2. Não.
    SE respondeu 1. Sim, responda as questões 28-A, B e C.
    28-A) Que entidade administrava a escola?
    _____

    28-B) Durante quanto tempo freqüentou a escola?
    _____

28-C) Quantas vezes por semana você ia a escola? Quantas horas por semana?
___
___

29) Teve oportunidade de aprender a língua japonesa depois de adulto?
1. Sim.   2. Não.
   SE respondeu 1. Sim, responda as questões 29-A, B e C.
   29-A) Onde você aprendeu?
   ___

   29-B) Durante quanto tempo estudou?
   ___

   29-C) Qual foi o motivo que o levou a estudar?
   ___
   ___
   ___

Língua usada no lar

30) Atualmente você vive com quem?
___

31) Qual é a língua usada com seus familiares?
   1. Somente japonês.
   2. Somente dialeto.
   3. Somente português.
   4. Predominantemente japonês.
   5. Predominantemente dialeto.
   6. Predominantemente português.
   7. Metade japonês, metade dialeto.
   8. Metade japonês, metade português.
   9. Metade dialeto, metade português.
   10. As três línguas.
   11. Outra língua. (_____)

Marido/Esposa (Nikkei – Okinawano - Não-nikkei)	1	2	3	4	5	6	7	8	9	10	11 [ ]
Filhos (Nikkei – Okinawano - Não-nikkei)	1	2	3	4	5	6	7	8	9	10	11 [ ]
Netos (Nikkei – Okinawano - Não-nikkei)	1	2	3	4	5	6	7	8	9	10	11 [ ]
Pai (Nikkei – Okinawano - Não-nikkei)	1	2	3	4	5	6	7	8	9	10	11 [ ]
Mãe (Nikkei – Okinawano - Não-nikkei)	1	2	3	4	5	6	7	8	9	10	11 [ ]
Genro/ Nora (Nikkei – Okinawano – Não-nikkei)	1	2	3	4	5	6	7	8	9	10	11 [ ]
Irmãos (Nikkei – Okinawano - Não-nikkei)	1	2	3	4	5	6	7	8	9	10	11 [ ]
Avô (Nikkei – Okinawano - Não-nikkei)	1	2	3	4	5	6	7	8	9	10	11 [ ]
Avó (Nikkei – Okinawano - Não-nikkei)	1	2	3	4	5	6	7	8	9	10	11 [ ]
Outra ( ) (Nikkei – Okinawano - Não-nikkei)	1	2	3	4	5	6	7	8	9	10	11 [ ]

32) Que línguas usam ao falar com você?
1. Somente japonês.
2. Somente dialeto.
3. Somente português.
4. Predominantemente japonês.
5. Predominantemente dialeto.
6. Predominantemente português.
7. Metade japonês, metade dialeto.
8. Metade japonês, metade português.
9. Metade dialeto, metade português.
10. As três línguas.
11. Outra língua. (_____)

Marido/Esposa(Nikkei – Okinawano – Não-nikkei)	1	2	3	4	5	6	7	8	9	10	11[ ]
Filhos (Nikkei – Okinawano – Não-nikkei)	1	2	3	4	5	6	7	8	9	10	11[ ]
Netos (Nikkei – Okinawano - Não-nikkei)	1	2	3	4	5	6	7	8	9	10	11[ ]
Pai (Nikkei – Okinawano – Não-nikkei)	1	2	3	4	5	6	7	8	9	10	11[ ]
Mãe (Nikkei – Okinawano – Não-nikkei)	1	2	3	4	5	6	7	8	9	10	11[ ]
Genro/ Nora (Nikkei – Okinawano – Não-nikkei)	1	2	3	4	5	6	7	8	9	10	11[ ]
Irmãos (Nikkei – Okinawano – Não-nikkei)	1	2	3	4	5	6	7	8	9	10	11[ ]
Avô (Nikkei – Okinawano – Não-nikkei)	1	2	3	4	5	6	7	8	9	10	11[ ]
Avó (Nikkei – Okinawano – Não-nikkei)	1	2	3	4	5	6	7	8	9	10	11[ ]
Outra ( ) (Nikkei – Okinawano - Não-nikkei)	1	2	3	4	5	6	7	8	9	10	11[ ]

33) Quando todos se reúnem, por exemplo na hora do jantar, qual idioma usado?
1. Somente japonês.
2. Somente dialeto.
3. Somente português.
4. Predominantemente japonês.
5. Predominantemente dialeto.
6. Predominantemente português.
7. Metade japonês, metade dialeto.
8. Metade japonês, metade português.
9. Metade dialeto, metade português.
10. As três línguas.
11. Outra língua. (_____)

34) Você tem oportunidade de assistir à NHK em casa?
1. Sim.   2. Não.

35) Você tem contato com pessoas do Japão, além dos dekasseguis?
1. Sim.   2. Não.
    SE respondeu 1. Sim, responda as questões 35-A, B e C.
    35-A) Elas são de Okinawa?
       1. Sim.   2. Não. (De que província?_____)

35-B) Se comunicam através de:
1. Cartas.
2. Telefone.
3. E-mail.
4. Outros. (_____)

35-C) Com que freqüência há essa comunicação?
1. Todo mês.
2. Duas vezes por ano.
3. Uma vez por ano.
4. Uma vez a cada 2 ou 3 anos.

36) Vocês lêem jornal e revistas? Quem as lê?

Nome da revista ou jornal	Leitor
1.	
2.	
3.	
4.	
5.	

Mídia

37) Assiste NHK?
0. Não tem NHK.
1. Freqüentemente.
2. Às vezes.
3. Raramente.
4. Nunca.

38) Assiste a vídeos japoneses?
0. Não possui aparelho.
1. Freqüentemente.
2. Às vezes.
3. Raramente.
4. Nunca.

Aos que assistem vídeos.
38-A) Que tipos de filmes você gosta?
1. Filmes de época.
2. Drama.
3. Noticiário.
4. Documentário.
5. Outros (_____)

39) Assiste aos programas da televisão brasileira?
1. Freqüentemente.
2. Às vezes.
3. Raramente.
4. Nunca.

Aos que assistem aos programas brasileiros.
39-A) Que tipo de programa gosta?
1. Novela.
2. Noticiário.
3. Documentário.
4. Outros (_____)

40) Assiste a programas nikkeis do Brasil?
1. Freqüentemente.
2. Às vezes.
3. Raramente.
4. Nunca.

41) Ouve a Rádio NHK ou a Rádio Nikkei do Brasil?
1. Freqüentemente.
2. Às vezes.
3. Raramente.
4. Nunca.

42) Você lê jornal em japonês?
0. Não leio nenhum tipo de jornal.
1. Freqüentemente.
2. Às vezes.
3. Raramente.
4. Nunca.

43) Você lê *Utiná Press*?
1. Freqüentemente.
2. Às vezes.
3. Raramente.
4. Nunca.

44) Você lê jornal em português?
0. Não leio o jornal.
1. Freqüentemente.
2. Às vezes.
3. Raramente.
4. Nunca.

45) Ouve música japonesa?
1. Freqüentemente.
2. Às vezes.
3. Raramente.
4. Nunca.

    45-A) Que tipo?
    _____
    _____
    _____

46) Ouve música okinawana?
1. Freqüentemente.
2. Às vezes.
3. Raramente.
4. Nunca.

    46-A) Qual tipo?
    _____
    _____
    _____

47) Ouve música brasileira?
1. Freqüentemente.
2. Às vezes.
3. Raramente.
4. Nunca.

    47-A) Qual tipo?
    _____
    _____
    _____

48) Freqüenta o Karaokê?
1. Freqüentemente.
2. Às vezes.
3. Raramente.
4. Nunca.

    48-A) Que tipo de música você canta?
    _____
    _____
    _____

Uso da língua no meio social

49) Faz uso da língua japonesa no trabalho? Com quem e em que ocasião?
1. Sim._____
2. Não.

50) Faz uso da língua portuguesa no trabalho? Com quem e em que ocasião?
1. Sim. _____
2. Não.

51) Faz uso do dialeto no meio de trabalho? Com quem e em que ocasião?
1. Sim. _____
2. Não.

52) Participa de reuniões e atividades da comunidade?
1. Sim   2. Não.
    SE respondeu 1. Sim, responda as questões 52-A e B.
    52-A) Em qual tipo de reunião participa?
    1. Associação cultural
    2. Filiais da Associação de Okinawa
    3. Associação de idosos
    4. Associação de jovens
    5. Associação de senhoras
    6. Hobbies e Lazer
    7. Naha-shijinkai ou Oroku-azajinkai
    8. Grupo relacionado à atividade de trabalho
    9. Outros (_____)

    52-B) Que idiomas usa nessas reuniões?
    1. Somente japonês.
    2. Somente dialeto.
    3. Somente português.
    4. Predominantemente japonês.
    5. Predominantemente dialeto.
    6. Predominantemente português.
    7. Metade japonês, metade dialeto.
    8. Metade japonês, metade português.
    9. Metade dialeto, metade português.
    10. As três línguas.
    11. Outra língua. (_____)

53) Tem muitos amigos nikkei?
0. Não tenho amigos.
1. Quase todos nikkei.
2. Maioria nikkei.
3. Metade nikkei, metade não nikkei.
4. Maioria não nikkei.

    53-A) Se tiver amigos nikkei: entre eles há Okinawanos? Descendentes de Oroku?
    _____
    _____

    53-B) Que língua usa com os amigos nikkei da ilha principal?
    1. Somente japonês.
    2. Somente dialeto.
    3. Somente português.
    4. Predominantemente japonês.
    5. Predominantemente dialeto.
    6. Predominantemente português.
    7. Metade japonês, metade dialeto.
    8. Metade japonês, metade português.
    9. Metade dialeto, metade português.
    10. As três línguas.
    11. Outra língua. (_____)

    53-C) Que língua usa com os amigos nikkei okinawanos?
    1. Somente japonês.
    2. Somente dialeto.
    3. Somente português.
    4. Predominantemente japonês.
    5. Predominantemente dialeto.
    6. Predominantemente português.
    7. Metade japonês, metade dialeto.
    8. Metade japonês, metade português.
    9. Metade dialeto, metade português.
    10. As três línguas.
    11. Outra língua. (_____)

54) Você tem alguma religião?
_____
_____
_____

55) Participa de reuniões e atividades religiosas?
1. Sim   2. Não.
    SE respondeu 1. Sim, responda a questão 55-A.
    55-A) Que idioma utiliza nessas ocasiões?
    1. Somente japonês.
    2. Somente dialeto.
    3. Somente português.
    4. Predominantemente japonês.
    5. Predominantemente dialeto.
    6. Predominantemente português.
    7. Metade japonês, metade dialeto.
    8. Metade japonês, metade português.
    9. Metade dialeto, metade português.
    10. As três línguas.
    11. Outra língua. (_____)

Auto-avaliação do conhecimento dos idiomas

56) Como classifica sua habilidade de **ouvir** em japonês (em relação aos assuntos abaixo)?
1. Boa
2. Mais ou menos
3. Pouca
4. Nenhuma

Notícias no rádio	1	2	3	4
Notícias na TV	1	2	3	4
Programas de TV	1	2	3	4
Em família	1	2	3	4
Apresentações e frases simples	1	2	3	4

57) Como classifica sua habilidade de **falar** em japonês (em relação aos assuntos abaixo)?
1. Boa
2. Mais ou menos
3. Pouca
4. Nenhuma

Política e economia	1	2	3	4
Trabalho	1	2	3	4
Dia-a-dia	1	2	3	4
Em família	1	2	3	4
Apresentações e frases simples	1	2	3	4

58) Como classifica sua habilidade de **ler** em japonês (em relação aos assuntos abaixo)?
1. Boa
2. Mais ou menos
3. Pouca
4. Nenhuma

Jornais/livros	1	2	3	4
Revistas/manga	1	2	3	4
Documentos de trabalho	1	2	3	4
Cartas de amigos/parentes	1	2	3	4
Informativos	1	2	3	4
Placas	1	2	3	4

59) Como classifica sua habilidade de **escrever** em japonês (em relação aos assuntos abaixo)?
1. Boa
2. Mais ou menos
3. Pouca
4. Nenhuma

Documentos de trabalho	1	2	3	4
Cartas para colegas de trabalho	1	2	3	4
Cartas para amigos/parentes	1	2	3	4
Diário	1	2	3	4
Anotações simples	1	2	3	4

60) Como classifica sua habilidade de **ouvir** em português (em relação aos assuntos abaixo)?
1. Boa
2. Mais ou menos
3. Pouca
4. Nenhuma

Notícias no rádio	1	2	3	4
Notícias na TV	1	2	3	4
Programas de TV	1	2	3	4
Em família	1	2	3	4
Apresentações e frases simples	1	2	3	4

61) Como classifica sua habilidade de **falar** em português (em relação aos assuntos abaixo)?
1. Boa
2. Mais ou menos
3. Pouca
4. Nenhuma

Política e economia	1	2	3	4
Trabalho	1	2	3	4
Dia-a-dia	1	2	3	4
Em família	1	2	3	4
Apresentações e frases simples	1	2	3	4

62) Como classifica sua habilidade de **ler** em português (em relação aos assuntos abaixo)?
1. Boa
2. Mais ou menos
3. Pouca
4. Nenhuma

Jornais/livros	1	2	3	4
Revistas/manga	1	2	3	4
Documentos de trabalho	1	2	3	4
Cartas de amigos/parentes	1	2	3	4
Informativos	1	2	3	4
Placas	1	2	3	4

63) Como classifica sua habilidade de **escrever** em português (em relação aos assuntos abaixo)?
1. Boa
2. Mais ou menos
3. Pouca
4. Nenhuma

Documentos de trabalho	1	2	3	4
Cartas para colegas de trabalho	1	2	3	4
Cartas para amigos/parentes	1	2	3	4
Diário	1	2	3	4
Anotações simples	1	2	3	4

64) Como classifica sua habilidade de **ouvir** em dialeto ("Uchinaguchi") (em relação aos assuntos abaixo)?
1. Boa
2. Mais ou menos
3. Pouca
4. Nenhuma

Notícias no rádio	1	2	3	4
Notícias na TV	1	2	3	4
Programas de TV	1	2	3	4
Em família	1	2	3	4
Apresentações e frases simples	1	2	3	4

65) Como classifica sua habilidade de **falar** em dialeto ("Uchinaguchi") (em relação aos assuntos abaixo)?
1. Boa
2. Mais ou menos
3. Pouca
4. Nenhuma

Política e economia	1	2	3	4
Trabalho	1	2	3	4
Dia-a-dia	1	2	3	4
Em família	1	2	3	4
Apresentações e frases simples	1	2	3	4

Consciência da educação do japonês e do dialeto

66) Você pretende estudar japonês?
1. Sim.   2. Não.
    SE respondeu 1. Sim, responda a questão 66-A.
    66-A) Por quê?
    1. Para conseguir um bom emprego.
    2. É necessário no meu atual trabalho.
    3. Para saber de atualidades do mundo e do Japão.
    4. Sendo nikkei, para preservar a língua dos antepassados.
    5. Tenho interesse pela cultura.
    6. Quero me tornar professor de língua japonesa.
    7. Outros

67) Gostaria de ensinar o japonês para seus filhos e netos?
1. Com certeza.
2. Sim, se eles tiverem interesse.
3. Não.
4. Não sei.

    SE respondeu 1 ou 2, responda a questão 67-A.
    67-A) Por quê?
    1. Vantagens para conseguir um emprego.
    2. É importante para o trabalho da família.
    3. Para poder conhecer mais as atualidades do mundo e o Japão.
    4. Sendo nikkei é natural que conheça a língua.
    5. Para entender melhor a cultura.
    6. Outros (_____)

68) Você acha necessário que os jovens nikkeis aprendam o japonês?
1. É necessário.
2. Depende do interesse.
3. Não é necessário.
4. Não sei.

69) Qual tipo de problemas você percebe no ambiente em que é ensinado o japonês?
1. Não há mérito em aprender.
2. Menor influência da cultura japonesa no Brasil.
3. O nível do professores e das escolas é ruim.
4. Não há oportunidade para usar o idioma.
5. Os pais não cobram o suficiente.
6. É difícil.
7. Outros (_____)

70) Você concorda com a opinião de que é natural um nikkei saber japonês?
1. Sim. (Por quê?_____)
2. Não. (Por quê?_____)
3. Não sei.

71) Você pretende aprender o dialeto?
1. Sim.   2. Não.
    SE respondeu 1. Sim, responda a questão 71-A.
    71-A) Por quê?
    1. É preciso para o trabalho da família.
    2. Para relacionamentos com parentes e pessoas do local.
    3. Para saber de atualidades de Okinawa.
    4. Para preservar a língua dos antepassados.
    5. Tem interesse pela cultura okinawana.
    6. Quero preservar o dialeto.
    7. Outros(_____)

72) Gostaria de ensinar o dialeto seus filhos e netos?
1. Com certeza.
2. Sim, se eles tiverem interesse.
3. Não.
4. Não sei.

> SE respondeu 1 ou 2, responda a questão 72-A.
> 72-A) Por quê?
> 1. É preciso para o trabalho da família.
> 2. Para relacionamentos com parentes e pessoas do local.
> 3. Para saber de atualidades de Okinawa.
> 4. Para preservar a língua dos antepassados.
> 5. Tem interesse pela cultura okinawana.
> 6. Quero preservar o dialeto.
> 7. Outros(_____)

73) Você acha necessário que os jovens nikkeis aprendam o dialeto?
1. É necessário.
2. Depende do interesse.
3. Não é necessário.
4. Não sei.

74) Você concorda com a opinião de que é natural um Uchinanchu saber dialeto?
1. Sim. (Por quê?_____)
2. Não. (Por quê?_____)
3. Não sei.

Consciência da língua e experiência no Japão

75) Você já visitou o Japão?
1. Sim. (Quantas vezes: _____)
2. Não.

> SE respondeu 1. Sim, responda as questões 75-A~G.
> 75-A) Você já foi para o Japão como dekassegui?
> 1. Sim. (Onde e quanto tempo?_____)
> 2. Não. Fui com o propósito de:
>   1. Turismo
>   2. Visitar parentes
>   3. Trabalho – negócios
>   4. Intercâmbio
>   5. Outros (_____)

75-B) Seu japonês foi compreendido?
1. Suficientemente.
2. Mais ou menos.
3. Um pouco.
4. Não foi.
5. Não sei.

75-C) Percebeu diferença entre a língua japonesa falada no Brasil e a língua japonesa falada no Japão?
1. Sim. (Qual?_____)
2. Não.

75-D) Você também visitou Okinawa?
1. Sim. (Quantas vezes? _____)
2. Não.

75-E) Qual língua utilizou em Okinawa?
1. Somente japonês.
2. Somente dialeto.
3. Predominantemente japonês.
4. Predominantemente dialeto.
5. Metade japonês, metade dialeto.
6. Outros (_____)

75-F) Seu dialeto foi compreendido?
1. Suficientemente.
2. Mais ou menos.
3. Um pouco.
4. Não foi.
5. Não sei.

75-G) Percebeu diferença entre o dialeto falado no Brasil e o dialeto falado no Japão?
1. Sim. (Qual?_____)
2. Não.

76) Já morou no Japão?
1. Sim. (Onde e quanto tempo:_____)
2. Não.
    SE respondeu 1. Sim, responda as questões 76-A~H.
    76-A) Qual o motivo de ter morado no Japão?
    1. Trabalho – negócios
    2. Dekassegui
    3. Intercâmbio
    4. Outros (_____)

76-B) Durante este período pensou em estudar japonês?
1. Sim.
2. Não.
3. Não sei.

76-C) Seu japonês melhorou?
1. Muito.
2. Pouco.
3. Quase nada.
4. Não sei.

76-D) Para você a imagem do Japão e dos japoneses mudou?
1. Melhorou.
2. Piorou.
3. Não mudou.
4. Não sei.

76-E) Durante este período pensou em estudar o dialeto?
1. Sim.
2. Não.
3. Não sei

76-F) Seu japonês melhorou?
1. Muito.
2. Pouco.
3. Quase nada.
4. Não sei.

76-G) Para você a imagem de Okinawa e dos Uchinanchus mudou?
1. Melhorou.
2. Piorou.
3. Não mudou.
4. Não sei.

76-H) Percebeu alguma diferença entre a língua japonesa falada em Okinawa e a língua japonesa falada na ilha principal?
1. Achei igual.
2. Achei diferente. (O que difere?_____)
3. Não sei.

Consciência do dialeto a da língua da colônia

77) Você mistura os idiomas japonês, português e o dialeto ("Uchinaguchi")?
1. Sim.
2. Não.
3. Não sei.

    SE respondeu 1. Sim, responda a questão 77-A.
    77-A) Quais idiomas mistura?
    _____
    _____
    _____

78) O que acha desta mistura?
_____
_____
_____

Observações:
Havia mais alguém presente além do entrevistado:
Sim ( )   Não ( )
(Quem:)
Atitude do entrevistado:
colaborou ( )   não colaborou ( )   nem um, nem outro ( )
Língua usada durante a entrevista:
( ) só japonês   ( ) só português   ( ) só dialeto
( ) japonês e dialeto   ( ) japonês e português
( ) português e dialeto
Impressões do entrevistador:_____
_____
_____

謝辞

　5年間にわたる調査研究においては、何よりも下記の現地の方々をはじめとする大変多くの方々のご協力を得た。すべての方々のお名前を挙げることはできないが、現地の方々のあたたかいご対応とご高配に感謝の言葉を捧げたい。

　アリアンサ移住地：矢崎正勝、Kineo Oto、Kunizo Tachibana、Michiyo Shimazaki、Teruko Minowa、Tetsuhiko Yuba、Marian Imamoto、Edson Takayuki Nakao、Lucy Takagi Sekiya の各氏

　スザノ市福博村：大浦文雄、Kazuhiko Ino、Seiji Shimizu、Tsuruyo Sugimoto、Akeru Doi、Julio Ishibashi、Hugo Ishibashi、Priscila M. Ishibashi の各氏

　ビラカロン地区：Toshihiro Takara、Seiko Uehara、Eikichi Takara、Yoshie Uehara、Keiko Teruya、Yoneko Uehara の各氏

　2002～2003年度においては、馬瀬良雄（信州大学名誉教授）、佐々木倫子（桜美林大学）、Elza Taeko Doi（カンピーナス州立大学）、Junko Ota（サンパウロ大学）、Sonia Ninomiya（リオデジャネイロ州立大学）、エレン・ナカミズ（京都外国語大学）の各氏に共同研究者として、平井可奈見（カンピーナス州立大学）、モラレス・松原礼子（サンパウロ大学）、浅野卓夫（サンパウロ人文科学研究所）、レオナルド・メロ（大阪大学大学院生）、長田優子（NHK放送文化研究所）、深沢雅子（元ニッケイ新聞記者）の各氏には、研究協力者として参加していただいた。

　文献調査にあたっては、宮尾進氏（サンパウロ人文科学研究所）、大井セシリア氏（ブラジル日本移民資料館）、サンパウロ大学日本文化研究所にお世話になった。柴田実氏（NHK放送文化研究所）には一方ならぬご支援をいただいた。

　今井美登里（桜美林大学）、飯塚住子、石田由美子、中川康広、畠中美幸、

松田香織（以上、桜美林大学大学院生）、熊﨑さとみ（信州大学）、大槻清美（京都外国語大学大学院生）、井脇千枝、高木千恵、Patjareesakul Paiboon、Tanan Ponsan、斉藤美穂（以上、大阪大学大学院生）、北澤美樹、上川文子、岡本昌子、片岡寛子、木下朝子（以上、大阪大学学生）、石橋聖子、高橋恵理香、岩崎則宏、柿原愛、藤井千加子、横田仁美、高橋彩、兵頭晃、多田絢子、丸川美由紀、吉田道代、松田寿子、阿部哲子、光井晃子、申香蘭（以上、岡山大学学生）の各氏には、文字化作業においてご協力いただいた。

2004～2006年度には、調査において、深沢雅子氏（元ニッケイ新聞記者）、青木由香氏（JICA日系社会青年ボランティア日本語教師）、沖縄方言の文字化にあたって、狩俣繁久氏（琉球大学）、島袋幸子氏（琉球大学）、データの整理等において、河在必氏（大阪大学大学院生）の協力も得ている。

なお、以上に挙げた方々の肩書きはすべて当時のものである。

（工藤真由美）

執筆者紹介(論文掲載順)

工藤真由美　　(くどう　まゆみ)
1949年生まれ。大阪大学文学研究科教授。博士(文学)。
専門：日本語学
2002–2006年度21世紀COEプログラム「インターフェイスの人文学」事業推進者。
2007–2011年度グローバルCOEプログラム「コンフリクトの人文学国際研究教育拠点」事業推進者。
『アスペクト・テンス体系とテクスト』(単著　ひつじ書房　1995年)
『複数の日本語』(共著　講談社　2008年)

森幸一　　(もり　こういち)
1955年生まれ。サンパウロ大学哲学・文学・人間科学部教授。博士(文学)。
専門：文化人類学、沖縄研究
『沖縄民俗辞典』(共著　吉川弘文館　2008年)
De Sol a Sol : O Japão que nasceu no Brasil(共著　Terceiro Nome　2008年)

山東功　　(さんとう　いさお)
1970年生まれ。大阪府立大学人間社会学部准教授。博士(文学)。
専門：日本語学、日本思想史
『明治前期日本文典の研究』(単著　和泉書院　2002年)
『唱歌と国語　明治近代化の装置』(単著　講談社　2008年)

李吉鎔　（い　きりょん）
1971 年生まれ。(韓国)中央大学校文科大学日語日文学科助教授。博士（文学）。
専門：社会言語学
『社会言語学の展望』(共著　くろしお出版　2006 年)
『韓国人による日本社会言語学研究』(共著　おうふう　2006 年)

中東靖恵　（なかとう　やすえ）
1972 年生まれ。岡山大学大学院社会文化科学研究科准教授。
専門：日本語学、音声学
「韓国語母語話者の英語音声と日本語音声―聞き取り・発音調査の結果から」(『音声研究』2(1)　1998 年)
「第二言語学習における日本語外来語表記の実態とその問題点の分析―韓国語およびブラジル・ポルトガル語を母語とする日本語学習者の場合」(『人間文化論叢』1　1999 年)

ブラジル日系・沖縄系移民社会における言語接触

発行	2009年6月30日　初版1刷
定価	8000円＋税
著者	©工藤真由美・森 幸一・山東 功・李 吉鎔・中東靖恵
発行者	松本 功
装丁者	中山銀士
	表紙写真＝工藤真由美・山東 功・中東靖恵
組版者	内山彰議　(4&4,2)
印刷所	互恵印刷株式会社（本文）
	三美印刷株式会社（カバー・表紙）
製本所	田中製本印刷株式会社
発行所	株式会社 ひつじ書房
	〒112-0011 東京都文京区千石 2-1-2 大和ビル 2F
	Tel.03-5319-4916　Fax.03-5319-4917
	郵便振替 00120-8-142852
	toiawase@hituzi.co.jp　http://www.hituzi.co.jp

ISBN 978-4-89476-423-1　C3080

造本には充分注意しておりますが、落丁・乱丁などがございましたら、小社かお買上げ書店にておとりかえいたします。ご意見、ご感想など、小社までお寄せ下されば幸いです。

移動労働者とその家族のための言語政策
生活者のための日本語教育
春原憲一郎編　1,600円＋税　978-4-89476-387-6

日本語教育政策ウォッチ2008
定住化する外国人施策をめぐって
田尻英三編　1,600円＋税　978-4-89476-408-8

文化間移動をする子どもたちの学び
教育コミュニティの創造に向けて
齋藤ひろみ・佐藤郡衛編　2,800円＋税　978-4-89476-343-2

マイノリティの名前はどのように扱われているのか
日本の公立学校におけるニューカマーの場合
リリアン テルミ ハタノ著　4,200円＋税　978-4-89476-422-4

多文化社会オーストラリアの言語教育政策
松田陽子著　4,200円＋税　978-4-89476-421-7